播音主持入门训练丛书

播音主持艺术

语言基本功训练教程 (第4版)

赵秀环 / 编著

中国传媒大学出版社
·北京·

图书在版编目(CIP)数据

播音主持艺术语言基本功训练教程/赵秀环编著. --4版. --北京:中国传媒大学出版社,2016.4(2023.12重印)
ISBN 978-7-5657-1664-5

Ⅰ.①播… Ⅱ.①赵… Ⅲ.①播音—语言艺术—教材 ②主持人—语言艺术—教材 Ⅳ.①G222.2

中国版本图书馆CIP数据核字(2016)第057925号

播音主持艺术语言基本功训练教程(第4版)
BOYIN ZHUCHI YISHU YUYAN JIBENGONG XUNLIAN JIAOCHENG(DI-SI BAN)

编　　著　赵秀环
责任编辑　黄松毅
责任印制　李志鹏
封面设计　长青藤

出版发行　中国传媒大学出版社
社　　址　北京市朝阳区定福庄东街1号　　**邮　　编**　100024
电　　话　65450532　65450528　　**传　　真**　65779405
网　　址　http://cucp.cuc.edu.cn
经　　销　全国新华书店

印　　刷　北京中科印刷有限公司
开　　本　787mm×1092mm　1/16
印　　张　20.25
字　　数　505千字
版　　次　2016年4月第4版
印　　次　2023年12月第8次印刷

书　　号　ISBN 978-7-5657-1664-5/G·1664　　**定　　价**　49.00元

本社法律顾问:北京嘉润律师事务所　郭建平

作者简介

赵秀环(播音名:晨星)

毕业于北京广播学院(现中国传媒大学)新闻系播音专业。国家级汉语普通话水平测试专家、中国传媒大学播音主持专业教授、中国新闻教育学会会员、中国广播电视学会会员、中艺传媒播音主持专业资深教授兼艺术顾问、中华女子学院播音主持艺术系兼职教授、数字电影学院艺典艺术培训中心播音主持专业兼职教授、中传在线播音主持专业教授兼艺术顾问、首都女新闻工作者协会会员、北京演艺专修学院播音主持艺术顾问、北京语言学会朗诵艺术研究会会员、解放军艺术学院客座教授、北京大学播音指导、清华大学艺术团播音主持资深教授兼艺术顾问、凤凰艺术教育培训机构播音主持兼职教授、台港澳地区及国外部分私立教育机构特聘汉语专职教授、国内部分婚礼培训学院“婚礼主持人”特聘教授。

主要出版物:《播音员语言基本功训练教程》、《汉语普通话绕口令集锦》、《实用播音教程》(与他人合编)、《语言艺术发声之美》、《播音主持快速入门十八招儿》、《播音主持艺术语言基本功训练教程》第二版(已被评为北京市精品教材)、《播音主持艺术语言基本功训练教程》第三版、28盘音像制品。

主要研究领域:汉语普通话语音学、播音主持发声学、镜头前的态势语。

主要科研成果:《语言艺术发声之美》。

1966年参加播音工作。1976年参加播音主持教学工作。从事播音主持及语言教学工作多年,到过许多电台、电视台体察实践并主持过各类节目,积累了宝贵的实践经验,并能运用各种语言艺术门类的精华,科学地为播音主持艺术教学服务。几十年来,为中央和全国各地电台、电视台培养了大批优秀人才。同时,也为台港澳地区及世界各地培养了许多汉语普通话人才。

目 录

第五部分　电视口播新闻及电视专题片解说词配音训练

第六部分　主持人节目各种栏目内容播音主持训练

编者说明

为了配合播音主持艺术专业理论教学，满足全国广大播音员、主持人播音业务学习、训练的需要，我于近期又重新修订了这本《播音主持艺术语言基本功训练教程》。

这本教程按照播音主持艺术专业教学的理论学习规律，分别编辑了“汉语普通话语音规范化训练”、“播音员、主持人正确用气发声基本功训练”、“播音员、主持人语言表达技巧训练”、“播音员文体业务内容播音训练”、“电视口播新闻及电视专题片解说词配音训练”、“主持人节目各种栏目内容播音主持训练”六大部分的专项实践训练内容，主要是帮助大家训练汉语普通话语音准确规范、吐字清晰流畅、口齿运用灵活；气息稳定持久、均匀通畅、运用自如；声音圆润集中、朴实明朗、色彩丰富、变化自如；语言优美动听、感染力强、有艺术技巧；能够运用有声语言驾驭和主持各种不同类型、不同体裁、不同节目内容形式的稿件，在各种播音主持艺术创作中做到“得心应口”和“得心应手”。

这本教程中的六大部分训练内容，既可独立成章，又可合为一体。在专业教学训练中，学生可根据专业理论教学的进程有步骤、有计划地进行全面、系统的学习和训练，以便更快更好地、较完整地掌握播音主持艺术理论体系。在业余学习、训练中，学生也可根据自己在播音主持艺术实践中存在或出现的具体问题有针对性、有选择地进行单项学习和训练，以尽快地解决实际问题。另外，在业务学习中，学生还可根据自己在播音主持艺术实践中习惯出现和反复出现的一些难点问题有的放矢地对某一专项内容进行反复学习和训练，以达彻底纠正、根除之目的。

这本教程于 1985 年编出，曾以《播音员发声基本功训练教材》为书名，在北京广播学院播音系作为本科生的内部训练教材使用。1989 年改编重印后继续使用。1995 年正式出版发行。这本《播音员发声基本功训练教材》编出以后，经校内本科生、大专生、证书班学员、培训班学员以及校外各种不同层次的电台、电视台（广播站）的广大播音员、主持人以及播音主持爱好者的实践，受到普遍的欢迎和好评，真是供不应求，很有实用价值。并且，有很多省、市、自治区的广播电视学校还把本教程作为当地播音主持艺术专业的教科书广为使用。大家普遍认为：这是一本非常实用的教材！2008年又新编了《播音主持艺术语言基本功训练教程》第二版并被评为北京市精品教材，2011年推出第三版，同样大受欢迎！已成为各大播音主持艺术院校、团体及艺术传媒机构的精品教材！现在又推出了第四版，以更好地满足读者的需求。

目前，随着广播电视事业的迅猛发展以及各种信息化技术的传播，全国各地厂矿、企事业单位、有限公司、合资公司、县、乡、镇、村先后增办了各种不同类型、不同规模的广播电台、电视台、有线电台、有线电视台（广播战线急需人才，播音主持队伍不断扩大）。为了更好地配合校内学生的专业教学及满足全国各地广大播音员及播音爱好者（各类播音员及节目主持人）业务培训的需要，我最近又将这本教材重新修改整编，并根据第一线不同层次播音主持人员业务学习的需要，在原教材的基础上增添了若干新的训练内容，整理编辑出来，重新出版发行，供播音战线上的广大学员们学习使用。

配合本教程的训练内容，我们还进行了部分重点章节的录音、录像示范朗读。这些录音、录像以及CD光盘对初学者尤其具有指导意义，能帮助他们在较短时间内尽快掌握播音基本技能，走上播音主持艺术正轨，使之有章可循、有据可依；有了规矩以后，才能再造方圆。对于长期从事播音主持艺术实践但没有进行过正规化、系统化训练的同学来说，通过示范录音指导，也可以摸到一条正确的训练道路，按规范化训练修正自己工作中存在的许多不足，充分发挥自己的主观能动性，扬长避短，使自己的播音主持技巧逐渐趋于完善，更好地为广大听众和观众服务。

我们知道：播音主持艺术是一种有声语言的再创造，是一项语言艺术活动。从“行之于声”的角度看，播音员、主持人先要理解稿件、深入感受、有动于衷、以声传情，在此基础上把稿件变为自己的有声语言。人们说：工人农民靠体力，知识分子用脑力，而播音主持则要动“嘴力”。播音发声、播音主持是口耳之学。在话筒前，在镜头前，面对“主题新颖、题材广泛、内容丰富、形式多样”的文字稿件，眼看、心想、口播、嘴说，要在刹那间完成。如果不具备独特的心理素质、机敏的反应能力、内容的适应能力和广博的驾驭能力，是很难完成任务的。我们想一想，从咿呀学语的幼儿到语言清晰、表达准确的成人，要经过许多年的学习和锻炼。那么，由有语言表达能力，发展到能进行有水平的艺术播音和主持，同样要经过许多年的努力学习和刻苦训练。因为任何技能的学习和掌握都要经过认识、模仿、加强器官功能、提高效应等阶段，因此，语言发声基本功的训练同样是个复杂的过程。我们通过听觉、视觉和感觉接受各种用气、发声和吐字时的动作，并且用它来指导自己的用气、发声和吐字，而参与用气、发声和吐字的各部分器官需要经过反复练习，才能掌握用气、发声和吐字的要求，提高自己的能力……因此，我们的播音主持艺术教学不仅应该有理论的指导，还应该有实际操作能力的训练！回想起自己当年学习播音的过程，再看今天年轻人所遇到的问题，多数都是工作实践中的具体问题，这些具体问题需要有及时的指点。例如，尖音怎么改？团音怎么克服？唇舌无力怎么办？气息不够如何练？什么样的状态是气通声畅？什么样的表达是声情并茂？声音闷、暗、涩、憋、堵、捏、噎、挤、压怎么调整？表达平淡如水、认识能力差如何修炼？还有语言呆板滞塞、表情无动于衷、面部肌肉僵硬、手脚无处放置……话筒前紧张：气短、声飘、气浮、音抖；镜头前眼神乱晃：目中无人、目标不集中、没有对象感；现场主持手脚乱动：不知指向哪里，盲目地手舞足蹈等等问题，都是实际训练操作中的具体问题。在学生中，在年轻的播音员、主持人中，大多时候，理论是明明白白的，但在具体的技能上不经过训练，就不能掌握，经常是“听”（理论）得懂，“说”（实践）不懂，“练”得盲目。真可谓：“专业书看得懂，讲理论听得懂，到上口搞不懂，练起来很懵懂，话筒前播不懂，镜头前说不懂，舞台上演不懂……”为能将播音主持艺术理论尽快地化为播音员、主持人自身的能力，很需要一些科学、严谨的训练指导和训练方法。

勤学苦练，曲不离口。一定要认认真真、脚踏实地、从难从严、一丝不苟，并且能耐得住寂寞，千万浮躁不得！投机不得！侥幸不得！现在有那么一些播音员、主持人的确很浮躁，不学无术。事业的蓬勃发展，人员的急剧扩充，既给人们带来了机遇，也给事业带来了一些新的需要冷静思考的问题。广播电视节目日趋贴近群众、贴近生活，而一些播音员、主持人以我行我素的声音与表情直面大众，在节目中或随意发挥、语无定势；或扳着一股劲儿、把字咬得很僵化，拒人千里之外；或矫揉造作，极力追求一种所谓轻松、自如的感觉，把本来可以简洁明了表达的词语故作生活化的处理，拖长音、拉小调儿，甚至有的还非得带点港台腔、追求点儿洋味儿，没有一点规范的语言功力。同时也有一批学识基础比其他从业人员高出一些的年轻人，更愿让人们明白自己比传统意义上的播音员、主持人更有才华，而故作与专业要求不一致的播讲形态，很不规范，但他们认为是时尚的……当然，我没有贬低这些人的意思。我相信，这些人在他们自己的专业领域里也一定是顶呱呱的！不过转行进入播音主持这个领域里来，只是有一个误区罢了。总认为：谁不会说话呀?！读读报纸有什么难的?！……殊不知，播音主持也是一门学问呐！它也是一门艺术哇！既然是学问又是艺术，当然就有规范啦！有标准、有原则、有要求、有训练、有理论、有实践……不是随随便便应付的，糊弄的，玩玩而已，拿来儿戏的！我认为：随着时间的推移，这种非专业化的暂时不甚规范的观念及做法都会被实践所纠正。我相信：优秀的传统一定会发扬！现在有很多外国朋友普通话比我们中国人讲得都好，那作为一名地地道道的中国人，特别又是推广普通话的典范——电台、电视台的播音员、主持人，应当作何感想呢？

歌德说：“艺术之所以为艺术，正因为它不是自然。”播音主持是语言艺术，是经过专业训练后返璞归真的有声语言，源于生活而高于生活。播音主持要求高度的吐字发声技巧。在生活中，有的人吐字清晰些，有的人则含混些；有的人声音优美些，有的人则粗糙些；有的人语言色彩丰富些，有的人则平淡些，等等，这都无关大局。但对于播音主持来说，则要求：吐字必须清晰，语言必须优美，声音必须富于活力和感染力。因此，对于播音员、主持人的语言功力要求必须是高层次、高水准、高起点的。要有一流的目标、一流的要求、一流的付出，才能达到一流的效果。播音主持艺术语言基本功的训练是一项艰苦的劳动过程，是需要“脑力”“耳力”“嘴力”“体力”功夫的。而这种功夫技能是任何人也不能替代的！因此：

第一，要严格守时，不差毫厘。培养自己严格的时间观念、良好的职业道德和工作作风，学艺先学做人。（差之毫厘，谬以千里）

第二，从难从严，刻苦训练。培养自己吃苦耐劳的精神，有韧劲儿，有耐力。有志者，事竟成。（循序渐进，持之以恒）

第三，风雨无阻，雷打不动，一鼓作气，不能停松。培养自己做事一气呵成的良好习惯，坚持到底就是胜利。（三天打鱼，两天晒网，不能成功）

第四，认认真真，一丝不苟，忍耐寂寞，不能马虎。培养自己脚踏实地的干事风格，从点点滴滴的训练开始，一步一个脚印才能一步一层楼。（浮躁不得！投机不得！侥幸不得！）

第五，努力“听”“说”“练”。首先“听”，积极思考、动脑、用耳，提高听辨能力，学会发现问题、分析问题。然后“说”，针对问题按科学方法慢慢找感觉发音，动口、上口练习说，解决存在的问题。最后“练”，“听准”了，也“说对”了，要想使之稳定、巩固和提高，就要加大“量”的积累，进行“多练”，才能达到“质”的飞跃。要坚持“曲不离口”，并且还要做到举一反三，触类旁通。

“工欲善其事，必先利其器”。要想获得真正的“嘴力功夫”，成为一名合格的播音员、主持人——有口才、有文采、有气质、有风度、有个性、有内涵，让有稿播音“锦上添花”，无稿主持“出口成章”，就必须要扎扎实实地学好、练好播音主持艺术语言基本功！

教材中不足之处，望同行们批评指正。

编者

2016年1月8日于华彩国际公寓

第一部分

汉语普通话语音规范化训练

汉语普通话语音课，是为播音主持艺术专业学生设置的第一门专业基础课，也是主干课程。这门课在理论教学方面，主要是向学生们讲授汉语普通话语音基本理论知识（语音概念、语音特征、语音系统、语音的物理基础、语音的生理机制及变化规律等）；在实践课上主要是指导学生听音、辨音、发音、正音、记音。训练内容是：音素怎么发准？音节怎么念对？声调如何正确把握？词的轻重音格式和语流音变的规律如何驾驭？等等。学习的方法基本上是按照音→字→词→句→段→绕口令的过程循序渐进的。

汉语普通话是以北京语音为标准音，以北方话为基础方言，以典范的现代白话文著作为语法规范的现代汉民族共同语。因此，作为一名汉语普通话的播音员和主持人，普通话语音应该是准确规范的。对于那些普通话基础不太好的播音员和主持人来说，语音的学习就显得更为重要。

语音是语言的物质外壳，词和句都要通过语音来表达，语言的交际功能是由语音来体现的。语音念不准，一字一词之错，会失之毫厘、谬以千里。语音是基础，因此，必须要从语音练起。

语音是由发音器官发出的。发音器官活动的部位和方法不同，会产生不同的声音。发音只有在发音器官正常并正确地使用它们的情况下，才能达到清晰、准确。在由正确发单音到正确读文章，在播音的练习过程中，字词是练习的中心环节。每一个播音员和主持人都要把字词练习作为每日练声的重要内容。练习方法：可以音、字、词（单音节、双音节、多音节、辨正音节、对比音节）、句、段、绕口令等由简至繁，由易而难，有的放矢，循序渐进。

在语音练习的开始阶段，准确性是最重要的。不要怕暂时的生硬，只要经过大量的练习，就会逐渐变得自如。在整个发声训练过程中一定要以情带声，以情带字，这样才能悦耳动听。

这是一门播音主持专业的启蒙课，也是解决播音主持艺术创作问题的"硬件"课程。是培养播音员、主持人的必修课哦！

学好普通话，需要一个艰苦的劳动过程，是需要"脑力"、"耳力"、"嘴力"、"体力"、"毅力"功夫的。而这种功夫技能的培训是任何人也不能替代的！浮躁不得！投机不得！

第一章

普通话语音特点、概念及图表

第一节 普通话语音特点

汉语是世界上最发达的语言之一，是世界上使用人数最多的语言，是联合国的六种工作语言之一。我国幅员辽阔，人口众多，由于地理、社会、历史、经济等原因，汉语很早就有了方言的分歧。方言在共同语形成之前是形成共同语的基础，在形成共同语之后是共同语的地域分支。随着社会的进步，政治、经济、文化的发展，汉民族共同语的影响必将日益发展、扩大，而方言的影响将日益缩小。汉语有八大方言区，即：北方方言区、吴方言区、鄂方言区、湘方言区、赣方言区、客家方言区、闽方言区、粤方言区。汉语方言之间的分歧虽然在词汇和语法方面都很鲜明，但这种分歧更突出地表现在语音方面。各方言区在语音系统上存在比较大的差异，但是这种差异间存在一定的对应关系。

普通话是汉民族的共同语，是规范化的现代汉语。共同的语言和规范化的语言是不可分割的，没有一定的规范就不可能做到真正的共同。普通话是现代汉语在语音、词汇、语法各方面的规范。学习普通话必须兼顾语音、词汇、语法三个方面。不过，语法和词汇的学习和规范可以通过书面进行，而语音的学习和规范则必须通过口耳的训练才能实现。

普通话以北京语音为标准音，这也是汉语历史发展的必然，是早已为人们所公认的。普通话以北京语音为标准音，是就整个语音体系而言，其中并不包括北京话中的土音、土语成分。北京语音的特点是简单、清楚、表达力强。主要表现在：1. 北京语音音系比较简单，音节结构形式较少，好学易记。2. 音节中元音占优势。音节中可以没有声母，但一定有韵母；可以没有辅音，但至少有一个元音。由复合元音构成的音节多，所以语音显得响亮、动听。3. 清辅音声母多，浊辅音声母只有 m、n、l、r 四个，语音柔和、悦耳，富有音乐感。4. 声调系统比较简单但变化鲜明，四个声调的调值高音成分多，声调贯穿整个音节，主要作用在韵腹上，使语音产生高低抑扬变化，清亮、高扬，突出了元音的优势。5. 音节中没有复辅音，辅音只出现在音节的两头，音节之间界限区分鲜明，使语音具有节奏感。6. 轻声、儿化等音变现象，词汇的双音节化，轻重格式的区分以及双声、叠韵、押韵等语音形式都使语言表达作用更加准确、丰富，同时增加了语言的音乐美。

语言是人类重要的交际工具，语音是语言的本质。词汇、概念均以语音形式储存在大脑中，人类大脑的言语区只承担语音信息的处理。人们用语言表达思想、进行交流，必须凭借语音。人们说话要凭借发音器官发出的语音来表达自己的思想、情感，听话也要凭借听觉器官感觉到的语音来了解对方的思想和情感。无论是说还是听都离不开语言的本质——语音。

普通话语音的学习实践性很强，需要从发音和辨正两个方面去努力。需要掌握一定的语音学的理论知识，明确正确的部位、方法，发准每个音素、音节，要在语流中规范声母、韵母和声调。要凭借掌握的语音知识成系统地纠正受方言影响的语音习惯，以求达到事半功倍的效果。准确、熟练是语音学习的基本要求，学习中需要我们动脑，更需要我们动口，通过反复的实践以加深记忆，形成条件反射。

第二节　普通话语音概念

普通话：是以北京语音为标准音，以北方话为基础方言，以典范的现代白话文著作为语法规范的现代汉民族共同语。

语音：是人的发音器官发出的代表一定意义的声音。

音节：用听觉可以区分的语音结构基本单位。在汉语中一般来说一个汉字的读音即为一个音节。普通话常用基本无调音节为 400 个，加上四声变化及轻声、儿化韵，音节总数为 1300 多个。

音素：语音的最小单位。普通话中有 32 个音素，其中元音音素 10 个，辅音音素 22 个。

音位：从语言的社会功能出发，不是把语音仅仅看成是物理或生理的差别，而是在某种语言中，把语音归纳为数目有限的具有辨义作用的语音单位。

元音：音素的一种。发音时呼出气流在口腔中不受明显阻碍，呼出气流较弱，发音器官肌肉均衡紧张，声带颤动，声音响亮清晰，都是元音。

单元音：即单纯元音。在发音过程中，音质始终不变的一个元音。在普通话中它包括一般单纯元音（舌面元音）以及特殊元音，一共有 10 个。

一般单纯元音：又叫舌面元音，发音过程中舌位的活动在舌面。

一般单纯元音的发音条件：决定一般单纯元音音色的条件，分别有舌位的高低（口腔开度的开闭）、舌位的前后以及唇形的圆展。

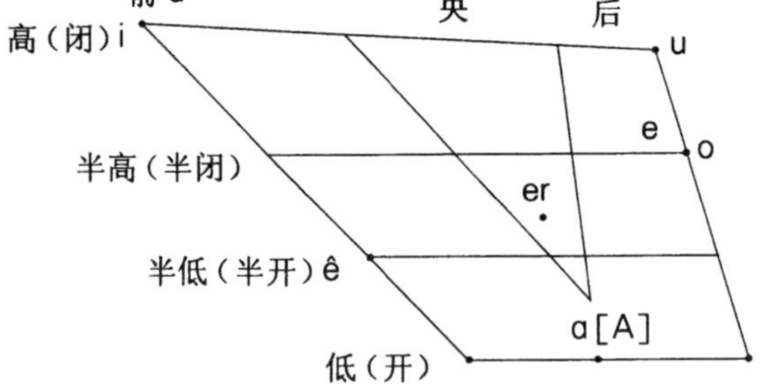

普通话舌面元音舌位图

（[ ]内为国际音标）

舌位：发元音时舌面隆起的最高点，即最接近上腭的一点，又叫近腭点。

舌面元音舌位图：是一种示意图。四个端点分别表示发音时舌位在口腔中上下前后四个极端位置。用直线将四个端点连接起来形成的一个四边形。四边形横面分为前、央、后，用以表示舌位的前后；竖面分为低、半低、半高、高，用以表示舌位的高低（口腔的开闭）。竖线的左侧标记不圆唇音，右侧标记圆唇音。这种示意方式是世界通用的。

特殊元音：普通话语音中所包括的以舌尖运动或卷舌动作形成的元音音素。

舌尖元音：特殊元音的一种，靠舌尖运动形成的元音音素。普通话中一共有两个，分别是舌尖前元音[ɿ]和舌尖后元音[ʅ]。

卷舌元音：特殊元音的一种，靠卷舌动作形成的元音音素。普通话中卷舌元音只有一个音素[ɚ]。

复合音：两个或三个元音音素组成的音组或单元音、复合元音后面附带鼻尾音组成的音组统称为复合音。

复合元音：由两个或三个元音音素组成的音组。

舌位动程：复合元音的发音过程是由几个元音音素的舌位连续移动而形成的。舌位移动的过程叫舌位动程。

复合鼻尾音：单纯元音或复合元音的后面附带鼻辅音[n]或[ng]做尾音的复合音。

辅音：音素的一类。发辅音时呼出气流在口腔中明显受到阻碍，呼出气流较强，发音器官对气流构成阻碍的部位肌肉紧张，大部分辅音发音时声带不颤动。普通话中辅音音素有 22 个。

发音部位：发辅音时口腔对呼出气流构成阻碍的部位。普通话中 22 个辅音音素的发音部位共有七处，即双唇阻、唇齿阻、舌尖前阻、舌尖中阻、舌尖后阻、舌面阻、舌根阻。

发音方法：发辅音时呼出气流破除发音部位所构成阻碍的方法。普通话中 22 个辅音音素的发音方法可分为五种，即塞音、擦音、塞擦音、鼻音和边音。

送气与否：配合发音方法对辅音发音条件进行的区分。在塞音和塞擦音中按呼出气流的强弱区分为送气音和不送气音两组辅音音素。

清浊区分：配合发音方法对辅音发音条件进行的区分。清音指发辅音时声带不颤动；浊音指发辅音时声带颤动。普通话 22 个辅音音素中只有鼻音 m、n、ng，边音 l 和擦音 r 五个辅音音素为浊音，其余 17 个均为清辅音。

辅音发音过程：发辅音时，从准备发音到发音结束的过程一般可分为成阻、持阻、除阻三个阶段。不同的发音方法三个阶段的状态各有不同。

		不送气音	送气音				
双唇阻	塞	b	p	m			
唇齿阻					f		边
舌尖中阻		d	t	n		l	
舌根阻	音	g	k	ng	h		音
舌面阻	塞	j	q		x		
舌尖后阻	擦	zh	ch		sh	r	擦
舌尖前阻	音	z	c	鼻音	s		音
		清	音	浊音	清音	浊音	

普通话辅音发音要领表

成阻:发辅音过程的开始阶段,即发音过程中阻碍作用开始形成,发音器官从静止或其他状态转到发一种辅音时所必须构成阻碍状态的过程。

持阻:发辅音过程的中间阶段,即发音过程中阻碍作用的持续,发音器官从开始成阻到最后除阻的一种中间过程。

除阻:发辅音过程的最后阶段,即发音过程中阻碍作用的解除,发音器官从某种阻碍状态转到原来静止或其他状态的一种过程。

声母:按汉语语音学的传统分析方法,把一个汉语音节起头的辅音叫做声母。普通话有21个辅音声母。

零声母:按汉语语音学的传统分析方法,把汉语音节中没有辅音的声母叫零声母。

韵母:按汉语语音学的传统分析方法,把汉语音节中声母以后的部分叫韵母。韵母由单元音或复合音充当。普通话中有39个韵母。

四呼:按汉语语音学的传统分析方法,根据韵母起头元音的唇形特点,将韵母分为开口呼、齐齿呼、合口呼、撮口呼四类。四呼即指开、齐、合、撮四类韵母。

声调:汉语音节所固有的,可以区别意义的声音的高低和升降。

调类:声调的种类。普通话有四个调类,即阴平、阳平、上声和去声。

调值:声调的实值,即声调的实际读法,也叫调形,指声音高低、升降、曲直、长短的形式。普通话有高平调、高升调、降升调、全降调四种调值形式,按五度标记法调值分别标记为55、35、214、51。

语流音变:在语流中由于受到相邻音节的相邻音素的影响,一些音节中的声母、韵母、声调会发生语音的变化,我们称之为语流音变。普通话中语流音变现象主要表现为轻声、儿化、语气词“啊”的变化和变调。其中变调包括上声变调、去声变调、“一”和“不”的变调以及重叠形容词变调。

轻声:普通话中每个音节都有自己的声调,可是在语流中有些音节常常失去原有的声调而被说成较轻、较短的调子,叫做轻声。

儿化:儿化又叫儿化韵,是普通话和某些汉语方言中的一种语音现象,即词的后缀“儿”不自成音节,而同前面的音节合在一起,使前一音节的韵母变为卷舌韵母。

第三节 发音器官示意图

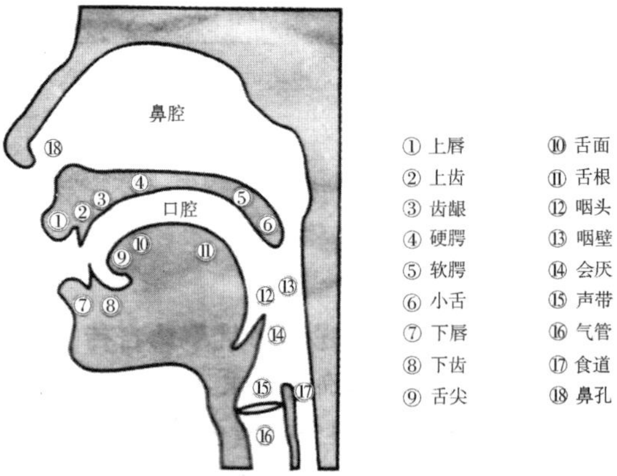

发音器官示意图

第四节　普通话语音结构关系示意图

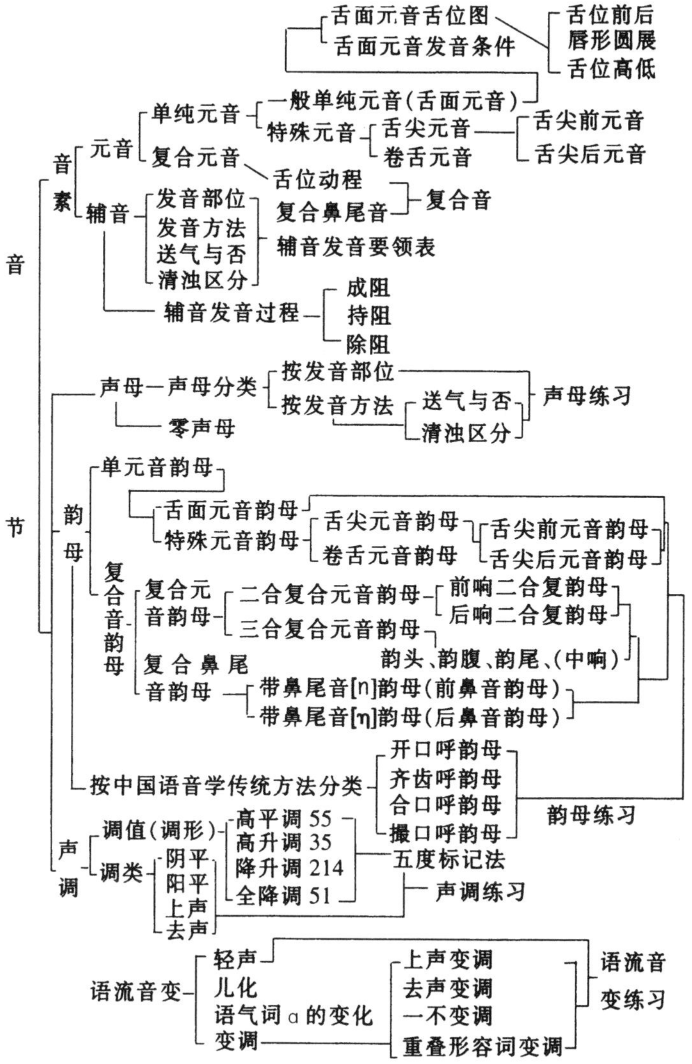

普通话语音结构关系示意图

第五节　普通话声韵配合表

声母＼例字	韵母														
	开口呼														
	-i[ʅ,ɿ]	a	o	e	ê	er	ai	ei	ao	ou	an	en	ang	eng	ong
b		ba 巴	bo 玻				bai 白	bei 杯	bao 包		ban 般	ben 奔	bang 邦	beng 绷	
p		pa 爬	po 坡				pai 拍	pei 胚	pao 抛	pou 剖	pan 潘	pen 喷	pang 旁	peng 烹	
m		ma 妈	mo 摸	me 么			mai 买	mei 梅	mao 猫	mou 谋	man 瞒	men 闷	mang 忙	meng 蒙	
f		fa 发	fo 佛					fei 非		fou 否	fan 帆	fen 分	fang 方	feng 风	
d		da 搭		de 德			dai 呆	dei 得①	dao 刀	dou 兜	dan 担		dang 当	deng 登	dong 东
t		ta 他		te 特			tai 胎		tao 掏	tou 偷	tan 摊		tang 汤	teng 滕	tong 通
n		na 拿		ne 讷			nai 奶	nei 内	nao 脑	nou 耨	nan 男	nen 嫩	nang 囊	neng 能	nong 农
l		la 拉		le 勒			lai 来	lei 雷	lao 老	lou 楼	lan 兰		lang 郎	leng 冷	long 龙
g		ga 嘎		ge 哥			gai 该	gei 给	gao 高	gou 沟	gan 干	gen 根	gang 钢	geng 庚	gong 工
k		ka 咖		ke 科			kai 开		kao 考	kou 口	kan 看	ken 看	kang 康	keng 坑	kong 空
h		ha 哈		he 喝			hai 海	hei 黑	hao 耗	hou 侯	han 寒	hen 很	hang 杭	heng 哼	hong 轰
j															
q															
x															
zh	zhi 知	zha 渣		zhe 遮			zhai 摘	zhei 这②	zhao 招	zhou 舟	zhan 占	zhen 针	zhang 张	zheng 争	zhong 中
ch	chi 吃	cha 插		che 车			chai 差		chao 超	chou 抽	chan 产	chen 陈	chang 昌	cheng 成	chong 充
sh	shi 诗	sha 沙		she 奢			shai 筛	shei 谁③	shao 烧	shou 收	shan 山	shen 身	shang 商	sheng 生	
r	ri 日			re 热					rao 绕	rou 柔	ran 然	ren 人	rang 嚷	reng 扔	rong 绒
z	zi 滋	za 杂		ze 则			zai 灾		zao 遭	zou 邹	zan 簪	zen 怎	zang 臧	zeng 增	zong 宗
c	ci 雌	ca 擦		ce 测			cai 猜		cao 操	cou 凑	can 参	cen 岑	cang 仓	ceng 层	cong 葱
s	si 司	sa 萨		se 色			sai 腮		sao 骚	sou 搜	san 三	sen 森	sang 桑	seng 僧	song 松
O		a 阿	o 喔	e 鹅	e 欸	er 儿	ai 哀	ei 欸④	ao 熬	ou 欧	an 安	en 恩	ang 昂	eng 鞥	

声母＼例字	韵母																						
	齐齿呼										合口呼									撮口呼			
	i	ia	ie	iao	iou	ian	in	iang	ing	iong	u	ua	uo	uai	uei	uan	uen	uang	ueng	ü	üe	üan	ün
b	bi 逼		bie 别	biao 标		bian 边	bin 宾		bing 兵		bu 布												
p	pi 批		pie 撇	piao 飘		pian 偏	pin 拼		ping 平		pu 铺												
m	mi 迷		mie 灭	miao 秒	miu 谬	mian 棉	min 民		ming 名		mu 木												
f											fu 夫												
d	di 低		die 爹	diao 刁	diu 丢	dian 颠			ding 丁		du 都		duo 多		dui 对	duan 端	dun 敦						
t	ti 梯		tie 帖	tiao 挑		tian 天			ting 听		tu 秃		tuo 托		tui 腿	tuan 团	tun 吞						
n	ni 泥		nie 捏	niao 鸟	niu 牛	nian 年	nin 您	niang 娘	ning 宁		nu 奴		nuo 挪			nuan 暖				nü 女	nüe 虐		
l	li 梨	lia 俩	lie 列	liao 撩	liu 溜	lian 连	lin 林	liang 良	ling 零		lu 炉		luo 罗			luan 乱	lun 论			lü 吕	lüe 掠		
g											gu 姑	gua 瓜	guo 郭	guai 乖	gui 规	guan 官	gun 棍	guang 光					
k											ku 枯	kua 夸	kuo 阔	kuai 快	kui 亏	kuan 宽	kun 困	kuang 筐					
h											hu 呼	hua 花	huo 活	huai 怀	hui 灰	huan 欢	hun 昏	huang 荒					
j	ji 鸡	jia 家	jie 街	jiao 交	jiu 纠	jian 间	jin 斤	jiang 江	jing 京	jiong 窘										ju 居	jue 决	juan 捐	jun 均
q	qi 欺	qia 恰	qie 切	qiao 敲	qiu 秋	qian 千	qin 亲	qiang 腔	qing 青	qiong 穷										qu 区	que 缺	quan 圈	qun 群
x	xi 希	xia 瞎	xie 歇	xiao 消	xiu 休	xian 先	xin 新	xiang 香	xing 星	xiong 兄										xu 虚	xue 学	xuan 宣	xun 勋
zh											zhu 朱	zhua 抓	zhuo 桌	zhuai 拽	zhui 追	zhuan 专	zhun 准	zhuang 庄					
ch											chu 出	chua 欻	chuo 戳	chuai 揣	chui 吹	chuan 川	chun 春	chuang 窗					
sh											shu 书	shua 刷	shuo 说	shuai 衰	shui 水	shuan 拴	shun 顺	shuang 双					
r											ru 如		rou 弱		rui 锐	ruan 软	run 闰						
z											zu 租		zuo 昨		zui 嘴	zuan 钻	zun 尊						
c											cu 粗		cuo 撮		cui 催	cuan 窜	cun 村						
s											su 苏		suo 所		sui 虽	suan 酸	sun 孙						
O	yi 衣	ya 鸦	ye 耶	yao 腰	you 优	yan 烟	yin 因	yang 央	ying 英	yong 拥	wu 乌	wa 娃	wo 窝	wai 歪	wei 威	wan 弯	wen 温	wang 汪	weng 翁	yu 迂	yue 约	yuan 渊	yun 晕

①“必须”的意思，如：你得去一次。　②“这”的口语音。　③“谁”的口语音。　④“欸(e)”的又读。

第二章 普通话声母训练

声母发音过程有三个阶段：成阻、持阻、除阻。声母的发音部位不同，吐字时的着力点就不一样。如 b、p、m，发音时着力点在双唇；d、t 着力点在舌尖，靠舌尖的弹力。因此，发声母音时不要拖长，要“咬住”、弹开。

普通话共有 21 个声母，即 b、p、m、f、d、t、n、l、g、k、h、j、q、x、zh、ch、sh、r、z、c、s。

普通话声母分成七个发音部分、五种发音方法。

第一节　双唇音（上下唇成阻）

一、字的练习

b——巴、播、掰、杯、班、奔、帮、崩、编、宾、标、兵、背、憋

p——趴、坡、拍、胚、潘、喷、乒、砰、偏、拼、飘、剖、呸、批

m——妈、摸、埋、眉、瞒、闷、盲、蒙、面、民、猫、明、门、眯

二、词的练习

b——标兵、本部、白布、辨别、褒贬、帮办、遍布、兵变、蚌埠

p——批判、偏僻、乒乓、平盆、爬坡、澎湃、琵琶、排炮、拼盘、皮袍

m——门面、买卖、盲目、明媚、牧民、面貌、民盟、蒙昧、梦寐

三、混合练习

b、p、m——奔跑、八面坡、民兵排、评比、闭幕、拼命

四、绕口令

八百标兵

b·p

八百标兵奔北坡,炮兵并排北边跑。
炮兵怕把标兵碰,标兵怕碰炮兵炮。

炮兵和步兵

b·p·m

炮兵攻打八面坡,炮兵排排炮弹齐发射。
步兵逼近八面坡,歼敌八千八百八十多。

一平盆面

b·p

一平盆面,烙一平盆饼,饼碰盆,盆碰饼。

爸爸抱宝宝

b·p·m

爸爸抱宝宝,跑到布铺买布做长袍。宝宝穿了长袍不会跑,跑了八步就拉破了布长袍。布长袍破了还要用布补,再跑到布铺买布做长袍。

葡萄皮儿

b·p

吃葡萄不吐葡萄皮儿,不吃葡萄倒吐葡萄皮儿。

巴老爷芭蕉树

b

巴老爷有八十八棵芭蕉树。来了八十八个把式要在巴老爷八十八棵芭蕉树下住。巴老爷拔了八十八棵芭蕉树,不让八十八个把式在八十八棵芭蕉树下住。八十八个把式烧了八十八棵芭蕉树,巴老爷在八十八棵芭蕉树边哭。

白庙和白猫

b·m

白庙外蹲一只白猫,白庙里有一顶白帽。白庙外的白猫看见了白帽,叼着白庙里的白帽跑出了白庙。

第二节 唇齿音(上齿与下唇内缘成阻)

一、字的练习

f——发、佛、非、番、分、方、风、法、凡、肺、仿、凤、飞、副

二、词的练习

f——方法、发放、非凡、仿佛、奋发、反复、肺腑、芬芳、防范

三、绕口令

画凤凰

f

粉红墙上画凤凰,凤凰画在粉红墙。
红凤凰、粉凤凰,红粉凤凰、花凤凰。

缝飞凤

f

粉红女发奋缝飞凤,女粉红反缝方法繁。
飞凤仿佛发放芬芳,方法非凡反复防范。
反缝方法仿佛飞凤,反复翻缝飞凤奋飞。

一座棚

b·p·f

一座棚傍峭壁旁,峰边喷泻瀑布长。不怕暴雨瓢泼冰雹落,不怕寒风扑面雪抛扬。并排分班翻山攀坡把宝找,聚宝盆里松柏飘香百宝藏,背宝奔跑报矿炮劈山,篇篇捷报飞伴金凤凰。

第三节 舌尖音(舌尖与上齿龈成阻)

一、字的练习

d——搭、得、低、嘟、呆、刀、担、当、灯、冬、多
t——它、特、踢、突、胎、掏、摊、淌、疼、通、脱
n——哪、呢、昵、奴、奶、闹、难、囊、能、农、挪
l——拉、了、里、路、拦、唠、朗、玲、利、咙、落

二、词的练习

d——担当、打倒、打点、打道、打底、打短、打盹、答对、达到、达旦
t——坍塌、贪图、铁塔、淘汰、探讨、团体、涂炭、逃脱、吞吐、推托
n——男女、能耐、忸怩、扭捏、恼怒、牛奶、泥泞、难能、奶娘、奶牛
l——流利、罗列、理论、劳力、留恋、榴莲、绿柳、沦落、勒令、落雷

三、混合练习

d、t、n、l——打退、坦荡、调料、锻炼、电流、电路、电脑、电能、电钮、努力

四、绕口令

打 特 盗

d·t

调到敌岛打特盗,特盗太刁投短刀,
挡推顶打短刀掉,踏盗得刀盗打倒。

白 石 塔

d·t

白石塔,白石搭,白石搭白塔,
白塔白石搭,搭好白石塔,白塔白又大。

聋 童

t·n·l

朦胧彩霓虹,铃戏小聋童。
聋童采柠檬,聋童不懵懂。

谭老汉买蛋和炭

d·t·l

谭家谭老汉,挑担到蛋摊,买了半担蛋,挑蛋到炭摊,买了半担炭,满担是蛋炭。老汉忙回赶,回家炒蛋饭,进门跨门槛,脚下绊一绊。跌了谭老汉,破了半担蛋,翻了半担炭,脏了木门槛。老汉看一看,急得满头汗,连说怎么办,蛋炭完了蛋,老汉怎吃蛋炒饭。

第四节　舌根音(舌根与软腭、硬腭交接处成阻)

一、字的练习

g——嘎、哥、锅、钢、耕、公、姑、光、干、给、改、顾、古、更
k——喀、科、括、亢、坑、空、枯、筐、挎、看、卡、忾、宽、扣
h——哈、喝、咳、嘿、罕、狠、夯、哼、慌、轰、欢、昏、会、坏

二、词的练习

g——改观、干股、尴尬、感观、光顾、古怪、规格、骨干、巩固、改革
k——刻苦、困苦、开垦、宽阔、亏空、空旷、空廓、坎坷、侃侃、空阔
h——荷花、很好、欢呼、航海、浩瀚、行会、海涵、含混、和缓、缓和

三、混合练习

g、k、h——挂画、狂欢、搞好、观看、航空、豪客、河口

四、绕口令

哥挎瓜筐过宽沟

g·k

哥挎瓜筐过宽沟，赶快过沟看怪狗，
光看怪狗瓜筐扣，瓜滚筐空哥怪狗。

哥哥捉鸽

g·k·h

哥哥过河捉个鸽，回家割鸽来请客，
客人吃鸽称鸽肉，哥哥请客乐呵呵。

华华和红红

h

华华有两朵黄花，红红有两朵红花，华华要红花，红红要黄花。华华送给红红一朵黄花，红红送给华华一朵红花。

第五节　舌面音(舌面与硬腭前部成阻)

一、字的练习

j——加、急、讲、江、京、津、鸡、居、交、揪、掘、举、见、将
q——掐、千、腔、青、亲、欺、屈、敲、缺、秋、全、切、取、求
x——瞎、歇、香、星、新、西、须、消、雪、休、宣、许、小、校

二、词的练习

j——焦急、进军、解决、经济、金橘、艰巨、将军、倔强、即将、积极
q——请求、欠缺、亲切、恰巧、取钱、巧取、亲戚、秦腔、崎岖、清泉
x——详细、虚心、相信、形象、学校、学习、休息、喜讯、悬想、想象

三、混合练习

j、q、x——坚强、机器、郊区、解劝、清洁、起居、奇迹、稀奇、向前、细节、巧计

四、绕口令

奇　绝

j·q·x

奇绝奇绝笑奇绝，入夏飘起金色雪。
喜鹊急向人间报，雪夜七仙下人间。

七　加　一

j·q

七加一，七减一，加完减完等于几？
七加一，七减一，加完减完还是七。

漆匠和锡匠

j·q·x

七巷一个漆匠，西巷一个锡匠，七巷漆匠用了西巷锡匠的锡，西巷锡匠拿了七巷漆匠的漆，七巷漆匠气西巷锡匠用了漆，西巷锡匠讥七巷漆匠拿了锡。请问漆匠和锡匠，谁拿谁的锡？谁用谁的漆？

第六节　翘舌音(舌尖与上齿龈和硬腭交接处成阻)

一、字的练习

zh——知、扎、哲、摘、折、沾、张、争、钟、朱、抓、捉、庄、追
ch——吃、叉、车、差、搀、吹、出、窗、成、超、冲、产、唱、春
sh——湿、沙、蛇、筛、山、商、省、双、书、生、闪、上、顺、刷
r——日、仍、人、忍、如、让、软、荣、冗、然、若、柔、辱、苒

二、词的练习

zh——政治、战争、庄重、郑重、执政、正直、制止、追逐、卓著、蜘蛛
ch——超产、车床、拆除、潮虫、拆穿、冲出、成虫、踟蹰、重茬、抽搐
sh——赏识、上山、双手、山水、手术、闪烁、闪失、烧水、设施、绅士
r——柔软、仍然、软弱、如若、忍让、忍辱、荣辱、荏苒、荏弱、容忍

三、混合练习

zh、ch、sh、r——支持、专长、征程、车站、沉重、纸张、转正、专程、柱石、山楂、辗转、郑重、常识、知识、时事、舒展

四、绕口令

朱叔锄竹笋

zh·ch·sh

朱家一株竹，竹笋初长出。朱叔处处锄，锄出笋来煮，锄完不再出，朱叔没笋煮，竹株又干枯。

晒　人　肉

sh·r

日头热，晒人肉，晒得心里好难受。
晒人肉，好难受，晒得头上直冒油。

煮 猪 肉

zh · ch · sh · r

锅里煮猪肉，肉里包着骨，取肉去猪骨，
放上一点醋，都吃熟猪肉。

学 时 事

zh · ch · sh

史老师，讲时事，常学时事长知识。
时事学习看报纸，报纸登的是时事。
常看报纸要多思，心里装着天下事。

知道不知道

zh · sh · r

认识从实践始，实践出真知。知道就是知道，不知道就是不知道。不要知道说不知道，也不要不知道装知道，老老实实，实事求是，一定要做到不折不扣的真知道。

第七节 平舌音(舌尖与下齿背成阻)

一、字的练习

z——咂、栽、糌、脏、遭、责、贼、怎、增、资、宗、邹、租、钻、嘴、尊、嘬
c——擦、猜、参、仓、操、策、呲、涔、噌、此、匆、凑、粗、蹿、摧、村、搓
s——撒、塞、三、桑、骚、涩、思、松、嗖、苏、酸、虽、孙、梭、扫、四、色

二、词的练习

z——自在、总则、最早、祖宗、自尊、自足、租子、曾祖、贼赃、造作
c——苍翠、草丛、猜测、层次、草测、草刺、参差、参错、摧残、催促
s——思索、洒扫、色素、琐碎、羧酸、松散、酥碎、送丧、三色、送死

三、混合练习

z、c、s——总裁、紫菜、早操、彩色、参赞、蚕丝、草酸、随从、嘈杂、醋酸、私自、死罪、搜索、塑造、诉讼、所在、再次

四、绕口令

四是四，十是十

s · sh

四是四，十是十，十四是十四，四十是四十，不要把十四说成是“实事”，也不要把四十说成是“细席”。要想说对四，舌头碰牙齿；要想说对十，舌头别伸直。要想说对四和十，多多练习十和四。

二人山前来比腿

c

山前有个崔粗腿，山后有个崔腿粗，二人山前来比腿。不知是崔腿粗比崔粗腿的腿粗，还是崔粗腿比崔腿粗的腿粗。

做 早 操

z · c

早晨早早起，早起做早操，人人做早操，做操身体好。

子　词　丝

z·c·s

四十四个字和词，组成一首子词丝的绕口词。桃子李子梨子栗子橘子柿子槟子和榛子，栽满院子村子和寨子。刀子斧子锯子凿子锤子刨子尺子，作出桌子椅子和箱子。名词动词数词量词代词副词助词连词，造成语词诗词和唱词。蚕丝生丝熟丝缫丝染丝晒丝纺丝织丝，自制粗丝细丝人造丝。

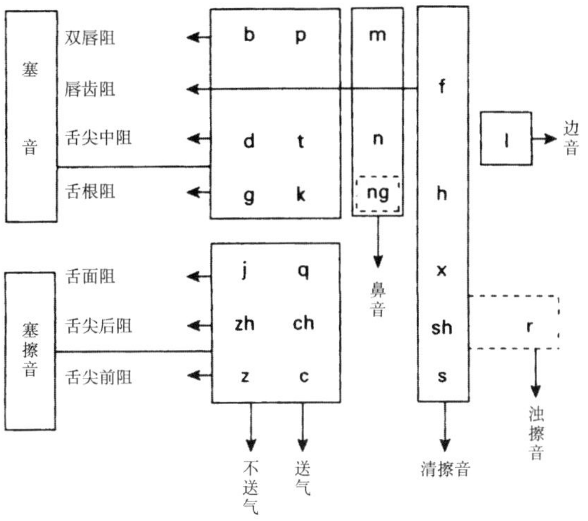

(一)声母发音部位发音方法简表

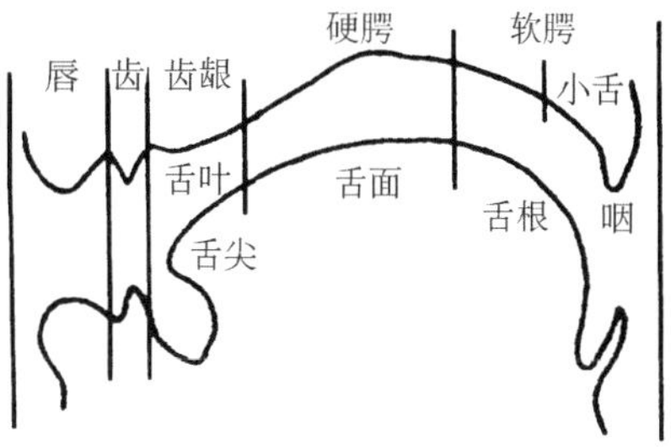

(二)咬字器官图

第三章

普通话韵母训练

韵母是音节的主要部分。它的发音非常重要，单韵母只有一个音素，比较简单。复韵母和鼻韵母却有两个或三个音素，而且很多都有韵尾，要特别注意归音问题。发韵母音时要求韵腹要拉开、立起，韵尾要归音到家。下面按韵母发音口型特点“四呼”来训练(口型即“嘴型”)。

普通话共有39个韵母，即：单韵母10个：a、o、e、ê、i、u、ü、-i(前)、-i(后)、er；复韵母13个：ai、ei、ao、ou、ia、ie、ua、uo、üe、iao、iou、uai、uei；鼻韵母16个：an、en、ian、in、uan、uen、üan、ün、ang、eng、iang、ing、uang、ueng、ong、iong。

第一节 开口呼

一、音的练习

a、o、e、-i(前)、-i(后)、ê、er、ai、ei、ao、ou、an、en、ang、eng

二、字的练习

a	阿、巴、趴、妈、发、搭、他、哪、拉、嘎、喀、哈、扎、叉、杀、匝、擦、撒
o	噢、播、坡、摸、佛
e	鹅、得、特、讷、勒、哥、瞌、喝、遮、车、奢、责、策、涩、婀
-i(后)	知、吃、诗、日
-i(前)	资、此、思
ê	欸
er	儿、耳、贰
ai	哀、白、拍、买、呆、胎、奶、来、该、开、海、摘、拆、筛、栽、猜、塞
ei	杯、胚、梅、非、内、雷、给、黑、贼
ao	熬、包、抛、猫、刀、掏、脑、老、高、考、耗、招、抄、烧、糟、操、骚、绕
ou	欧、剖、谋、否、兜、偷、搂、沟、扣、候、舟、抽、收、柔、邹、凑、搜
an	安、般、潘、瞒、帆、担、摊、难、兰、甘、看、寒、占、产、山、然、簪、残、三
en	恩、奔、喷、门、分、根、肯、很、针、抻、身、人、怎、岑、森
ang	昂、帮、旁、忙、方、当、汤、囊、郎、刚、康、杭、张、昌、商、脏、仓、桑
eng	绷、烹、蒙、风、登、腾、能、冷、庚、坑、哼、争、成、扔、增、曾、僧

三、词的练习

a	阿姨、阿斗、阿飞、阿毛、阿哥、把关、跋涉、罢工、霸主、扒开
o	波动、播种、剥削、博士、搏斗、薄弱、驳斥、泼辣、叵测、迫切
e	婀娜、阿谀、讹诈、额头、扼杀、恶劣、遏制、恶毒、恶果、恶霸
-i(后)	芝麻、支持、枝节、脂肪、知音、直径、植物、职业、指示、秩序
-i(前)	资本、滋润、子弟、自由、自觉、仔细、字调、姿态、自慰、自述
er	儿童、儿戏、而且、耳目、耳语、尔后、迩来、二胡、二副、贰臣
ai	买卖、白菜、开采、采摘、灾害、裁开、拆开、开排、该来、摆开
ei	北美、飞贼、贝类、费磊、雷垒、黑煤、北非、配备、翡翠、肥美
ao	凹陷、熬心、敖包、熬煎、遨游、翱翔、傲慢、奥博、奥妙、懊恼
ou	讴歌、欧洲、欧姆、殴打、偶尔、偶然、呕吐、沤肥、怄气
an	安然、安装、安插、案头、按语、暗淡、暗杀、暗算、岸标、岸然
en	恩惠、恩情、恩爱、恩赐、恩德、恩典、恩怨、恩泽、摁钉、摁扣
ang	昂扬、肮脏、昂贵、昂藏、昂然、昂首、盎然、盎司
eng	更生、风筝、猛烈、增加、生产、逞能、乘风、丰收

四、绕口令

胖娃娃和蛤蟆

a

一个胖娃娃捉了三个大花活蛤蟆，三个胖娃娃捉了一个大花活蛤蟆，捉了一个大花活蛤蟆的三个胖娃娃，真不如捉了三个大花活蛤蟆的一个胖娃娃。

老老道小老道

ao

高高山上有座庙，庙里住着俩老道。一个年纪老，一个年纪小，庙前长着许多草药，有时候老老道煮药，小老道采药，有时候小老道煮药，老老道采药。

颗颗豆子进石磨

o · e · ou

颗颗豆子进石磨，磨成豆腐送哥哥。哥哥说我的生产虽然小，可是小小的生产贡献多。

彩楼、锦绣

ao · ou

咱村有六十六条沟，沟沟都是大丰收。东山果园像彩楼，西山棉田似锦绣。北山有条红旗渠，滚滚清泉绕山走。过去瞅见这六十六条沟，心里就难受，今天瞅见这六十六条彩楼、锦绣、万宝沟，瞅也瞅不够！

盆碰棚

en · eng

老彭拿着一个盆，路过老陈住的棚，盆碰棚，棚碰盆，棚倒盆碎棚压盆。老陈要赔老彭的盆，老彭不要老陈来赔盆。老陈陪着老彭去补盆，老彭帮着老陈来修棚。

莲花灯

eng

莲花灯，莲花灯，今天点完明天扔。

帆布黄

ang

长江里船帆布黄，船舱里放着一张床，床上躺着两位老大娘，她俩亲亲热热唠家常。

张大妈夏大妈

a

张大妈，夏大妈，你看咱们的好庄稼。高的是玉米，低的是芝麻。开黄花、紫花的是棉花，圆溜溜的是西瓜，谷穗长得像镰把，勾着想把地压塌。张大妈，夏大妈，边看边乐笑哈哈。

大和尚、小和尚

ang · iang

大和尚常常上哪厢？大和尚常常过长江。过长江为哪厢？过长江看小和尚。大和尚原是襄阳姓张，小和尚原是商乡姓蒋，大和尚和小和尚常常互相商量。大和尚讲小和尚强，小和尚讲大和尚长。小和尚煎姜汤让大和尚尝，大和尚奖赏小和尚檀香箱。

第二节 齐齿呼

一、音的练习

i、ia、ie、iao、iou、ian、in、iang、ing

二、字的练习

i	衣、比、批、咪、低、踢、昵、哩、基、欺、西
ia	呀、嗲、俩、家、恰、瞎
ie	耶、鳖、撇、灭、列、爹、贴、聂、咧、街、切、歇
iao	腰、标、飘、苗、刁、挑、鸟、撩、交、敲、消
iou	优、谬、丢、牛、留、究、秋、休
ian	烟、编、偏、面、颠、填、黏、连、尖、千、仙
in	阴、宾、拼、民、您、林、今、亲、新
iang	央、娘、良、江、枪、香
ing	英、兵、乒、明、丁、听、宁、令、京、青、星

三、词的练习

i	衣服、批评、咪咪、低矮、低沉、踢打、溺爱、理论、基础、欺辱、西方
ia	牙齿、佳乐、恰巧、霞光、雅致、家庭、遐想
ie	野餐、憋闷、灭亡、跌打、贴切、列车、街道、切实、歇息
iao	要求、标兵、飘扬、苗圃、刁难、挑衅、鸟瞰、袅娜、聊天、交通、敲门、消灭
iou	优秀、谬论、丢失、牛郎、留恋、究竟、秋季、休息
ian	淹没、编造、偏僻、面貌、颠倒、填写、黏糊、连续、尖兵、千万、仙境
in	因果、宾客、拼写、民兵、林场、今天、亲切、新鲜
iang	央求、娘亲、良好、江涛、枪毙、香料
ing	英明、兵变、乒乓、明镜、叮咛、聆听、京津、青年、星空

四、绕口令

人心齐,泰山移

i

人心齐,泰山移,男女老少齐出力,要与老天比高低,挖了千渠几十里,保浇了万亩良田地。

羊入杨林

ia·ie·iang·iao

羊入杨林,羊吃杨叶芽,草驴驮草,草压草驴腰。

铜勺和铁勺

iao·iou

铜勺舀热油,铁勺舀凉油,铜勺舀了热油舀凉油,铁勺舀了凉油舀热油。

大姐梳辫

ian

大姐梳辫,两个人编,二姐编那半边,三姐编这半边。

一葫芦酒

iou

一葫芦酒,九两六;一葫芦油,六两九。六两九的油,要换九两六的酒。九两六的酒,要换六两九的油。

敬母亲

in·ing

生身亲母亲,谨请您就寝,请您心宁静,身心很要紧。新星伴明月,银光澄清清,尽是清静境,警铃不要惊,您请我进来,进来敬母亲。

天上七颗星

ing

天上七颗星,树上七只鹰,梁上七只钉,台上七盏灯,拿扇扇了灯,用手拔了钉,举枪打了鹰,乌云盖了星。

杨家养了一只羊

iang

杨家养了一只羊,蒋家修了一垛墙。杨家的羊撞倒了蒋家的墙,蒋家的墙压倒了杨家的羊。杨家要蒋家赔杨家的羊,蒋家要杨家赔蒋家的墙。

望月空满天星

ing

望月空,满天星,光闪闪,亮晶晶,好像那,小银灯。仔细看,看分明,大大小小、密密麻麻、闪闪烁烁,数也数不清。

第三节 合口呼

一、音的练习

u 、ua、uo、uai、uei、uan、uen、uang、ueng、ong

二、字的练习

u	乌、不、朴、木、夫、杜、突、努、路、姑、哭、呼、朱、出、书、如、租、粗、苏
ua	挖、瓜、夸、花、抓、刷
uo	窝、多、托、挪、罗、郭、阔、活、桌、戳、说、作、撮、所
uai	歪、乖、快、槐、拽、揣、衰
uei	威、对、推、规、亏、灰、追、吹、水、瑞、嘴、崔、虽
uan	弯、端、团、暖、乱、观、宽、欢、专、川、拴、软、钻、窜、酸
uen	温、敦、吞、仑、棍、困、混、准、春、顺、闰、尊、村、孙
uang	汪、光、筐、荒、庄、窗、双
ueng	翁
ong	东、通、农、龙、工、空、轰、中、充、绒、宗、匆、松

三、词的练习

u	乌鸦、补旧、扑灭、沐浴、夫妇、杜绝、突破、努力、道路、姑娘、租界、粗心、苏醒
ua	挖掘、瓜葛、夸奖、花架、抓紧、刷牙
uo	窝藏、夺取、托付、挪威、啰唆、国家、阔别、活泼、桌椅、戳穿、硕果、作战、挫折
uai	歪邪、乖巧、快乐、坏蛋、拽开、揣测、衰败
uei	威胁、堆放、推托、规律、亏损、灰心、追随、吹捧、水分、瑞金、嘴脸、摧残、虽然
uan	弯曲、端正、团结、暖和、乱世、观赏、宽阔、欢迎、专长、穿透、栓塞、软弱、钻石
uen	温暖、敦厚、吞吐、沦亡、滚落、困难、混淆、准备、春色、顺利、温顺、尊敬、村庄
uang	汪洋、光芒、瓜筐、荒野、庄重、窗户、双手
ueng	老翁、蓊郁、瓮城
ong	东西、交通、农民、苍龙、工作、空气、轰炸、中国、充足、丝绒、宗派、匆忙、松柏

四、绕口令

服务部

u

早晚服务部，服务员好态度，学习刻苦有觉悟，严肃认真不马虎。货物架上的货物真丰富：有烟酒、有油醋、有鞋袜、有衣裤、有纸笔、有图书，还有各式各样的红布、白布、蓝布、青布、灰布、条绒平绒布，什么苏绸、蜀缎、卡其布、人造棉、的确良、线绨床单布。要问货物有多少种？有人顺路数了数，足足数了五百五十五遍五，越数越糊涂，没有数清楚，跷起拇指夸服务！

小华和胖娃

ua

小华和胖娃，两人种花又种瓜。小华会种花不会种瓜，胖娃会种瓜不会种花。

诗人抒情怀

uai

请看大门外，长着一杨槐，诗人站在此，仰头抒情怀。

颠倒歌

uo

太阳从西往东落，听我唱个颠倒歌。天上打雷没有响，地下石头滚上坡；江里骆驼会下蛋，山上鲤鱼搭成窝；腊月酷热直流汗，六月暴冷打哆嗦；姐在房中手梳头，门外口袋驮骆驼。

美

ei · uei

美，多么令人陶醉，美，印在人们的心内。有人说我像洁白的浪花，有人说我像含香的玫瑰。我确实长得很美，有人把我变成时髦的装束，有人把我变成“攻关”的汗水。

床 船

uan · uang

床身长，船身长，床身船身不是一样长。

两只饭碗

uan

红饭碗，黄饭碗，红饭碗盛满饭碗，黄饭碗盛半饭碗，黄饭碗添半饭碗，像红饭碗一样满饭碗。

不是彩虹不是弓

ong

我家住在莲花峰，屋顶常年落彩虹，彩虹跨度三十里，越看越像一把弓，同志喂，这不是彩虹不是弓！而是那边渡槽架长空。

第四节 撮口呼

一、音的练习

ü、üe、üan、ün、iong

二、字的练习

ü	迂、女、吕、居、屈、虚
üe	约、虐、掠、决、缺、靴
üan	渊、捐、圈、宣、元、卷、劝
ün	晕、均、群、勋、菌、训、寻
iong	拥、窘、穷、凶、炯、永、用

三、词的练习

ü	迂回、淤积、娱乐、女皇、女郎、旅行、旅程、履历、居住、举动、拒绝、屈服、曲剧
üe	约束、月亮、跃进、虐待、虐政、掠夺、略微、决定、决策、缺乏、确实、削减、靴子
üan	冤枉、源泉、愿望、捐献、卷逃、眷恋、圈套、蜷缩、劝说、宣传、选择、渲染
ün	晕倒、云彩、运动、军队、俊俏、群众、群体、功勋、勋章、寻找、询问、迅速
iong	拥护、用途、踊跃、困窘、窘迫、穷尽、贫穷、凶恶、凶手

四、绕口令

女小吕

ü

这天天下雨，体育运动委员会穿绿雨衣的女小吕，去找计划生育委员会不穿绿雨衣的女老李。体育运动委员会的穿绿雨衣的女小吕，没找着计划生育委员会不穿绿雨衣的女老李；计划生育委员会的不穿绿雨衣的女老李，也没见着体育运动委员会穿绿雨衣的女小吕。

白 雪

üe

像柳絮，像飞蝶，情绵绵，意切切，我爱这人间最美的花朵，白雪飘飘，飘飘白雪。看那晶莹的花瓣，铺满了天边的原野，看那轻盈的舞姿，催开了红梅的笑靥。呵，白雪飘飘，飘飘白雪。她赠给大地一片皎洁，她撒向人间多少欢悦。是她用纯真的爱情，滋润着生命的绿叶，是她把热烈的追求，献给那美好的季节。呵，白雪飘飘、飘飘白雪，她带给人间多少向往，她纵情欢呼新的岁月！

男演员女演员

üan

男演员，女演员，同台演戏说方言。男演员说吴语言，女演员说闽语言。男演员演远东旅行飞行员，女演员演鲁迅文学研究员。研究员，飞行员，吴语言，闽语言，你说男女演员演得全不全。

小贴士：韵母的练习，是根据韵母开头元音的口形特点将它分成“四呼”练的。“四呼”，又是结合播音发声的特点，按实际发音口形的特点来分类练习的，与各语音书里的分类稍有不同。如“ong”语音书里规定在“开口呼”里，我们按实际发音口形把它放在“合口呼”里来练；如“iong”，语音书里规定在“齐齿呼”里，我们按播音员发声的实际发音口形把它放在“撮口呼”里来练，故此加以说明。

第四章

普通话声调训练

普通话声调共有 4 个，即：阴平、阳平、上声、去声。“轻声”乃属“语流音变”的范围。

普通话声调发音口诀：起音高高一路平(55)，由中到高往上升(35)，先降然后再升起(214)，高处降到最下层(51)。

第一节　夸张四声

夸张四声的训练，这是吐字归音的基本练习。通过练习声母、韵母、声调以及锻炼音素过渡，可以使口腔各部位都活动起来。

这个练习要结合气息一块儿练。**要求：阴平的音势平而柔，阳平的音势往上升，上声的音势厉而强，去声的音势轻而远。**

在练习时，要注意气息、声音的支点，吐字要有力，咬住字头，拉开字腹，收住字尾，四声正确，声音连贯。尤其是夸张的上声练习对于体会气息运动更是个好方法。

一、双唇音

bā	bá	bǎ	bà	pō	pó	pǒ	pò	māo	máo	mǎo	mào
巴	拔	把	罢	坡	婆	叵	破	猫	毛	卯	帽

二、唇齿音

fāng	fáng	fǎng	fàng
方	房	仿	放

三、舌尖音

dī	dí	dǐ	dì	tōng	tóng	tǒng	tòng	niū	niú	niǔ	niù	liāo	liáo	liǎo
低	敌	抵	弟	通	同	统	痛	妞	牛	扭	拗	撩	聊	了

liào
料

四、舌根音

gū gú gǔ gù kē ké kě kè hān hán hǎn hàn

姑 骨 古 顾 科 咳 可 克 酣 寒 喊 汉

五、舌面音

jū jú jǔ jù qīng qíng qǐng qìng xiāng xiáng xiǎng xiàng

居 桔 举 拒 青 晴 请 庆 香 祥 想 象

六、翘舌音

zhī zhí zhǐ zhì chēng chéng chěng chèng shēn shén shěn shèn

知 直 纸 至 称 呈 逞 秤 申 神 审 慎

rū rú rǔ rù

△ 如 乳 入

七、平舌音

zuō zuó zuǒ zuò cāi cái cǎi cài suī suí suǐ suì

作 昨 左 坐 猜 才 采 菜 虽 随 髓 岁

八、开口音

bāi bái bǎi bài pāo páo pǎo pào fēi féi fěi fèi lōu lóu lǒu lòu

掰 白 百 拜 抛 刨 跑 炮 飞 肥 匪 费 搂 楼 搂 漏

九、齐齿音

jiā jiá jiǎ jià qīn qín qǐn qìn xiē xié xiě xiè liān lián liǎn liàn

家 夹 甲 架 亲 勤 寝 沁 些 鞋 写 谢 △ 连 脸 炼

十、合口音

chuāng chuáng chuǎng chuàng wā wá wǎ wà huān huán huǎn huàn guāi guái guǎi guài

窗 床 闯 创 蛙 娃 瓦 袜 欢 环 缓 换 乖 △ 拐 怪

十一、撮口音

xuē xué xuě xuè yūn yún yǔn yùn quān quán quǎn quàn

薛 学 雪 血 晕 云 允 运 圈 全 犬 劝

第二节 两字词练习

按声调组合顺序练，注意气息与声带的协调控制。

一、阴阴

参加、西安、播音、工兵、拥军、东风、交通、磋商、周刊、参军、丰收、秋收、拉丁、非洲

二、阴阳

资源、坚决、鲜明、工人、飘扬、高潮、新华、新闻、欢迎、编排、宣传、江南、胸怀、加强

三、阴上

批准、发展、班长、听讲、黑板、刚果、灯塔、充满、争取、加紧、思索、艰苦、生产、施展

四、阴去

庄重、播送、音乐、拥政、方向、飞快、夸耀、规范、单位、通信、根据、经济、深入、声调

五、阳阴

国家、国歌、联欢、革新、南方、群居、承担、农村、平均、狂欢、节约、滑冰、容光、澄清

六、阳阳

国旗、直达、答题、滑翔、模型、流传、随时、随同、儿童、团结、联合、离别、停留、人民

七、阳上

华北、黄海、防守、平等、遥远、狭小、泉水、勤恳、寻找、难免、截止、民主、和好、驳倒

八、阳去

革命、豪迈、辽阔、雄厚、模范、同志、群众、财政、林业、盘踞、情愿、常用、局势、存放

九、上阴

广播、指标、统一、许多、广西、展开、北京、每天、纺织、转播、抢修、领空、整装、产生

十、上阳

指南、统筹、普及、解决、敏捷、谴责、抢夺、反常、表决、久别、紧急、解围、小学、朗读

十一、上上

遣返、北海、表演、展览、广场、厂长、领土、领海、领导、鼓掌、打倒、感想、场所

十二、上去

假设、左右、诡辩、挑战、舞剧、曲剧、本位、选派、想象、主要、广阔、紧迫、垮掉、访问

十三、去阴

内因、列车、下乡、认真、办公、贵宾、外宾、矿工、电灯、象征、外观、地方、救灾、自发

十四、去阳

自然、化学、措辞、特别、戒严、挫折、报名、电台、到达、会谈、上游、调查、地名、慰劳

十五、去上

血管、耐久、二百、剧本、下雨、跳伞、问好、运转、下雪、外语、购买、末尾、恰巧、并且

十六、去去

日月、布告、大厦、惧怕、画像、自传、破例、岁月、射箭、愤怒、庆贺、宴会、创办、浪费

第三节　四字词练习

通过四字词练习，可以锻炼灵活的四声正音的技巧，读的时候，要结合体会气息的运动状态，放开声一口气很通畅地读出来。

一、不同声韵的四声依序练习

中国伟大	山河美丽	天然宝藏	资源满地
阶级友爱	工农子弟	千锤百炼	中流砥柱
心明眼亮	精神百倍	光明磊落	身强体壮
山明水秀	花红柳绿	开渠引灌	风调雨顺
阴阳上去	非常好记	高扬转降	区别起落

二、按声母顺序排列的练习

b	p	m	f	d	t	n
百炼成钢	排山倒海	满园春色	发愤图强	大快人心	谈笑风生	鸟语花香
波澜壮阔	喷薄欲出	名不虚传	翻江倒海	当机立断	滔滔不绝	逆水行舟
暴风骤雨	鹏程万里	满腔热情	丰功伟绩	颠扑不破	天衣无缝	能者多劳
壁垒森严	普天同庆	目不转睛	赴汤蹈火	斗志昂扬	推陈出新	宁死不屈
l	g	k	h	j	q	x
老当益壮	盖世无双	慷慨激昂	豪言壮语	艰苦奋斗	千军万马	喜笑颜开
雷厉风行	高瞻远瞩	开卷有益	和风细雨	锦绣河山	晴天霹雳	响彻云霄
力挽狂澜	攻无不克	克敌制胜	横扫千军	继往开来	气壮山河	心潮澎湃
龙飞凤舞	光彩夺目	快马加鞭	呼风唤雨	举世无双	群威群胆	栩栩如生
zh	ch	sh	r	z	c	s
朝气蓬勃	称心如意	山水相连	日新月异	赞不绝口	层出不穷	四海为家
专心致志	超群绝伦	深情厚谊	人才辈出	再接再厉	沧海一粟	三思而行
咫尺天涯	赤子之心	生龙活虎	饶有风趣	责无旁贷	灿烂光明	肃然起敬
辗转反侧	出奇制胜	舍生忘死	如火如荼	自知之明	从容就义	所向披靡

第四节　绕口令

黄毛猫偷吃红糖包

王家有只黄毛猫，偷吃汪家红糖包，汪家打死王家的黄毛猫，王家要汪家赔黄毛猫，汪家要王家赔红糖包。

〔阴平、阳平〕

拖拉机

一台拖拉机，拉着一张犁。拖拉机拉犁犁翻地，翻地翻得深又细。拖拉机出的力，犁翻的地，你说是犁犁的地还是拖拉机翻的地？

〔阴平、阳平、去声〕

珍珍绣锦枕

珍珍绣锦枕，绣枕用金针，双蝶枕上争，珍珍的锦枕赠亲人。

〔阴平、阳平、上声〕

梁木匠和梁瓦匠

梁木匠，梁瓦匠，俩梁有事齐商量，梁木匠天亮晾衣裳，梁瓦匠天亮晾高粱。梁木匠晾衣裳受了凉，梁瓦匠晾高粱少了粮。梁瓦匠思量梁木匠受了凉，梁木匠思量梁瓦匠少了粮。

〔阴平、阳平、上声、去声〕

铜钉和铜板

铜钉和铜板，铜钉钉铜板，铜板钉铜钉，钉钉铜，铜钉钉。

〔阴平、阳平、上声、去声〕

不怕不会

不怕不会，就怕不学。一回学不会再来一回。一直到学会，我就不信学不会。

〔阳平、去声〕

买丝线

妈妈给我四十四个钱，跑到施家丝店里买丝线，花了四个钱，买了四条白色细丝线；花了四十个钱，买了四十条红色细丝线。

〔阴平、去声〕

发音要领口诀

学好声韵辨四声，阴阳上去要分明。
部位方法须找准，开齐合撮属口形。
双唇班报必百波，舌尖当地斗点丁；
舌根高狗坑耕故，舌面积结教坚精。
翘舌主争真志照，平舌资则早在增。
擦音发翻飞分复，送气查柴产彻称。
合口呼午枯胡古，开口河坡歌安争；
撮口虚学寻徐剧，齐齿衣优摇业英。
前鼻恩因烟弯稳，后鼻昂迎中拥生。
咬紧字头归字尾，阴阳上去记变声。
循序渐进坚持练，不难达到纯和清。

第五章 普通话声母、韵母的对比分辨训练

普通话中有21个声母、39个韵母、4个声调。我们要按照正确的部位和方法，发准每个音素，每个音节。同时，我们又需要凭借掌握的语音知识成系统地纠正受方言影响的语言习惯(例如：b、p，n、l，f、h，平、翘，ai、ei，uai、uei，n－ng，iao、iou等等不分或混淆)，以求达到事半功倍的效果。

第一节 声母不送气音与送气音的对比

一、字的对比

b—p	j—q	d—t	zh—ch	g—k	z—c
罢 怕	交 敲	搭 他	知 吃	该 开	杂 擦
波 坡	基 期	单 滩	招 超	甘 刊	脏 苍
崩 砰	京 青	冬 通	专 穿	刚 康	宗 葱
不 扑	江 腔	多 脱	钟 冲	工 空	租 粗

二、词的对比

b—p	g—k	zh—ch	d—t	j—q	z—c
摆布 批评	改革 刻苦	政治 戳穿	担当 天堂	艰巨 崎岖	自尊 层次
标兵 偏僻	规格 困苦	战争 踟蹰	调动 体贴	进军 巧取	总则 猜测
颁布 皮袍	巩固 宽阔	郑重 抽查	到达 探讨	将军 请求	最早 措辞
本部 铺平	关公 可靠	追逐 惆怅	答对 淘汰	积极 欠缺	祖宗 催促
辨别 评判	骨干 慷慨	正直 赤诚	打倒 坍塌	倔犟 亲切	自足 草丛
包办 乒乓	光顾 开矿	执政 长城	敌岛 团体	解决 清泉	曾祖 从此

三、交替对比

b、p	编排	被迫	奔跑	爆破	p、b	陪伴	配备	破败	盘剥
d、t	代替	地毯	带头	灯塔	t、d	坦荡	偷盗	态度	特点
g、k	赶快	港口	功课	高亢	k、g	肯干	客观	开关	考古
j、q	机器	价钱	近亲	坚强	q、j	千斤	勤俭	抢救	请假
zh、ch	支持	专长	战船	征程	ch、zh	车站	沉重	城镇	吃斋
z、c	字词	早餐	杂草	最次	c、z	存在	词组	操作	刺字
b	被服	饱了	步子	鼻子	p	佩服	跑了	铺子	皮子
d	队伍	调动	河道	肚子	t	退伍	跳动	河套	兔子
g	挂上	关心	钩住	天公	k	跨上	宽心	抠住	天空
j	尖子	吉利	橛子	长江	q	扦子	奇丽	瘸子	长枪
zh	摘花	扎针	大志	竹纸	ch	拆花	插针	大翅	竹尺
z	子弟	大字	组成	清早	c	此地	大词	促成	青草

四、朗读练习

大雪整整下了一夜。今天早晨，天放晴了，太阳出来了。推开门一看，嗬！好大的雪啊！山川、河流、树木、房屋，全都罩上了一层厚厚的雪，万里江山，变成了粉妆玉砌的世界。

第二节　普通话声母 f 与 h 的对比

有些方言 f 和 h 有混淆不清现象。这两个音发音方法相同，都是清擦音，但发音部位不同。f 的受阻部位是下唇与上门齿，h 是舌根与软腭。

一、字的对比

f——发　飞　凡　粉　防　冯
h——哈　黑　寒　很　行　横

二、词的对比

f——肺腑　方法　反复　仿佛　奋发　芬芳
h——航海　花卉　毁坏　欢呼　荷花　缓和

三、交替对比

f、h——凤凰　繁华　附和　防护
h、f——恢复　会费　活佛　荒废
f——开发　开方　公费　废话　大夫
h——开花　开荒　工会　绘画　大呼

四、朗读练习

一场夜雨，洗落了高原上的满天尘沙。天蓝得出奇，碧澄的湖水也为之逊色。天空燃烧着朝霞，像一簇簇盛开在山尖的红花，一群苍鹰刚健地在云边飞旋，越飞越高。清凉的晨风夹带着野花和奶子的香味儿，扑鼻而来，沁人心脾，呵，多美丽的早晨呀！

五、绕口令练习

黄幌子和方幌子

f—h

老方扛着个黄幌子，老黄扛着个方幌子，老方要拿老黄的方幌子，老黄要拿老方的黄幌子，老黄老方不相让，方幌子碰破了黄幌子，黄幌子碰破了方幌子。

理发和理化

f—h

我们要学理化，他们要学理发。理化不是理发，理发也不是理化。

理化理发要分清，学会理化却不会理发，学会理发却不会理化。

华华和红红

f—h

华华有两件粉红衣，红红有两件太空服，华华想要太空服，红红想穿粉红衣。

华华送红红一件粉红衣，红红给华华一件太空服，她们每人都有一件粉红衣和一件太空服。

第三节　声母 n 与 l 的对比

舌尖音中 n 与 l 两个音有些方言区分不清。这两个音的发音部位是一样的，主要是以发音方法来区分。n 是鼻音，气流从鼻子里出来；l 是边音，气流是从舌头两边出来的。

一、字的对比

n ——那　耐　内　脑　难　农

l ——腊　赖　泪　老　兰　龙

二、词的对比

n ——牛奶　泥泞　恼怒　能耐　男女　忸怩

l ——流利　嘹亮　玲珑　劳力　流量　留恋

三、交替对比

n、l——哪里　脑力　奴隶　耐劳

l、n ——烂泥　连年　留念　冷暖

n ——女客　男子　难住　大娘

l ——旅客　篮子　拦住　大梁

四、朗读练习

感人的歌声留给人的记忆是长远的。无论哪一首激动人心的歌，最初在哪里听过，那里的情景就会深深地留在记忆里。

五、绕口令练习

练一练，念一念

l·n

练一练，念一念，n、l要分辨。l是舌边音，n是鼻音要靠前。你来练，我来念，不怕累，不怕难，齐努力，攻难关。

牛郎恋刘娘

n·l

牛郎年年恋刘娘，刘娘年年念牛郎；牛郎恋刘娘，刘娘念牛郎，郎恋娘来娘念郎。

老农闹老龙

n·l

老龙恼怒闹老农，老农恼怒闹老龙，
农怒龙恼农更怒，龙恼农怒龙怕农。

满、懒、难

n·l

学习就怕满、懒、难，心里有了满、懒、难，不看不钻，就不前。心里丢掉满、懒、难，永不自满边学边干，蚂蚁也能搬泰山。

第四节　声母平舌音与翘舌音的对比

平舌音与翘舌音很多方言都分不清，这两组声母发音方法相同，但发音部位不同。平舌音是舌尖与下齿背成阻，翘舌音是舌尖与硬腭前部成阻。正确掌握发音部位是区分这两组声母的关键。要想说对“平”(z)，舌头碰牙齿，要想说对“翘”(zh)，舌头别伸直。

一、字的对比

z—zh	c—ch	s—sh
杂　闸	擦　插	色　舍
则　折	词　池	四　世
资　知	猜　拆	赛　晒
灾　摘	草　炒	搜　收
糟　招	灿　颤	三　山
走　肘	藏　长	桑　伤

二、词的对比

z—zh	c—ch	s—sh
最早　庄重	猜测　车床	思索　闪烁
自尊　战争	层次　超产	洒扫　上山
总则　政治	催促　冲闯	色素　山水
自足　争战	摧残　惆怅	琐碎　设施
栽赃　执政	参差　长城	松散　绅士
祖宗　正中	璀璨　赤诚	送死　双手

三、交替对比

z—zh	组织 杂志 再植 赞助	zh—z	种族 装载 种子 重载
c—ch	蚕虫 操场 财产 擦车	ch—c	炒菜 冲刺 尺寸 陈词
s—sh	似是 三山 四水 飒爽	sh—s	疏松 输送 失色 伤俗
z	自力 栽花 赞助 增补 暂时	zh	智力 摘花 站住 争捕 战时
c	操场 仓皇 草木 一层 参谋	ch	抄写 猖狂 炒菜 一成 搀扶
s	四十 三哥 塞子 撒网 散光	sh	事实 山歌 筛子 纱网 闪光

四、朗读练习

有一些事情，当我们年轻的时候，无法懂得。当我们懂得的时候，已不再年轻。“孝”是稍纵即逝的眷恋，“孝”是无法重视的幸福。天下的儿女们啊，趁你父母健在的光阴，赶快为你的父母尽一份孝心吧！

五、绕口令练习

抱子看报纸

z、zh

报纸是报纸，抱子是抱子，报纸抱子两件事，抱子不是报纸。看报纸不是看抱子，只能抱子看报纸。

石狮子　涩柿子

s、sh

山前有四十四棵死涩柿子树。山后有四十四只石狮子。山前的四十四棵死涩柿子树，涩死了山后的四十四只石狮子。山后的四十四只石狮子，咬死了山前的四十四棵死涩柿子树。不知是山前的四十四棵死涩柿子树涩死了山后的四十四只石狮子，还是山后的四十四只石狮子咬死了山前的四十四棵死涩柿子树。

陈庄城通郑庄城

zh、ch

陈庄城通郑庄城，郑庄城通陈庄城，陈庄城和郑庄城，两庄城墙都有门。陈庄门进郑庄人，郑庄门进陈庄人，请问陈郑两庄门，各进哪庄人？

撕字纸

z、zh　s、sh

刚往窗上糊字纸，你就隔着窗户撕字纸。一次撕下横字纸。一次撕下竖字纸，横竖两次撕了四十四张湿字纸。是字纸你就撕字纸，不是字纸，你就不要胡乱地撕一地纸。

辨　读

z、zh　c、ch　s、sh

找到不念早到，遭到不念早稻，乱草不念乱吵，制造不念自造，收不念搜，昌不念仓，张不念脏，栽花不念摘花，自力不念智力，暂时不念战时，大字不念大志，一层不念一成，草木不念炒木，参加不念掺加，四十不念事实，三哥不念山歌，塞子不念筛子，俗语不念熟语，散光不念闪光，撒网不念纱网，三山不念山山。

第五节　声母舌面音与翘舌音 r 与 l 和 r 与 i 的对比

有些方言把舌面音念得近似翘舌音。舌面音是舌面与硬腭成阻，翘舌音是舌尖与硬腭前部成阻。

有些方言 r 与 l 和 r 与 i 也有混淆不清的现象。要根据发音特点把这几个音区别开。r 与 l 是声母，r 是翘舌音，l 是舌尖浊边音，i 是韵母。

1. j 与 zh		2. q 与 ch		3. x 与 sh		4. r 与 l				5. r 与 i	
文教	号召	融洽	树权	城乡	工商	出入	出路	温柔	高楼	人民	银行
实践	实战	富强	时常	自修	丰收	例如	火炉	荣幸	隆重	承认	烙印
担架	爆炸	要求	丝绸	袖子	瘦子	利润	立论	洗染	展览	仍然	营房
新旧	宇宙	深浅	生产	学校	吹哨	褥子	路子	柔软	虫卵	鱼肉	左右
增加	煤渣	双枪	操场	欢笑	老少	很热	很乐	谦让	波浪	红日	大意
长江	文章	水桥	高潮	上下	大厦	天然	天蓝	耻辱	俘虏	蹂躏	犹豫
										围绕	需要
										土壤	给养

第六节　复韵母 ai 与 ei、uai 与 uei、ao 与 ou、iao 与 iou 的对比

复韵母 ai、ei、uai、uei、ao、ou、iao、iou 发音时，口形有开合，舌位也有移动。吴方言区的人最不习惯发前响复韵母，常常把它念成一个音素，如 ai 就常常念成 ê。要根据韵母中的每个音素，掌握好口形舌位，不能似是而非，同时还要掌握好前响、中响的特点。

1. ai 与 ei		2. uai 与 uei		3. ao 与 ou		4. iao 与 iou	
千百	东北	里外	保卫	布告	采购	消息	休息
麦子	妹子	胸怀	来回	潮湿	筹备	烧窑	烧油
埋没	媒介	一块	崩溃	稻子	豆子	交通	纠察
胜败	后背	好坏	小会	很吵	很丑	小桥	小球
稗子	被子	草率	纳税	燃烧	回收	推敲	春秋
分派	分配	乖张	规章	抄写	抽血	医疗	交流
改了	给了	奇怪	宝贵	哨子	瘦子	学校	优秀
买的	美的	很快	惭愧	抛弃	剖析	手脚	长久
				朝阳	周围		
				桃子	头子		
				少数	手术		
				吹号	前后		

第七节　韵母前鼻音与后鼻音的对比

前鼻音韵母和后鼻音韵母，特别是 en 与 eng、in 与 ing 混淆不清的现象是普遍存在的。分清韵尾 n 和 ng 的发音部位是念准前、后鼻音韵母的关键。n 是舌尖音，舌尖抵住上齿龈，ng 是舌根音，舌根抵软腭。

一、字的练习对比

an	ang	ian	iang	uan	uang	üan	en	eng	in	ing	uen	ong	ün	iong
安	肮	烟	央	弯	汪	渊	奔	崩	音	英	昏	烘	云	永
班	帮	先	香	川	窗	捐	喷	砰	宾	兵	吨	东	群	穷
餐	仓	联	良	官	光	圈	门	盟	民	明	吞	通	勋	兄
担	当	尖	江	欢	荒	宣	森	僧	今	京	准	种	军	炯
沾	张	千	枪	专	装		真	争	亲	青	尊	宗		
三	桑	年	娘	栓	双		申	撑	新	星	村	丛		

二、词的对比

an—ang		ian—iang		uan—uang		üan	en—eng		in—ing		uen—ong		ün—iong	
安然	昂扬	简练	响亮	贯穿	状况	全权	认真	丰盛	亲近	评定	昆仑	隆重	军训	炯炯
汗衫	当场	年限	想象	专款	双簧	圈圈	根本	更正	勤谨	庆幸	馄饨	工农	均匀	拥护
勘探	厂房	片面	江洋	酸软	窗框	劝说	身份	生成	民心	清明	谆谆	从容	寻群	雄姿
感染	帮忙	检点	抢粮	转弯	装潢	宣传	真深	风筝	临近	命令	问询	动工	循运	踊跃
泛滥	上当	惦念	踉跄	转换	撞床	捐献	神针	逞能	贫民	领情	温顺	松动	允许	用心
展览	方糖	垫肩	相像	婉转	闯撞	警犬	陈真	乘胜	亲信	情景	春温	送终	群众	穷苦
肝胆	肮脏	建店	洋相	乱穿	光望	权力	审慎	征程	近亲	精兵	困顿	隆冬	寻找	凶恶
参看	放航	编片	向阳	观钻	望窗	绚丽	分诊	登程	近邻	轻病	滚轮	红彤	运用	勇敢

三、交替对比

an、ang	班长　盼望　南方　肝脏	ang、an	抗旱　长安　伤感　上山
ian、iang	边疆　艳阳　棉粮　鲜姜	iang、ian	香烟　亮点　相片　抢险
uan、uang	钻窗　软床　宽广　观光	uang、uan	狂欢　慌乱　光环　黄砖
en、eng	奔腾　真正　神圣　人生	eng、en	登门　生根　诚恳　更深
in、ing	民兵　拼命　禁令　聘请	ing、in	清新　影印　明信　行进
uen、ong	春种　轮空　蚊虫　顺从	ong、uen	通顺　冬春　农村　重孙
ün、iong	云涌　训熊　运用　军用	iong、ün	拥军　凶运　凶云　雄军
an	菜摊　开饭　侦探　寒天	ang	菜汤　开放　真烫　航天
ian	新鲜　手牵　鲜花　小县	iang	新乡　手枪　香花　小巷
uan	官民　车船　专家　双环	uang	光明　车床　庄稼　双簧
en	长针　大分　三根　真理	eng	长征　大风　三更　争理
in	信服　来宾　辛勤　拼盘	ing	幸福　清兵　心情　平盘
uen	乡村　春分　轮子　飞轮	ong	香葱　充分　笼子　飞龙
ün	共运　勋章　人群　军装	iong	共用　胸章　人穷　窘状

四、朗读练习

天亮的时候，雨停了。

草地的气候就是怪，明明是月朗星稀的好天气，忽然一阵冷风吹来，浓云像从平地上冒出来的，霎时把天遮得严严的，接着就有一场暴雨，夹杂着栗子般大的冰雹，不分点地倾泻下来。卢进勇从树丛里探出头，四下里望了望。整个草地都沉浸在一片迷蒙的雨雾里，看不见人影，听不到人声；被暴雨冲洗过的荒草，像用梳子梳理过似的，光滑地躺倒在烂泥里，连路也看不清了。

五、绕口令练习

富丽的江南

an

多翠的青菜，一篮篮，多嫩的瓜豆，一担担，江南小镇八月圩，半街叶绿，半街果鲜。背来一篓篓，换回一担担。赶圩的人们把岁月追赶，大路、小道、农田、矿山……繁华的祖国哟，富丽的江南。

捞出一个丰收年

ian

桃花流水三月三，满河渔歌声声甜，
迎风撒上金丝网，捞出一个丰收年。

红绿灯

uan · an

它仿佛是整个城市的总管，车辆、行人都归它调遣。假若在通往荣誉的路上，装设这样的路灯一盏，绿灯让诚实昂首阔步，红灯把阴谋无情阻拦……

期　望

uang

星星多么明亮，挤满我的小窗。闪动晶蓝的眼睛，微笑着向我张望。阴云消失了，天空像洗过一样。打开久闭的小窗，我有多似繁星的期望。

希　望

ang · uang

希望是心灵的金鸟，拍打着梦幻般的翅膀，它总是追着阳光飞翔，在通往未来的路上歌唱。它不会在风雨面前敛翅，但可能会在风雨中跌伤。即使跌伤了也会腾空而起，它的生命永远不会死亡。

盆和瓶

en · ing

桌上放个盆，盆里放着瓶，砰砰嘣嘣，不知是瓶碰盆，还是盆碰瓶。

通信不同姓

in · ing

同姓不能念成通信，通信也不能念成同姓，同姓可以互相通信，通信可不一定同姓。

夫新的父亲

in · ing

夫新的父亲名叫福清，福清就是夫新的父亲。福清要夫新叫他父亲，不要夫新叫他福清。

辛厂长和申厂长

ang · iang

辛厂长，申厂长，同乡不同行。辛厂长声声讲生产，申厂长常常闹思想。辛厂长一心只想革新厂，申厂长满口只讲加薪饷。

东洞庭和西洞庭

en · eng · ing · ong

东洞庭，西洞庭，洞庭山上一根藤，藤上挂个大铜铃。风起藤动铜铃响，风停藤定铜铃静。

勇气打开智慧门

en

恒心架起通天路,勇气打开智慧门。实践多想出真知,学习多想得精神。

黄金难买农家春

uen

银水进田麦浪滚,麦香千里醉人心,麦浪随着歌声笑,黄金难买农家春。

俩判官

an · ang · uan

城隍庙内俩判官,左边的是潘判官,右边的是庞判官。不是潘判官管庞判官,而是庞判官管潘判官。

第六章

普通话轻声、儿化、变调及其他练习

读准普通话的声、韵、调，读准每一个音节，只是学好普通话语音的最基本的要求。要想自然地说话和朗读，还必须要学好语流音变。因为说话和朗读时，不是孤立地把一个个音节发出来，而是把音节组成词和句子连续地说出来。在连续的语流中，由于音节之间的相互影响，有的音节会产生语音变化，这种变化就叫语流音变。包括轻声、儿化、变调、“啊”音变等等。

第一节　普通话轻声的练习

轻声音节的发音又轻又短，但不能因此而“吃字”。此外，轻声音节仍存在着音高的区别，这要由前面一个音节的声调来定，基本是：阴平、阳平后面的读三度，上声后面的读四度，去声后面的读一度。

一、轻重对立词练习

兄弟	兄弟		莲子	帘子		大爷	大爷
本事	本事		老子	老子		东家	东家
包头	包头		利器	力气		电子	垫子
不分	部分		立子	栗子		犯人	犯人
裁缝	裁缝		利害	厉害		过年	过年
地道	地道		马头	码头		好些	好些
地理	地里		面巾	面筋		加火	家伙
大意	大意		蛇头	舌头		近来	进来
大方	大方		拉手	拉手		冷战	冷战
东西	东西		买卖	买卖		被面儿	背面儿
对头	对头		包含	包涵		龙头	龙头
服气	福气		笔试	比试		门道	门道

续表

干事	干事		把手	把手		是非	是非
结实	结实		地下	地下		实在	实在
靠山	靠山		等等	等等		团员	团圆

二、句子练习

1. 我已经“报告”一次了。下午听“报告”。
2. 她的“针线”活儿做得不错。请把“针线”借我用一下。
3. 我们“兄弟”不在家。我们“兄弟”之间感情很好。
4. 这本书“多少”钱买的？干工作不要计较“多少”。
5. 小张的“买卖”倒闭了。小李的“买卖”很公平。
6. 她掀开“帘子”往里看，丈夫已把“莲子”剥完了。
7. 他太“大意”了，把“段落大意”都写错了。
8. 他“本事”可真大，把与“本事”有牵连的人一一查清了。
9. 刘“大麻子”去粮店卖“大麻籽”，一次就卖了三十斤。
10. 从“背面儿”看这床“被面儿”比正面儿还好看。
11. 政治部的“干事”陆小林“干事”可真精明！
12. 张小虎在“地道”里挖了一条“地道”的排水沟。

三、绕口令练习

1.“头”的轻声练习

天 上 日 头

天上日头，嘴里舌头，地上石头，桌上纸头，手掌指头。大腿骨头，小脚指头，树上枝头，集上市头。

小车拉石头

大车拉小车，小车拉石头，石头掉下来，砸了小脚趾头。

集体装在心里头

小铁头，小柱头，学习英雄有劲头。放学后，抬砖头，跑了东头跑西头。抬砖头，几筐头，送到猪场砌墙头。墙头高，过人头，乐得他俩直点头。人人夸：“小哥俩，集体装在心里头。”

2.“子”的轻声练习

屋子里有箱子

屋子里有箱子，箱子里有匣子，匣子里有盒子，盒子里有镯子，镯子外面有盒子，盒子外面有匣子，匣子外面有箱子，箱子外面有屋子。

寨子、箱子

桃子、李子、梨子、栗子、橘子、柿子、槟子、榛子，栽满院子、村子和寨子。刀子、斧子、锯子、凿子、锤子、刨子和尺子，做出桌子、椅子和箱子。

一 个 瘸 子

打南来了个瘸子，手里托着个碟子，碟子里装着茄子。地下钉着个橛子，绊倒了这个瘸子，撒了碟子里的茄子，气得瘸子撇了碟子，拔了橛子，踩了茄子。

第二节　普通话儿化韵的练习

儿化是普通话的主要语音现象，普通话里许多词都可以儿化。经过儿化的词，词尾音节的韵母便与“er”结合，使原韵母的发音或多或少地发生变化，变化后的韵母称“儿化韵”。

儿化韵的发音与原韵母比较，虽有变化大小的区别，但都应在卷舌动作的过程中完成，不能先卷舌后发音。

一、带“儿”字的音节练习

门	门儿		词	词儿		花狗儿	木橛儿
座	座儿		眼	眼儿		腊八儿	香瓜儿
头	头儿		面	面儿		围脖儿	小碟儿
曲	曲儿		命根儿	圆圈儿		围裙儿	小孩儿
劲	劲儿		靠边儿	熊猫儿		小脸蛋儿	小花瓶儿
点	点儿		小猪儿	乖乖儿		小女孩儿	小相片儿
碗	碗儿		台阶儿	大伙儿		小盐罐儿	小鱼钩儿
玩	玩儿		唱歌儿	凉风儿		小红枣儿	小花瓣儿
盖	盖儿		弹球儿	白熊儿		小不点儿	小花脸儿
球	球儿		一串儿	小虫儿		小金鱼儿	小红花儿
本	本儿		小庙儿	一对儿		小树枝儿	小红心儿
台	台儿		火星儿	小牛儿		小蓝底儿	小圆圈儿

二、句子练习

1. 漂亮的小花猫儿。
2. 好看的小脸盆儿。
3. 小刚用一根儿铁丝儿捆了一堆儿小铁片儿。
4. 小丽用一根儿麻绳儿捆了一堆儿小木板儿。
5. 天真黑，连个亮儿也没有。
6. 一位小女孩儿，扎着个红小辫儿，手拿一朵小红花儿，正在和小朋友们一起玩儿。
7. 冬冬、磊磊小哥儿俩，红红的脸蛋儿胖乎乎。
8. 老李昼夜研究，终于找到了攻关窍门儿。

三、绕口令练习

练字音儿

进了门儿，倒杯水儿，喝了两口儿运运气儿，顺手儿拿起小唱本儿，唱一曲儿，又一曲儿，练完嗓子练嘴皮儿。绕口令儿，练字音儿，还有单弦儿牌子曲子儿，小快板儿，大鼓词儿，越说越唱越带劲儿。

鸡蛋变糖葫芦儿

我们那儿有个王小三儿，在门口摆着一个小杂货摊儿，卖的是煤油火柴和烟卷儿，红糖白糖花椒大料瓣儿，鸡蛋儿挂面酱醋油盐儿，糖葫芦儿一串儿又一串儿，花生瓜子儿还有酸杏干儿。王小三儿不识字儿，写账记账净闹稀罕事儿。街坊买了他六十个鸡蛋儿，他就在账本儿上画了六个圆圈儿。过了两天人家还了他的账，他说人家短了他一串糖葫芦儿没有给他钱儿。

小马驹儿

枣红马，白头心儿，生了一个小马驹儿。小马驹儿，灰灰灰儿，围着爷爷兜圈子儿。爷爷筛草又拌料，我给小马驹儿端豆汁儿。小马驹儿呀，小马驹儿，快快长呀，快快长，长上一身好力气儿，拉车种地送公粮，建设祖国新农村儿！

小女孩儿

小女孩儿，扎小辫儿，拿着花儿，多好玩。

学画画儿

小小子儿，不贪玩儿。画小猫儿，钻圆圈儿；画小狗儿，蹲小庙儿；画小鸡儿，吃小米儿；画个小虫儿，顶火星儿。

第三节　普通话"一"、"不"变调的练习

在连读音节中声调产生变化的现象称变调，主要表现在上声变调、去声变调和"一、七、八不"的变调三个方面，这里我们只编入了"一"和"不"的变调练习。读音规律有三种：

1. 去声之前读阳平。
2. 非去声之前读去声。
3. 念句尾读原调。

一、"一"的变调练习

一斑	一般	一拍	一方
一登	一边	一仓	一车
一刀	一吨	一根	一锅
一家	一筐	一道	一度
一丈	一寸	一粒	一辆
一个	一次	一去	一趟
一万	一亿	一架	一扇

第一	其一	统一	七一

一把手	一把抓	一半天	一辈子
一场空	一程子	一点儿	一风吹

一锅粥	一清早	一身胆	一条龙
一条虫	一窝蜂	一系列	一元化
一元钱	一口气	一口钟	一口锅
一览表	一揽子	一连串	一年生
一品锅	一品红	一班人	一神教
一条心	一团糟	一席话	一言堂
一元论	一而再	一点儿	一会儿
一个劲儿	一股脑儿	一溜烟儿	一条藤儿
一股劲儿	一丁点儿	一面儿理	一头儿沉
一把死拿	一般见识	一本万利	一笔勾销
一臂之力	一差二错	一倡百和	一成不变
一触即发	一次方程	一刀两断	一得之愚
一发千钧	一反常态	一鼓作气	一国三公
一技之长	一箭双雕	一蹶不振	一来二去
一了百了	一落千丈	一马平川	一败涂地
一板一眼	一本正经	一笔抹杀	一步登天
一唱一和	一尘不染	一筹莫展	一触即溃
一蹴而就	一得之功	一定之规	一帆风顺
一分为二	一哄而起	一呼百应	一见如故
一举两得	一孔之见	一劳永逸	一鳞半爪
一马当先	一脉相传	一毛不拔	一面之交
一鸣惊人	一模一样	一目了然	一年到头
一诺千金	一贫如洗	一气呵成	一穷二白
一日千里	一日之雅	一身是胆	一视同仁
一丝不苟	一天到晚	一网打尽	一望无际
一厢情愿	一衣带水	一语道破	一针见血
一朝一夕	一面之词	一瞑不视	一命呜呼
一木难支	一目十行	一念之差	一盘散沙
一曝十寒	一窍不通	一丘之貉	一日三秋
一如既往	一事无成	一手遮天	一塌糊涂
一团和气	一往无前	一文不名	一笑置之
一意孤行	一枕黄粱	一知半解	一泻千里

二、绕口令练习

一　二　三

一二三，三二一，一二三四五六七，七六五四三二一。一个姑娘来摘李，一个小伙儿来摘梨，一个小孩儿来捡栗。三个人一齐出大力，收完李子栗子梨，一起拉到市上去赶集。

孝　心

赶快为你的父母尽一份孝心。也许是一处豪宅，也许是一片砖瓦。也许是大洋彼岸的一只鸿雁，也许是近在咫尺的一个口信。也许是一顶纯黑的博士帽，也许是作业本上的一个红五分。也许是一桌山珍海味，也许是一只野果一朵小花。也许是花团锦簇的盛世华衣，也许是一双洁净的旧鞋。也许是数以万计的金钱，也许只是含着体温的一枚硬币……但在“孝”的天平上，它们等值。

三、“不”的变调练习

不安	不才	不啻	不等
不断	不乏	不公	不管
不比	不测	不错	不选
不对	不凡	不苟	不光
不必	不曾	不单	不定
不乏	不妨	不够	不轨
不便	不成	不但	不端
不法	不忿	不顾	不过
不合	不仅	不堪	不良
不免	不行	不胜	不同
不暇	不幸	不朽	不用
不中	不会	不禁	不可
不利	不杀	不忍	不时
不图	不祥	不体	不厌
不已	不足	不济	不久
不快	不料	不怕	不如
不适	不谓	不消	不许
不扬	不只	不然	不见
不拘	不愧	不论	不平
不容	不爽	不惜	不行
不逊	不要	不致	不在
不成才	不成文	不连累	不道德
不得已	不定根	不规则	不名誉
不送气	不成器	不大离	不带音
不得劲	不等号	不动产	不过意

不摸头	不相干	不成话	不错眼
不倒翁	不得了	不等式	不敢动
不见得	不起眼	不像话	不锈钢
不周到	不要紧	不自量	不由得
不打自招	不共戴天	不管不顾	不哼不哈
不计其数	不见经传	不可开交	不可一世
不劳而获	不谋而合	不言而喻	不遗余力
不约而同	不知所措	不置可否	不上不下
不前不后	不大不小	不清不白	不动声色
不尴不尬	不寒而栗	不即不离	不假思索
不可救药	不可思议	不良不莠	不毛之地
不平则鸣	不学无术	不义之财	不足为训
不知所终	不着边际	不左不右	不好不坏
不多不少	不慌不忙	不跑不跳	不欢不喜

四、绕口令练习

找父母

有一位不高不矮的老头儿，领着一个不大不小的男孩儿，去找不老不小的父母。爷孙俩儿不慌不忙地走着，前后左右地张望着……在一个不上不下的台阶儿上，看见了不动声色的父母，抱着一对不好不坏的小狮子，正不知所措地站立着。看见爷孙一起走来，这对夫妇不打自招地向一老一小道了过失。

交公粮

王老汉手拿一根不长不短的鞭子，赶着一辆不新不旧的大马车，拉着满车不计其数的公粮，奔驰在一条不宽不窄的大道上。到了粮库门口，他不慌不忙地停住了那辆不新不旧的大马车，不声不响地放下了手中那根不长不短的鞭子。他不遗余力地肩扛一包一包不计其数的公粮，不厌其烦地装进了国家的大仓房。

旧的不去，新的不来

冬冬不小心打碎了一个花瓶，他急得团团转不可开交。爸爸见了不动声色，这使冬冬更不知所措……妈妈不慌不忙地走过来，和蔼地安慰冬冬说："今天这个花瓶不是你故意打碎的，妈妈不批评你，不过，以后干事情可不要再粗心了。"冬冬歉意地点了点头。接着，爸爸又风趣地说："旧的不去，新的不来嘛！"这才使冬冬心头的一块石头落了地，他连连向爸爸妈妈表示说："以后我再也不粗心大意、不管不顾了。"

第四节　普通话语气词"啊"的练习

"啊"一般单独用或用在句尾。单独用时读音没有变化，用在句尾时，由于受到前面音节收尾音素的影响而产生几种变化。练习时请注意"啊"的变化的六种情况：

1. 前面音节收尾音素是 a、o、e、i、ü(其中不包括 ao 韵母和 iao 韵母)的"啊"变 ya；

2. 是 u、ao、iao 的“啊”变 wa；
3. 是 n 的变 na；
4. 是 ng 的变 nga；
5. 是-i(前)的变[z]a；
6. 是-i(后)的变 ra，还有 er 的也变 ra。

以上六种变化规律是顺势产生的，发音要自然。

一、句子练习

1. 快往上爬呀！
2. 用簸箕簸呀！
3. 天气真热呀！
4. 咱们去逛大街呀！
5. 汽车这么挤呀！
6. 使劲儿往上举呀！
7. 生活多美好哇！
8. 都在一块儿住哇！
9. 她笑得真甜哪！
10. 今天得上班哪！
11. 迟到可不行啊(nga)！
12. 这任务得完成啊(nga)！
13. 谁写的字啊([z]a)？
14. 谁填的词啊([z]a)？
15. 这是什么寺啊([z]a)？
16. 哪位是播音系的老师啊(ra)？
17. 找我有什么事啊(ra)？
18. 饭做好了，大家快来吃啊(ra)！
19. 她们正在上班儿啊(ra)！
20. 大家要去海边儿啊(ra)！
21. 海波啊(ya)，山影啊(nga)，微小的人啊(na)，弱小的草啊(wa)，胸怀大志啊(ra)！不能贪玩儿啊(ra)！

二、绕口令练习

菜市场的货物真丰富

菜市场的货物真丰富：鸡啊(ya)，鸭啊(ya)，鱼啊(ya)，肉啊(wa)，盐啊(na)，酱啊(nga)，醋啊(wa)…… 生的、熟的应有尽有。

鸡 鸭 猫 狗

鸡呀，鸭呀，猫哇，狗哇，一块儿水里游哇！牛哇，羊啊(nga)，马呀，骡呀，一块儿进鸡窝呀！狼啊(nga)，虫啊(nga)，虎哇，豹哇，一块儿街上跑哇！兔哇，鹿哇，鼠哇，孩儿啊(ra)，一块儿上窗台儿啊(ra)！

可爱的孩子

这些孩子啊([z]a)，真可爱啊(ya)，你看啊(na)，他们多高兴啊(nga)，又是作诗啊(ra)，又是吟诵啊(nga)，又是画图画啊(ya)，又是剪纸啊(ra)，又是唱啊(nga)，又是跳啊(wa)……啊！他们多幸福啊(wa)！

第五节 普通话词的轻重音格式练习

轻与重是相对的，读起来应自然流畅，轻重差异分为重、中、轻三个等级。

一、双音节词的轻重音格式

1. 中重

广播 民兵 爱国 安心 把关 被告 迸发 比武 插曲 唱歌 跑道 革命 满意
普选 曲解 畅游 充满 火车 磁场 电灯 得体 轻视 铁路 如意 全身 盛会
探亲 地震 地皮 点播 大衣 小看 浮雕 更衣 热爱 垂直 失常 史诗 思乡
松劲 肃清 果断 独自 耳语 翻案 工艺 推翻 提高 关心 通婚 自信 投机
吐絮 肝炎 和谈 打倒 悔过 会演 说明 建立 空前 看破 喜读 笑柄 眼光
友谊 宇航 绿洲 埋头 谩骂 民兵 谋生 年轻 怒吼 暖房

2. 重中

经验 视觉 听觉 界限 颜色 温度 声音 形象 迁就 颜色 浪漫 古典 含蓄
凄凉 人类 重量 气味 美好 情感 观感 价值 风气 背景 恬静 读者 作家
消极 父亲 爱戴 动作 作品 标准 要求 思想 传统 惰性 现象 规律 记者
工人 况且 质量 形象 功能 假日

3. 重轻

镜子 豆腐 葡萄 妈妈 房子 痛快 窗户 月亮
父亲 唠叨 责任 力气 木头 认得 灯笼 蓝的

二、三音节词的轻重音格式

1. 中中重

东方红 打字机 播音员 共青团 常委会 党支部 国际歌 科学院 招待会
唯物论 井冈山 理解力 收音机 呼吸道 东方红 天安门 展览馆 居委会
共产党 流水线 马前卒 诉讼法 木乃伊 判决书 漂白粉 苏维埃 白兰地
黄梅节 回旋曲 火力点 基督教 贫困线 寄生虫 建筑物 主持人 辩证法
法西斯 护身符 滑翔机 芭蕾舞 尼古丁 五一节 话务员 脚手架 近卫军
研究所 救世主 掘土机 抗生素 老虎凳

2. 中重轻

打摆子 拉关系 小姑娘 刀把子 鞋底子 卖关子 纸条子 打冷战 笔杆子
吊嗓子 洋鬼子 牛脾气

3. 重轻轻

哨唧唧 冰激凌 冷不防 跑出去 站不住 拣出来 哗啦啦 提起来 升起来
捆得上 王府井 说得来 大不了 保不齐 投进去 咕咚咚 对不起 过不去
备不住 吃不消

三、四音节词的轻重音格式

1. 中重中重

根深蒂固 丰衣足食 鹤发童颜 锦绣河山 五光十色
年富力强 江山如画 耳濡目染 花好月圆 一脉相承
枪林弹雨 心平气和 兴高采烈 移风易俗 日积月累

2. 中轻中重

稀里糊涂	噼里啪啦	热热闹闹	整整齐齐	二氧化碳
四海为家	五湖四海	大言不惭	地地道道	满园春色
人寿年丰	江山多娇	千军万马	大大小小	上上下下
稀里哗啦	吃吃喝喝	拉拉扯扯	蹦蹦跳跳	欢欢笑笑
说说道道				

第六节　普通话双声、叠韵的练习

一、双声(同声母)

李先生别墅望僧舍宝刹作双声诗

栖息消心象,檐楹溢艳阳。
帘栊兰露落,邻里柳林凉。
高阁过空谷,孤竿隔古冈。
潭庭同淡荡,仿佛复芬芳。

二、叠韵

吴　宫　词

高季迪

筵前怜婵娟,醉媚睡翠被。
精兵惊升城,弃避愧坠泪。

第七章
普通话绕口令集锦训练

播音主持的语言要求做到："语音准确规范、吐字清晰流畅、语句如珠如流、口齿清楚自如"，因此"嘴"上的功夫必须了得！

进行绕口令的训练，就是巩固、加强和提升"嘴上功夫"的最佳方法之一。练习绕口令也要有计划地进行，要根据自身的某个问题来安排练习(因为"绕"的"点"不同)。另外，还要注意正确方法：要将注意力集中在绕口令所说的事物、具体内容，也就是说要努力去表达所说的事物内容之间的关系和变化，而不是总想着绕嘴的字音。经验证明，越注意字音越容易绕错，相反，专心说明内容反倒会少出差错。因此，"情、声、气、字"完美结合，乃最佳训练手段哦！

一树枣儿

出东门，过大桥，大桥底下一树枣儿，拿着竿子去打枣儿。青的多、红的少。一个枣，两个枣，三个枣，四个枣，五个枣，六个枣，七个枣，八个枣，九个枣，十个枣；九个枣，八个枣，七个枣，六个枣，五个枣，四个枣，三个枣，两个枣，一个枣。这是一个绕口令，一气说完才算好。

数葫芦

一口气数不了二十四个葫芦四十八块瓢：一个葫芦两块瓢，两个葫芦四块瓢，三个葫芦六块瓢，四个葫芦八块瓢，五个葫芦十块瓢，六个葫芦十二块瓢，七个葫芦十四块瓢，八个葫芦十六块瓢，九个葫芦十八块瓢，十个葫芦二十块瓢，十一个葫芦二十二块瓢，十二个葫芦二十四块瓢，十三个葫芦二十六块瓢，十四个葫芦二十八块瓢，十七个葫芦三十四块瓢，十八个葫芦三十六块瓢，十九个葫芦三十八块瓢，二十个葫芦四十块瓢，二十一个葫芦四十二块瓢，二十二个葫芦四十四块瓢，二十三个葫芦四十六块瓢，二十四个葫芦四十八块瓢。

板凳宽扁担长

板凳宽，扁担长，扁担没有板凳宽，那个板凳没有扁担长。扁担想绑在那板凳上，板凳不让扁担绑在那板凳上，那个扁担偏要绑在那板凳上。

满天星

天上看，满天星。地下看，有个坑。坑里看，有盘冰。坑外长着一老松，松上落着一只鹰，鹰下坐着一老僧。僧前点着一盏灯，灯前搁着一部经，墙上钉着一根钉。钉上挂着一张弓。说刮风，就刮风，刮得那男女老少难把眼睛睁。刮散了天上的星，刮平了地下的坑，刮化了坑里的冰，刮倒了坑外的松。刮飞了松上的鹰，刮走了鹰下的僧，刮灭了僧前的灯。刮乱了灯前的经，刮掉了墙上的钉，刮翻了钉上的弓。只刮得星散、坑平、冰化、松倒、鹰飞、僧走、灯灭、经乱、钉掉、弓翻的一个绕口令。

六十六岁的刘老六

六十六岁的刘老六，修了六十六座走马楼，楼上摆了六十六瓶苏合油，门前栽了六十六棵垂杨柳，垂杨柳上拴了六十六只大马猴。

忽然一阵狂风起，吹倒了六十六座走马楼，打翻了六十六瓶苏合油，压倒了六十六棵垂杨柳，跑掉了六十六只大马猴，气坏了六十六岁的刘老六。

十 道 黑

一道黑，两道黑，三四五六七道黑，八道九道十道黑。我买了一个烟袋，乌木杆儿，我是掐着它的两头那么一道黑。二兄弟描眉来演戏，瞧着他的镜子那么两道黑。粉皮墙写川字，横瞧竖瞧三道黑。象牙桌子乌木腿儿把它放在那炕上那么四道黑。我买了一只母鸡不下蛋，把它搁着在那笼里捂到黑。挺好的骡子不吃草，把它牵着在那街上遛到黑。买了一头小驴不套磨，把它背上它的鞍韂骑到黑。二姑娘南洼去割菜，丢了她的镰刀拔到黑。月棵儿的小孩儿得了病，团几个艾球灸到黑。卖瓜子儿的打瞌睡，哗啦啦地撒了这么一大堆，他的扫帚簸箕不凑手，那么一个儿一个儿地拾到黑。

小贴士：普通话语音口试评分标准：

一、字词：准确规范、纯正无误、吐字清晰（部位、方法、声韵调）。

二、诗歌：发声状态放松，气、声基本通畅，韵脚吐字归音到位（气畅、声通、归音到位）。

三、片段：内容清楚、语言流畅、吐字如珠、连贯自如，要求一气呵成（错句、重复、结巴、语音缺陷等均影响成绩）。

普通话水平测试大纲

（教育部 国家语委发教语用〔2003〕2号文件）

根据教育部、国家语言文字工作委员会发布的《普通话水平测试管理规定》、《普通话水平测试等级标准》，制定本大纲。

一、测试的名称、性质、方式

本测试定名为“普通话水平测试”（PUTONGHUA SHUIPING CESHI，缩写为PSC）。

普通话水平测试是测查应试人的普通话规范程度、熟练程度，认定其普通话水平等级，属于标准参照性考试。本大纲规定测试的内容、范围、题型及评分系统。

普通话水平测试以口试方式进行。

二、测试内容和范围

普通话水平测试的内容包括普通话语音、词汇和语法。

普通话水平测试的范围是国家测试机构编制的《普通话水平测试用普通话词语表》、《普通话水平测试用普通话与方言词语对照表》、《普通话水平测试用普通话与方言常见语法差异对照表》、《普通话水平测试用朗读作品》、《普通话水平测试用话题》。

三、试卷构成和评分

试卷包括5个组成部分，满分为100分。

（一）读单音节字词（100个音节，不含轻声、儿化音节），限时3.5分钟，共10分。

1. 目的：测查应试人声母、韵母、声调读音的标准程度。

2. 要求：

（1）100个音节中，70%选自《普通话水平测试用普通话词语表》“表一”，30%选自“表二”。

（2）100个音节中，每个声母出现次数一般不少于3次，每个韵母出现次数一般不少于2次，4个声调出现次数大致均衡。

（3）音节的排列要避免同一测试要素连续出现。

3. 评分：

（1）语音错误，每个音节扣0.1分。

（2）语音缺陷，每个音节扣0.05分。

（3）超时1分钟以内，扣0.5分；超时1分钟以上（含1分钟），扣1分。

（二）读多音节词语（100 个音节），限时 2.5 分钟，共 20 分。

1. 目的：测查应试人声母、韵母、声调和变调、轻声、儿化读音的标准程度。

2. 要求：

（1）词语的 70％选自《普通话水平测试用普通话词语表》“表一”，30％选自“表二”。

（2）声母、韵母、声调出现的次数与读单音节字词的要求相同。

（3）上声与上声相连的词语不少于 3 个，上声与非上声相连的词语不少于 4 个，轻声不少于 3 个，儿化不少于 4 个（应为不同的儿化韵母）。

（4）词语的排列要避免同一测试要素连续出现。

3. 评分：

（1）语音错误，每个音节扣 0.2 分。

（2）语音缺陷，每个音节扣 0.1 分。

（3）超时 1 分钟以内，扣 0.5 分；超时 1 分钟以上（含 1 分钟），扣 1 分。

（三）选择判断*，限时 3 分钟，共 10 分。

1. 词语判断（10 组）

（1）目的：测查应试人掌握普通话词语的规范程度。

（2）要求：根据《普通话水平测试用普通话与方言词语对照表》，列举 10 组普通话与方言意义相对应但说法不同的词语，由应试人判断并读出普通话的词语。

（3）评分：判断错误，每组扣 0.25 分。

2. 量词、名词搭配（10 组）

（1）目的：测查应试人掌握普通话量词和名词搭配的规范程度。

（2）要求：根据《普通话水平测试用普通话与方言常见语法差异对照表》，列举 10 个名词和若干量词，由应试人搭配并读出符合普通话规范的 10 组名量短语。

（3）评分：搭配错误，每组扣 0.5 分。

3. 语序或表达形式判断（5 组）

（1）目的：测查应试人掌握普通话语法的规范程度。

（2）要求：根据《普通话水平测试用普通话与方言常见语法差异对照表》，列举 5 组普通话和方言意义相对应，但语序或表达习惯不同的短语或短句，由应试人判断并读出符合普通话语法规范的表达形式。

（3）评分：判断错误，每组扣 0.5 分。

选择判断合计超时 1 分钟以内，扣 0.5 分；超时 1 分钟以上（含 1 分钟），扣 1 分。答题时语音错误，每个错误音节扣 0.1 分；如判断错误已经扣分，不重复扣分。

（四）朗读短文（1 篇，400 个音节），限时 4 分钟，共 30 分。

1. 目的：测查应试人使用普通话朗读书面作品的水平。在测查声母、韵母、声调读音标准程度的同时，重点测查连读音变、停连、语调以及流畅程度。

2. 要求：

（1）短文从《普通话水平测试用朗读作品》中选取。

（2）评分以朗读作品的前 400 个音节（不含标点符号和括注的音节）为限。

3. 评分：

（1）每错 1 个音节，扣 0.1 分；漏读或增读 1 个音节，扣 0.1 分。

(2)声母或韵母的系统性语音缺陷,视程度扣 0.5 分、1 分。

(3)语调偏误,视程度扣 0.5 分、1 分、2 分。

(4)停连不当,视程度扣 0.5 分、1 分、2 分。

(5)朗读不流畅(包括回读),视程度扣 0.5 分、1 分、2 分。

(6)超时扣 1 分。

(五)命题说话,限时 3 分钟,共 30 分。

1. 目的:测查应试人在无文字凭借的情况下说普通话的水平,重点测查语音标准程度、词汇语法规范程度和自然流畅程度。

2. 要求:

(1)说话话题从《普通话水平测试用话题》中选取,由应试人从给定的两个话题中选定 1 个话题,连续说一段话。

(2)应试人单向说话。如发现应试人有明显背稿、离题、说话难以继续等表现时,主试人应及时提示或引导。

3. 评分:

(1)语音标准程度,共 20 分。分六档:

一档:语音标准,或极少有失误。扣 0 分、0.5 分、1 分。

二档:语音错误在 10 次以下,有方音但不明显。扣 1.5 分、2 分。

三档:语音错误在 10 次以下,但方音比较明显;或语音错误在 10～15 次之间,有方音但不明显。扣 3 分、4 分。

四档:语音错误在 10～15 次之间,方音比较明显。扣 5 分、6 分。

五档:语音错误超过 15 次,方音明显。扣 7 分、8 分、9 分。

六档:语音错误多,方音重。扣 10 分、11 分、12 分。

(2)词汇语法规范程度,共 5 分。分三档:

一档:词汇、语法规范。扣 0 分。

二档:词汇、语法偶有不规范的情况。扣 0.5 分、1 分。

三档:词汇、语法屡有不规范的情况。扣 2 分、3 分。

(3)自然流畅程度,共 5 分。分三档:

一档:语言自然流畅。扣 0 分。

二档:语言基本流畅,口语化较差,有背稿子的表现。扣 0.5 分、1 分。

三档:语言不连贯,语调生硬。扣 2 分、3 分。

说话不足 3 分钟,酌情扣分:缺时 1 分钟以内(含 1 分钟),扣 1 分、2 分、3 分;缺时 1 分钟以上,扣 4 分、5 分、6 分;说话不满 30 秒(含 30 秒),本测试项成绩计为 0 分。

四、应试人普通话水平等级的确定

国家语言文字工作部门发布的《普通话水平测试等级标准》是确定应试人普通话水平等级的依据。测试机构根据应试人的测试成绩确定其普通话水平等级,由省、自治区、直辖市以上语言文字工作部门颁发相应的普通话水平测试等级证书。

普通话水平划分为三个级别,每个级别内划分两个等次。其中:

97 分及其以上,为一级甲等;

92 分及其以上但不足 97 分，为一级乙等；
87 分及其以上但不足 92 分，为二级甲等；
80 分及其以上但不足 87 分，为二级乙等；
70 分及其以上但不足 80 分，为三级甲等；
60 分及其以上但不足 70 分，为三级乙等。

* 说明：各省、自治区、直辖市语言文字工作部门可以根据测试对象或本地区的实际情况，决定是否免测“选择判断”测试项。如免测此项，“命题说话”测试项的分值由 30 分调整为 40 分。评分档次不变，具体分值调整如下：

(1)语音标准程度的分值，由 20 分调整为 25 分。
一档：扣 0 分、1 分、2 分。
二档：扣 3 分、4 分。
三档：扣 5 分、6 分。
四档：扣 7 分、8 分。
五档：扣 9 分、10 分、11 分。
六档：扣 12 分、13 分、14 分。
(2)词汇语法规范程度的分值，由 5 分调整为 10 分。
一档：扣 0 分。
二档：扣 1 分、2 分。
三档：扣 3 分、4 分。
(3)自然流畅程度，仍为 5 分，各档分值不变。

第二部分

播音员、主持人正确用气发声基本功训练

用气发声课是播音主持艺术专业为学生设置的主干专业基础课之一。在理论教学方面,重点讲授播音主持发声学的基本原理和播音员、主持人正确的呼吸控制、口腔控制、共鸣控制、声音弹性与色彩变化、嗓音的锻炼和保护等基础知识。在实践课上,主要是指导学生进行气息深(吸得深)、匀(呼得匀)、通(气通畅)、活(用灵活),稳定、持久、自如的基本功训练;进行口腔控制打(打开牙关)、提(提起颧肌)、挺(挺起软腭)、放(放松下巴)和吐字归音字头(要叼住、弹出)、字腹(要拉开、立起)、字尾(要归音、到位)"枣核型"的基本功训练;进行声音纯正朴实、明朗大方、圆润集中、刚柔并济、纵收自如、色彩丰富、感染力强、优美动听的基本功训练;进行用气发声状态积极、松弛、集中的基本功训练。在这门专业基础课的学习、训练当中,要求学生能用各种语言材料锻炼嗓音,使用气发声能力持久;能从本身条件出发,扬长避短;能坚持科学练声,并持之以恒、循序渐进;做到勤学苦练、"曲不离口"。通过学习和训练:要使自己的用气发声状态达到"气息下沉、喉部放松、不挤不僵、声音贯通、字音轻弹、如珠如流、气随情动、声随情走"的要求。

正确用气发声是播音员、主持人应勤于磨炼的一项专业基本功。这项基本功的扎实与否,不仅直接影响播音主持艺术质量,甚至会影响一个播音员、主持人的工作寿命。由于嗓子出现问题而离开播音主持岗位的人屡见不鲜。由于发声条件不同,每个人的声音都有自己的个性和特色。我们要在自己发声条件的基础上发挥所长、克服所短,扩展发声能力,找到自己最好的声音,而不能去模仿(特别是盲目模仿)、追求某种自以为美(不科学)的声音,特别不能模仿广播电视中某个自己崇拜的播音员或演员的声音。刻意模仿某个人的声音,常常是发声方法不良的根源,它不仅束缚了播音员和主持人创造力的发挥,严重的甚至能导致发声障碍或喉部病变。

嗓子,是播音员和主持人的创作"工具"。如果没有好的嗓音和灵活的口齿,即使对稿件内容理解得很深刻,播讲愿望很强烈,也会"口不从心"。播音员和主持人锻炼嗓音和口齿的目的在于提高播音主持艺术质量。这种锻炼必须紧密结合播音发声的特点,根据自己的发声条件,科学地锻炼声音技巧。这种训练必须将理论和分析解决实际问题的能力结合起来,在正确的理论指导下由易到难、由浅到深,循序渐进,逐渐克服"压、挤、捏、噎、憋"的错误用气发声状态,使我们的嗓音和口齿在科学的锻炼中,刚柔并济、纵收自如,成为表述内容和传达感情的有力工具!

播音主持艺术要求高度的用声技巧。生活当中,有的人吐字清晰些,有的人则含混些;有的人声音优美些,有的人则粗糙些;有的人声音色彩丰富些,有的人则平淡些;这都无关大局。但对于播音员和主持人来说则要求:吐字必须清晰,音质必须优美,声音必须富于活力及感染力。因此,即使是天生一副好嗓子,不经训练,也是很难胜任的!

第一章
播音员、主持人气息控制训练

播音员、主持人声音的发出是与呼吸、发声、共鸣、咬字四个环节紧密相连的。肺部呼出的气息通过气管，振动了喉头内的声带，发出微弱的声音。这种声波经过咽腔、口腔、鼻腔等腔体共鸣得到了扩大和美化，再经过口腔、唇、齿、舌、牙、腭的协调动作，不同的声音就产生了，这就是播音主持艺术发声的简单原理。

“气者音之帅也”，没有气息，声带就不能颤动发声。呼出的气息是人体发声的动力，声音的强弱、高低、长短、大小及共鸣状况，与呼出气息的速度、流量、压力大小都有直接关系。气流的变化关系到声音的响亮度、清晰度、音色的优美圆润、嗓音的持久性。也就是说，只有气息得到控制，才能控制声音。因此，在诸多发声控制训练中，气息控制训练是学习发声中最重要的一环。

播音主持艺术用声的特点决定了对气息控制的要求——掌握胸腹联合呼吸法：一要有较持久的控制能力，二要保持较稳定的气息压力，三要呼气时间长，四要对气息的控制收纵自如，五要学会短时无声吸气，要能掌握“深、匀、通、活、稳定、持久、自如”的气息控制本领。在实际播音创作中，气息的作用不仅仅限于作发声的动力，它还是一种极重要的表达手段。气息是“情动于内”与“声发于外”的中间过渡环节，是情与声之间必经的桥梁，只有在“气随情动”的情况下，声音才能随情而变化。如气势汹汹、气息奄奄、气冲霄汉、有气无力、气急败坏、忍气吞声、气贯长虹、怒气冲天等，这些成语涉及情感的复杂变化，如果用一种声音形式、一种气息状态去表达，那是不行的！从这个意义上讲，气息控制是由情及声、由内及外的贯穿性技巧。要想使声音能自如地表情达意，必须学会气息的控制与运用。

第一节　气息基本状态练习

进行基本状态练习的目的是为了体会和掌握胸腹联合呼吸的基本动作要领，形成新的、符合播音主持艺术发声要求的呼吸方式。要想达到这一目的，第一，应坚持不懈、持之以恒地进行练习；第二，要在破与立的过程中重视量的积累，否则多年养成的习惯是难以改掉的；第三，从训练的角度讲，只知道理不行，只有抓住符合要领的实际感觉，并在反复的练习中稳定了这种感觉，才能掌握并使用。

一、吸气

在做吸气练习时，保持良好的精神状态，肩胸放松是很重要的，要做到“兴奋从容两肋开，不觉吸气气自来”。可以通过以下方法来体会：

1. 以衣襟中间的纽扣为标记，把气缓缓吸到最下面一颗纽扣的位置。

2. 坐在椅子的前沿，上身略向前倾，“沿着后背”将气缓缓吸入体内。这种方法排除了单纯的胸部用力吸气的可能，容易获得两肋打开的实际感觉。

3. 闻花，远处飘来一股花香，闻一闻是什么花的味呢？此时，气会吸得深入、自然。用这种方法体会降膈和开肋。

4. 调整意念，觉得气是从全身的毛细孔吸入体内的。这样会使你的两肋较充分地展开。

5. 抬起重物和“倒拔垂杨柳”。在抬起重物和“倒拔垂杨柳”时，总要深吸一口气，憋住一股劲儿，此时，腰部、腹部的感觉和胸腹联合呼吸时吸气最后一刻的感觉相近。

6.“半打”哈欠。不张大嘴地打哈欠，进行最后一刻的感觉和胸腹联合呼吸时吸气最后一刻的感觉相近。

二、呼气

做呼气练习时心理应自然松弛，不能为了延长使用时间而憋气、紧喉。

用练习吸气的方法吸气至“八成”满……

1. 以叹气方法呼出，并不带出任何语音，体会喉部如何放松。

2. 缓缓持续地发出“嗞”的声音。

3. 均匀、缓慢地吹去桌面上的尘土；吹歪蜡烛火苗，使其既不直也不灭。

4. 发出纯净的、音高自然一致的“a”的延长音。

5. 数数儿以每秒 2 个的速度数：1、2、3、4……

6. 数葫芦，清晰地发出“一口气数不了二十个葫芦：一个葫芦，两个葫芦，三个葫芦，四个葫芦……”

三、四声的用气练习

就声音形成而言，汉语语势变化的基础是四声。因此，进行四声的气息控制练习是相当重要的，要领如下：

阴平字高而平，可以“铺满地面”的感觉发音；

阳平字取中而升，可以“下一层楼梯”的感觉发音；

上声字先降而后升，降时要“托”住气，升时“上楼梯”；

去声字取调高而降到底，要“托住下楼梯”。

1. 同声韵夸张(音程长，声调全)

bā	bá	bǎ	bà	dā	dá	dǎ	dà
巴	拔	把	爸	搭	答	打	大
fēi	féi	fěi	fèi	xiē	xié	xiě	xiè
非	肥	匪	费	些	鞋	写	泄
chū	chú	chǔ	chù	wāng	wáng	wǎng	wàng
出	除	杵	处	汪	王	枉	忘

2. 四声韵组合练习

(1)顺序组合——阴、阳、上、去

兵强马壮	阶级友爱	山穷水尽	山明水秀
山盟海誓	千锤百炼	飞檐走壁	飞禽走兽
风调雨顺	心怀叵测	心直口快	心明眼亮
瓜田李下	发凡起例	光明磊落	妖魔鬼怪
优柔寡断	安常处顺	阴谋诡计	花团锦簇
鸡鸣狗盗	鸡鸣犬吠	妻离子散	呼朋引类
金迷纸醉	积年累月	孤云野鹤	孤行己见
轻裘缓带	胸无点墨	高文典册	膏粱子弟
深谋远虑	窗明几净	思前想后	身强力壮
心狠手辣	翻新改进	翻然悔悟	知情感义

(2)逆序组合——去、上、阳、阴

逆水行舟	妙手回春	热火朝天	兔死狐悲
驷马难追	信以为真	背井离乡	遍体鳞伤
步履维艰	万古流芳	倒果为因	地广人稀
调虎离山	奋起直追	叫苦连天	救死扶伤
具体而微	刻骨铭心	量体裁衣	镂骨铭心
墨守成规	木已成舟	暮鼓晨钟	弄假成真
弄巧成拙	破釜沉舟	剩水残山	视死如归
四海为家	痛改前非	万古长青	万里长征
万马齐喑	物腐虫生	下笔成章	象齿焚身
袖手旁观	耀武扬威	异口同声	众寡悬殊

第二节　呼吸肌的锻炼

呼吸肌的力量和灵活程度是呼吸得以控制并达到“自动化”运动的物质条件。像腹肌、膈肌等在日常生活中得不到充分活动的肌肉，应该列为锻炼的重点。

一、腹肌的锻炼

1. 仰卧起坐——仰卧，双手枕头下，屈身坐起。持续练习，逐步提高，起码应达到男可连续做 40 次、女可连续做 30 次的标准。

2. 端坐举腿——端坐在椅子的前部(不能倚靠椅背)，双腿伸直并拢，脚跟离地举起，无力放下后休息数秒再重复上述动作。

3. 负重挺腹——仰卧床上，将几本厚书放在腹部，腹肌力量向“丹田”位置集中，吸气顶起，呼气放下。

4. 丹田绕脐——用双手推拿按摩，把腹肌力量集中于丹田，以肚脐为中心，左绕数圈，右绕数圈，反复进行。

二、膈肌的锻炼

1. 锻炼膈肌的传统方法是“狗喘气”，即开口松喉，展开下肋，用笑的感觉（不出声）使膈肌做有节律的颤动。由于这种练习使气流在喉部急速摩擦，容易对发声器官造成不良影响，因此被后人认为是得不偿失的练习方法。经过改良的办法有二：一是变开口为闭口。这样做的好处是可以使喉部一次直接挡气变为鼻孔和喉的两次挡气，从而减轻了气流对喉部的摩擦。另外，气流经过鼻道时可以适当提高吸入空气的湿度。这样也减少了对喉部的刺激，避免了嗓音发干、发涩。二是变无声为有声。在呼气的同时，弹发“hei”音。这样做不仅可以减轻气流对声音的摩擦，而且可以通过声音来鉴定练习的效果。

下面详细讲一下带有“hei”音的“狗喘气”的练习步骤和方法。

第一步，深吸气后，用此一口气，发出两个扎实的“hei”音。不断重复，坚持数日。

第二步，在做好第一步的基础上，增加弹发次数，至一口气发七八次。弹发过程中给气的力量应该均匀，声音保持一定音高，音量、音色也要始终一致。

第三步，第二步坚持练习数日后，就会获得“自动”进气的感觉。此后要由慢到快，稳健、轻巧地连续弹发“hei”音，最后达到要慢即慢，要快即快的程度。

第四步，在做好第三步的基础上，做改变音高、音量和音色的练习。

在开始做这个练习的一段时间里，可能会感到下肋、膈肌和腹部的动作不能协调一致，也会感到动作与声音“不同步”，练久了还会腰酸腹痛。这些都是正常现象。如能按照上述步骤坚持练习，就能获得动作与声音的和谐与统一。膈肌的力量和灵活程度也会在练习中得到明显的提高。

2. 吸好气，弹发“1、2、3、4”，再吸气，弹发“2、2、3、4”，如喊广播操一样的状态。

3. 吸好气，弹发“ha”音，先慢后快，如同京剧老生大笑一样的状态。

4. 反复弹发“yà”、“yè”、“hà”、“hèi”、“huò”、“hòu”。

第三节　气息的综合运用练习

播音主持艺术创作的内容是千变万化的，如果不能掌握控制气息的基本方法，或不按作品内容调节气息，那么作品中感情色彩的变化就会失去依托，有声语言的表现力就会被削弱。运用之中，首先遇到的是补换气息的问题。补是补充，一口气的使用长度是有限度的，不可能无休止地用下去，因此要补；换是转换，补充气息不能依前而就，自始至终状态如一，因此要换。这里的一个主要原则是依情取气，即依照感情的发展变化决定换气的位置（气口）、方式、进气量等。突出了感情的需要和作用，才可能获得“自动化”的、本能的呼吸状态。

气息的补换是在语言的停顿处进行的，补换的基本方式为偷气、抢气、就气三种。进气量要依表达需要而定。

先用下面的练习来体会：

1. 阿毛是你的小弟弟，只有四岁。这天你放学回到家里，妈妈正在厨房做饭……

（1）阿毛在屋里玩，你放下书包说“阿毛，你过来，我给你讲个故事”。

（2）阿毛没在屋，你边找边喊“阿毛、阿毛……”

（3）阿毛经常到邻院去玩，你隔墙喊“阿毛、阿毛……”

(4)跑到院外，忽远忽近地喊“阿毛、阿毛……”忽然看到远处的大河，脑子里闪过一个可怕的念头，喊“阿毛、阿毛……”转身向家里跑，边跑边喊“妈妈、妈妈，阿毛不见了”。

2. 你从雪山走来，春潮是你的风采；
你向东海奔去，惊涛是你的气概；
你用甘甜的乳汁，哺育各族儿女；
你用健美的臂膀，挽起高山大海；
我们赞美长江，你是无穷的源泉；
我们依恋长江，你有母亲的情怀。
你从远古走来，巨浪荡涤着尘埃；
你向未来奔去，涛声回荡在天外；
你用纯洁的清泉，灌溉花的国土；
你用磅礴的力量，推动新的时代；
我们依恋长江，你有母亲的情怀。
啊……长江！

学会了动作要领并不等于掌握了正确的呼吸，实际运用之中也不仅是个补换问题。呼吸控制能力的发展、生理规律和播音主持艺术语言需要的统一，要通过大量的、反复的发声实践才能运用自如。

第二章

播音员、主持人共鸣调节训练

播音员、主持人发声有自己的共鸣特点，即以口腔共鸣为主、以胸腔共鸣为基础、以微量鼻腔共鸣为辅的声道共鸣方式。

声带本身发出的原音很微弱，在经过共鸣后才得到扩大和美化，形成不同的语音音色，形成各种不同的声音色彩。一个人的发音器官是天生的，无法改造，而共鸣的调节却是可以经后天训练而改善的。因而可以说，掌握共鸣的调节，是扩大发声效率、改善声音质量的重要环节。

播音主持艺术发声的特点决定了播音主持对共鸣的要求：运用声道共鸣方式，一要泛音适量，二要声束集中，三要字音清晰，四要声音自然。从丹田到硬腭之间形成一根厚实、明朗、通畅，气息稳定、均匀、自如的弹性声音柱。它的整体感觉是：由丹田气座的支撑经胸腔垂直向上，到口咽处流动向前，“挂”于硬腭前部，透出口外。经口咽出来的声束，沿上腭中线前行，向硬腭前部流动冲击，从而有声音“挂”在硬腭穹隆上的感觉，声音明朗、润泽，发时省力。

共鸣是元音的形成基础，同时也影响着意义之外的声音色彩。恰当地使用共鸣，可以改善声音色彩，美化声音，使声音更富于表现力。通过下列练习可以增加胸腔共鸣，改进口腔共鸣，适当利用鼻腔共鸣，帮助同学们解决最常见的共鸣问题。

第一节 胸腔共鸣练习

1. 体会胸腔共鸣。用较低的声音发[xɑ]音，声音不要过亮。这时的声音应是浑厚的，感觉是从胸腔发出的。如感觉不明显，可以逐渐降低音高，适当加大音量，也可用手轻按胸部，用 ɑ 做练习音，从高到低，从实声到虚声发长音，体会哪一段声音上胸腔振动强烈，然后在这一声音阶段做胸腔共鸣练习。一般来说，较低又柔和的声音易于产生胸腔共鸣。

2. 增加胸腔共鸣的适当音色后，用这一阶段的声音练习下列含有 ɑ 音的词（ɑ 开口度大，易于产生胸腔共鸣）。

暗淡　　反叛　　散漫　　武汉　　计划　　到达　　白发　　出嫁

然后用适当的低音练习下面的短诗，注意加强韵脚的胸腔共鸣。

春眠不觉晓，
处处闻啼鸟。
夜来风雨声，
花落知多少。

锄禾日当午，
汗滴禾下土。
谁知盘中餐，
粒粒皆辛苦。

第二节 改善口腔共鸣练习

1. 唇齿贴近，提高声音明亮度。发音时有咬唇习惯的人，音色大多较暗而且不够清晰。可以用收紧双唇，使其贴近上下齿的方式来改善共鸣。先用单元音做练习，然后用小的句段进行练习，比较它与自己习惯的发音音色有何不同。

2. 嘴角略微上抬，消除消极音色。有的同学发音时习惯于嘴角下垂，不善于表达欢乐、积极的感情。可以结合“提颧肌”，使嘴角略微上抬，声音色彩会有变化。先用单元音做练习，然后用小的句段进行练习，比较它与自己习惯发音的不同。

3. 改善 u 的音色。有的同学在发带有 u、l、o 音的字时，嘴唇凸起过长，使音色过暗，带有沉闷色彩。可以将唇齿靠近，减小凸起，使音色得到改善。用下列韵母做对比练习，比较音色的变化。

ao ou ong iao iou iong u ua uo uai
uan uen uang ueng ü üe üan ün

第三节 鼻腔共鸣练习

1. 体会鼻腔共鸣。鼻腔共鸣过多会形成鼻音，只有适当利用才能美化声音。软腭抬起则减少共鸣。可用 i 和 a 做练习音，利用软腭下降将元音部分鼻化，体会鼻腔共鸣。

i —————— ĩ
a —————— ã

2. 鼻腔共鸣练习。鼻腔共鸣少的同学可使用这一练习，但切勿使共鸣过多，形成鼻音。一般来说，a 的舌位低，鼻腔共鸣弱，软腭下降幅度可稍大些。u、q 舌位高，口腔通路窄，气流容易进入鼻腔，产生鼻腔共鸣，软腭不可下降过多，否则会使元音完全鼻化，造成鼻音。可用 m、n 开头的音做练习，体会鼻腔共鸣，然后再发其他音。

妈妈 买卖 小猫 阴谋 隐瞒 出门 戏迷 分秒 人民 姓名
朽木 接纳 奶奶 头脑 困难 万能 西宁 温暖 妇女 女奴

3. 减少鼻音色彩。鼻腔共鸣过多形成习惯性鼻音的同学可用这一练习来改善音色。首先应确定鼻音是否过多。有鼻音习惯的发音常常韵母的元音部分完全鼻化。可用手捏住鼻子，用下列音来检查是否过分使用鼻腔共鸣。如果鼻腔从元音开始就振动，表明鼻腔共鸣使用过多，应减少元音的鼻化程度。

渊源 yuān yuán　　黄昏 huáng hūn
间断 jiàn duàn　　湘江 xiāng jiāng
光芒 guāng máng　　荒凉 huāng liáng
中堂 zhōng táng　　中央 zhōng yāng

第三章

播音员、主持人口腔控制训练

“字正腔圆”，是人们对播音员和主持人吐字的要求与衡量标准。要使自己发出的语音成为人类表达思想感情的交际工具，还必须经过吐字这一关键环节。

吐字这一环节看起来简单，会说话的人都会吐字，但实际运用中却大有讲究。戏曲界有“千斤念白四两唱”的说法，用来说明“说”比“唱”还需要功力。一些前辈艺人还曾有“咬字千斤重，听者自动容”，“清晰的口齿沉重的字，动人的声韵醉人的音”的说法。当然，“千斤重”和“沉重的字”不是用拙劲把字咬得死死的，而是要做到“咬字如虎噙仔”，既不咬死，也不掉地，用巧劲。播音员和主持人运用有声语言进行创作，必须充分重视这一环节。

字音在口腔内形成，口腔是人类语音的制造场。讲究吐字实际上就是讲究口腔控制。播音员和主持人必须锻炼自己的口腔，使它适应播音主持艺术语言吐字的要求：准确规范、清晰流畅、圆润集中、颗粒饱满，光泽晶莹、轻快连贯、如珠如流，字字皆入听众、观众之耳，声声皆动听众、观众之心。这样才可使播音说者不费力，听者、看者有美感。

第一节　唇舌口部训练操及字词练习

一、口部训练操

口部操以唇舌练习为主，常做口部操可以有效地加强唇、舌部肌肉的力量，提高唇舌的灵活程度。

1. 唇的练习

(1)喷——双唇紧闭，阻住气流，突然放开，则发出〔p〕音。

(2)咧——先把双唇闭紧撅起，然后将嘴角用力向两边伸展(咧)，反复进行。

(3)歪——先把双唇闭紧撅起，然后向左歪，向右歪，交替进行。

(4)绕——先把双唇闭紧撅起，然后向左转 360°，再向逆时针方向环绕 360°，交替进行。

2. 舌的练习

(1)刮——舌尖抵下齿背，舌体用力，用上门齿齿沿从舌尖到舌面，反复进行。

(2)捣——将枣核样物体竖(两尖端正对前舌)放在舌面上，用舌面挺起的动作使它翻转，反复进行。

(3)弹——先将力量集中于舌尖，抵住上齿龈，阻住气流，然后突然打开，爆发出〔t〕〔t′〕音，反复进行。弹硬腭，弹口唇。

(4)咬——先咧唇，舌体后缩，舌根抬起至软硬腭交接处，阻住气流，然后突然打开，则发出〔k〕〔k′〕音，反复进行。

(5)顶——闭唇，用舌尖顶左、右内颊，交替进行。

(6)绕——闭唇，把舌尖伸到齿前唇后，向顺时针方向环绕 360°，再向逆时针方向环绕 360°，交替进行。

(7)立——先把舌自然平放在下齿槽中，然后向左、右翻立，交替进行。

二、字词训练

发唇部音时，要把力量集中于唇的中央三分之一处；发舌部音时，力量应集中于舌的中纵线，舌体取"收势"，把字音沿上腭中线，送到硬腭前部，忌满口用力，声音散射。

1. 拼读

b——巴　白　宝　帮　必　布　标
本部　辨别　白布　标兵　表白

p——排　畔　盆　扑　配　怕　偏
评判　乒乓　偏旁　铺平　爬坡

m——妈　买　毛　面　门　灭　满
埋没　麻木　面貌　明媚　门面

f——"f"是轻唇音，带有擦音性质，发音时无须用力阻气
发　泛　房　肥　奋　风　法
丰富　奋发　方法　反复　防范

d——搭　带　担　档　到　灯　笛
道德　电灯　带动　单调　打倒

t——他　台　坛　上　推　吞　妥
团体　贪图　梯田　推托　探听

n——南　脑　内　泥　娘　您　农
男女　恼怒　泥泞　能耐　南宁

l——来　铃　刘　龙　楼　路　论
理论　联络　料理　来路　嘹亮

g——概　根　古　甘　工　狗　耿
改革　公共　骨干　富贵　梗概

k——凯　坎　课　肯　口　哭　康
开垦　宽阔　可靠　困苦　坎坷

h——海　杭　河　好　黑　很　坏
黄河　横祸　缓和　航海　荷花

j——家　剑　脚　街　金　景
经济　紧急　坚决　交界　积极

q——恰 前 强 桥 秦 全 缺

恰巧 亲切 请求 弃权 崎岖

x——夏 先 香 小 瞎 些 修

虚心 喜讯 习性 想象 休息

zh——展 扎 注 追 重 招 周

政治 战争 执政 主张 郑重

ch——拆 厂 车 陈 除 吹 春

戳穿 查抄 长城 出产 抽查

sh——晒 山 勺 蛇 水 说 书

事实 伤势 设施 时事 神圣

r——然 热 软 忍 荣 染 辱

z——脏 咱 早 泽 走 祖 纵

总则 宗族 曾祖 罪责 栽赃

c——仓 册 层 辞 粗 寸 翠

草丛 苍翠 层次 参差 残存

s——赛 三 扫 苏 随 所 宋

诉讼 琐碎 色素 洒扫 四散

2. 扁唇音和圆唇音的连续练习

齐——合

低估	涤纶	抵触	地位	计划	基础	启动	解除
益处	嫡传	急促	积存	极度	碧空	金库	平炉
例外	细微	新闻	比武	异物	基准	衣着	

齐——撮

低云	抵御	缔约	积蓄	的确	鲫鱼	机遇	定局
检举	编剧	基于	交卷	坚决	友军	养女	郊区
汲取	健全	戏曲	气虚	音序	竞选	讲学	心血

第二节 打开口腔、改善音色练习

一、打开口腔训练

播音和主持时的口腔开度要比平常说话时大。开大口腔可以给舌提供加大运动幅度的可能,可以通过抬起上腭(提颧肌、挺软腭)和放松下巴来实现。应注意打开口腔并不等于张大嘴,而应前后同时打开,呈“马蹄”型,要有后腔高于前腔的感觉。

请注意下面的成语和诗歌,第一个音节都是容易体会打开口腔的音节,要以此感觉带发后面音节。

1. 成语

来龙去脉	来日方长	老马识途	狼狈不堪	浪子回头	牢不可破
老当益壮	老生常谈	雷厉风行	冷嘲热讽	两袖清风	量力而行

燎原烈火	龙腾虎跃	包罗万象	超群绝伦	刀山火海	道貌岸然
调兵遣将	泛滥成灾	防患未然	放虎归山	光明磊落	广开言路
高风亮节	高瞻远瞩	豪情壮志	好大喜功	浩浩荡荡	江河日下
娇生惯养	矫枉过正	慷慨激昂	冒名顶替	脑满肠肥	鸟语花香
庞然大物	抛砖引玉	乔装打扮	相安无事	相辅相成	响彻云霄
逍遥法外	扬长而去	阳关大道	遥相呼应	咬牙切齿	耀武扬威
高朋满座	早出晚归	造谣惑众	张冠李戴	招摇过市	高文典册

2. 诗歌

凉　州　词

王之涣

黄河远上白云间，一片孤城万仞山。
羌笛何须怨杨柳，春风不度玉门关。

静　夜　思

李　白

床前明月光，疑是地上霜。
举头望明月，低头思故乡。

绝　　句

杜　甫

两个黄鹂鸣翠柳，一行白鹭上青天。
窗含西岭千秋雪，门泊东吴万里船。

早发白帝城

李　白

朝辞白帝彩云间，千里江陵一日还。
两岸猿声啼不住，轻舟已过万重山。

二、改善音色训练

改善音色以音位理论为基础，在不影响表意的前提下，可适当调整口腔的开合度和发音部位，做到“开音稍闭、闭音稍开，前音后发、后音前发，宽音窄发、窄音宽发，扁音圆发、圆音稍撮嘴角”，使音色“圆润集中”，吐字“颗粒饱满”。这里“开音”指开口度较大的音节，“闭音”指开口度较小的音节，“前音”指发音位置偏前的音节，“后音”指发音位置偏后的音节。

1. 以“开音”（前一个音节）带“闭音”（后一个音节），达到“闭音”稍开

安宁	按语	按理	傲气	奥秘	八股	巴黎	拔河
把戏	板栗	宝贝	保密	仓库	草地	抄袭	达因
打击	刚毅	傻气	康熙	来去	劳力	马蹄	毛衣

2. 以“闭音”（前一个音节）带“开音”（后一个音节），达到“开音”稍闭

技法	机械	芝麻	沮丧	苦熬	孤傲	提拔	渔霸
巨大	毒打	激发	立方	库房	寄放	里拉	蓖麻
出门	礼堂	碧桃	复杂	起赃	臆造	图章	

3. 以“前音”（前一个音节）带“后音”（后一个音节），达到“后音”稍前

提高	预告	诗歌	体格	帝国	因果	阴沟	尸骨
难过	鼻孔	嗜好	刺客	理科	碧空	敌寇	司库
实况	余额	帝王	以往	失望	义务	比武	

4. 以“后音”（前一个音节）带“前音”（后一个音节），达到“前音”稍后

刚毅	港币	高低	告捷	戈壁	革职	个别	更迭
梗死	宫女	共事	谷雨	过眼	船次	毫厘	合理
横笛	红利	厚意	蝴蝶	抗体	考妣	可以	乌鱼

第三节　吐字归音练习

这部分练习是用来体会和实现咬字器官对音节各部位的控制。具体要求是：字头部位准确、弹动轻快，字腹拉开立起、圆润饱满，字尾干净利索、趋向鲜明。

一、声母、韵母拼合练习

下面是普通话21个声母和韵母与 a(开)、i(齐)、u(合)、ü(撮)的拼合练习。第一，要有一定力度，弹动轻快。第二，要注意唇形，即开口音唇形自然，口咧不要过大；齐齿音口咧不要太扁、太窄；合口音不要撅唇；撮口音唇形不要太圆，只撮上唇两角。

1. 开口

ba、pa、ma、fa、da、ta、na、la、ga、ka、ha、zha、cha、sha、ra、za、ca、sa

2. 齐齿

bi、pi、mi、di、ti、ni、li、ji、qi、xi

3. 合口

bu、pu、mu、fu、du、tu、nu、lu、gu、ku、hu、zhu、chu、shu、ru、zu、cu、su

4. 撮口

nü、lü、jü、qü、xü

5. 综合

ba、bi、bu，pa、pi、pu，ma、mi、mu，fa、fu，da、di、du，ta、ti、tu，na、ni、nu、nü，la、li、lu lü，ga、gu，ka、ku，ha、hu，jia、ji、jü，qia、pi、pü，xia、xi、xü，zha、zhu，cha、cha，sha、shu，ra、ru，za、zu，ca、cu，sa、su

二、声母、韵母拆合练习

b—a—ba	b—an—ban	p—a—pa	p—an—pan
b—ai—bai	b—ang—bang	p—ai—pai	p—ang—pang

三、象声词练习

吧嗒嗒	哗啦啦	叮咚咚	淅沥沥	咕噜噜
滴溜溜	噼啪啪	滴答答	扑哧哧	扑腾腾
咕隆隆	当啷啷	嘀呖呖	噗噜噜	扑棱棱
乒乓乓	呼啦啦	轰隆隆	咣吱吱	花楞楞
刷啦啦	咣当当	扑通通	咯噔噔	

第四节　综合练习

进行综合练习要在理解播读、朗诵材料的基础上进行，要言有所旨、情有所动、积极交流，而不能有字无句，有句无意。要使基础练习的效果逐渐地运用于播音主持艺术语言的表达之中。

一、格律诗

格律诗语言精练，句短意长，字少情厚，因此要求吐字速度慢而颗粒清晰，其中点睛之尾更要读得饱满，韵脚要“交代”清楚。

泊秦淮

杜 牧

烟笼寒水夜笼沙，夜泊秦淮近酒家。
商女不知亡国恨，隔江犹唱后庭花。

咏 鹅

骆宾王

鹅、鹅、鹅，曲项向天歌。
白毛浮绿水，红掌拨清波。

晚 春

韩 愈

草木知春不久归，百般红紫斗芳菲。
杨花榆荚无才思，唯解漫天作雪飞。

江 雪

柳宗元

千山鸟飞绝，万径人踪灭。
孤舟蓑笠翁，独钓寒江雪。

题菊花

黄 巢

飒飒西风满院栽，蕊寒香冷蝶难来。
他年我若为青帝，报与桃花一处开。

夜雨寄北

李商隐

君问归期未有期，巴山夜雨涨秋池。
何当共剪西窗烛，却话巴山夜雨时。

二、天气预报（用记录速度播读）

用记录速度播读稿件是练习吐字的好方法。用记录速度播读不仅要慢，而且要字清、意准，使抄收人听清记下。一般要播三遍，前两遍慢读，第三遍用正常速度校对。

1. 北京人民广播电台：

各位听众！

现在播送北京市气象台今天早上六点发布的北京地区天气预报和天气形势预报。

今天白天：晴间多云；风向，偏南；风力一、二级；最高气温摄氏 33 度。

今天夜间：晴间多云；风向，南转北；风力三、四级；最低气温摄氏 20 度。

27 号：晴转阴，有小雨。

下面播送天气形势预报：〔用记录速度〕

昨天 20 点 5500 米上空，在海拉尔附近有一个低压。从低压中心伸向乌兰巴托附近是一个横槽。受低压后部影响，今天傍晚，本市北部地区有小雷阵雨。

另外在酒泉西部有一个低压中心，从中心伸向格尔木南部是一个槽。预计，未来高空槽东移，将在明天傍晚影响本市。

天气预报和天气形势预报播送完了。

2. 河南人民广播电台：

各位听众！现在播送河南省气象台今天下午 5 点发布的天气预报。

昨天 4300 米上空 304 线位于冷湖、曼达勒戈壁、东胜、徐州、上海一线，我省受高压脊控制，未来高压脊东移，我省将转受脊后面南气流影响。

今天下午 2 点地面图上，在二连浩特附近有一个 1040 帕的高压中心，我省处在由此南伸的高压脊内。

今天白天北中部晴间多云。南部多云，全省偏北风2～3级，最高温度5～6度；夜里北中部晴天转多云，南部多云转阴天，全省偏东风1～2级，最低温度北中部零下3度到零下4度，南部零下1度到零下2度。

三、节目预告

1. 北京人民广播电台：

各位听众，你们好！本台第三套节目现在开始播音。

下面预告这次播音时间的节目内容。

12:00 中国广播艺术团民族乐团演奏的民乐合奏曲
《苏武牧羊》、《将军令》、《汉宫怨》、《苏堤春晓》

12:30 对郊区农村广播 播送通讯《刘明包地》

13:00 世界知识 介绍芭蕾史话《跳跃旋转的芭蕾艺术》

13:30 京剧选段
马长礼唱：《串龙珠》 梅兰芳唱：《贵妃醉酒》
王梦云唱：《岳母刺字》 李世济唱：《锁麟囊》

14:00 小说连续广播 中篇小说《高山下的花环》

14:30 歌曲 《在希望的田野上》、《留下一片凉》、《水乡欢歌》、《采茶新曲》

15:00 北京歌舞团交响音乐会

16:00 星星火炬 录音报道《我喜爱的一句名言》
广播特写：他们给孩子们带来了春天

16:30 《小喇叭》节目 配乐故事《白雪公主》，诗朗诵《老虎外婆》

17:00 话剧 《绝对信号》

18:30 新闻

19:00 少数民族青年独唱演员调演音乐会

19:30 大众科学节目 录音报道《植物王国见闻录——访中国科学院昆明植物园》

20:00 转播中央人民广播电台《各地人民广播电台联播节目》

20:30 马连良、肖长华、张君秋唱《审头刺汤》

21:00 曲艺相声晚会部分节目的实况录音

23:00 播音结束

各位听众：本台这次播音时间的节目内容预告完了。

2. 中央人民广播电台：

各位听众，你们好，现在是预告节目时间。我是主持人晨星，在这个时间里，先向大家介绍本台今天晚上一部分节目的内容。

各位听众，今天是戏剧活动家、诗人田汉诞辰八十九周年纪念日。“今晚八点半”的“文艺日历”小栏目将向您介绍这位卓有成就的人物，并请您欣赏他的作品京剧《谢瑶环》选段，由杜近芳演唱。“今晚八点半”的“亲友信箱”栏目应听众朋友的要求，播送法国比才的歌剧《卡门》里的选曲《花之歌》、李默演唱的歌曲《梦回故乡》、苏小明演唱的歌曲《默默的祝福》、骆玉笙演唱的京韵大鼓《万里春光》，另外还有“人物专访”、“文艺欣赏”、“歌声中的回忆”、“听众点播”、

"小知识"栏目等，因为时间的关系，我这里就不一一向您介绍了。欢迎您到时候收听，本台的综合文艺节目"今晚八点半"在第一套节目播出。

您如果喜欢听戏，第一套节目 18:00 播送马长礼演唱的京剧选段《空城计》、《长亭会》；第二套节目 20:40 播送徐玉兰、王文娟等演唱的越剧《红楼梦》选段。

本台为爱好曲艺的听众朋友安排有：相声《恋爱历险记》、北京琴书《幸福泉》，广播的时间是第一套节目 23:10；西河大鼓《这不是家务事》，广播的时间是第二套节目 18:15。

下面再给大家介绍几节外国音乐节目。

第一套节目 22:00 播送贝多芬的《第九交响曲》。

第二套节目 19:15 播送一组匈牙利轻音乐。其中有《乡村小夜曲》、《那将是我》、《你就是光明，比尔先生》。

各位听众，本台今天晚上一部分节目的内容就介绍到这里。

四、人名单

播读人名单要求字字清晰、饱满，力度均匀，快慢一致。

参加这次全国播音主持艺术研讨会的播音员、主持人有：李瑞英、曹可凡、李修平、刘菲、刘芳菲、阳元清、周涛、李霞、李向军、周磊、任达建、罗娟、王欢、张丹晖、丁向平、田格平、管彤、阿丘、张羽、毕福剑、杨冰、任永、陈亚彤、郭伟、饶青、王力、岳红、阿兰、阿娇、阿忆、兰成、徐慧、肖飞、荣翔、彭松、卢迪、佟兵、李丹、李瑞、武艳玲、徐萍、向真、王为、王梁、方亮、周雷、周向阳、周游、袭宁、宫昊、徐滔、邵建平、宋旸、高鑫、金一可、邓辉、吴碧霞、丁大海、李楠、梁莹、任毅、高博、高磊、博雅、王焱、包崃、乔丹、李奇、王方、于丹、李宁、杨强、罗璐、罗奕、李冬梅、阿朵儿、赵树清等。

五、地名单

播读地名单除了注意字音清晰、颗粒饱满之外，还要根据地名单双音节、多音节（如两字、三字、四字、五字，甚至五字以上）的不同，调整气息、把握好节奏，做到均匀、稳定、持久、托住，运用灵活自如。

1. 由开往哈尔滨、齐齐哈尔、长春、呼和浩特、乌鲁木齐、吐鲁番、内蒙昭乌达盟、赤峰市、翁牛特旗、巴彦喀拉山、布达拉宫、撒哈拉大沙漠、柴达木盆地、青藏高原、阿坝甘孜自治州、银川、拉萨、西宁、成都、重庆、龙泉、九寨沟、贵阳、昆明、西双版纳、丽江、南京、扬州、上海、深圳、海口、汕头、南宁、珠江三角洲、湖南、长沙、衡阳、韶山、湖北、宜昌、汉口、汉江、宁波、杭州、福建、厦门、山西、济南、西安、安徽、常熟、天津的火车服务周到、安全舒适，乘客乘兴而来，满意而去。

2. 泰航网络现由中国散布至曼谷及超过全球 70 个目的地。

世界知名的泰航皇家风兰服务将连接北京、广州、昆明、上海经曼谷抵斯德哥尔摩、哥本哈根、伦敦、布鲁塞尔、阿姆斯特丹、巴黎、法兰克福、苏黎世、马德里、罗马、雅典、迪拜、马斯喀特、卡拉奇、科伦坡、加德满都、德里、加尔各答、达卡、仰光、普吉岛、合艾、槟城、吉隆坡、新加坡、雅加达、登巴萨、斯里巴加湾市、马尼拉、清迈、金边、万象、胡志明市、河内、香港、高雄、台北、汉城、福冈、大阪、名古屋、东京、珀斯、墨尔本、悉尼、布里斯班、奥克兰、洛杉矶等 70 个目的地。乘搭泰航在曼谷及世界各地，飞翔万里，快捷舒适。

六、股市涨幅一览通报、股市跌幅点评、股市成交金额点评

通过朗读代码、涨幅、跌幅、收盘、成交金额的数字和百分比以及点评评语，训练舌头轻巧、灵活、自如、弹动利落，吐字如珠，粒粒精晰……克服吃字、丢字、落字、吞字、秃噜字。

涨幅

代码	简称	涨幅	代码	简称	涨幅
000505	珠江控股	184.91%	000836	鑫茂科技	85.67%
000935	四川双马	163.34%	600806	昆明机床	85.52%
601991	大唐发电	117.14%	000527	美的电器	84.24%
600106	重庆路桥	113.10%	600981	江苏开元	80.69%
600526	菲达环保	98.15%	000553	沙隆达 A	77.90%
600291	西水股份	94.84%	000952	广济药业	77.43%
600376	天鸿宝业	94.84%	000726	鲁泰 A	76.63%
600405	动力源	94.05%	60084	杉杉股份	73.85%
601003	柳钢股份	87.62%	600285	羚锐股份	72.88%
002104	恒宝股份	87.32%	002013	中航精机	72.78%

跌幅

代码	简称	收盘价(元)	跌幅(%)	湖南金证点评
600731	湖南海利	8.16	−9.23	破位下跌，回避为宜
600251	冠农股份	18.76	−8.93	下跌趋势有望延续
600257	洞庭水殖	7.34	−8.82	尚未企稳，观望为宜
600112	长征电器	13.71	−8.60	短期头部，离场观望
600667	太极实业	9.05	−8.59	加速下跌，后市看淡
000722	金果实业	6.00	−10.04	连续跌停，慎抢反弹
000534	汕电力	8.37	−10.00	破位下行，后市看淡
000705	浙江震元	6.30	−10.00	下跌趋势有望延续
000639	金德发展	9.99	−10.00	缩量跌停，观望为宜
000070	特发信息	13.32	−10.00	短期头部，离场观望

成交金额

代码	简称	收盘价(元)	成交金额(%)	湖南金证点评
601600	中国铝业	22.18	221760	获利回吐，谨慎持股
600472	包头铝业	30.76	210327	冲高回落，适当减仓
600177	雅戈尔	26.78	129901	短期整理，适当关注
601398	工商银行	5.14	116464	震荡整理，观望为宜
60016	民生银行	11.40	114892	平台整理，观望为宜
000002	万科 A	19.32	133945	震荡整理，适当关注
000858	五粮液	31.89	101451	抗跌性强，积极关注
000680	山推股份	16.00	52401	高位震荡，适当减仓
000878	云南铜业	37.70	66991	有色龙头，积极关注
000001	深发展	26.20	65271	下跌趋势不改，回避

第四章
播音员、主持人声音弹性的训练

声音弹性是指声音对于人们变化着的思想感情的适应能力，简单地说，就是声音随感情变化而来的伸缩性和可变性。它的表现特点有可变性（主要是气息状态及声音色彩的变化）、对比性（主要是气息的深浅、疾徐，声音的高低、强弱、实虚、明暗、刚柔、厚薄、粗细、连断、松紧、纵收等）、层次性（在每一对比项目中都有众多的层次，层次之间有着细微的差别。控制水平越高，层次间的差别越细致）、复合性（声音弹性是以各种对比项目的复合形式出现的。由于复合的成分不同，各种成分的强度、浓度不同，便产生了变化万端的声音色彩及性格）。播音员和主持人在创作过程中，思想感情是随节目内容的进展而运动变化的，这种思想感情的运动状态是播音主持艺术创作的内在动力，它要求气息、声音随之而运动变化，以体现出所感受到的一切，这实际就是播音主持艺术表达的过程。播音主持艺术表达就是要在“理解稿件→具体感受→形之于声→及于听众（观众）”的过程中，达到正确理解与准确表达的统一，达到思想感情和尽可能完美的语言技巧的统一，达到语言形式与体裁风格的统一，准确、鲜明、生动地传达出稿件作品内容的精神实质。这当中，播音员和主持人要用声音来体现劳动成果，用声音创造劳动价值，这就要求声音要有极强的适应能力、“造型”能力。

播音主持时思想感情的运动状态不同于日常生活。一方面，它比日常生活中的感情变化更集中、更鲜明，因而要求更加鲜明丰富的声音色彩变化，而这种变化能力却不是大多数未经训练的人所能轻易达到的；另一方面，如果播音员和主持人的声音运用有问题，则是僵持的、呆滞的，例如一味笑眯眯或一味板面孔、单纯捏嗓子或压喉咙，都会限制声音色彩的变化，而在播音主持艺术创作中产生“力不从心”、“口不从心”的感觉。因此，为了适应播音主持艺术创作思想感情多变的要求，播音员和主持人必须加强声音弹性的训练。

第一节　声音色彩的变化练习

声音的高低、强弱、长短以及不同的特色是普通话语音的物理基础。声音的高低就是音高，声音的强弱就是音强，声音的长短就是音长，声音的特色就是声音的本质（也叫音质、音品、音色）。这几种声音要素是播音员和主持人在播音主持艺术创作中必须掌握和灵活运用的重要手段。在广播电视节目当中，播音主持艺术作品内容不同、形式不同、风格不同、对象不同，那么要求播音员和主持人的声音色彩变化也不能相同。不能千人一面、千稿一腔、千篇一律。因此，要想适应各种播音主持艺术作品创作的要求，就必须要训练出鲜明、丰富的声音色彩来。

一、音色的变化练习

发声过程中音色的虚实、明暗变化是由声门开合变化形成的。这种音色变化是丰富语言表现力、准确表达感情色彩的重要因素。通过这部分练习，要求同学们对声带的活动状态有正确的感觉，学会运用不同音色，克服日常口语单一色的消极发声习惯，增强自己的发声能力。

1. 体会声带的活动状态

(1)气泡音。声门闭合，气流从中均匀通过，发出一连串的气泡似的声音。此时，两侧声带相互靠拢，声音明亮。气泡音可用于发声前的准备活动和发声后的嗓音恢复。

(2)带疑问色彩的〔m〕音。声门开始呈闭合状态，然后迅速打开，闭口发音时是带有疑问色彩的〔m〕音。音色由明亮迅速转暗，音高由低变高。如果张口发音，音色类似于 eng。通过发音可以体会声门由闭到开的变化过程。

2. 音色对比练习

下列练习每个音都使用相同音高，通过音色变化体会声带的不同状态。

(1) 两层次音色对比练习，每个单元音要有两种音色变化，体会喉部在发柔和的虚声与明亮的实声两种状态时的不同感觉。

ɑ (实声)————ɑ (虚声)
i (实声)————i (虚声)
u (实声)————u (虚声)
ü (实声)————ü (虚声)

(2)多层次音色对比练习。要求每个音有两个层次以上的音色变化，开始时每个音可用虚的、柔和的和明亮的三种音色。随着能力的提高，每个音可以分成由最虚到最亮的多种不同音色。通过这一练习，锻炼自己对于音色的精细识别和控制能力。

ɑ (实声)——ɑ (虚实声)——ɑ (虚声)
o (实声)——o (虚实声)——o (虚声)
e (实声)——e (虚实声)——e (虚声)
e〔ê〕 (实声)——ê (虚实声)——ê (虚声)
i (实声)——i (虚实声)——i (虚声)
u (实声)——u (虚实声)——u (虚声)
ü (实声)——ü (虚实声)——ü (虚声)

3. 音色连续变化练习

下列练习每个音使用相同音高。声音在不间断状态下产生从虚到实或从实到虚的音色变化。通过练习，可以增强声带对音色的控制能力。注意体会声门由闭到开或由开到闭的感觉。

(1)音色由虚到实。吸一口气，保持吸气时喉的状态(此时声门打开)，开始发音，然后使声音逐渐产生由柔和到明亮的变化，声门由打开逐渐转为关闭，体会喉的感觉。

		虚实声		
ɑ	（虚声）	————————	ɑ	（实声）
o	（虚声）	————————	o	（实声）
e〔ə〕	（虚声）	————————	e〔ə〕	（实声）
ê〔ε〕	（虚声）	————————	ê〔τ〕	（实声）
i	（虚声）	————————	i	（实声）
u	（虚声）	————————	u	（实声）
ü	（虚声）	————————	ü	（实声）

（2）音色由实到虚。吸一口气，然后屏住气，让声门保持在闭合状态，开始发音，此时声音是响亮的实声，然后逐渐打开声门，声音产生由明亮到柔和的音色变化，体会喉的感觉。

		虚实声		
ɑ	（实声）	————————	ɑ	（虚声）
o	（实声）	————————	o	（虚声）
e〔ə〕	（实声）	————————	e〔ə〕	（虚声）
e〔ε〕	（实声）	————————	e〔ε〕	（虚声）
i	（实声）	————————	i	（虚声）
u	（实声）	————————	u	（虚声）
ü	（实声）	————————	ü	（虚声）

4. 复韵母和词的音色变化练习

在掌握单元音音色变化后，向整个音节音色变化过渡，将音色变化用于表达。

（1）复韵母音色变化练习。这一练习包括汉语普通话全部复韵母，要求每个韵母都有不同的音色变化，一般应有三个层次的变化。

ɑi	（虚声）	ɑi	（虚实声）	ɑi	（实声）
ei	（虚声）	ei	（虚实声）	ei	（实声）
ɑo	（虚声）	ɑo	（虚实声）	ɑo	（实声）
ou	（虚声）	ou	（虚实声）	ou	（实声）
ɑn	（虚声）	ɑn	（虚实声）	ɑn	（实声）
en	（虚声）	en	（虚实声）	en	（实声）
ɑng	（虚声）	ɑng	（虚实声）	ɑng	（实声）
eng	（虚声）	eng	（虚实声）	eng	（实声）
ong	（虚声）	ong	（虚实声）	ong	（实声）
iɑ	（虚声）	iɑ	（虚实声）	iɑ	（实声）
ie	（虚声）	ie	（虚实声）	ie	（实声）
iɑo	（虚声）	iɑo	（虚实声）	iɑo	（实声）
iou	（虚声）	iou	（虚实声）	iou	（实声）
iɑn	（虚声）	iɑn	（虚实声）	iɑn	（实声）
in	（虚声）	in	（虚实声）	in	（实声）
iɑng	（虚声）	iɑng	（虚实声）	iɑng	（实声）
ing	（虚声）	ing	（虚实声）	ing	（实声）

iong	（虚声）	iong	（虚实声）	iong	（实声）
ua	（虚声）	ua	（虚实声）	ua	（实声）
uo	（虚声）	uo	（虚实声）	uo	（实声）
uai	（虚声）	uai	（虚实声）	uai	（实声）
uei	（虚声）	uei	（虚实声）	uei	（实声）
uan	（虚声）	uan	（虚实声）	uan	（实声）
uen	（虚声）	uen	（虚实声）	uen	（实声）
uang	（虚声）	uang	（虚实声）	uang	（实声）
ueng	（虚声）	ueng	（虚实声）	ueng	（实声）
üe	（虚声）	üe	（虚实声）	üe	（实声）
üan	（虚声）	üan	（虚实声）	üan	（实声）
ün	（虚声）	ün	（虚实声）	ün	（实声）

(2)词的音色变化练习。下列词中包括了汉语普通话中39个韵母，分别用虚声、虚实声和实声练习。注意韵母与声母结合时整个音节的音色变化，体会喉和发音器官的感觉。特别要注意把握播音中最常见的兼有虚实音色的柔和声音色彩。

把关	跋涉	播种	薄弱	讹诈	恶霸
职业	芝麻	子弟	自由	而且	尔后
熬煎	傲慢	欧洲	偶然	安插	繁华
恩赐	门户	昂扬	帮忙	比赛	衣裳
雅致	遐想	挑衅	飘扬	跌打	歇息
秋季	休息	编造	填写	新鲜	亲切
良好	江涛	聆听	星空	沐浴	杜绝
花絮	挖掘	夺取	作战	乖巧	衰败
威胁	追随	钻石	篡夺	温暖	敦厚
庄重	双手	老翁	交通	迂回	旅行
靴子	决策	蜷缩	劝说	功勋	询问
窘迫	穷尽				

5. 小段子的音色变化练习

通过练习，学会在稿件播读中使用不同音色，提高发声能力。在练习时，特别注意音色变化引起的感情、意境的微妙变化。

(1)分别用虚声、虚实声和实声三种音色播读下面四首诗，然后变换使用三种音色播读。达到音色变化能够随心所欲。

登鹳雀楼

王之涣

白日依山尽，黄河入海流。
欲穷千里目，更上一层楼。

咏　柳

贺知章

碧玉妆成一树高，万条垂下绿丝绦。
不知细叶谁裁出，二月春风似剪刀。

黄鹤楼送孟浩然之广陵

李 白

故人西辞黄鹤楼，烟花三月下扬州。

孤帆远影碧空尽，唯见长江天际流。

除 日

王安石

爆竹声中一岁除，春风送暖入屠苏。

千门万户曈曈日，总把新桃换旧符。

(2)根据要求，用不同音色播读下面各段。注意音色应与要求一致。有单一音色发声习惯的同学尤其要注意不同音色控制的持久性。通过练习来矫正不良发声习惯，形成能自如变化的发声能力。

〔偏实、稍明亮音色〕

有人习惯把豆腐和菠菜一起炖着吃。这种吃法不科学。因为豆腐中含有氯化镁、硫酸钙两种成分。当它们遇到菠菜中的草酸时，可产生化学反应，生成草酸镁和草酸钙，而这两种白色沉淀物是不能被人体吸收的，如果长期这样食用，就会使人缺钙。

〔偏虚、稍暗音色〕

将圆未圆的明月，渐渐升到高空，一片透明的灰云，淡淡地遮住月光。田野上面，仿佛笼起一片轻烟，朦朦胧胧，如同进入梦境。晚云飘过之后，田野上烟消雾散，火一样的清光，冲洗着柔和的秋夜。

〔偏虚、柔和音色〕

沿着校园熟悉的小路，清晨来到树下读书，初升的太阳照在脸上，也照着身旁这棵小树。亲爱的伙伴，亲爱的小树，和我共享阳光雨露，请我们记住这美好时光，直到长成参天大树。

〔偏实、明亮音色〕

一个六七岁的姑娘，活灵活现地站在我的眼前了。

〔偏虚、柔和音色〕

她疏眉细眼，故意眯缝着瞧我，小鼻子微微地朝上翘着，薄薄的两片小嘴唇因为忍住笑而紧闭着，两颗小酒窝儿，在那又红又结实的腮上陷得很深。

〔根据感情和意境变化，用不同音色播读〕

一阵风把蜡烛吹灭了。月光照进窗子来，茅屋里的一切好像披上了银纱，显得格外清幽。贝多芬望了望站在他身边的穷兄妹俩，借着清幽的月光，按起琴键来。

皮鞋匠静静地听着。他好像面对着大海，月亮正从水天相连的地平线上升起来，微波粼粼的海面上，霎时间洒遍了银光。月亮越升越高，穿过一缕一缕轻纱似的微云，忽然，海面上刮起了大风，卷起了巨浪，被月光照得雪亮的浪花，一个连一个朝着岸边涌过来。皮鞋匠看着他妹妹，月光正照在她那洁净的脸上，照着她睁得大大的眼睛，她仿佛也看到了，看到了她从来没有看到过的景象——在月光照耀下的波涛汹涌的大海。

二、音高的变化练习

音高由声带的长度变化控制。音高练习的目的，是增强声带伸缩的肌肉力量和对声带长度变化的控制能力，在扩展音域的同时，能灵活地运用音高变化加强语言表现力，对有不良用声习惯，对于发声偏高或偏低的同学，通过这些练习，应能找到适合播音主持艺术发声时的常用音高。

1. 音域扩展练习

通过向声音高低两个方向扩展，加大音域范围，对于发声偏高的同学，应着重向低音方向扩展；对于发声偏低的同学，应着重向高音方向扩展。

(1)扩展高音。将自己发出的舒适的中音定为音阶1，用单元音 ɑ、i、u、ü 做练习音，发长音。然后将声音升高，发音阶2、3、4、5……注意，发高音时应避免过亮的实声，尽量使用柔和的音色。升高时应当循序渐进，一个新高度发得不费力时再往上升。不可急于求成，以免损害发音器官。

(2)扩展低音。将自己发出的舒适的中音定为音阶1，用单元音 ɑ、i、u、ü 做练习音，发长音，然后依音阶7、6、5、4逐步降低。每次练到一个音，待到发此音不费力，完全自如时再降至下一个音。声音下降时容易出现声门闭合过紧的喉音，练习时应尽量避免。注意使声门稍开，尽量用柔和音色，这样可避免对喉的伤害。

2. 确定适当音高

(1)由高到低，分几个高度播读下面各个小段子，然后进行比较。找出自己满意的，适合于播音主持艺术发声时的音高，把这一高度与自己习惯使用的音高比较，看看是否存在习惯性发声偏高或偏低的问题。根据自己的问题，确定进一步的练习内容。

①黄河远上白云间，一片孤城万仞山。羌笛何须怨杨柳，春风不度玉门关。

②坚持与毅力，这两者是连在一起的。

③要想成功，必须战胜自己。

④人生的意义在于奉献，而不是索取。

⑤由于现代科技的日新月异，生产设备的更新，生产工艺变动是非常迅速的。

(2)运用音高变化朗读下面这首词，注意声音的高低起伏。

沁园春·雪

毛泽东

北国风光，千里冰封，万里雪飘。望长城内外，惟余莽莽；大河上下，顿失滔滔。山舞银蛇，原驰蜡象，欲与天公试比高。须晴日，看红装素裹，分外妖娆。江山如此多娇，引无数英雄竞折腰。惜秦皇汉武，略输文采；唐宗宋祖，稍逊风骚。一代天骄，成吉思汗，只识弯弓射大雕。俱往矣，数风流人物，还看今朝。

(3)用适当音高播读下面的小短文，注意每个段落开始时起声的声音高度。

家乡的枣·家乡的情

每到枣花飘香时，我就会想起家乡的红枣树，黄河流域、红枣故里的山西，这里有着我深深的红枣情愫……

在红枣成熟的季节，来黄河沿岸一游，你就会惊喜地发现整个黄河东岸的村村户户，枣林遮目，树荫翳日，枣花淡淡飘香、蜂蝶萦绕。瞧，压满枝头的枣儿，颗颗喷红吐焰，艳若玛瑙、红映河谷、香溢山乡，定使你馋涎欲滴，流连忘返。

离开家乡好多年了，总想在大红枣成熟的时候一品其甜脆香酥的滋味，可因工作忙碌的缘故一直未能实现。一天，我和朋友在茶座聚会时，服务生端来一盘大红枣，颗颗圆润丰满、枣香四溢，色泽红得像盏盏大红灯笼。我迫不及待地拿起一颗放入嘴中，随着清脆的响声，齿间留香、酥脆可口，真是地地道道家乡大红枣的滋味啊！我急忙把服务生找来一问，才知这种红枣是来自家乡汉波公司生产的新品汉波香脆枣。听服务生介绍，汉波红枣是中国驰名商标，精选的是黄河流域红枣生态种植基地优质大红枣，秉承传统与现代食品工艺相结合，摒弃传统小作坊加工或常温、常压的小批量生产方式，采用了现代先进的浸渍、脱水双联真空技术深加工规模化生产方式，最大限度地保留了红枣的天然营养成分和保健养生功效，丰富的钙、铁、锌等多种营养成分可以补充一日营养之所需。

听了介绍，我深深感到家乡红枣的深加工技术已发展到如此先进的程度，真是令我自豪与激动。汉波香脆枣如同在枣树下刚打的一样鲜、一样甜、一样脆、一样香，当我坐在家中，吃着汉波香脆枣，就可以感受枣花的清香、红枣的香甜，还有许多童年的回忆。

如今，汉波香脆枣已成为我生活中的好伙伴。

悼念我的好婆婆罗秀群

——追悼会上的心里话

婆婆，我的好婆婆：您是一个好人！走得快乐安详、面容漂亮！亲朋好友、街坊邻居们，大家都说：这是一个“喜丧”！只有好人才有这般模样！

婆婆，我的好婆婆：您是一个坚强的人！含辛茹苦，雪雨风霜，养活了“四大金刚”。生活中的酸辣苦……所有一切都自己挺自己扛！直到离世前，也没有给儿孙们增加半点儿负担和烦恼，把甜留给了儿孙们。一辈子刚强！

婆婆，我的好婆婆：您是一个开明的人！您教育孩子们遵纪守法、爱国爱家。大哥大嫂做出榜样、小弟小媳围绕中央，儿孙满堂个个孝顺，紧紧团聚在您的身旁！

婆婆，我的好婆婆：您是一个智慧的人！对“四大金刚”娶回的媳妇视如己出，如同女儿一样、一碗水端得平(用您的方言讲)，一视同仁、一模样样儿……您就是我们的亲娘！

婆婆，我亲爱的婆婆：您平时从不叫我的名字，总是亲切地喊我“小赵儿。”而且尾声拐弯还带着您那浓浓的方言味儿……每每听到这一声呼唤，我都会调皮地模仿着说：“小赵来了！么事?”，说时我就先笑了(忍不住)，听到用您方言的回答，您也忍不住开心地笑了！就是这么在其中找乐、乐在其中……

婆婆，我亲爱的婆婆：您是一个刀子嘴豆腐心、开朗直率、幽默风趣的老人！生活中，我们虽然也有不愉快，也会有矛盾产生，但通过沟通，彼此宽容、以诚相待、双方各退让一步、文明对待、礼貌对待、友善对待(外加方言帮忙：例如，水 · 肥皂 · 手纸，能事球儿、丫丫托儿、一模样样儿、小赵儿、娃子也可怜儿、掉过去就是一根儿、过日子就是过人磨……)，我们学说您方言、让您改学普通话，以此来化解各种矛盾和不悦、调节了生活的气氛。我们清晰记得：在模仿您用方言说话的那一刻，您开心流眼泪的样子；在听我们唱歌、诵读、跳舞时，您那专注认真的样子；特别是当模仿您的动作走路、做事、刷碗、洗菜时，常常是逗得您笑弯了腰、合不拢嘴，还流着喜泪，我们更是笑得前仰后合、东倒西歪、嘴都不利索了还继续着说……那种快乐开心的场面，洋溢着无比的快乐和幸福。用您的话说：过日子就是过人嘛！每每回味，其乐无穷！心胸宽敞、明亮！就连最不善言谈的您的孙女婿高小磊磊，也会时时冒出两句“娃子也可怜儿”……增添了生活的情趣！

婆婆，我快乐的婆婆：您是一个开朗乐观、喜欢热闹、讲话直白、乐于助人的老人！您是我们的精神支柱、快乐的源泉！您有很多经典的语言，常常是我们玩笑的话语；您有很多个性的动作，常常是我们模仿的标本；您的肢体语言丰富多彩、千变万化，很有风格魅力……每每听到、看到，都会给我们带来阵阵快乐！欢声笑语不断……您就是我们的老开心果！

婆婆，我亲爱的婆婆：我爱您，您爱我！就像亲娘一样疼我……逢年过节（别人都有爹娘处），您我彼此相依（公公走得早）共同度过。我懂得您的辛劳、深知可以与您沟通联络。有时电话里能聊上一两个小时，见面时那就更不用说。我们性格相投，都心直口快、无话不说。地北天南、海阔天空……听我诵诗和唱歌，外加学您家乡话（当然，也常常玩笑强迫您讲普通话）……每逢此时此刻，我们的快乐多多！特别是我，爹娘走得早，我心里有啥忧愁恼怒心事都找您诉说。您就像我的亲娘一样，对是非功过进行指点评说。帮我排忧解难开脱，叫我有错改错、无错洒脱，要学会释怀、活得开心快乐！您说得好：人生在世都有烦恼、都有难过，大家还不是照样活？！只要活着，就得过着……要刚强地活着、快乐地过着！我陪伴您的时间最长（逢年过节更是如此），您对我的教育也最深刻！耳濡目染、潜移默化中，我懂得了很多很多……婆婆：我的两本新书已正式出版了！这也是您最关心的事情。昨天中午才拿到手。真巧！好像约好了似地，刚好赶在您去天堂之前。今天我带来了一样一本放在您的床头、就算是托您带给公公的一份礼物吧！在天堂里，您和公公一起翻看，并给儿媳多多提出批评指教，儿媳一定会虚心接受改正的！书的“后记”里还有您的名字呢！

婆婆，我亲爱的婆婆：您是一位可亲可敬、可爱的快乐老人！如今您走了，再到逢年过节时，我们去投奔谁呀？！您是我们的精神支柱、快乐源泉……以后也不能为您跳舞唱歌做游戏啦！再也见不到您那生动有趣、可爱逗人的动作啦！再也不能……我们悲痛万分、肝肠寸断、一次又一次地泪如泉涌……我们舍不得您呀！曾哭干了泪、哭疼了心……亲朋好友们、街坊邻居、叔叔婶婶、大爷大妈们一次次地劝我们说：“喜丧”啊！孩子们！不要再哭泣、不要再悲伤啦！你们的爸爸、公公、爷爷在天堂里太久了，非常想念她呀！你们就高兴地让她走吧！……

婆婆，亲爱的婆婆，我们的好婆婆：听了人们的劝告，我们想通了，不再流泪、不再悲伤……因为看到您漂亮、安详的模样，大家都说：这是一个“喜丧”！只有好人才是这般模样，才能这样漂亮安详！您一辈子刚强，肯定不希望和不愿看到我们悲泣颓丧的模样，想让我们与您一样：坚强地面对现实、面对生活……孩子们！不要再哭泣，不要再悲伤！我要去极乐世界里为你们的爸爸、公公、爷爷的寂寞去疗伤哦，是啊！登上极乐的天堂就可以见到英俊、潇洒、帅气的将军公公啦！我们应该为婆婆高兴才是啊！对！这是一个“喜丧”！从今天开始，我们不再哭泣、不再悲伤，要学习您的刚强，勇敢地面对今后的人生，坚强向前方！

婆婆，我们的好婆婆：我们大家为您祈祷：祈福婆婆到了天堂之后和公公一起在极乐世界里快乐徜徉……

婆婆，我们的好婆婆：安息吧！让我们的爱伴着你们直到永远……梦里再相见！

再一次深深地吻您：我亲爱的婆婆，安息吧！

您的小赵儿为您祈祷：早登极乐……

（作者：赵小环子）

三、音量、音长的变化练习

1. 音量的改变练习

（1）弹发“i、a”由轻、低起音，逐渐加高加强，再逐渐降低减弱。注意气息与声带的配合，注意共鸣控制，反复多遍，使声音畅通，高低、强弱活动自如。

(2)做“a”的绕音练习，由低起，螺旋上升，控制好气息压力，尽量扩展音域，随着声音的提高，注意体会小腹与两对抗力量的变化以及口腔内共鸣点似“指针后移”的感觉。此练习要量力而行，循序渐进，避免喊叫。

(3)站在原地喊口令“一，一二一，一，一二一……”或呼“锻炼身体，建设祖国”，先轻声，逐渐地加大音量，音高不变，如一对战士由远而近走来，再由近而远离去。

要求：第一，保持一定音高(即共鸣位置不变，小声时音不低下来，大声时音不高上去)；第二，注意气息控制，保持声音力度，小声不虚，大声不喊。防止轻声时气音过多，声音越轻，气息越要控制好。

(4)对话

甲：×××，你上哪儿去？　　乙：我到宿舍拿笔记本儿。

甲：请你把我的笔记本儿也带来。　　乙：你的笔记本儿在哪里呀？

甲：在我床上。　　乙：知道了。

此练习可先轻后响(即先近后远)，也可先响后轻(即先远后近)。可原地练习，也可变换实际距离体会。可只改变音量，也可在改变音量的同时适当改变音高，注意保持声音位置和气息的支撑。

(5)喊话

我们对着高山喊：祖国，我爱你！ 我们对着大地喊：祖国，我爱你！

我们对着森林喊：祖国，我爱你！ 我们对着大海喊：祖国，我爱你！

练习声音的层次感、立体感：高、中、低、底。

(6)打长途电话

假设：线路不好，听不清。因此既要提高音调，又要吐字清楚，还要加长音程。

甲：喂，你是北京吗？　　乙：喂，我是北京。你哪里？

甲：我是山西。　　乙：什么？是陕西吗？

甲：是山西，大山的山，山西。……

(7)“要想成功，必须战胜自己。”(对一人讲，对十人讲，对五十人讲，对一百人讲，对一千人讲，对一万人讲)

练习声音的逐渐变化：由小到大，由弱到强，由近到远，由低到高，由短到长。

2. 音长的变化练习

分别用记录速度播音与用正常速度播音进行练习，体会字音音程长短的控制。

(1)为发展我国残疾人福利事业，体现残疾人为发展第三产业而奋斗的精神，中国残疾人福利基金会在京开办了康辉第一旅馆，于5月24日正式开业。

(2)这部计划草案分十个部分，五十六章，全文约十万字。计划草案的十个部分是：

一、主要任务和经济发展目标；二、产业结构和产业政策；三、地区布局和地区经济发展政策；四、科学技术发展和政策；五、教育发展及其政策；六、对外经济贸易和技术交流；七、投资结构和投资政策；八、经济体制改革的目标和任务；九、人民生活和社会保障；十、社会主义精神文明建设。

3. 快口练习

要求：由一般速度的练习开始，逐渐加快速度。气息、吐字要配合好，气息通畅不紧，吐字清晰利落，感情有起伏扬抑的变化，内容清楚、快而不乱。

(1)快板书

给诸位,道大喜,人民政府了不起!了不起,修臭沟,上边儿先给咱们穷人修。请诸位,想周全,东单、西四、鼓楼前;还有那,先农坛、天坛、八庙、颐和园;要讲修、都得修,为什么先管龙须沟,都只为,这儿脏,这儿臭,政府看着心里真难受!好政府,爱穷人,教咱们干干净净大翻身。修了沟,又修路,好教咱们挺腰板、迈大步;迈大步,笑嘻嘻,劳动人民努力又心齐。齐努力,多做工,国泰民安享太平!

(2)快口广告

要求内容清楚,快而不乱,吐字轻灵有力,气息不促,灵活自如。

①时间是财富 ,时间是生命,赢得了时间,就赢得了成功的胜利。蝴蝶表款式新、工艺精、走时准,全国评比西安蝴蝶表八次名列前三名。时光催人奋起,蝴蝶表记下你人生的足迹,伴你在书山上攀登,祝你在学海中搏击。蝴蝶表跟着你拼搏,奋力争朝夕!

②杭州民生药厂(原杭州第一制药厂)最新推出多效能营养补给剂 21 金维他。21 金维他是含有多种人体必需的维生素、矿物质和微量元素的复方制药。21 金维他是病中病后失调者,老年人,妊娠期、哺乳期妇女,儿童和在高温、高湿、寒冷、太阳光照不足的环境下从事繁重劳动的人员以及剧烈运动的运动员所必需的营养补给剂。21 金维他营养补给广泛,每天服一到两粒,就能摄入人体日需的营养素,所以在国外一般作为保健品。常服杭州民生药厂生产的民生牌 21 金维他,能使您增强生理机能,促进新陈代谢,维护身体健康。21 金维他,各地医药商店都有出售。

(3)戏曲念白

①《红楼梦》中丫鬟小红在凤姐面前快口利舌的一段表演

小红回二奶奶:

"回二奶奶的话,我照奶奶的示下告诉姐姐:外屋桌子上汝窑盘子架儿底下放着一卷银子,那是一百二十两……给绣匠的工钱;等张材家的来,当面秤给她照了,再给她拿去。平姐姐说,奶奶刚出来,她就把银子收起来了;张材家的来取,已经当面秤给她拿去了。平姐姐还叫我回奶奶,刚才旺儿进来讨奶奶示下,好往那家子去,平姐姐就按照姐姐的主意打发他去了。平姐姐叫旺儿对那家子说:'我们奶奶问这里奶奶好。我们二爷没在家,虽然迟了两天,只管请奶奶放心。等五奶奶好些,我们奶奶还要会了五奶奶来瞧奶奶呢。'五奶奶前儿打发人来说:舅奶奶还了信儿来了,问奶奶好,还要和这里姑奶奶寻几丸延年神验万金丹;若有了,奶奶打发人来,只送在我们奶奶这里。明儿有人来,就顺路给那边舅奶奶带去了。"

②京剧《卖水》中丫鬟梅英唱、念

清早儿起来什么镜子照?
梳一个油头什么花儿香?
脸上搽的是什么花儿粉?
口点的胭脂什么花儿红?
什么花儿姐,什么花儿郎?
什么花儿的帐子,什么花儿的床?
什么花儿的枕头床上放?
什么花儿的褥子铺满床?

清早儿起来菱花儿镜子照,
梳一个油头桂花儿香,
脸上搽的是桃花儿粉,
红花儿姐,绿花儿郎,
干枝儿梅的帐子,象牙花儿的床。
鸳鸯花儿的枕头床上放,

口点的胭脂杏花儿红。　　　　木樨花儿的褥子铺满床。

④电视连续剧《老房子》主题歌

桌子椅子和柜子，汇成这一家子，
扇子炉子和被子，讲的是过日子。
是是非非的几口子，像摆不完的棋子儿，
恩恩怨怨的几辈子，像扯不断的扣子。

老子妻子和孩子，凑起这一家子，
帽子鞋子和杯子，暖和着小日子。
岁岁年年的老样子，像是生活的镜子，
亲亲热热的碎嘴子，好比感情的梳子。

头顶着屋檐下的梦，说着你我他的心思。
酒盅里溢出的家常话，飞不出老房子。
同一道顶着天的梁，撑着你我他的面子。
那灯下聚拢着平常心，盛不下老房子。

四、色彩变化综合练习

下面两段寓言、童话故事中的动物形象、性格要通过声音前后、大小、强弱、高低、宽窄、明暗、刚柔、虚实等音色对比来塑造，有声有色地进行朗读。

寓言诗：鹅

鹅对满院的动物说："从今后，咱们要互相学习，特别是我，有啥缺点，大家尽管提，不要客气。"

"请你闲着没事，别大喊大叫，吵得大家伙不得休息。""唔，我生来就是大嗓门，大家捂着耳朵也能解决问题。""我也来提醒你一声，吃起东西来可不能只顾自己。""哎，胃口大不能算缺点，何况大家没养成礼让的风气。""还有你的飞翔术并不高明，可总吹嘘天鹅要来请教你。""提意见，也得有个分寸，不要纠缠那些鸡毛蒜皮。""有一回，你拉着小鸡的耳朵，说再提意见就把它拖下水。""我不过跟它开了个玩笑，这算是什么批评，简直是打击！"有些人拿着批评的武器，只是为了装饰自己，千万不要碰到它的痛处，轻轻地搔痒倒还可以。

童话：谦虚过度

水牛爷爷是森林世界公认的谦虚人，很受大家尊重，小白兔夸它："水牛爷爷劲最大了！""哎，过奖了，犀牛、野牛劲儿都比我大！"小山羊夸它："水牛爷爷贡献最多了！"它就说："哎，不能这样讲了，奶牛吃下的是草，挤出来的是奶，它的贡献比我多。"

狐狸艾克很羡慕水牛爷爷谦虚的美名，它想："我也来学习一下谦虚吧，这谦虚太好学了。"它又想："水牛爷爷的谦虚不就是这两点吗？一是把自己的什么都说小一点儿；二是把自己的什么都说少一点。嗯。对，就是这样。"

一天艾克遇到一只小老鼠。小老鼠看到艾克有一条火红蓬松的大尾巴，不禁发出了由衷的赞美："哎呀，艾克大叔，您这尾巴真大呀！"艾克学水牛爷爷的口气，歪歪嘴："哎，过奖了，你们老鼠的尾巴比我大多了。"小老鼠大吃一惊："你长那么长的四条腿，却拖根比我还小的尾巴？"艾克谦虚地说："哎，不能这么讲了，我哪有四条腿，三条了，三条了。"小老鼠以为艾克得了精神病吓跑了。

艾克的谦虚没有换来美名，倒换来一大堆谣言。大家说："唉，森林世界出了一条妖怪狐狸，只有三条腿，还拖一根比老鼠还小的尾巴……"

谦虚也要实事求是，不实事求是瞎谦虚，那就不知道该叫什么了！

第二节　诗词、民歌、歌词、电影台词、戏剧对白、相声小段内容练习

诗词、民歌朗诵也是口耳之学。诗词、民歌是富有节奏感的语言艺术，优秀的诗歌作品本身就是艺术品。朗诵也是在进行着艺术创作——这个过程是快乐的！我们在享受着文化大餐，我们在进行着精神飞跃，我们在精心地抚摸着自己的声音，我们在亲密地与欣赏者进行着心与心的沟通和交流……因此，我们是快乐的！我们欣赏着作品，欣赏着声音，享受着快乐，愉悦着别人，滋润着身心，温暖着灵魂……诗歌是很好的练声材料。朗诵诗歌不仅可以陶冶我们的情操，也可以锻炼提高用气和吐字发声的功力，同时也是重要的途径。在训练过程中要注意：

第一，声音要为表达作品的具体内容服务。声音的灵魂是感情，感情来源于具体的作品。因此，朗诵诗歌首先要对作品的内容全面理解，对作者在诗歌中所倾注的感情有深刻的感受。那种脱离作品具体内容的声音表现是没有实际价值的。

第二，把握诗歌的形式特点，提高声音运用能力。诗歌在表现形式上具有语言精练、节奏鲜明、大体押韵三大特点，结合这些特点，在用声上要特别注意：

(1)字要清晰。诗歌语言精练，但句短意长，字少情浓，因此要求吐字清晰，使之丝丝入耳，不能含混吃字，其中点睛之笔——重音，更要读得饱满；踏韵音节(韵脚)要比其他音节读得响亮；韵腹要充实，归音要到位。

(2)气要托住。诗歌在语言结构上富有跳跃性，并很少出现小说、散文中的关联词语。意境的变化，内在逻辑，不仅要在有声部分表现出来，在词句间的无声处也要体现出来，有时后者比前者更为重要。因此，必须托住气息，使之随着感情的起落而起落，千万不能在停顿中做明显的生理性呼吸动作。

(3)定中有变。以上谈到的诗歌表现形式方面的特点，又都是以每首诗的不同个性体现出来的，在以诗歌为材料进行发声练习时，只有注意到声音弹性的锻炼，使之定中有变，才能有效地防止机械僵化，达到统一中有变化、变化中有统一的完美境界。

第三，遵循发声训练规律，逐步提高。从发声训练的规律看，开始阶段适宜选用内容浅显、字句整齐、易于上口的短小诗歌，借此掌握呼吸和吐字的基本技巧，发出明朗的音色。然后再逐渐添加内容复杂、意境深远或篇幅较长、上口有一定难度的诗歌，以此训练气息的运动变化和声音色彩的丰富多样。

这里我们按十三辙的顺序选编了古诗词、民歌和诗歌，还有歌词、电影台词、戏剧对白、相声小段等艺术门类的内容。歌曲、话剧、戏曲、曲艺等艺术发声中的丹田气——胸腹联合呼吸法和音节呈枣核型——吐字归音状态，对我们播音主持学习借鉴都是大有益处的！艺术都是相通的嘛！在训练过程中，请注意：十三辙（即十三韵，就是把普通话39个韵母中音相近的韵母归纳为十三韵，也叫十三辙）中发花、梭波、乜斜、姑苏的字，都直出无收。江扬、中东、人辰、言前、怀来、灰堆、遥条、由求八辙都是有韵尾的。江扬、中东归 ng；人辰、言前归 n；怀来、灰堆归 i；由求归 u；遥条的韵尾 o，实际上也是接近 u 的。这几类韵母，都有两个或三个音素，念时要掌握好音素的过渡和每个音素的口形、舌位。韵尾归到即收，不要延长，但要收得完整自然，隐而不现，既要防止有头无尾，又不能喧宾夺主，使韵尾的响度、长度超过韵腹。以 n 和 ng 做韵尾的字，要到收音时才归鼻音。如果软腭过早地下降把鼻腔通道打开，使韵腹也带上鼻音，就必然影响整个音节的清晰、准确。一些最后的音素是圆唇音 o 或 u 的韵母，要特别注意口形，在收音之前要保持唇形拢圆。

一、诗词、民歌、歌词

1. 发花辙

泊　秦　淮

杜　牧

烟笼寒水月笼沙，夜泊秦淮近酒家。
商女不知亡国恨，隔江犹唱后庭花。

山　　行

杜牧

远上寒山石径斜，白云生处有人家。
停车坐爱枫林晚，霜叶红于二月花。

2. 梭波辙

宫　　词

顾　况

玉楼天半起笙歌，风送宫嫔笑语和。
月殿影开闻夜漏，水晶帘卷近秋河。

送　瘟　神

毛泽东

绿水青山枉自多，华佗无奈小虫何！
千村薜荔人遗矢，万户萧疏鬼唱歌。
坐地日行八万里，巡天遥看一千河。
牛郎欲问瘟神事，一样悲欢逐逝波。

3. 一七辙

如　梦　令

秦　观

遥夜沉沉如水，风紧驿亭深闭。
梦破鼠窥灯，霜送晓寒侵被。
无寐，无寐，门外马嘶人起。

渔　家　傲

范仲淹

塞下秋来风景异，衡阳雁去无留意。
四面边声连角起。千嶂里，长烟落日孤城闭。
浊酒一杯家万里，燕然未勒归无计。
羌管悠悠霜满地。人不寐，将军白发征夫泪。

4. 姑苏辙

除　　日

王安石

爆竹声中一岁除，春风送暖入屠苏。
千门万户曈曈日，总把新桃换旧符。

悯　　农

李　绅

锄禾日当午，汗滴禾下土。
谁知盘中餐，粒粒皆辛苦！

5. 怀来辙

春　　歌

春林花多媚，春鸟意多哀。
春风复多情，吹我罗裳开。

题　菊　花

黄巢

飒飒西风满院栽，蕊寒香冷蝶难来。
他年我若为青帝，报与桃花一处开。

6. 灰堆辙

十五从军征

十五从军征，八十始得归。
道逢乡里人："家中有阿谁？"
"遥看是君家，松柏冢累累。"
兔从狗窦入，雉从梁上飞。
中庭生旅谷，井上生旅葵。
舂谷持作饭，采葵持作羹。
羹饭一时熟，不知贻阿谁。
出门东向望，泪落沾我衣。

7. 乜斜辙

江　　雪

柳宗元

千山鸟飞绝，万径人踪灭。
孤舟蓑笠翁，独钓寒江雪。

满　江　红

岳　飞

怒发冲冠，凭栏处，潇潇雨歇。
抬望眼，仰天长啸，壮怀激烈。
三十功名尘与土，八千里路云和月。
莫等闲，白了少年头，空悲切。
靖康耻，犹未雪；臣子恨，何时灭！
驾长车，踏破贺兰山缺。
壮志饥餐胡虏肉，笑谈渴饮匈奴血。
待从头，收拾旧山河，朝天阙。

8. 遥条辙

咏　　柳

贺知章

碧玉妆成一树高，万条垂下绿丝绦。
不知细叶谁裁出，二月春风似剪刀。

春　　晓

孟浩然

春眠不觉晓，处处闻啼鸟。
夜来风雨声，花落知多少。

9. 由求辙

登鹳雀楼

王之涣

白日依山尽，黄河入海流。
欲穷千里目，更上一层楼。

沁园春·长沙

毛泽东

独立寒秋，湘江北去，橘子洲头。
看万山红遍，层林尽染；漫江碧透，百舸争流。
鹰击长空，鱼翔浅底，万类霜天竞自由。
怅寥廓，问苍茫大地，谁主沉浮？
携来百侣曾游，忆往昔峥嵘岁月稠。
恰同学少年，风华正茂；书生意气，挥斥方遒。
指点江山，激扬文字，粪土当年万户侯。
曾记否，到中流击水，浪遏飞舟？

10. 言前辙

早发白帝城

李　白

朝辞白帝彩云间，千里江陵一日还。
两岸猿声啼不住，轻舟已过万重山。

枫桥夜泊

张　继

月落乌啼霜满天，江枫渔火对愁眠。
姑苏城外寒山寺，夜半钟声到客船。

11. 人辰辙

送杜少府之任蜀川

王 勃

城阙辅三秦，风烟望五津。
与君离别意，同是宦游人。
海内存知己，天涯若比邻。
无为在歧路，儿女共沾巾。

清 明

杜 牧

清明时节雨纷纷，路上行人欲断魂。
借问酒家何处有？牧童遥指杏花村。

12. 江扬辙

静 夜 思

李 白

床前明月光，疑是地上霜。
举头望明月，低头思故乡。

七 律

人民解放军占领南京

毛泽东

钟山风雨起苍黄，百万雄师过大江。
虎踞龙盘今胜昔，天翻地覆慨而慷。
宜将剩勇追穷寇，不可沽名学霸王。
天若有情天亦老，人间正道是沧桑。

13. 中东辙

赋得古原草送别

白居易

离离原上草，一岁一枯荣。
野火烧不尽，春风吹又生。
远芳侵古道，晴翠接荒城。
又送王孙去，萋萋满别情。

题 西 林 壁

苏 拭

横看成岭侧成峰，远近高低各不同。
不识庐山真面目，只缘身在此山中。

14. 综合练习

卖 炭 翁

白居易

卖炭翁，伐薪烧炭南山中。满面尘灰烟火色，两鬓苍苍十指黑。卖炭得钱何所营？身上衣裳口中食。可怜身上衣正单，心忧炭贱愿天寒！夜来城外一尺雪，晓驾炭车碾冰辙。牛困人饥日已高，市南门外泥中歇。翩翩两骑来是谁？黄衣使者白衫儿。手把文书口称敕，回车叱牛牵向北。一车炭，千余斤，宫使驱将惜不得。半匹红绡一丈绫，系向牛头充炭直！

兵 车 行

杜 甫

车辚辚，马萧萧，行人弓箭各在腰。耶娘妻子走相送，尘埃不见咸阳桥。牵衣顿足拦道哭，哭声直上干云霄。道旁过者问行人，行人但云点行频。或从十五北防河，便至四十西营田。去时里正与裹头，归来头白还戍边。边庭流血成海水，武皇开边意未已。君不闻，汉家山东二百州，千村万落生荆杞。纵有健妇把锄犁，禾生陇亩无东西。况复秦兵耐苦战，被驱不异犬与鸡。长者虽有问，役夫敢申恨？且如今年冬，未休关西卒。县官急索租，租税从何出？信知生男恶，反是生女好。生女犹得嫁比邻，生男埋没随百草。君不见，青海头，古来白骨无人收。新鬼烦冤旧鬼哭，天阴雨湿声啾啾！

九月九(歌词)

又是九月九，重阳节难聚首，
思乡的人儿，漂流在外头。
又是九月九，愁更愁情更忧，
回家的打算，始终在心头。
走走走走走哇走，走到九月九，
他乡没有烈酒，没有问候。
走走走走走哇走，走到九月九，
家中才有自由，才有九月九。

隐形的翅膀(歌词)

每一次都在徘徊孤单中坚强，
每一次就算很受伤也不闪泪光，
我知道我一直有双隐形的翅膀，
带我飞，飞过绝望。
不去想他们拥有美丽的太阳，
我看见每天的夕阳也会有变化，
我知道我一直有双隐形的翅膀，
带我飞，给我希望。
我终于看到所有梦想都开花，
追逐的年轻歌声多嘹亮，
我终于翱翔用心凝望不害怕，
哪里会有风，就飞多远吧。

隐形的翅膀让梦恒久比天长，
留一个愿望让自己想象。

念奴娇·壁怀古

苏 轼

大江东去，浪淘尽，千古风流人物。故垒西边，人道是，三国周郎赤壁。乱石穿空，惊涛拍岸，卷起千堆雪。江山如画，一时多少豪杰。
遥想公瑾当年，小乔初嫁了，雄姿英发。羽扇纶巾，谈笑间，樯橹灰飞烟灭。故国神游，多情应笑我，早生华发。人生如梦，一樽还酹江月。

水调歌头·明月几时有

苏 轼

丙辰中秋，欢饮达旦，大醉，作此篇，兼怀子由。
明月几时有？把酒问青天。不知天上宫阙，今夕是何年？我欲乘风归去，又恐琼楼玉宇，高处不胜寒。起舞弄清影，何似在人间？
转朱阁，低绮户，照无眠。不应有恨，何事长向别时圆？人有悲欢离合，月有阴晴圆缺，此事古难全。但愿人长久，千里共婵娟。
(这首词上阕写“欢饮达旦，大醉”的情状，下阕写佳节思亲的惆怅，全词充盈着奇特的想象和俊逸的浪漫气息。基调豪放舒展。)

江城子·乙卯正月二十日夜记梦

苏 轼

十年生死两茫茫，不思量，自难忘。千里孤坟，无处话凄凉。纵使相逢应不识，尘满面，鬓如霜。
夜来幽梦忽还乡，小轩窗，正梳妆。相顾无言，惟有泪千行。料得年年肠断处，明月夜，短松冈。

将 进 酒

李 白

君不见，黄河之水天上来，奔流到海不复回。
君不见，高堂明镜悲白发，朝如青丝暮成雪。
人生得意须尽欢，莫使金樽空对月。
天生我材必有用，千金散尽还复来。
烹羊宰牛且为乐，会须一饮三百杯。
岑夫子，丹丘生，将进酒，杯莫停。
与君歌一曲，请君为我倾耳听。
钟鼓馔玉不足贵，但愿长醉不复醒。
古来圣贤多寂寞，惟有饮者留其名。
陈王昔时宴平乐，斗酒十千恣欢谑。
主人何为言少钱，径须沽取对君酌。
五花马，千金裘，呼儿将出换美酒，与尔同销万古愁。

菊花台(歌词)

方文山

你的泪光柔弱中带伤，惨白的月弯弯勾住过往。
夜太漫长凝结成了霜，是谁在阁楼上冰冷地绝望。
雨轻轻弹朱红色的窗，我一生在纸上被风吹乱。
梦在远方化成一缕香，随风飘散你的模样。

菊花残满地伤你的笑容已泛黄，花落人断肠我心事静静淌。

北风乱夜未央，你的影子剪不断，徒留我孤单在湖面成双。

木兰辞(北朝民歌)

唧唧复唧唧，木兰当户织。不闻机杼声，惟闻女叹息。问女何所思，问女何所忆。女亦无所思，女亦无所忆。昨夜见军帖，可汗大点兵，军书十二卷，卷卷有爷名。阿爷无大儿，木兰无长兄，愿为市鞍马，从此替爷征。

东市买骏马，西市买鞍鞯，南市买辔头，北市买长鞭。旦辞爷娘去，暮宿黄河边，不闻爷娘唤女声，但闻黄河流水鸣溅溅。旦辞黄河去，暮至黑山头，不闻爷娘唤女声，但闻燕山胡骑鸣啾啾。

万里赴戎机，关山度若飞。朔气传金柝，寒光照铁衣。将军百战死，壮士十年归。归来见天子，天子坐明堂。策勋十二转，赏赐百千强。可汗问所欲，木兰不用尚书郎，愿驰千里足，送儿还故乡。

爷娘闻女来，出郭相扶将；阿姊闻妹来，当户理红妆；小弟闻姊来，磨刀霍霍向猪羊。开我东阁门，坐我西阁床，脱我战时袍，著我旧时裳。当窗理云鬓，对镜贴花黄。出门看火伴，火伴皆惊惶：同行十二年，不知木兰是女郎。

雄兔脚扑朔，雌兔眼迷离；双兔傍地走，安能辨我是雄雌？

二、电影台词、戏剧对白、相声小段

电影《高山下的花环》片段

眼前，这“雷神爷”为何又甩帽？人们目瞪口呆！只见他在台上来回踱了两步又站定，双手卡腰，怒气难抑。终于，炸雷般的喊声从麦克风里传出：“我的大炮就要万炮轰鸣，我的装甲车就要隆隆开进！我的千军万马就要去杀敌！就要去拼！就要去流血！！可刚才，有那么个神通广大的贵妇人，她竟有本事从几千里之外，把电话要到我这前线指挥所！此刻，我指挥所的电话，分分秒秒，千金难买！可那贵妇人来电话干啥？她来电话是让我给她儿子开后门，让我关照关照她的儿子！走后门，竟敢走到我这流血牺牲的战场上！我雷某不管她是天老爷的夫人，还是地老爷的太太，走后门，谁敢把后门走到我这流血牺牲的战场上，没二话，我雷某要让她的儿子第一个扛上炸药包，去炸碉堡！去炸碉堡……”

别了，司徒雷登(节选)

毛泽东

多少一点困难怕什么。封锁吧，封锁十年八年，中国的一切问题都解决了。中国人死都不怕，还怕困难么？老子说过：“民不畏死，奈何以死惧之。”美帝国主义及其走狗蒋介石反动派，对于我们，不但“以死惧之”，而且实行叫我们死。闻一多等人之外，还在过去的三年内，用美国的卡宾枪、机关枪、迫击炮、火箭炮、榴弹炮、坦克和飞机炸弹，杀死了数百万中国人。现在这种情况已近尾声了，他们打了败仗了，不是他们杀过来而是我们杀过去了，他们快要完蛋了。留给我们多少一点困难，封锁、失业、灾荒、通货膨胀、物价上升之类，确实是困难，但是比起过去三年来已经松了一口气了。过去三年的一关也闯过了，难道不能克服现在这点困难么？没有美国就不能活命吗？

祝福（节选）

镇上的人们也仍然叫她祥林嫂，但音调和先前很不同；也还和她讲话，但笑容却冷冷的了。她全不理会那些事，只是直着眼睛，和大家讲她自己日夜不忘的故事：

“我真傻，真的，”她说，“我单知道雪天时野兽在深山里没有食吃，会到村里来；我不知道春天也会有。我一大早起来就开了门，拿小篮盛了一篮豆，叫我们的阿毛坐在门槛上剥豆去。他是很听话的孩子，我的话句句听；他就出去了。我就在屋后劈柴，淘米，米下了锅，打算蒸豆。我叫，‘阿毛！’没有应。出去一看，只见豆撒得满地，没有我们的阿毛了。各处去一问，都没有。我急了，央人去寻去。直到下半天，几个人寻到山坳里，看见刺柴上挂着一只他的小鞋。大家都说，完了，怕是遭了狼了；再进去；果然，他躺在草窠里，肚里的五脏已经都给吃空了，可怜他手里还紧紧地捏着那只小篮呢。……”她于是淌下眼泪来，声音也呜咽了。

这故事倒颇有效，男人听到这里，往往敛起笑容，没趣地走了开去；女人们却不独宽恕了她似的，脸上立刻改换了鄙薄的神气，还要陪出许多眼泪来。有些老女人没有在街头听到她的话，便特意寻来，要听她这一段悲惨的故事。直到她说到呜咽，她们也就一齐流下那停在眼角上的眼泪，叹息一番，满足地去了，一面还纷纷地评论着。

列宁的故事

人民委员会正在开会，讨论恢复彼得格勒工业的计划。在战争年代，工业生产遭到了很大破坏，机器损坏、原料不足。广大城市和农村，急需生活必需品。会议上谈到，必须迅速扩大犁头和其他农具的生产，必须为居民生产钉子、布匹和鞋子。

报告人在发言。人家预料他马上就会开始讲怎样更快更好地搞好彼得格勒工厂的工作，列举数字，指定期限，可是他却没有讲这些。

“我们面临着伟大的目标。世界革命万岁！”报告人慷慨激昂地叫喊着，然后他又接着说，“必将出现这样一个时代：在整个世界上，只有像在童话中遇到树妖一样，才会遇到资本家和其他各种过寄生生活的富人。”他说着说着，还差点儿朝自己的胸脯猛击一拳。

列宁默默地听着。报告人继续发言，他的声调越来越高，越来越慷慨激昂。他接着高声喊叫：“苏维埃政权是世界上最好的政权。劳动人民千百年来的梦想终于实现了……”列宁听着，微微地皱起了眉头。

报告人继续发言：“工人和农民自己掌管着国家。一切为了工人，一切为了农民，如今他们就是神仙和皇帝。”

列宁轻轻地做了一个手势，打断了他的发言说：“您能不能讲讲彼得格勒生产钉子的情况？”

“我们正在生产钉子，弗拉基米尔·伊里奇。”报告人兴致勃勃地回答说。

“您能不能讲得具体一点？”列宁又追问他。

报告人感到很不好意思，开始陷入沉思。想了一会儿，他才说：“请原谅，弗拉基米尔·伊里奇，我手里没有必要的资料。”接着，他又讲起世界革命来了。

弗拉基米尔·伊里奇等了片刻，又提出一个问题：“为居民生产布匹的情况怎么样？”

报告人回答说：“会有的，弗拉基米尔·伊里奇，布匹会有的。我们的工人会把布匹生产出来的。”接着，他又讲起苏维埃政权是世界上最好的政权。

弗拉基米尔·伊里奇第三次打断报告人的发言:“请你讲讲犁头的生产情况怎么样?彼得格勒工人的生产条件怎么样?农村还要等多长时间才能指望得到工人的帮助?”

报告人停了下来,他竭力在回想什么,却没有想起来,只好说:“请原谅,弗拉基米尔·伊里奇,我记不得这些数据了。”接着,他用手捂住嘴咳嗽了一下,清了清嗓子,然后又像夜莺歌唱一样歌唱起了未来。这时,报告人又脱口说出一句耸人听闻的话:“我们面临着伟大的目标,我们一下子就能跨进遥远而美好的未来……”

列宁站起来说:“我们不是一下子就能跨进去的,亲爱的同志,不是一下子就能跨进去的。”

报告人露出了窘态。

列宁又重复说:“不是一下子就能跨进去的。依靠这种工作方法是寸步难行。您的犁头、布匹、钉子在哪里?您打算怎么样和在什么期限内保证为农村生产出这些产品?工人和农民早就相信苏维埃政权的力量,现在决定事业成功的不是空话,哪怕是最漂亮的空话也不行,我们需要的是行动,是生龙活虎一般的具体的实际行动!”

然而令人十分奇怪的是,有的人竟为报告人进行辩护。散会以后,有一位辩护者对列宁说:“弗拉基米尔·伊里奇,您有点儿太严厉了吧?”

列宁说:“严厉?不,很温和。”

“他是一位负责同志,弗拉基米尔·伊里奇。这样对待他似乎不太合适,这会影响他的威信。”

“合适,完全合适。”列宁回答。他看了看那些辩护者,又说:“您说他是一位负责同志?不,他是一位不负责的同志。”

电影《大腕》台词片段

一定得选最好的黄金地段
雇法国设计师
建就得建最高档次的公寓
电梯直接入户
户型最小也得四百平米
什么宽带呀,光缆呀,卫星呀
能给他接的全给他接上
楼上边有花园(儿),楼里边有游泳池
楼子里站一个英国管家
戴假发,特绅士的那种
业主一进门(儿),甭管有事(儿)没事(儿)都得跟人家说
May I help you,sir(我能为您做点什么吗?)
一口地道的英国伦敦腔(儿)
倍(儿)有面子
社区里再建一所贵族学校
教材用哈佛的
一年光学费就得几万美金
再建一所美国诊所(儿)

二十四小时候诊
就是一个字(儿):贵
看感冒就得花个万八千的
周围的邻居不是开宝马就是开奔驰
你要是开一日本车呀
你都不好意思跟人家打招呼
你说这样的公寓,一平米你得卖多少钱
我觉得怎么着也得两千美金吧
两千美金 那是成本
四千美金起
你别嫌贵 还不打折
你得研究业主的购物心理
愿意掏两千美金买房的业主
根本不在乎再多掏两千
什么叫成功人士?你知道吗?
成功人士就是买什么东西
都买最贵的,不买最好的
所以,我们做房地产的口号(儿)就是
不求最好,但求最贵!

电影《叶塞尼亚》台词片断

叶塞尼亚(以下简称"叶"):当兵的,你不守信用。你不等我了?

奥斯瓦尔多(以下简称"奥"):我已经等了三天了。

叶:呵呵呵,我没跟你说我要来。那现在,你去哪儿?

奥:我想到你们那去,去找你。非要让你……

叶:怎么?哦,瞧你呀,你要是这么板着脸去,连怀抱的孩子也要吓跑了,哈哈哈。

奥:你就是喜欢捉弄人,对不对?我可是不喜欢人家取笑我,我现在要教训教训你。

叶:不,不,放开我,放开!……我教训教训你,倒霉蛋。你以为对吉普赛人想怎么着就怎么着,那你就错了。我,我不想再看见你了。听见吗!……怎么他流血了?你这是活该,怪谁呢?怎么你死了?不,你这家伙别这样,求求你把眼睛睁开,你知道,你要是死了,我就得去坐牢的。

奥:你想杀死我?

叶:是的,是你逼得我。

奥:你就这么讨厌我亲你?

叶:只有两厢情愿,才是愉快的。如果强迫,只能让人厌恶。

奥:好吧,对不起,我不该这样,可这还是你的错。

叶:我错?

奥:你没有发现自己长得很美吗?这能怪我吗?

叶:你要是再来亲我的话,我马上就砸碎你的脑袋。我们吉普赛人说了算。

奥：不，我只想看看你眼睛。

叶：我，我不是来看你眼睛的，你别胡思乱想了。

奥：谢谢。

叶：还疼吗？

奥：你的手真重，可我心里的创伤比头上的伤还重。没想到我会这么喜欢你。我不像你那么会算命，可我觉得我配得上你。我爱你，吉普赛人。我们认识不过才一个月，虽然时间不长，可我越来越爱你了，叶塞尼娅。

叶：奥斯瓦尔多，我们必须分手了，以后别见面了。

奥：必须分手?！为什么？

叶：我们的人，绝不会答应的！

奥：不，你不用担心。我爱你！无论谁，无论什么，都不能把我们分开！

叶：我也爱你！……我爱你！奥斯瓦尔多！

孤独与奋斗

改编自海明威的《老人与海》

女：那老人再一次扛起他的桨，朝海边走去。

男：已经85天了，一条鱼都没打到，我好像已经老了，开始背运了，可是我的胳膊倒还是有着劲的。

女：他慢慢地升起那张补过的旧帆，那帆看上去就像一面永不失败的旗帜。

男：太阳升起来了，耀眼的阳光已经把我的眼睛刺痛了一辈子，我感到我有点力不从心了，可年轻的时候我曾经是个好的水手啊！

女：船划得久了，汗珠从脊背上一滴滴地流淌下来，老人想……

男：我可以任船漂流，打一个盹或系个绳扣，把鱼绳系在脚趾上。

女：他没有那样做，他相信那条大鱼就藏在附近的什么地方。不知过了多久，老人发现，那绿色的浮杆急速地往水底沉去，他拉了拉鱼绳，感到了沉重的分量。

男：我钓住的是一条什么样的鱼呀?！我还从来没有见过有这么大劲儿的，它只要一跳或向前一蹿，也许它会要了我的命。

女：老人全身心地等待着他和那条大鱼最后的搏斗，他想他这辈子再也不会遇到这么大的鱼了，他要最后再赢一次。太阳落下去了，夜晚来临，那鱼拖着他的小船在海上游了一夜，他没想到等待一场搏斗需要那么长的时间。

男：我已经感到了你的力量，让我们面对面地斗一斗吧，我们谁也没有帮手，这很公平。来吧，我早已做好了准备，我不会后悔我死在一条金枪鱼的手里。

女：夜幕再次降临，老人筋疲力尽。

男：它不会有那么大，不会的！

女：它就是那么大，大得出乎老人的意料。

男：我只有一次机会，这是生死决斗，不是我叉死它，就是它撕碎我！

女：老人觉得自己快要撑不住了，他用绵软的双手努力握紧他的渔叉，将渔叉举过头顶，他把渔叉举到了不可能再高的高度。

男：来吧！冲着这儿来吧！让我们来做临死前的最后一次决斗吧。我老了，没什么力气了。我跟你磨了三天，我等了你一辈子了，老兄，我从来没见过比你更大更美更沉的鱼呢。来吧，让我们来看看究竟谁杀死谁！！

女：那条大鱼挣扎着向老人的小船冲过来，老人拼尽他最后的生命将渔叉扎入了大鱼胸鳍后面的鱼腰里，那鳍停在空中高过老人的胸膛。老人扎中了大鱼的心脏，那鱼生气勃勃地做了最后一次挣扎，而后"咕隆"一声落入水中。啊……老人赢了，他战胜了自己，战胜了那条大鱼，他没有发现一群无所畏惧的鲨鱼正嗅着血迹向这里涌来。

男：你们这群厚颜无耻的家伙，真会选择时机，但我不怕你们，不怕你们。人并不是生来就要给你们打败的，你可以消灭他，可就是打不败他，你们打不败他！

女：成群结队的鲨鱼向船边的大鱼发起猛攻，那撕咬鱼肉的声音，使老人再一次站立起来，他决心捍卫自己的战利品，就像捍卫他的荣誉。当老人终于回到他出海的那个港口，天空第三次黑暗下来。

男：人并不是生来就给你们打败的，你可以消灭他，可就是打不败他，打不败他。

女：老人在船上睡着了，他梦见年轻时的非洲，他梦见了狮子。

日出(节选)

曹　禺

【陈白露由左门进，兴致勃勃的。】

陈 白 露：(不意见着他们，不知说什么好)咦！月亭，你也在这儿？

【潘立起来，走到桌前点烟卷。】

顾八奶奶：(搭讪着)你看！四爷给我治病呢。

陈白露治的是你的心病么？(回过头向着敞开的门，门内依然是说话声与麻将声)刘先生，三番让你和吧。李太太，我少陪了。要什么东西，尽管跟他们要。千万不要客气，我得陪陪我的新朋友了。

潘 月 亭：新朋友！

顾八奶奶：哪儿来的新朋友？

陈 白 露：我以为达生在这儿？

潘 月 亭：你说你那位姓方的表哥？

陈 白 露：嗯，刚才我还看见他在这儿。

顾八奶奶：白露，不就是那位一见人就皱眉头的那位先生么？快不要再请他来！我怕他。(向窗走)

陈 白 露：他就住在这儿。

顾八奶奶：就在这儿？

除 白 露：嗯，——达生！达生！

【方达生由右门进。】

方 达 生：(立门口)哦，你！你叫我么？

陈 白 露：你在做什么呢？出来跟大家玩玩，好不好？

方 达 生：我正跟小东西，你的干女儿谈话。(很愉快地)这个小孩很有点意思。

陈 白 露：你到这里来跟我们谈谈，好吧？(走近达)你来一起玩玩，不要这样不近人情。

方 达 生：(向潘和顾打量一下，仿佛在自语)哦，这儿有你的爸爸，(看看顾)仿佛，还有你的妈妈！（忽然对露）不，还是让我跟你的干女儿谈谈吧。

【达回转身，把门关上。】

陈 白 露：这个人简直是没有一点办法。

（节选自曹禺戏剧《日出》第二幕）

茶馆（节选）

老　舍

王利发：哎哟！秦二爷，您怎么这样闲在，会想起下茶馆来了，也没带个底下人。

秦仲义：来看看，看看你这年轻小伙子会做生意不会！

王利发：唉，一边做一边学吧，指着这个吃饭嘛。谁叫我爸爸死得早，我不干不行啊！好在照顾主儿都是我父亲的老朋友，我有不周到的地方，都肯包涵，闭闭眼就过去了。在街面上混饭吃，人缘儿顶要紧。我按着我父亲遗留下的老办法，多说好话，多请安，讨人人的喜欢，就不会出大岔子！您坐下，我给您沏碗小叶茶去！

秦仲义：我不喝！也不坐着！

王利发：坐一坐！有您在我这儿坐坐，我脸上有光！

秦仲义：也好吧！（坐）可是，用不着奉承我！

王利发：李三，沏一碗高的来！二爷，府上都好，您的事情都顺心吧。

秦仲义：不怎么大好！

王利发：您怕什么呢，那么多的买卖，您的小手指头都比我的腰还粗！

唐铁嘴：（凑过来）这位爷好相貌，真是天庭饱满，地阁方圆，虽无宰相之权，而有陶朱之富！

秦仲义：躲开我！去！

王利发：先生，你喝够了茶，该外边活动活动去！（把唐铁嘴轻轻推开）

唐铁嘴：唉！（垂头走出去）

秦仲义：小王，这儿的房租是不是得往上提那么一提呢？当年你爸爸给我的那点租钱，还不够我喝茶用的呢！

王利发：二爷，您说得对，太对了！可是，这点小事用不着您分心，您派管事的来一趟，我跟他商量，该长多少租钱，我一定照办！是！嗻！

秦仲义：你这小子，比你爸爸还滑！哼，等着吧，早晚我把房子收回去！

王利发：你甭吓唬着我玩，我知道您多么照应我，心疼我，决不会叫我挑着大茶壶，到街上卖热茶去！

秦仲义：你等着瞧吧！

（节选自老舍戏剧《茶馆》第一幕）

雷雨（节选）

周蘩漪：（一字一字地）我希望你不要走。

周　萍：怎么。你要我陪着你，在这样的家庭，每天想着过去的罪恶，这样活活地闷死么？

周蘩漪：你既知道这家庭可以闷死人，你怎么肯一个人走，把我放在家里？

周　萍：你没有权利说这种话，你是冲弟弟的母亲。

周蘩漪：我不是！我不是！自从我把我的性命，名誉，交给你，我什么都不顾了。我不是他的母亲。不是，不是，我也不是周朴园的妻子。

周　萍：（冷冷地）如果你以为你不是父亲的妻子，我自己还承认我是我父亲的儿子。

周蘩漪：（不曾想到他会说这一句话，呆了一下）哦，你是你父亲的儿子。——这些月，你特别不来看我，是怕你的父亲？

周　萍：也可以说是怕他，才这样的吧。

周蘩漪：你这一次到矿上去，也是学着你父亲的英雄榜样，把一个真正明白你，爱你的人丢开不管么？

周　萍：这么解释也未尝不可。

周蘩漪：（冷冷地）怎么说，你到底是你父亲的儿子。（笑）父亲的儿子？（狂笑）父亲的儿子？（狂笑，忽然冷静严厉地）哼，都是没有用，胆小怕事，不值得人为他牺牲的东西！我恨着我早没有知道你！

周　萍：那么你现在知道了！我对不起你，我已经同你详细解释过，我厌恶这种不自然的关系。我告诉你，我厌恶。我负起我的责任，我承认我那时的错，然而叫我犯了那样的错，你也不能完全没有责任。你是我认为最聪明，最能了解的女子，所以我想，你最后会原谅我。我的态度，你现在骂我玩世不恭也好，不负责任也好，我告诉你，我盼望这一次的谈话是我们最末一次谈话了。（走向饭厅门）

周蘩漪：（沉重的语气）站住！（萍立住）我希望你明白我刚才说的话，我不是请求你。我盼望你用你的心，想一想，过去我们在这屋子里说的，（停，难过）许多，许多的话。一个女子，你记着，不能受两代的欺侮，你可以想一想。

周　萍：我已经想得很透彻，我自己这些天的痛苦，我想你不是不知道，好，请你让我走吧。

【周萍由饭厅下，蘩漪的眼泪一颗颗地流在腮上，她走到镜台前，照着自己苍白的有皱纹的脸，便嘤嘤地扑在镜台上哭起来。】

（节选自曹禺戏剧《雷雨》第二幕）

相声《五官新说》台词

马东：全国的观众朋友们，我和我的五官给您

齐：拜年啦！

眼睛：我是马东的眼睛我祝大家眉开眼笑！

马东：嘿，我这眼睛多喜庆！

耳朵：我是马东的耳朵我祝您耳听八方！

马东：大耳朵有福！

嘴巴：我是马东的嘴我祝大家笑口常开！

马东：我的嘴会说话。

鼻子：我是马东的鼻子我祝大家 Happy Chinese New Year（英语：春节快乐）！

马东：嘿，为什么到我这辈改外国鼻子了？

鼻子：洋鼻子大呀，您喘气儿痛快！

眼睛、耳朵、嘴：（笑）对，您喘气儿痛快！

马东：我痛快什么呀，麻烦了！

眼、鼻、嘴、耳：怎么了？

马东：昨天晚上我酒后驾车，让警察逮着，驾照给扣了，怎么办？
眼睛：我可没看见！
耳朵：这跟我可没关系啊！
马东：停！干吗？又犯老毛病，谁都跑不了，一个一个说。来，谁先说？你？你！眼睛，你看得最清楚你先说。
眼睛（盯着耳朵）：我说什么呀？
马东：酒后驾车呀！
眼睛（依旧盯着耳朵）：哎哟，你酒后驾车啦？
马东：我说你看着我说行吗？
眼睛：我这不看着你呢嘛！
马东：这是看着我的吗，我，在这儿呢。
眼睛（转向鼻子）：哦，你在这儿呢，唉，你好你好！
马东：嘿，我这什么眼睛这是……
眼睛（转向观众）：您不知道，马东这眼睛有毛病。
马东：我眼睛有什么毛病啊？
眼睛：斜眼儿。
马东：我斜眼儿？
眼睛：也不老斜，
马东：什么时候斜呢？
眼睛：一看见女的，他斜上了。
马东：我就算斜眼儿昨天你也看得见警察！
眼睛：来的是男警察，呱唧我把眼睛闭上了，嘿嘿……
马东：嘿！他这就算躲了。
鼻子：推脱呀。
马东：你说什么？
鼻子：他这简直就是推脱！
马东：听听，听听，啊，人家这个态度，作为一个外国鼻子，不远万里来到我们脸上，这是一种什么精神，什么精神？这就是……瞪鼻子上脸的精神！
鼻子：嗨……
马东：鼻子你说说吧！
鼻子：我说什么？
马东：酒后驾车呀！
鼻子：你酒后驾车了？
马东：你在场！
鼻子：哎呀，这可是中国人的内政啊，这不我就不参与了。
马东：嘿，这时候他不参与了！
鼻子：不是，马东的鼻子有毛病大家都知道啊！
马东：我这鼻子有什么毛病？
鼻子：没窟窿眼儿。

马东：你让大家伙儿看看我死个膛的，我有眼儿！

鼻子：有眼儿也没用啊，那天我一直打喷嚏，啊秋！什么也不知道啊我……

马东：嘿！他也躲了，没关系，我问问这个，耳朵！

耳朵（对嘴说）：昨儿那洋河大曲还不错！

嘴巴：找你呢！

马东：你啊，我跟你……

耳朵：不是，马东这耳朵呀……

马东、耳朵：有毛病！

马东：我知道你是这句，那你也得说说！

耳朵：您说什么？

马东：我让你说说！

耳朵：大点儿声说什么？

马东：我让你说说！

耳朵：哎哟，怎么干张嘴不出声儿呀！

马东：我这是干张嘴吗？

耳朵（对嘴说）：说什么呢？

马东：谁的钱包？

耳朵：我的！

马东：唉，这你可听见了！

耳朵：不是这……您说什么？

马东：又来了。你呀，你可别装听不见。

耳朵：明天您要上法院？这大过年的干吗去呀？

马东：你是诚心……

耳朵：你要离婚？为什么呀？

马东：诚心俩字儿听不懂？

耳朵：第三者是冯巩？你说冯巩这人多讨厌你这人！

马东：我不信你听不清！

耳朵：离完你要娶董卿？

马东：你这纯属是装蒜！

耳朵：朱军死活还不干？

马东：这都谁跟谁啊！

耳朵：不行娶徐静蕾啊！

马东：怎么这么乱呢！

耳朵：哦，岳父是毕福剑啊！

马东：你走吧你！

马东：嘴嘴，你也跑不了！你说说！

嘴巴：不就酒后驾车这事吗？

马东：对呀！

嘴巴：这事儿不用再说了。

马东：啊？
嘴巴：再说马东这嘴有毛病大伙儿都知道。
马东：你等会儿，他们仨说我有毛病我都认了，我，打听打听干什么的，我这嘴，没毛病。
嘴巴：是呀，你说话的时候，你这嘴肯定没毛病。
马东：对不对啊？
嘴巴：但是你一喝完酒……
马东：怎么了？
嘴巴：@＃￥￥￥％＆＊＆
马东：我什么？
嘴巴：＃￥……＃＃￥％……＃
马东：他说什么？
耳朵：他说你说话不清楚。
马东：这句你怎么听见了？
马东（对嘴说）：你呀，把舌头捋直了昨天晚上怎么回事儿，好好说！
嘴巴：＃＆……￥……＃＆…………＃@￥@！￥@％@＃％＃％……％％！＃＆＊＊～！@￥＃
马东：我是这样吗？我这舌头要这样我甭喝酒警察就给我带走喽。看看你们四个，事到临头，全想躲！咱们这本子怎么能要回来呀，就你们这个态度……
眼睛：哎，脑袋……
马东：唉？
眼睛：你这态度就不对了。
马东：我这态度怎么了？
眼睛：您得好好跟警察说呀！
马东：唉，那我应该怎么说呢？
眼睛：警察叔叔……
马东：叫叔叔？
眼睛：酒后驾车是我们的不对，
马东：对
眼睛：但是责任，是你们的。
马东：唉，责任怎么归警察呢？
眼睛：我们马路上有公交专线，
马东：对！
眼睛：有奥运专线，
马东：对呀！
眼睛：为什么不设一条酒后专线？
马东：给酒后驾车设专线？
眼睛：便于您管理呀！
马东：这怎么管理呀？
眼睛：您一看晃晃悠悠开过来一辆，赶紧上前（敬礼），您好，喝了，别慌，请走，酒后专线！

马东：干脆酒后驾车都走一条线上去了？

眼睛：哎，不行，造成新的交通拥堵。

马东：那怎么办呢？

眼睛：分单双号。

马东：这还分单双号呢！

眼睛：一三五喝白的走，二四六喝啤的走。

马东：嘿——那混着喝的只能礼拜天走。

眼睛：没错实在不行我们还能分组嘛！

马东：还能分组呢！

眼睛：喝二锅头的礼拜二走，喝五粮液的礼拜五走。

马东：嘿，那喝金六福的只能礼拜六走。

眼睛（拍马东肩膀）：分得多清楚！

马东（甩开眼睛的手）：什么乱七八糟的！

鼻子：行啦！

马东：胡出主意！

鼻子（走到马东跟前）：别听他的！

马东：不能听他的！

鼻子：说你见着警察你得这么说……

马东：我怎么说呢？

鼻子：警察舅舅……

马东：警察舅……怎么到你这儿叫舅舅了。

鼻子：我是外国生，外甥，

马东：对，外甥，外甥是得叫舅舅

鼻子：酒后驾车的事情确实是我们的责任，

马东：对！

鼻子：但是警察是讲法律的，

马东：法律。

鼻子：这法律呢用英文那叫 law，

马东：law？

鼻子：当然了，捞多捞少啊怎么个捞法这就看你的技术啊！

马东：你以前在加拿大是打鱼的？

鼻子：我说的是法律啊！

马东：法律？

鼻子：法律是讲证据滴，

马东：对！

鼻子：证据是讲逻辑滴，

马东：对！

鼻子：逻辑是讲道理滴，

马东：对呀！

鼻子:道理是可以讲不清楚滴,
马东:对……啊,啊不对,不对啊不对。
鼻子:啊,道理是一定要讲清楚滴,
马东:哎,这句对。
鼻子:对！那么道理用英语怎么讲啊?
马东:啊,是道……哎道理我还真不会讲。
鼻子:你看看你看看,连道理都不会讲——
马东:啊!
鼻子:那你怎么能讲清道理啊?!
马东:嘿,我让这大鼻子给我绕进去了。
耳朵:脑袋脑袋,
马东:啊?
耳朵:千万别听他的。
马东:不听他的。
耳朵:警察说这有用吗?
马东:没用!
耳朵:你应该强调咱们中国国情!
马东:那我应该怎么强调呢?
耳朵:你这么说呀……
马东:啊!
耳朵:说那个——警察大大,
马东:警察大……你们怎么一个毛病呢!
耳朵:我肯定不一样啊!
马东:啊,你怎么说?
耳朵:我这么说呀!
马东:啊!
耳朵:警察大大听我说,您千万别生气。
马东:唱的!
耳朵:酒后驾车这事跟我一点儿没有关系,我们老板来请客,让我一块跟去,红滴、黄滴、啤滴、洋滴,还有两箱大曲。
马东:酒到齐了!
耳朵:不管远近都是客人,我不能客气。
马东:对!
耳朵:既然坐在一起——
马东:怎么样?
耳朵:统统喝下去——
马东:喝上喽!
耳朵:警察我告诉你——
马东:嗯!

耳朵:我酒量没问题,今天我没运气,让我碰见你,警察我告诉你——

马东:啊?

耳朵:有梦想谁都了不起——

马东:嚯!

耳朵:我还敢酒后开飞机——

嘴巴:行了,行了。

马东:去,去,到那边飞去! 太可气了!

嘴巴:我必须得说两句了。

马东:你得说说!

嘴巴:冲他们三个这个态度,你那驾照要不回来。

马东:彻底要不回来了?

嘴巴:你得跟警察这么说……

马东:我应该怎么说呢?

嘴巴:警察老爷,

马东:警察老——

嘴巴:我这个问题呢——

马东:老爷像话吗?! 同志! 同志!

嘴巴:警……警察同……同志! 酒后驾车,肯定是我们的不对,

马东:态度好!

嘴巴:但是酒后和驾车,这是两个问题,

马东:两个问题?

嘴巴:酒后的问题就不要再说了,

马东:这不……哎唉?

嘴巴:再说一说我为什么要驾车。

马东:为什么呢?

嘴巴:我为什么要驾车呢?

马东:啊?

嘴巴:因为我要回家。

马东:对!

嘴巴:回家为什么要驾车呢?

马东:为什么呢?

嘴巴:因为家住得远。

马东:对!

嘴巴:家为什么住得远呢?

马东:为什么呢?

嘴巴:因为在郊区买的房。

马东:对!

嘴巴:为什么在郊区买的房呢?

马东:为什么呢?

嘴巴:因为城里房价太贵。

马东:对!

嘴巴:为什么房价太贵呢?

马东:为什么呢?

嘴巴:因为美国资贷危机。

马东:对!

嘴巴:为什么资贷危机呢?

马东:为什么呢?

嘴巴:因为它金融滑坡。

马东:对!

嘴巴:它金融滑坡呢……

马东:你到底……等会儿吧你等会儿,你想把我扽哪儿去啊这是?什么嘴啊你这,你就给我说说酒后驾车的事儿!

嘴巴:#@!#%%*&&*+——@%#¥¥@!#¥%!%¥……

马东:哎呀行行行行,您看见了吧?连推带躲!我跟你们说现在什么环境?问责制,出了事儿得有人负责!你们说,谁负责?

齐声(除马东外):脑袋!

马东:啊?是,我负领导责任,你们四个也得分出谁负主要责任!

耳、眼、鼻:嘴!

嘴巴:哎?凭什么我负主要责任?

眼睛:喝酒喝酒你不喝那酒我们能出那事儿吗?

耳朵:就怨你!

嘴巴:还怨我?

耳朵:嗯!

嘴巴:要不是你耳朵根子软最后那杯白的我能喝下去吗?

耳朵:这是……喝是喝了,问题警察提问的时候让你吹气你那(呼——)你使那么大劲儿干吗呀?

鼻子:啊,对呀!

嘴巴:你废话!要不是你那洋鼻子喘那么多气儿我拿什么往外吹呀我!

眼睛:嗯!

鼻子:那你眼睛你要是早看见那个警察我不就绕过去了吗!

眼睛:废话来的,警察要不是女的我才不往下凑合呢!

#@%¥%@!@#¥%#¥##¥%@#¥!#&*&¥%……

马东:别吵了!干吗呢,让大家看看,像话吗?你推我我推你,就这么个推法?能推得干净吗?

耳、眼、鼻、嘴:不能!

马东:能彻底解决问题吗?

耳、眼、鼻、嘴:不能!

马东:关键时刻,还得靠我!

耳、眼、鼻、嘴:啊?

马东:我跟你们说明天交通队,咱谁都不用去!
耳、眼、鼻、嘴:怎么了?
马东:我给警察那个驾照啊,
耳、眼、鼻、嘴:啊!
马东:是白岩松的!
耳、眼、鼻、嘴:全推了!

相声《出国探亲》

郭亚楠　苗业震

甲:相声演员哪,不仅是个演员,还应是个作家。
乙:您怎么样?
甲:我就是个作家。
乙:您是怎么个作家?
甲:我常坐在家里。
乙:这么个作家!
甲:我常在家里写作。
乙:您有什么大作?
甲:最近我在报纸上发表了一篇文章。
乙:您的文章发表在什么报纸上?
甲:就发表在那个什么《明天日报》上。
乙:《明天日报》?
甲:啊。
乙:那我哪能看到?
甲:哎,我建议你应该看看。
乙:您的这篇文章有什么特点?
甲:我这篇文章最大的特点是用世界许多国家和地方的名称连接在一起的。
乙:哦,全是地名。
甲:对对对。
乙:那您这篇文章写的什么内容?
甲:写我出国探亲的一段经历。
乙:您出国?
甲:是啊。
乙:看谁去?
甲:看我姨去。
乙:你姨是谁?
甲:夏威夷。
乙:夏威夷? 那是你姨吗?
甲:是啊。
乙:这就开始了?

甲:往后听吧,全有地名。
乙:那么你姨住哪里?
甲:我姨住在冰岛。
乙:冰岛。
甲:哎。
乙:那地方可冷啊。
甲:冷不要紧,我衣服穿得多。
乙:您穿什么呀?
甲:里面我穿一件天山(衫)。
乙:天山?
甲:外边穿着昆仑山。
乙:哇。
甲:还有喜马拉雅山。
乙:好啊,三座大山。
甲:下边穿一条巴库(裤)。
乙:巴库?
甲:料子挺好的。
乙:什么料子的?
甲:毛里求斯(丝)的。
乙:那脚上呢?
甲:脚上蹬着一双高筒皮靴。
乙:你这靴子是皮革还是人造革?
甲:是大马士革的。
乙:有这革吗?
甲:头上还戴着一顶乌克兰式的巴士帽。
乙:你戴它干吗呀?
甲:为了保护我的两只尼泊尔(耳)。
乙:尼泊尔?
甲:对呀!穿戴好之后。我乘着飞机出发了。
乙:你坐747还是三叉戟啊?
甲:不是,我坐的是赫尔辛基(机)。
乙:有这飞机吗?
甲:下了飞机我找了一条船。
乙:什么船?
甲:阿根廷(艇)。
乙:阿根廷?
甲:这船漂亮极了。
乙:说给大伙听听。
甲:前面插着攀枝花。

乙:哦。
甲:后面挂着西雅图。
乙:嗯。
甲:中间竖起了吐鲁番(帆)。
乙:是只大帆船啊?
甲:下船之后我骑马。
乙:什么马?
甲:巴拿马。
乙:巴拿马?这能骑吗?
甲:能骑。我骑着巴拿马赶了两天两夜。
乙:那得走多远哪?
甲:我计算了一下,大概走了新德里吧。
乙:新德里是多少啊?
甲:这是新的计量单位,你不懂。我绕过北部湾,翻过新加坡,最后到了冰岛。哎,那冰岛四面全是水啊。
乙:什么水啊?
甲:左边尼罗河,右边永定河。
乙:啊?
甲:前面洞庭湖,后面珠江。
乙:什么乱七八糟的!
甲:这水里还有特产哪!
乙:有什么特产?
甲:盛产爪哇(蛙)。
乙:爪哇是什么动物?
甲:这种动物浑身长满加尔各答的。
乙:哦,浑身的疙瘩。
甲:叫出来的声音很怪。
乙:怎么叫?
甲:“古巴——古巴”。
乙:这是爪哇叫的?
甲:我听着害怕啊。
乙:怎么办?
甲:赶紧往前跑。
乙:跑哪里去了?
甲:跑着跑着进了一个村子。
乙:什么村子?
甲:石家庄。
乙:石家庄里有什么?
甲:石家庄里有柬埔寨,柬埔寨里有华尔街。

乙:哦?
甲:华尔街东面有一高大的建筑物。
乙:有什么建筑物?
甲:卢森堡。
乙:卢森堡在哪里呀?
甲:到堡里看看去吧。
乙:对!进里边瞧瞧。
甲:到里边一看。哇——
乙:怎么样?
甲:两边一间间全是名古屋。
乙:这房子还真不少。
甲:屋子漂亮极了。
乙:怎么着?
甲:地上铺的全是比利时(石)。
乙:比利时铺地上了?
甲:一根根柱子全是塔里木的,墙上抹的都是安徽(灰)。
乙:这安徽是什么灰啊?
甲:好灰。屋顶上五颜六色的全是日内瓦。
乙:日内瓦也盖上了?
甲:屋子前面是万顷良田。
乙:都种着什么?
甲:种的都是高产作物。
乙:都有什么?
甲:这边种着丹麦。
乙:丹麦?
甲:那边种着北海道(稻)。我一打听这就是我姨家。
乙:到家了,那赶紧叫门吧。
甲:我走到门前,"啪啪啪"一拍这也门。
乙:也门?那叫家门。
甲:哎。家门,全家人跑出来迎接我。
乙:都是谁呀?
甲:先出来的是我姨的几个女儿,我的几个表妹。
乙:都是谁呀?
甲:她们叫波兰、荷兰、新西兰、纽芬兰。
乙:那是你表妹啊?
甲:后面还跟着几个表哥。
乙:他们又是谁呢?
甲:摩洛哥、墨西哥、芝加哥、摩纳哥。
乙:听这几个哥哥。

甲：他们见了我很亲热，拉着我的手问长问短。
乙：他们叫你什么呀？
甲：哟，你好，拉瓦尔品第（弟）。
乙：那是你呀？
甲：他们全家在门前用当地的仪式欢迎我。
乙：什么仪式？
甲：我表哥吹起好望角，我表妹敲起开罗（锣）。
乙：挺客气的！
甲：我姨妈和姨父给我唱了段圣地亚哥（歌）。
乙：还真热闹。
甲：欢迎完了往屋里走。
乙：进去吧。
甲：走着走着坏了，眼前一片慕尼黑。
乙：那开灯啊。
甲：不行。
乙：为什么？
甲：缅甸。
乙：缅甸？停电啊？
甲：没关系，我表妹拿出一支希腊（蜡）。
乙：希腊？
甲：点着之后屋里一片仰光。
乙：亮堂多了。
甲：我一看他们家，太漂亮了。
乙：怎么样呢？
甲：地上铺着巴基斯坦（毯）。
乙：巴基斯坦怎么铺地上了？
甲：窗上挂着华沙（纱）的窗门帘。
乙：是够漂亮的。
甲：床上的被子是布达佩斯（丝）的。
乙：真讲究。
甲：桌上有一个笔筒。
乙：哦？
甲：插着一支密西西比（笔）。
乙：咳！
甲：旁边放着书。
乙：什么书？
甲：有雅典，有瑞典。
乙：哦，是经典著作。
甲：还有一个小盒，我打开一看——

乙：什么呀？

甲：印尼。

乙：印泥啊。

甲：我一看屋里没沙发没椅子。

乙：那我们坐哪里呀？

甲：全坐大阪。

乙：大板凳啊？

甲：我姨父给我端上许多水果盛情地款待我。

乙：都有什么呀？

甲：我一看第一盘。

乙：嗯。

甲：刚果。

乙：刚果？我没吃过。

甲：尝尝吧。我拿一个咬了一口，哎哟，——

乙：怎么了？

甲：咯了我这西班牙。

乙：谁让你这么着急？

甲：赶紧吃第二盘。

乙：第二盘是什么？

甲：巴黎（梨）

乙：好吃吗？

甲：黎巴嫩的。

乙：黎巴嫩啊？

甲：我姨父又端了一盘当地的特产。

乙：什么呢？

甲：尼加拉瓜。

乙：尼加拉瓜？味道好吗？

甲：好极了，吃得我嘴角都流出秘（蜜）鲁来了。

乙：是够甜的。

甲：一会儿工夫，饭菜又准备好了。

乙：都有什么菜呢？

甲：我一看，哇，尽是好吃的。

乙：你给我说说。

甲：香酥洛杉矶（鸡），红烧斯德哥尔摩（蘑）。

乙：嗯。

甲：虾仁炒约旦（蛋），清蒸乌拉圭（龟）。

乙：这都能吃吗？

甲：能吃，我脱了衣服坐在凳子上就吃上了，也顾不上马耳他了。

乙：这叫什么话？

甲：我一边喝横滨酒一边吃羊肉大葱佛得角(饺)。
乙：吃饺子？
甲：嗯。
乙：吃了多少？
甲：我吃了40多个佛得角。
乙：真不错。
甲：最后我又喝了两碗广州(粥)。
乙：稀的呢。
甲：嗯，吃得我的肚子——
乙：怎么了？
甲：蒙古蒙古的。
乙：蒙古在这儿？
甲：内蒙古。
乙：内蒙古？
甲：吃得我尽打布拉格(咯)。
乙：谁让你吃那么多？
甲：晚上我睡不着觉。
乙：怎么了？
甲：外面刮起了珠穆朗玛峰(风)。
乙：这风可不小啊。
甲：我姨怕我耶路撒冷。
乙：那怎么办呢？
甲：她找来了保姆。
乙：保姆是谁呢？
甲：达累斯萨拉姆。
乙：那是保姆？
甲：她抱着被子走进来了。
乙：是吗？
甲：她给我铺上了萨拉热窝。
乙：好大的被窝。
甲：我往里边一钻，呵——
乙：怎么样？
甲：里约热内卢(炉)。
乙：挺热乎的。
甲：一会儿工夫捂了我满头阿富汗。
乙：是够热的。
甲：可是到了半夜我仍是睡不着。
乙：又怎么了？
甲：肚子撑得太难受了。

乙：谁让你吃那么多？

甲：坏了，恐怕要拉法兰西(稀)了。

乙：那赶紧上厕所吧。

甲：跑到厕所我一拉澳门。

乙：澳门？

甲：厕所里头有人。

乙：谁在里头？

甲：阿拉伯在里头。

乙：那你跟他说说呀。

甲：我跟他说了这情况，他在里边答话了。

乙：他说什么呀？

甲：等我出去之后你再进来，咱们俩伦敦(轮蹲)。

第三节　播音主持基调的变化练习

播音主持基调不是简单地指音调的高低，音量的强弱。基调是指稿件作品中总的感情色彩和分量以及播音员和主持人的具体态度。感情色彩有喜、怒、哀、乐之分，态度有肯定、否定、赞扬、批评之别，其中又有分寸火候的差异。播音员和主持人要从稿件作品的针对性和播出目的上去把握态度，更要从稿件中的人物、事件或作者倾向及其风格特点等综合因素上，去揣摩稿件作品感情色彩总的特色。有造诣的播音员和主持人可以通过声音传达极为丰富的感情，产生巨大的，有时是震撼人心的感染力，为此，我们还要进行各种不同基调变化的基础训练。

一、清新舒展地

下面两段内容清新、舒展，充满了对大自然的爱，练习时可用偏小音量，声音柔和、抒情，气息深而长。

春天——春意盎然、生机勃勃

春天，大地从寒冬里苏醒复活过来，被人们砍割过陈旧了的草木茬上，又野性茁壮地抽出了嫩芽。不用人工修培，它们就在风吹雨浇和阳光的抚照下，生长起来。这时，遍野是望不到边的绿海，衬托着红的、白的、黄的、紫的……种种野花卉，一阵潮润的微风吹来，那浓郁的花粉、青草气息，直向人心里钻。无论谁，都会把嘴张大，深深地向里呼吸，像痛饮甘露似的感到陶醉、清爽。

夏天——雨过天晴、空气清爽

一场夜雨，洗落了高原上的满天尘沙。天蓝得出奇，碧澄的湖水也为之逊色。天空燃烧着朝霞，像一簇簇盛开在山尖的红花，一群苍鹰刚健地在云边飞旋，越飞越高。清凉的晨风夹带着野花和奶子的香味儿，扑鼻而来，沁人心脾。啊，多美丽的早晨呀！

二、高亢明亮地

下面两段内容有感染力、热情洋溢，训练时要求声音要庄重大方，采用明亮的实声，吐字要力度均匀，字正腔圆，粒粒饱满，有穿透力；气息要稳定、扎实、托底。

现场综艺主持开场白

各位领导、各位嘉宾、现场的观众朋友们：大家晚上好！海峡两岸大型中秋文艺晚会现在开始！

这一天终于来到了

看哪！人人脸上挂着喜悦的眼泪，个个兴高采烈。流水发出欢笑，山冈也显得年轻。他们在倾听，倾听，倾听着这震撼世界的声音：中华人民共和国成立了！中国人民从此站起来了！

三、热情赞美地

下面两段内容充满了赞美之情，对大庆人的襟怀、理想、光辉业绩由衷地敬佩、赞扬；对白杨树昂扬、挺拔、向上的"性格"由衷地赞美。这两段重点词语分量较大，要求声音柔中有刚，咬字力度大而不塞，气息深而不断流。

大庆的秋天——赞美大庆人

赞美你呀！大庆的秋天！你像神奇的彩笔挥洒而成的巨幅画卷，你秋日的景色竟是这样五彩缤纷。草地上，一片鹅黄，一片嫣红，一片靛蓝，一片蛋青……你浑似一篇气势雄伟的锦绣文章，读着你不能不引人思索，思索着大庆人，思索着整个中国工人阶级，它的意志，它的力量，它的业绩，它的襟怀和理想……

不平凡的树——赞美白杨树

那是力争上游的一种树，笔直的干，笔直的枝。它的干通常是丈把高，像加过工似的，一丈以内绝无旁枝。它所有的丫枝一律向上而且紧紧靠拢，也像加工过似的，成为一束，绝不旁逸斜出。它的宽大的叶子也是片片向上，几乎没有斜生的，更不用说倒垂了，它的皮光滑而有银色的晕圈，微微泛出淡青色，这是虽在北方风雪的压迫下却保持着倔犟挺立的一种树。哪怕只有碗那样粗细，它却努力向上发展，高到丈许、两丈、参天耸立，不折不挠，对抗着西北风。

这就是白杨树，西北极普通的一种树，然而绝不是平凡的树。

四、义正词严地

下面两段内容较庄重严肃，就事论理，带有驳斥、反问色彩，态度义正词严。要求声音以刚为主，以实声为主，坚定、有力、结实；吐字颗粒饱满，字正腔圆；气息沉稳、扎实，由丹田气座支撑，托声而出（有理有力，切忌高喊！否则会声飘、气虚、字挤）。

"友邦惊诧"论

鲁　迅

只要略有知觉的人就都知道：这回学生的请愿，是因为日本占据了辽吉，南京政府束手无策，单会去哀求国联，而国联却正和日本是一伙。读书呀，读书呀，不错，学生是应该读书的，但一面也要大人老爷们不至于葬送土地，这才能够安心读书。报上不是说过，东北大学逃散，冯庸大学逃散，日本兵看见学生模样的就枪毙吗？放下书包来请愿，真是已经可怜之至。不料国民党政府却在十二月十八日通电各地军政当局文里，又加上他们"捣毁机关，阻断交通，殴伤中委，拦劫汽车，攒击路人及公务人员，私逮刑讯，社会秩序悉被破坏"的罪名，而且指出结果，说是"友邦人士，莫名惊诧，长此以往，国将不国了！"

好个"友邦人士"！日本帝国主义的兵队强占了辽吉，炮轰机关，他们不惊诧；阻断铁路，追炸客车，捕禁官吏，枪毙人民，他们不惊诧；中国国民党治下的连年内战，空前水灾，卖儿救穷，砍头示众，秘密杀戮，电刑逼供，他们也不惊诧。在学生的请愿中有一点纷扰，他们就惊诧了！

好个国民党政府的“友邦人士”！是些什么东西！

电影《高山下的花环》雷军长台词片段

眼前，这“雷神爷”为何又甩帽？人们目瞪口呆！只见他在台上来回踱了两步又站定，双手叉腰，怒气难抑。终于，炸雷般的喊声从麦克风传出：“我的大炮就要万炮轰鸣，我的装甲车就要隆隆开进！我的千军万马就要去杀敌！就要去拼！就要去流血!！可刚才，有那么个神通广大的贵妇人，她竟有本事从几千里之外，把电话要到我这前线指挥所！此刻，我指挥所的电话，分分秒秒，千金难买！可那贵妇人来电话干啥？她来电话是让我给她儿子开后门，让我关照她的儿子！走后门，谁敢把后门走到我这流血牺牲的战场上，没二话，我雷某要让她的儿子第一个扛上炸药包，去炸碉堡！去炸碉堡!！……”

五、低沉悲痛地

下面两段内容是悲痛哀伤的色彩，心情沉痛。要求用声较暗弱、低沉、偏虚；胸腔共鸣较多；节奏偏慢，字音缓缓送出；有时声伴字、字伴气哭泣而出，断断续续发音；气有时颤抖，有时叹息。

悼念敬爱的周总理

总理的灵车徐徐开来。灵车四周挂着黑黄两色的挽幛，上面佩着大白花，庄重、肃穆。人们怀着沉痛的心情，尾随着灵车移动。灵车所到之处，像是一个无声的指挥，老人、孩子、青年都不约而同地站直了身体，摘下了帽子，向灵车致敬，哭泣着，顾不上擦去腮边的泪水，舍不得眨一眨眼睛。人们心里都在深深地默念着：“敬爱的周总理，我们想念您啊，想念您！您永远活在我们心里，永远活在人民心中！”

悼词

张刚遗体告别仪式在京举行：

我国政法战线的杰出领导人张刚同志，在为党和人民奋斗了六十多年后，安卧在鲜花丛中，终年八十六岁。

今天下午，党和国家领导人以及张刚同志的生前好友到八宝山革命公墓，向我党优秀党员、忠诚的共产主义战士、无产阶级革命家张刚同志遗体告别。张刚同志一九二七年一月参加共青团，同年转为中共党员，他几十年如一日，以顽强的革命意志和忘我的战斗精神去完成党在各个历史时期交给他的艰巨任务。

六、轻松活泼地

下面两段内容比较活泼、欢快。要求用声较偏前、音高柔和；口腔状态较松弛，舌头较灵活；字音弹发快而饱满；气息灵活变化多；抒情昂扬向上（发声状态较冷的同学可练此段以使颧肌提起增强热情、兴奋感）。

柳条儿青，柳条儿长

柳条儿青，柳条儿长，柳条儿随风在摇荡，摇来了春天，摇来了小鸟儿，摇得那湖水闪闪亮。

柳条儿青，柳条儿长，柳条儿随风在摇荡，我做支柳笛吹起来，嘀呖呖像小鸟儿在歌唱。

柳条儿青，柳条儿长，柳条儿随风在摇荡，请来春姑娘荡秋千，秋千挂在柳条儿上。

太阳出来了

别嚷，快看哪！太阳露出头顶了，太阳露出眉毛和眼睛了！太阳跳出来了，太阳离开了大地，升起来了！升起来了！

七、低沉压抑地

下段内容比较忧伤、凄苦。要求用声较暗弱、偏沉；字伴着叹息发出，咬字迟滞，气息沉缓，伴有句中顿挫或句间停歇等。

《苦菜花》片段

月牙儿，像把梳子挂在半空。人们都说月亮是位最善良、最好伤心和最易受感动的姑娘。谁有什么不幸的哀愁，她总是怜悯地注视着你，有时还会流下泪来！想必她这时是不忍心去看那不幸的人们吧！所以才掩住半个脸；但她那朦胧的淡光，还是同情地从窗户棂间射进来。黑暗的屋子，也变得灰白起来。

黑暗的旧社会

黑暗的旧中国，地是黑沉沉的地，天是黑沉沉的天。灾难深重的人民啊，你身上带着沉重的锁链，头上压着三座大山。你一次又一次地呼喊，一次又一次地战斗，可是啊，夜漫漫，路漫漫，长夜难明赤县天……

八、骄傲自豪地

下面两段内容自豪、抒情，歌颂大草原、歌颂大好河山。要求声音要宽厚明亮；开阔抒情；吐字清晰饱满，圆润集中；语势昂扬舒展；气息深厚、扎实、通畅。

大草原

多么平坦，多么宽阔，无边无际的原野，从眼前向四面八方伸展开去，伸展开去，直到那渺茫的尽头，远与天接。望着你，怎能不心旷神怡，豁然开朗！你啊，襟怀坦荡，气度恢弘的草原！

辽阔大地

大地辽阔，原野漫漫，太空蔚蓝，从天上来的滔滔黄河成了哺育我们中华民族的伟大摇篮。

九、深沉宁静地

下面两段内容平和、宁静。要求声音偏暗、虚、柔和；吐字清晰，颗粒性强；节奏偏慢、动用音长；气息深匀，弱控制力较强。

明月

将圆未圆的明月，渐渐升到高空，一片透明的灰云，淡淡地遮住月光。田野上面，仿佛笼起一片轻烟，朦朦胧胧，如同坠入梦境。晚云飘过之后，田野上烟消雾散，火一样的清光，冲洗着柔和的秋夜。

夜过北海桥

明月照着一湖春水，湖面缀满灯影繁星，热烈而深情的北海，此刻你显得多么美丽宁静。我从桥上走过，脚步放得很轻很轻，我怕惊动你的沉思和凝想——你在构思着一个金色的黎明！

十、精神振奋地

下段内容激动人心、鼓舞人心、振奋人心。要求声音以实为主、高亢明亮；咬字力度强，清晰度高，清脆响亮；气息深厚、扎实，有丹田支点；节奏明快，昂扬向上。

为祖国争光

中华体育健儿近日连连为祖国争光，他们在一系列国际比赛中所表现的精神风貌和高超技艺多么激动人心啊！

"我们中华民族'有自立于世界民族之林的能力'"。

"团结起来，振兴中华！"

这是十几亿人民的共同心声。

卫星发射成功

我国成功地发射了一组空间物理探测卫星。这是我国首次用一枚运载火箭发射三颗卫星。卫星准确入轨，各系统工作正常，已不断地向地面发送各种科学探测和试验数据。

十一、深切缅怀地

下面内容是深情地回忆和怀念无产阶级革命家的文章。要求声偏暗、较低沉、柔和；吐字音节较长，清晰度高，节奏缓慢，声音吐字伴随着记忆的感情线向前流动送出，含蓄地如珠如流；气息深沉、舒缓、均匀。在内容的表述上一定要把握"过去完成时"(那个时候的感觉)，切忌"正在进行时"(刚刚发生的)的播出感觉，要用"回忆"的口吻。

小白花

那是一九七六年。已经四月初了，冬天好像还没有过去，北风刮得正紧。

一个星期天的下午，爸爸妈妈拉着我的手，向天安门广场走去。我们胸前都戴着一朵小白花。

天安门广场上，花堆成了山，人汇成了海。我们随着送花圈的队伍，缓缓地走向人民英雄纪念碑。密密层层的花圈，把纪念碑四面的汉白玉栏杆都遮住了。一层层的人肃立着，谁也不做声，脸上都挂着晶莹的泪珠。

我们走到纪念碑南边。爸爸低声告诉我，碑上面的金字是周恩来爷爷亲笔写的。爸爸脱下了帽子，妈妈摘下了头巾，他们低下头向周爷爷默哀。我也低下头，轻轻地说："敬爱的周爷爷，我们想念您，您永远活在我们心中。"说着，我忍不住哭了。妈妈拉着我的手，向纪念碑下边的松树林里走去。

松树上好像积了厚厚的雪，松枝上系着几千朵小白花。我们也把胸前的小白花摘下来，系在松枝上。天渐渐暗下来，北风刮得更紧了，我们默默地离开了天安门广场。

十二、热情风趣地

下面这篇小故事《中计》主要是歌颂军民鱼水情的，激发人们自觉做好事。故事风趣、幽默，在表现大爷、大娘"设计"和"解计"的过程中，充分体现了军民一家情意深的场面，故事短小精悍，但很感染人。故事中出现的三个人物要求用不同的声音色彩分别表现各自的"神态"。

大爷的性格较粗犷、豪放，用声应偏后松弛、粗亮通畅，吐字应字正腔圆、颗粒性强，气息深厚、扎实；语言富有幽默感。

大娘的声音稍偏后、发扁，字真句拙，呈扁长枣核型，气息较浅，稍提嗓门儿。

小洪的声音偏前、明亮、稍发颤，吐字快而硬，气息肤浅、不够均匀。

这样一来，讲述就易绘声绘色，听者也觉津津有味了。

中 计

七月初的一天，在辽宁省海城县的一个小山村里。住在张大伯家的某部一个侦察排的战士刚刚起床，就看见房东张大爷气冲冲地走进屋来。张大爷绷着脸问道："昨天，你们谁进了我家东菜园，把菜地弄得乱七八糟？"一句话把全排战士给问怔了，互相看了看，谁也没吭声。

这时候，有一个小战士脸一下子红到了耳根。他叫洪松彪，是今年才入伍的新战士。原来，昨天晚上是他悄悄地跑到菜地里，帮张大爷干活的。小洪心里直打鼓，他想，是不是我铲地的时候伤了苗？是不是水浇多了淹了菜？小洪越想越不安。这时候，张大娘又跑进来火上浇油地说："老头子，别跟他们说了，咱们去找指导员说个清楚。"话音未落，就拉着张大爷的袖子往外走。

刚刚十八岁的洪松彪，哪见过这个场面呀，小伙子沉不住气了，马上开口说："大爷、大娘别发火，昨天是我跑到菜地里去的。我看你们二老年纪大，大爷成天忙着队上的事儿，顾不了家，就抽空帮你们干了点活。谁知道我不会干，给你们添了麻烦，真对不起你们，有多大损失我一定赔。"说着就伸手掏钱包。

张大爷看到这个情景，便哈哈大笑起来。大娘也跟着笑起来。她疼爱地拉着小洪的手说："孩子你受委屈了。"小洪纳闷地抬起头来看着两位老人，张大爷得意地说："孩子，你中计了，从打你们到我们村来搞训练，给大家伙干了那么多的好事。可我们就是不知道谁干的，昨晚上我和你大娘一合计呀，就想出这么个小计策来。果不出所料，你们还真中计了。"

全排战士这才恍然大悟，和张大爷、大娘一块儿笑了起来。洪松彪，这个虎头虎脑的小伙子却像大姑娘似的，羞涩地低下了头……

十三、启发诱导地

下面两段内容热情地启发、引导青年勤于思考、勇于实践，把美丽的人生献给最伟大壮丽的事业，做无愧于时代的高尚的人。要求声音以实为主，较亲切柔和；态度要积极热情诚恳；吐字清晰度高；字音饱满；气息深长、舒缓而平和。

树立共产主义人生观

亲爱的朋友！任何一个有志气的青年，都希望使自己的青春能够闪闪发光，都希望自己的一生能够活得很有意义，成为一个对社会历史前进有所贡献的人，而不致成为历史的累赘甚至历史的罪人。如果是这样，你就应该坚定地树立起共产主义的革命人生观，按照这种革命的人生观，安排自己的人生！

保尔说得好："人最宝贵的是生命，生命每个人只有一次，人的一生应当这样度过：回忆往事，他不会因为虚度年华而悔恨，也不会因为生活庸俗而羞愧；临死的时候，他能够说：我的整个生命和全部精力，都献给了世界上最壮丽的事业——为解放全人类而斗争。"让我们用这段光彩夺目的话来激励和鞭策自己，成为一个无愧于我们时代的高尚的人。

九层之台，起于垒土

九层之台，起于垒土。打基础要按序而进。无论德育、智育、体育、美育、技术教育，都要由浅入深、由低级到高级不断发展。革命先烈李大钊讲得好："凡事都要脚踏实地去做，不驰于空想，不张于虚声，而唯以求实的态度做踏实的工作。以此态度求学，则真理可明，以此态度做事，则功业可就。”

十四、坚定昂扬地

下面两段内容表达了革命者向着胜利、向着光明执著追求的坚定信念和不可动摇的决心，要求用声吐字柔中有刚，坚定有力、充满信心。

第一段用声可由弱渐强，吐字力度可由偏弱逐渐加强，气息可由偏小气量逐渐扎实、有力、托底；第二段则可由始至终声音结实，吐字有力、气息扎实。

找大部队

风，呼呼地刮着；雨，哗哗地下着，黑暗笼罩着大地。“要记住革命！”——我想起他牺牲前说的话。对，要记住革命！我抬起头来，透过天边的风雨，透过无边的黑暗，我仿佛看见了一条光明大路，这条大路一直通向遥远的陕北。我鼓起勇气，迈开大步，向着部队前进的方向走去。

我的“自白”书

陈　然

任脚下响着沉重的铁镣，
任你把皮鞭举得高高，
我不需要什么自白，
哪怕胸口对着带血的刺刀！
人，不能低下高贵的头，
只有怕死鬼才乞求“自由”；
毒刑拷打算得了什么？
死亡也无法叫我开口！
对着死亡我放声大笑，
魔鬼的宫殿在笑声中动摇；
这就是我——一个共产党员的自白。
高唱凯歌埋葬蒋家王朝！

十五、亲切自然地

下段内容是服务性的稿件，训练时要求亲切、自然、口语化，有直接交流感。用声形式以实声为主，较弱、亲切、柔和；吐字清晰流畅，气息量偏小，舒缓平和、运用灵活。

哭的用处

只要有什么细小的东西落入眼里就会引起流泪，甚至葱的气味，也会催人泪下。一般情况下，每分钟人眼要眨十三次左右。眨眼，就是让眼皮压迫泪水，把落入眼里的小异体冲洗到眼角，然后，再流到鼻腔内排出。泪水的成分包括油质、黏蛋白、水状液以及盐、糖、蛋白质，人体每天约产生四分之三至一克的泪水，大部分都是在眨眼时蒸发了。泪水既可使人的眼皮能够和谐地在眼球上自由活动，又可杀死细菌。

流泪最多的情况是哭。哭，是一种安全、健康地发泄自己的强烈感情的方法，否则，强压于体内，它终究要以其他带有危险性的方式表现出来。某医生见过一起病例：一个内向的女人，遇到感情大波动时，常常会全身起疙瘩，而有一次，她大哭了一场则没有起。医生还发现，由于父母不让婴孩啼哭，婴孩就经常用哮喘的方式来引起父母的注意。实际上，啼哭是婴孩发育的一个组成部分。哭，不仅可以扩大婴孩的肺活量，而且还可以增强将来用以说、唱的肌肉组织，并且也是学会说话以前，婴孩向大人表达思想的一种方式。

不知为什么，社会上存在着一个不成文的规定：成人不应该大哭。哭，经常被解释成软弱的表现。实际上，在遭遇最大不幸时大哭一场，这是对人体不幸的自然反应，如果你不愿意哭或不会哭，那么在精神上或身体上就会出点毛病。专家们大都认为，眼泪是一副天赐的良药。

十六、庄重严肃地

下面两条新闻内容气氛郑重、严肃。要求用声偏厚、实声为主、音色偏高些；吐字力度强，干脆利索、清晰度高、颗粒性强；节奏明快，勿拖泥带水；态度严正、明朗。

新华社消息

外交部新闻发言人今天下午发表谈话说，中国政府和人民对南非军队6月14日入侵博茨瓦纳首都哈博罗内表示极大的愤慨和强烈的谴责。

发言人指出，南非当局对博茨瓦纳的袭击不是一个孤立事件。事实一再证明，南非当局顽固地坚持破坏邻国稳定和种族主义政策是南部非洲局势动荡不安的根源。

他说：南非当局种种倒行逆施，只会激起非洲国家和人民更加强烈的反抗和更大的义愤。博茨瓦纳、安哥拉和莫桑比克等非洲前线国家反对种族主义、维护国家主权和领土完整、支持纳米比亚人民争取独立的斗争，得到全世界所有主持正义的国家和人民的同情和支持。中国政府和人民将一如既往，坚定地站在非洲国家和人民一边，坚决支持他们的正义斗争。

人民利益高于一切

近日，北京市第一中级人民法院对国家食品药品监督管理局原局长郑筱萸案作出一审判决，以受贿罪和玩忽职守罪判处郑筱萸死刑，剥夺政治权利终身，没收个人全部财产。对郑筱萸案的审判，充分体现了人民群众的意志和愿望，充分体现了法律公平正义的精神，充分体现了我们党和政府坚定不移地惩治腐败分子的坚强决心。

党中央、国务院始终高度重视民生问题，历来把人民利益高于一切作为制定政策、做工作的出发点和落脚点，特别是在保障人民群众饮食用药安全方面，作出了一系列正确的决策和部署，有效地维护了人民群众的财产和生命安全，促进了社会稳定和谐。郑筱萸曾经是国家食品药品监督管理局的主要负责人，在保护人民群众食品用药安全方面，肩负着极其重大的使命和责任。作为一名党的高级干部，郑筱萸本应以对党和人民高度负责的态度，正确运用手中的权力，尽心尽力地履行职责，全心全意地为人民服务。但他却为了一己之私，不惜利用权力大肆收受贿赂，玩忽职守。他的行为，严重侵害了国家工作人员职务的廉洁性，严重破坏了国家药品监管的正常工作秩序，严重危害了人民群众用药安全及生命财产安全，造成了极其恶劣的社会影响，郑筱萸最终落得身败名裂、倾家荡产的下场，罪有应得。郑筱萸案件为典型的党员领导干部违法犯罪案件，教训十分深刻，值得我们所有国家公务员，特别是各级领导干部认真汲取。

一是要牢记宗旨。我们党的根基在人民、血脉在人民、力量在人民。我们党所做的一切事情，都是为了实现好、维护好、发展好最广大人民的根本利益。任何侵害人民利益的行为，对工作草率从事、敷衍塞责，甚至玩忽职守的行为，都是不能容许的，必须依纪依法予以严惩。

二是要秉公用权。我们的权力是人民赋予的，只能用来为人民谋利益，决不能用来为自己或小集团牟取私利。

三是要强化监督。不受制约和监督的权力必然导致腐败。要坚定不移地查处大案要案，只要触犯了党纪国法，不论什么人，不论职务多高，都必须一查到底，依纪依法严肃处理。

十七、批评教育地

下面两条新闻是国内消息，属批评性，也比较严肃，但较之国际新闻内容、态度、分寸、火候有明显不同。在这两条内容里，我们要摆事实、讲道理，批评、教育、引导，因此，用声要求以实声为主，音色偏中，叙述清楚，刚中有柔，气量有小幅度变化，吐字力度稍强，态度要鲜明。

本台消息

北京市标准计量局前天公布，三季度对本市 38 个企业生产的无线电元件、棉纱、中学课本、铁皮玩具、自动化仪表、啤酒等 11 类 52 种产品的质量监督抽查中，有 39 种产品合格，13 种产品不合格，合格率为 75%。

从抽查结果来看，中学课本的质量问题较严重，抽查的 8 个企业的中学课本只有北京印刷一厂的合格，存在的问题主要是坏字、丢字，以致图字粘连、粘坏，无法阅读，在装订方面更为严重，有破页、坏钉、折角以及前后颠倒、散本等。

比入选奇迹更重要的是保护

中国长城学会的考察结果表明，明代万里长城有较好墙体的部分只剩下不到 20%，有明显可见遗址部分已为 30%，很多地段的长城已经不复存在，仅剩的古长城破损现象也很严重。由于生态环境的侵蚀加之人为因素的破坏、随意性的工程建设、旅游开发和农耕生产等不规范行为，进一步加重了长城的受损程度。更为严重的是，由于文物开发经营与保护管理的体制性矛盾，导致长城城墙遍体鳞伤，已岌岌可危。如北京八达岭长城上游客的“签名”挤满城砖，几乎没有一块无字砖。在世界古遗迹基金会公布的 2004 年度全球 100 处最濒危遗址名单中，中国的长城就因自然破坏以及游客过多、破损严重而入选。

现在，为了达到入选“新七大奇迹”的目的，中国长城学会拉选票鼓励更多关心长城的人进行最后一搏，其用心良苦不言而喻。但万里长城不是为“新七大奇迹”而生，她是代表中华民族的精神脊梁而存在的！面对只剩断壁残垣、日渐缩短，且被旅游开发弄得不堪重负的长城，长城学会不是重点提及保护，而是为了长城参加“新七大奇迹”选秀而“焦虑”，这岂不成谈资笑料？假如长城最终当选为“新七大奇迹”，但如果保护工作跟不上，当选“新七大奇迹”的意义又能有多大呢？

长城学会与其为长城入选“新七大奇迹”拉选票，不如动员社会力量为保护长城出资、出力、出主意，使这一凸显独特文化和艺术魅力的人类文化遗产不要在人们的遗憾和叹息声中消失。

十八、悲愤激昂地

下面两段内容感情激愤。第一段体现了作者对敌寇无比痛恨、报仇雪耻的迫切心情以及收复中原失地的不可动摇的意志；第二段体现了旧社会在黑暗中的亿万青年，为了真理和自由在血泊里挺胸昂首的坚定信念和决心！因此，要求用声偏刚、较宽厚，胸腔共鸣多些；吐字力(立)度强〔既有力量，又有口腔的立度，两个力(立)度都很强〕，颗粒饱满，字正腔圆，个别句子牙关偏紧，气息深厚、扎实，变化幅度较大。

满江红

岳　飞

怒发冲冠，凭栏处，潇潇雨歇。抬望眼，仰天长啸，壮怀激烈。三十功名尘与土，八千里路云和月。莫等闲，白了少年头，空悲切。靖康耻，犹未雪；臣子恨，何时灭！驾长车，踏破贺兰山缺，壮志饥餐胡虏肉，笑谈渴饮匈奴血。待从头，收拾旧山河，朝天阙。

为了真理和自由

一九三二年上海的一个深秋，
乌云翻滚逼得人气难透……
年轻的工人们，带着满身的尘垢，
为了真理和自由，到处奔走……

在那暗无天日的社会里，
地主的心肠狠，资本家更凶残！
工人们日夜劳累卖命，却餐餐喝着稀粥，
衣不裹体、食不饱腹……

细雨洒在他们的脸上，
寒风卷起他们的衣袖。
为了把真理探求，
他们热血沸腾心潮涌，浑身传暖流。

为了真理和自由，
他们不怕镣铐皮鞭抽，
不怕流血抛头颅，
真理在胸精神抖！

亿万青年黑暗中奋勇战斗，
血泊里挺胸昂首！
漫天的云哪，快化做那滚滚的铁流，
将旧世界彻底毁灭、冲走……

十九、热情歌颂地

下面两条内容是歌颂平凡人的不平凡事迹，我们要由衷地赞扬，给人以鼓舞和力量。要求用声较深沉，柔中有刚；吐字力度强，语速较慢，重音突出；气息控制有幅度变化，较深厚；要有发自内心的钦佩之情。

护士

每一个患者在病魔的折磨中，都会感到护士的亲切温暖，她为你的痛苦而焦虑，为你的痊愈而欢欣。接你进来的时候，和你一样愁眉不展，送你出去的时候，和你一样笑容满面。她，为了生命的安全，为了别人的欢乐，走遍了各个房间，踏破了一道道门槛，日夜不眠，汗水成串；她，不为名不图利，用自己的生命和热情，协助大夫使无数垂危的生命，起死回生，转危为安；她，默默无闻地为患者贡献出自己的青春、智慧和心血。护士的这种高尚品德，我们各行各业的人们无不起敬肃然。

科学家

要想成功必须战胜自己。陈景润如果不克服生活和各方面的困难，一遍接一遍地把数学家们的数论著作读完读懂，也就不可能登上世界数论科学的高峰；安徒生如果不是在年轻的时候，顶住别人的嘲笑和侮辱，每天晚上在别人入睡后，偷偷地到图书馆里刻苦阅读，那他也不会成为一位成就非凡的大作家。还有法拉第、爱迪生、高尔基、华罗庚……他们的成功，主要的不是靠聪明的天资和优良的学习环境，而是靠锲而不舍的精神战胜自己。这就是成功的秘诀。

二十、热烈欢呼地

下面两段内容比较振奋、激动人心。要求用声偏高、明亮、开阔、豪放、有气魄；吐字力度大，口腔开度大；气息深厚，气量强弱控制有大幅度变化，切忌提挤着嗓子高喊。

新纪录

随着暴风雨般的掌声，陈镜开踏上了举重台。

他在杠铃面前又做了一次深深的呼吸，全场安静得只听得见电影摄影机卷动胶片的“吱吱”声，三千多人都能清楚地听见自己的心在猛烈地跳动。一瞬间，他把杠铃提起来了，翻在胸前锁骨的前面，他猛然一举，只听见一声吼叫，一百五十一点五公斤，几乎比陈镜开的体重重三倍的杠铃高高地举起在头顶。新的世界纪录又诞生了……

《香港十年》

在香港回归祖国十周年之际，央视推出了一系列特别节目，用影像记录了香港十年间走过的风雨历程，使观众全方位、多视角、有深度地领略了香港的真实风貌，观众不禁为香港喝彩、为祖国骄傲！香港回归的十年是“一国两制”伟大构想变为有效实践的十年，是“港人治港”全面贯彻落实的十年，是香港繁荣发展的十年。《香港十年》集世界之精华，树国人之榜样，聚人类之精英，创中国之未来。作为中国人，我们为香港骄傲自豪，更为祖国骄傲自豪！我们有理由相信：香港明天会更好！

播音员和主持人的用气发声训练是在控制性与自如性这一对矛盾不断突破旧的平衡达到新的平衡的过程中进行的。每一项技术训练的开始阶段，总是要按照一定的规格要求进行控制，这时控制性是主要方面；待规格要求基本达到时，就马上要注意练习的自如性，并赋予练习一定内容，进行弹性训练；而在进行自如性及弹性训练的过程中，又会发现控制方面的弱点，需要再去练习、弥补、扩展发音能力，以便在新的基础上取得新的平衡，如此循环往复，便由初级阶段逐渐走上了高级阶段。因此，在每阶段的练声过程中，除有一部分无内容的纯技术训练之外，必须有一定量的有内容训练，并随着训练的进展，逐渐加大有内容训练的比重。训练教材的采用应由简至繁、由浅入深、由易到难；每个训练都应力求达到高质量、高水平，即情声一致的境界。由开始阶段的低程序、高质量，一步一步地向高水平、高质量的目标迈进！

播音员和主持人在用气发声基本功训练过程中，一定要注意正确处理好情、声、气之间的关系。中国传媒大学播音系教授张颂在阐述情、声、气的关系时说：“我们要‘情取其高’、‘声取其中’、‘气取其深’。从因果关系上讲是因情用气、以情带声，而从语言表达的角度说就是气托声、声传情。”这里说的主要是声。声音又表现在字上，情是用字来传的，字又是靠气推动出来的。因此是气托声、声传情。在正确处理情、声、气的关系时，我们要遵循这样一个原则：以情带声、以声传情，以情运气、气随情动、声随情变、气随情走，声情并茂、传情达意。要坚持声音为稿件内容服务的原则。

声音的灵魂是感情，感情来源于具体的稿件，稿件中的思想感情的运动又直接引起气息的起伏跌宕。为了使声音的色彩能随内容的需要而变化，为了使气息的运动能随思想感情的变化而起伏，我们在播音主持艺术实践中总结了十条经验供同学们在用气发声训练中学习参考：

1. 播送和主持内容坚定昂扬的稿件时，要求声音高昂、响亮，吐字饱满，铿锵有力，气息深厚、扎实。

2. 播送和主持内容粗犷、豪放、有气魄的稿件时，要求声音偏刚、开阔、口腔开度大、咬字力度强，气息深足、有控制。

3. 播送和主持内容活跃、欢乐的稿件时，要求使用偏高、偏前的声音，口腔较松弛，字音弹发快而饱满、气息运用灵活。

4. 播送和主持内容清新、舒展的稿件时，要求使用偏小音量、声音柔和，吐字清晰、干净、颗粒性强，气息深而长、气流徐缓。

5. 播送和主持内容紧张、节奏较快的稿件时，要求声音有高低、松紧、大小、厚薄的变化，口腔控制灵活利索，多利用句中顿挫，气息随声音顿挫运动，促而不浮，吐字音节短而不滚，做到内容清楚、紧而不乱。

6. 播送和主持内容令人悲哀、沉痛的稿件时，要求声音低、暗、偏沉，咬字迟滞、气息沉缓、时而断续。

7. 播送和主持内容凄楚、忧伤的稿件时，要求使用较低暗音色，字伴着叹息发出，伴有句中顿挫和句间停歇等。

8. 播送和主持内容义正词严地谴责与批评的稿件时，要求声音宽厚、高亢、明朗，字音饱满、有力，气息扎实、沉稳。

9. 播送和主持内容具有较强讽刺性的稿件时，要求声音偏高、偏前、偏紧，有明显变化，口腔牙关开度小，咬字动作有所夸张，气息时而上提、不浮。

10. 播送和主持内容涉及不同人物及他们对话的稿件时，要求根据人物的性别、年龄及不同的性格加以区别用声。就一般情况而言，小孩的声音偏高、明亮，字偏前，气浮浅；中、青年的声音较结实、响亮，吐字快而有力，气息扎实、沉稳；老人的声音偏低、暗，字音偏后，气散、时而颤抖、或提或沉。这只是就一般规律而言，当然，再细分起来，小孩还有男孩、女孩之分；中青年也有男、女之分；老人也有大爷、大娘、爷爷、奶奶之分等。这样一来，要求声音的色彩、感情的变化及气息的运动就更加姹紫嫣红、灵活多样、千变万化了。

总而言之，播音员和主持人在学习和运用情、声、气的过程中，一定要注意在理解稿件、具体感受的基础上下功夫，还要善于分析自己的现状，及时提出新的努力目标，不断培养自己把握和运用情、声、气的能力，如发现问题、解决问题的能力，发现进展、巩固收获的能力，举一反三、触类旁通的能力，见微知著、博采众长的能力等。只有这样，才能比较好地理解并运用播音主持艺术创作中的情、声、气。

在播音主持艺术创作中，情、声、气以及各种有声语言表达手段都应该统一于稿件中，播音员和主持人应根据不同的内容和不同体裁、题材的稿件，运用不同的声音形式和不同的气息状态进行播音主持艺术创作。

例如，在播报新闻稿件时，应以明朗的实声为主。发声时颧肌提起，口腔有一定开度、力度，吸气有较稳定的压力，用播新闻的新鲜感带动气息及口腔的运动。在播报评论稿件时，也是实声，声音响亮，字正腔圆，气息状态均匀、沉稳，以求庄重大方、严肃认真、清楚明确。在主持讲述性稿件，如主持"知识性、趣味性、服务性"的节目内容时，用声较柔和，饶有兴趣地、津津有味地讲述，口腔动作缓慢、发言轻松、吸气量少，呼出均匀、和缓，声音不那么脆亮，有明暗的变化、柔而不浮。在播报振奋人心、带有鼓动性的片断时，用声则偏刚，字头阻气有力、爆发式地弹出，气息压力较大，声音较明亮、高亢。在播报通讯、故事中紧张、惊讶、感叹、想象的部分时，可用带气的声音即虚声，气伴声出，以增强气氛的渲染。口腔力度、气的多少随内容而调节。用声虚实结合，不要一虚到底，也不要装腔作势。我们知道每篇稿件都有它的个性，从目的、内容、基调到体裁、结构、语言特点都有不同于另一篇稿件的东西。在此，我们在情、声、气的运用上必须根据稿件具体内容以情带声、以声传情、气随声动、声随情变，切忌千篇一律、千人一腔、千稿一味！只有这样，才能达到声情并茂、传情达意，为听众所喜闻乐听，为观众所喜闻乐见，为受众送上美的享受。

第五章
播音员、主持人的嗓音锻炼与保护

嗓子是播音员和主持人的劳动工具，应科学地锻炼和认真地保护。好的嗓音产生于正确地用气发声，好的嗓音产生于科学地锻炼和保护。播音员和主持人应本着对广播电视事业负责的精神，努力实践、严格要求、刻苦训练、勤于总结，使用气发声技巧日臻完美。

第一节　播音主持艺术语言的发声特点、标准及要求

播音员和主持人是以嗓子为创作手段的。播音主持不仅是一种新闻宣传工作，也是一种语言艺术工作。

一、播音主持艺术语言的发声特点

1. 以嗓子为主的劳动，嗓音要结实、优美、持久、纯正。
2. 以本色的实声为主，用声范围在话声区以内（话声区即日常谈话的中声区）。
3. 以口腔共鸣为主，唇部、舌部都有一定力度。
4. 字音在口腔前部集中，字音的清晰度超过声音的响度（切忌音包字）。
5. 吐字轻快连贯、颗粒性强、如珠如流，有弹动感、流动感。
6. 气息控制深、匀、通、活，连贯自如。

二、播音主持艺术语言的发声标准

1. 声音纯正大方、朴实明朗。
2. 语音准确规范、清晰流畅。
3. 发声圆润集中、颗粒饱满。
4. 感情起伏跌宕、内在由衷。
5. 节奏抑扬顿挫、自然连贯。
6. 表达色彩丰富、变化自如。

三、播音主持艺术语言的发声要求

1. 要源于生活，高于生活。
2. 既真实，又有艺术夸张。

3. 既自然,又有所修饰。

4. 既有内心感受,又要具体鲜明体现。

5. 既让人感到如同生活般的亲切自然,又是一种引人入胜的艺术享受。

6. 在本色的基础上发挥自己声音的特色。

第二节　播音员、主持人科学练声的基本原则

播音员和主持人训练嗓音的一条根本原则就是要“以情带声、以声传情,以情运气、气随情动,以情用声、声随情变,声情并茂、传情达意”,声音必须服务于内容、服务于思想感情。

第一,感情是内在的、由衷的,气息是运动的、灵活的,声音是自如的、多变的。

第二,精神振奋、状态积极、情绪饱满、精力集中,要全身心地高度投入其中,感情专一。

第三,发暖声积极热情,面部呈现“似微笑”状态(切忌发冷声、冷面孔、冷冰冰)。

第四,从本身条件出发,扬长避短,发挥优势,克服不足(切忌“压、挤、捏、噎、憋”,造成“沙、嘶、劈、哑、涩”)。

第五,用各种语言材料锻炼嗓音,增强声音弹性,处理好“本色”与“特色”的关系,使发声能力持久,色彩丰富、变化自如。

第六,扩展音域练习要掌握“气息下沉、喉部放松、用声适度”,声音从自然声区练起,逐渐扩展,不可急功近利、急于求成。

第七,练声的运动规律应掌握声音从“小→大,弱→强,低→高,近→远,实→虚,短→长,柔→刚”的原则;内容由“易→难,浅→深,简→繁,单项→多项”的训练原则。

第八,按音→字→词→句→段的程序循序渐进、持之以恒,坚持“曲不离口”。

第九,播音员和主持人科学练声的综合感觉应是:气息下沉、喉部放松,不挤不僵、声音贯通,气随情动、声随情走,音往外送、字往外流,刚柔并济、色彩丰富,字音轻弹、如珠如流、运用自如。

好的嗓音是经过科学的严格训练和科学的保护而得来的!好的先天条件,如果不注意正确用声、不注意训练、不注意保护,不加限制、毫无限度地滥用嗓音,很短时间就会变坏,或患严重喉疾,这是十分可惜的!在我们播音员、主持人队伍中由于嗓音问题也经常有被淘汰、改行之人,甚至有的同学大学四年毕业后走上岗位只有一两年时间就被迫改行了,还有的甚至上几个月班就被淘汰了,真是太可惜了!尤其基层的播音员和主持人淘汰率更高,变换更加频繁,这不能不引起我们的高度重视!

第三节　播音员、主持人保护嗓音的基本措施

1. 提高发声技巧,注意量力而行、循序渐进,不能一口吃个胖子,要逐渐提高运动量。

2. 排除心理障碍,注意精力集中、感情专一、抛弃一切私心杂念,专心致志投入练声状态之中。

3. 学会放松发音,注意正确姿势,保证声道畅通、音往外送(切忌“仰头、低头、左右歪头、下巴前伸”动作,造成“压喉、挤喉、抻喉、噎喉”等影响喉肌和声带的非正常运动)。

4. 培养良好的生活习惯,注意锻炼身体,保证充足睡眠。

5. 养成良好的饮食习惯,切忌暴食暴饮过热、过冷、过于刺激的食品和饮料,例如,用声前抽烟、喝酒,吃辣椒、大葱、大蒜、芥末以及过于油腻的油饼、油条、大肥肉、红烧肉等,这会使声带黏膜干燥、充血、肥厚、粗糙、干涩、生痰、发黏、混浊,嗓子拉不开栓、不利索、不脆亮。在夏

天，用声后马上吃冷饮及过于刺激的食品，图一时痛快也会损坏声带。

6. 男同志勿抽烟、饮烈性酒，女同志经期时停声，注意休息（女同志月经期间声带易疲劳、充血、水肿、抵抗力较差，因此，最好停止大运动量用声，以免引起咽炎、喉炎或患感冒，使嗓音发生病变）。

7. 练声之前（尤其晨练）应注意活动身体，使大脑神经系统处于清醒状态、各发音器官协调运动时方可进行练声。否则，刚刚起床，昏昏沉沉、懒懒散散、迷迷糊糊，大脑还处于抑制状态，全身还处于半休眠状态便开始大声喊叫练声，是会损伤发音器官的。

第四节 常见嗓音疾病的防治

发音器官疾病的种类很多，对我们播音员和主持人发声影响较大的常见的有以下几种：

一、咽炎

症状为咽部红肿、充血、发干，并伴有疼痛感，有急性、慢性两种。

1. 急性咽炎：大多是由感冒引起的上呼吸道感染造成的，也有一些是由于发声过度，咽喉受到强烈刺激引起的。例如，大运动量之后，暴食暴饮；用声之后，嗓子是热的，正处于充血状态，马上遇冷（冰棍、汽水），喉肌就会产生不正常的收缩，血管会痉挛，血液不能正常流动，就会影响声音的发出。遇到这种情况，最好饮用温水，小口吞咽，若是冷水应在口腔内含一会儿，使之慢慢预热再吞咽下去，便会起到保护嗓子的作用。

2. 慢性咽炎：长期感冒不好或抽烟、喝酒过量都会引起。无论急、慢性咽炎均会影响喉部不适、发音不利、易于疲劳。对感冒引起的要抓紧药物治疗，并配合服用润喉消炎的中成药：清音丸、喉症丸、草珊瑚含片、西瓜霜含片、金嗓子喉宝、王老吉润喉片、念慈庵润喉片、铁笛丸等；对抽烟、喝酒引起的要马上戒烟、戒酒，再配合药物治疗便会很快痊愈。

二、喉炎

喉部常常发痒或有灼痛感、烧烫感，有急、慢性两种。用声不多就显疲劳，音色粗糙、干涩、闷暗、无高音，往往由咽炎开始发展至喉炎。

1. 急性喉炎：主要由感冒引起，急性喉炎应停声治疗，并可用中药胖大海、麦冬、苦丁茶、莲子芯、罗汉果等泡水喝。

2. 慢性喉炎：急性总不好，就会发展为慢性，这时往往药物不能从根本解决问题，非常影响语音工作。它会使嗓音逐渐发生病变，最后变成闷暗、沙哑、失声，只好被淘汰。

三、鼻炎

由感冒引起，有急性、慢性、过敏性等三种。鼻音重播音很难听，如是感冒引起，应抓紧药物治疗，服用鼻炎宁、鼻炎康等。若是过敏引起，应脱敏治疗，远离过敏源，服用氯苯那敏、开瑞坦、阿司米唑、滴鼻净、曼秀雷敦复方薄荷脑鼻用吸入剂等药物均可痊愈。

四、声带小结

声带小结，就是从声带边缘上长出的小米粒大小的疙瘩，它不像咽炎、喉炎、鼻炎发病率那么高，但对嗓子的危害程度最大，声带小结的产生与发声方法不当，用声过度、过量有密切关系。大多数人声带小结产生之前就已经有慢性喉炎等症，由于未及时治疗或仍坚持错误的发声方法等就会导致小结的产生。

有声带小结者轻度会感到常有分泌物附着声带，造成发音不畅，极易疲劳；重者会感到声音暗涩、沙哑，可进行手术治疗，一般不会影响发声。

常见的发音器官疾病，只要治疗及时就会发音正常，一般不会影响发音器官健康使用。

对于嗓音疾病也像对其他疾病一样，应采取预防为主的方针，只要我们从日常做起，明确科学用声与嗓音保护的密切关系，养成良好的用声习惯和生活习惯，不仅可以有效地预防各种嗓音疾病的产生，达到保护嗓子的目的，而且还能不断提高自己的发声能力，以满足各种表达方式对声音的不同需要，永葆嗓音艺术的青春！

第三部分

播音员、主持人语言表达技巧训练

播音员、主持人语言表达技巧课，是播音主持艺术专业学生必修的专业基础课之一，我们称之为“播音主持创作基础”。在这门主要课程中，从理论方面，我们主要解决播音员和主持人的创作道路，分析理解稿件、具体感受稿件的方法，语言表达的内外部技巧以及话筒前状态等问题；在实践方面就是要通过备稿、展开情景再现、捕捉对象感、挖掘内在语等内部技巧与停连、重音、语气、节奏等外部技巧的训练，能够把稿件变为有内容、有目的、有感情、有对象的有声语言，及于听(观)众之耳，入于听(观)众之心。

任何艺术，都有内容和形式这两个方面，内容总要有一定的表现形式赖以传达，这“一定的表现形式”中，就有技巧存在。技巧的高低，将反作用于内容，使之呈现出不同的艺术效果。中国传媒大学播音系教授张颂在《朗读学》一书中精辟地指出：“技巧的运用有两个阶段：其一是学习阶段，可以叫做‘刻意雕琢’阶段；其二是熟练阶段，可以叫做‘回归自然’阶段。不经‘刻意雕琢’就不能‘回归自然’，因为不敢雕琢，就永远不能掌握技巧，也只好停留在自然形态，长期‘自然’下去。”这不但概括了掌握技巧的过程，也指出了两个阶段在创造意义上的区别，不经过学习，便不能进入创造。技巧掌握的理想境界应是“返璞归真”、“大巧若拙”，刀斧齐上，不偏不倚；刻意雕琢，不留痕迹。表达应如行云流水，变幻起伏、抑扬顿挫、感情跌宕、运用自如，使文章内容锦上添花。

第一章 语言表达内部技巧训练

情景再现、内在语、对象感，是从备稿到播音主持艺术创作过程中，使思想感情处于运动状态的三种重要方法，我们把它们统称为“内部技巧”。

当稿件中有形象性内容时，我们要在形象感受的基础上，运用“情景再现”，使之在播音主持艺术创作中富于鲜明的形象性；当稿件中有逻辑性内容时，我们要在逻辑感受的基础上，运用“内在语”，使播音主持艺术创作中富于严谨的逻辑性；“对象感”则帮助我们把稿件更积极、更生动、更清晰、更完美地表达出来，传播到广大听众（观众）的耳朵里、心目中。

具体感受和整体感受，情景再现、内在语和对象感，在“播讲目的”的统帅下，使稿件的语言已经变成了播音员和主持人自己要说的话，在这种运动状态下，播音主持艺术创作才有灵魂，播音主持艺术语言才有活力。

第一节　展开情景再现练习

情景再现，是播音员和主持人在进行播音创作中调动思想感情处于运动状态的重要手段，是具有播音主持艺术特点的重要术语。那么，什么是情景再现呢？就是在符合作品稿件需要的前提下，以稿件作品提供的材料为原型，使稿件作品中的人物、事件、情节、场面、景物、情绪等在播音员和主持人的脑海里不断浮现，形成连续的活动的画面，并不断引发相应的态度、感情，这个过程就是情景再现。情景再现的展开必须注意三个问题，以保证情景再现的方向性、丰富性和实用性：

1. 一定要以宣传目的为中心，必须受宣传目的的引导和制约，不要搞情景再现的展览。
2. 以稿件为依据，使文字语言得到升华，用播音员、主持人的生活经验对文字语言加以丰富和补充。
3. 以情为主，情景交融。

一、句子、段子练习

1. 宽阔的天安门广场沐浴在灿烂的阳光中，显得分外雄伟庄严。
2. 啊！祖国明媚的春天，滋润着我的心田，春光洒遍了人间，春色布满了河山。

3. 小草偷偷地从土里钻出来,嫩嫩的,绿绿的,园子里,田野里,瞧去,一大片一大片满是的。坐着、躺着,打两个滚,踢几脚球,赛几趟跑,捉几回迷藏,风轻悄悄的,草软绵绵的。

4. 正在这时,大雨点劈里啪啦地打下来。

5. 人们在倾听,倾听,倾听着震撼世界的声音:中华人民共和国成立了! 中国人民从此站起来了!

6. 霎时间,海上涌起滔天巨浪,无数海燕,冲天起舞。

7. 天热得发了狂,太阳一出来,地上已经像下了火。院子里一点儿风也没有,闷得人透不过气来;柳树也像得了病,叶子在枝上打着卷儿;马路上干巴巴地发着白光,烫着人的脚;真是处处干燥,处处烫手,处处闷得人喘不过气来。

8. 别嚷,快看哪! 太阳露出头顶了,太阳露出眉毛和眼睛了,太阳跳出来了,太阳离开了大地,升起来了! 升起来了!

9. 锅里的水吱吱地响,老大娘里屋外屋地忙。烧完热水,又端饺子又端鸡蛋,香味伴着腾腾的热气在屋里弥漫。

10. 在一只渔舟上,我们大开了眼界。一个白发老渔人从舱里捧出一捧珍珠来,只见那颗颗珍珠,有大如羊奶子头的,有小如红豆的,光华夺目,熠熠生辉。

11. 正当我们尽兴而返的时候,天渐渐黑了。霎时间,四面八方,电灯亮了,像千万颗珍珠飞上了天! 这排排串串的珍珠,叫天上银河失色,叫满湖碧水生辉。

12. 在冲天的爆破声中,铁丝网闪开了一道缺口,战士们像潮水般地冲了上去。

二、稿件练习

麻　雀

我打猎回来,走在林荫路上,猎狗跑在我的前面。

突然,我的猎狗放慢脚步,悄悄地向前走,好像闻到了前面有什么野物。

风猛烈地摇着路旁的白桦树,我顺着林荫路望去,看见一只小麻雀呆呆地站在地上,无可奈何地拍打着小翅膀。它嘴角嫩黄,头上长着绒毛,分明才出生不久,是从窝里摔下来的。

猎狗慢慢地走近小麻雀,嗅了嗅,张开大嘴,露出锋利的牙齿。突然,一只老麻雀从一棵树上飞下来,像一块石头似的落在猎狗面前,它蓬起了全身的羽毛,样子很难看,绝望地尖叫着。

老麻雀用自己的身体掩护着小麻雀,想拯救自己的幼儿,可是因为紧张,它小小的身体发抖了,发出嘶哑的声音,它呆立着不动,准备着一场搏斗。在它看来,猎狗是个多么庞大的怪物哇! 可是它不能安然地站在高高的没有危险的树枝上,一种强大的力量使它飞了下来。

猎狗怔住了,它可能没有料到老麻雀会有这么大的勇气,慢慢地,慢慢地向后退。

我急忙唤回我的猎狗,带着它走开了。

透明的高脚杯

我喜欢那暗暗的幻灯下,那一方茶几,茶几上那孤独的高脚杯。矮矮的红酒总是刚好漫过她的腰间,像一抹性感又火红的超短裙,让人那么久久地凝望着她。在这般沉寂的空气里,她孤芳自赏,鲜艳地开放,激情穿过透明的长腿,汩汩溢出;她时时渗透着醉意和魅力,淡淡的酒香让人回味悠长。

我欣赏她,因为她迷人,更因为她那纤纤的腿撑起的那颗不容侵犯的高贵的头。她灿烂,灿烂得一如坚贞的钻石，冰冷的杯沿发出一束束耀眼的强光，一颗透明的心说明她的纯净与冷冷的美。有时，她碎了，红酒像一条小溪，顺着手腕落到胸前，滴在地上……那一片片白色晶莹剔透的碎片，静静地躺在地上，尖锐得让人无法接近，那是她最后更加耀眼的生命光辉！有一种女人，她就像美丽、坚挺而又脆弱的高脚杯！

《蒙娜丽莎》

如果说美丽的女人一生注定要守候一段传奇，那么有一个女人也许是全世界最神秘、最传奇的美丽女子。她用一抹神秘淡然的微笑面对世人，时间不但没有带走一丝一毫的美丽，反而将她的容颜百世流芳！

她，就是达·芬奇笔下的蒙娜丽莎。

很多人看这幅画都会被她恬静、精致的脸庞所打动。然而你是否发现：她的眉骨凸显与高挺鼻梁的阴影之处所形成的曲线，如同一对展起的双翼，这对"翅膀"线条流畅，占全脸三分之一的面积，而且居中。

在我们的现实生活中，蝴蝶凭借双翼嬉戏丛间，白鸽靠双翼飞翔在蓝天，海鸥用双翼与风暴搏击……这一对对翅膀或美丽，或强健，但没有哪一对如蒙娜丽莎脸上这无形的"双翼"神奇。透过这双翼，我们甚至可以感觉到此刻蒙娜丽莎的思想正随着双翼翩然飞出。如果再结合画的背景来看，似乎这对翅膀正自由地在大自然中飞翔。

如果你问我看这幅画何处让我感动，我会告诉你是蒙娜丽莎脸上的这对"翅膀"，它是无形的，同时又巧妙地存在。它似乎在向我们传达这样一个信息：蒙娜丽莎之所以笑了，是因为她的灵魂早就飞出了现实的躯壳，飞向了回忆中的花园。也许想到她的孩子，也许是想到最美好的拥有……但我们不知它真正的方向，所以我们永远猜不透微笑中的神秘之源。

这其实是一对天使的翅膀，它使蒙娜丽莎超越了世俗的美，它更承载了达·芬奇对艺术无限的追求与向往。

第二节 挖掘内在语练习

内在语，是帮助播音员、主持人把稿件变成自己要说的话，使感情处于运动状态的好方法，对播音员、主持人的表达有直接引发和深化含义的作用。内在语，就是稿件作品文字语言所不便表露、不能表露或没有完全显露出来的语句关系和语句本质。播音员、主持人绝不能就稿论稿，一定要努力挖掘文字后面更深刻的含义，把握鲜明的语句关系。明晰、准确的内在语会激活我们的有声语言，使我们切实地把稿件作品中的话变为自己心里要说的话，传达给听（观）众。内在语并不在播音员、主持人的有声语言中出现，它是播音员、主持人的内心意念，即思维与感情运动的体现，它对有声语言的表达起着引发、深化的作用。我们在实践中认真体会和运用，就可以达到熟能生巧、运用自如的程度了。

一、段子训练

1. 正因为这样，所以马克思是当代最遭嫉恨和最受诬蔑的人。各国政府——无论专制政府或共和政府——都驱逐他；资产者——无论保守派或极端民主派——都纷纷争先恐后地诽谤他，诅咒他。他对这一切毫不在意，把他们当做蛛丝一样轻轻抹去，只是在万分必要时才给予答复。现在他逝世了,在整个欧洲和美洲,从西伯利亚矿井到加利福尼亚,千百万革命战友无不对他表示尊敬、爱戴和悼念,而我敢大胆地说:“他可能有过许多敌人,但未必有一个私敌。”

他的英名和事业将永垂不朽!

2. 凡走狗,虽或为一个资本家所豢养,其实是属于所有的资本家的,所以它遇见所有的阔人都驯良,遇见所有的穷人都狂吠,不知道谁是他的主子。正是它遇见所有阔人都驯良的原因,也就是属于所有的资本家的证据。即使无人豢养,饿得精瘦,变成野狗了,但还是遇见所有的阔人都驯良,遇见所有的穷人都狂吠的,不过这时它就愈不明白谁是主子了。

3. 有“斜眼病”的人看人看事确实是很邪的,他们可以把“正”看成“歪”,把“是”看成“非”,随意歪曲事物的本来面目,以邪气杀人为快,此类“斜眼病”的根源在于嫉妒。这种病态心理一旦形成,邪念则油然而生,那就是:嫉恨一切比自己美好的东西,我不具备的你有了,我就千方百计地诋毁你,让你不得安宁。

怀有嫉妒心的人大概忘了一个法则:一心想丑化别人的人,弄不好自己会落得一身不干净。倘若庄炎从这一挫折中振作起来,坚定地向前走,那些曾嫉妒过她的人是否能得出这样的结论:嫉妒之心不可有!

4. 生活中,常会碰上一些不称心的事:进商店时,可能因售货员出言不逊而恼火,下饭馆时,可能因服务员态度冷淡而扫兴……作为一个顾客,谁不希望对方笑脸相迎,受到文明礼貌的接待呢?

因别人的服务态度不热情而不快的顾客,也许是位公共汽车的售票员,也许是位医生、护士,也许是位党政机关的干部……当你在接待乘客、病员、群众时,是否也曾想到自己当顾客时的处境和心情?中国有句老话:“己所不欲,勿施于人。”英国有句名言:“所谓以礼待人,即用你喜欢别人对待你的方式对待别人。”当你处于为他人服务的位置时,应该反躬自问:有没有出言不逊?是不是面色难看?

要使整个社会的服务态度好起来,需要每个人从改善自己的服务态度做起。

二、稿件练习

匆　匆

朱自清

燕子去了,有再来的时候;杨柳枯了,有再青的时候;桃花谢了,有再开的时候。但是,聪明的,你告诉我,我们的日子为什么一去不复返呢?——是有人偷了他们罢:那是谁?又藏在何处呢?是他们自己逃走了罢:现在又到了哪里呢?

我不知道他们给了我多少日子;但我的手确乎是渐渐空虚了。在默默地算着,八千多日子已经从我手中溜去;像针尖上一滴水滴在大海里,我的日子滴在时间的流里,没有声音,也没有影子。我不禁头涔涔而泪潸潸了。

去的尽管去了,来的尽管来着;去来的中间,又怎样地匆匆呢?早上我起来的时候,小屋里射进两三方斜斜的太阳。太阳他有脚啊,轻轻悄悄地挪移了;我也茫茫然跟着旋转。于是——洗手的时候,日子从水盆里过去;吃饭的时候,日子从饭碗里过去;默默时,便从凝然的双眼前过去。我觉察他去的匆匆了,伸出手遮挽时,他又从遮挽着的手边过去。天黑时,我躺在床上,他便伶伶俐俐地从我身上跨过,从我脚边飞去了。等我睁开眼和太阳再见,这算又溜走了一日。我掩着面叹息,但是新来的日子的影儿又开始在叹息里闪过了。

在逃去如飞的日子里，在千门万户的世界里的我能做些什么呢？只有徘徊罢了，只有匆匆罢了；在八千多日的匆匆里，除徘徊外，又剩些什么呢？过去的日子如轻烟，被微风吹散了，如薄雾，被初阳蒸融了；我留着些什么痕迹呢？我何曾留着像游丝样的痕迹呢？我赤裸裸来到这世界，转眼间也将赤裸裸地回去罢？但不能平的，为什么偏要白白走这一遭啊？

你聪明的，告诉我，我们的日子为什么一去不复返呢？

大　连

看过《真实的谎言》的人，一定对施瓦辛格骑马奔驰的镜头形象记忆犹新，恐怕也有人为中国没有骑警而暗自叹息，可是这种叹息在大连画上了句号。近年来，在大连车水马龙的马路、绿草如茵的公园里，都可以见到英姿飒爽的女骑警。骏马轻步慢行，女骑警携鲞而坐，人马相得益彰，既雄壮有力，又姿态翩翩，堪称大连新的一景。

其实，论到实用价值，女骑警的体能难及施瓦辛格，但其形象的作用却不逊于电影镜头和任何招牌广告。自女骑警出现后，大连的旅游业绩又有了不小的提高。

警察是个很平凡的职业，但能从平凡中发现商机，这不能不说是大连政府的高明。而这种成功所折射出的于平凡之中见奇特的精神和超常的思维模式，更是值得我们学习和借鉴。

如果我错了

我们的青年人似乎缺少这样一种声音，它从童心里发出，却是成熟的标记：它所蕴涵的，善良、高尚、诚挚、谦逊的品格，令人肃然起敬。它不是每一个人都能启口表达，因而成为稀有之物，弥足珍贵。“我错了”。这种质朴的声音不是离我们太远了吗？

人非圣贤，孰能无过。可不知为什么，承认错误，这种自自然然的事情，随年龄和阅历的增长渐渐地和我们疏远了。我们在做错了事时，惧怕在朝夕相处的同事面前，更惧怕在素不相识的生人面前，认认真真地说一句：“我错了。”实际上，在社会生活中，我们常常因为欠考虑而误解人，因粗心而做错事，因孤陋寡闻而持有狭隘偏见。人本来不能十全十美，可我们却时常缺乏自知之明，不习惯自我批评。

我喜欢这种淳朴的声音：“我错了。”我们理应明白，公开承认错误是高尚之举，而承认错误的果断、改正过失的迅速，正表明一个人的聪明睿智，如果我们做错了事，我愿意在任何场合、任何人的面前，郑重地说一句：“我错了。”

第三节　捕捉对象感练习

听众、观众是我们的播讲对象，播音员和主持人在播音主持艺术创作中必须在“目中无人”的条件下，努力做到“心中有人”，也就是要对听众、观众进行具体设想，从感觉上把握听众、观众的存在，时时与播讲对象有思想感情的交流、呼应，这就是对象感。对象感是激发播讲愿望的需要，我们播讲的内容正是听众、观众所非常关心、急于知道的，一想到他们在听、看，就产生“一吐为快”的热情。“讲话要看对象”，一方特别想听，另一方讲得才会津津有味。获得对象感，主要在于“感”，这种“感”就是播音员和主持人的自我感觉，要做到与听众、观众“交流”起来，就要从自我感觉上时时处处能感到听众、观众的存在和反应，并从语气上与听众、观众的这些反应相呼应，才能与听众、观众“交流”起来。

一、段子训练

为什么割下的青草带有清香味

在青草地拔草或割草时，人们常会闻到一种惹人喜爱的清香味，特别是刚割下的青草，其清香味更浓。

经研究发现，大多数青草中含有一种能发香味的化合物——香豆素，人们闻到的清香味，就是香豆素挥发所致。但是，对刚割下的青草，如不及时加工处理，储藏在青草里的香豆素就会大量聚集，形成一种能阻碍和干扰维生素K的凝血作用的丁香素。动物进食含有丁香素的腐烂青草后，就会流血致死。因此，在饲养场、农场中，一定要及时处理刚割下的青草，否则，易使香豆素转变为丁香素。同样，在储藏、堆放蔬菜时，也应注意这一情况。

记者的来历

世界上最早的记者，是在欧洲的威尼斯诞生的。16世纪的威尼斯是欧洲的经济中心，商业活动非常频繁，各国商人、银行家以至达官贵人等都纷纷来到这里，进行商业竞争或享受资本主义繁华的生活。他们聚集在城里，迫切需要了解和掌握涉及切身利益的世界各地的消息。这样，有些人便投其所好，专门采集有关政治事件、物价行情、船舶起航等方面的消息，或手书成单篇新闻，或刊刻成报纸，然后公开出售。人们根据他们工作的特点，分别称他们为报告记者、手书新闻记者、报纸记者，这些专以采集和出卖新闻为生的人，就是世界上最早的职业记者。

不妨伸个懒腰

科学证明：伸懒腰时，两手上举，肋骨上拉，胸腔扩大，使膈肌活动加强，引起深呼吸，这既可减少内脏对心肺的挤压，有利于心脏的充分活动，又能促进全身血液循环，从而改善睡眠和紧张工作学习后的血液分布，尤其是人脑组织，虽其重量仅占体重的五十分之一，但需氧量却占全身需氧量的四分之一。可以说，伸懒腰是消除疲劳、焕发精神、促进体力和健康的一种积极活动。

二、稿件练习

颜　色

穿过了无数灿烂的黎明和阴暗的黄昏构成的历史，地球被不断粉刷着——嫩绿、蔚蓝、金黄，或是一片洁白……

首先，让我们来到春天的大草原，这大概是至今为止世界上已经为数不多的自然美景和原始土地。大地上耸起的绿色，保存着一望无际的嫩绿的气息，让你酸痛的双眼望不尽草浪层叠，只能从内心感受到这份大草原宁静的绿色中所蕴涵的勃勃生机。

在大地众多的颜色当中，最最不能忽略的就是占有地球面积最多的海洋的蓝色。盛夏的海洋总是那样的热情与美丽，总能够以它的宽大广博包容一切。我喜欢让自己完全溶入一片蔚蓝，任那夹带着咸味的蓝色液体荡涤周身，带上氧气瓶，潜入海底，去发现和感受海底世界的新奇与美丽。

金黄色一直是我的最爱，因为它是大地最富有诱惑力的颜色。秋天的大地上，涂满金黄色的果香。收获后的麦田里，大地裸露出千点万点微笑，在起伏的风中摇晃。听金黄色的鼓点从地心震颤群山，每一个人的心中，都浸润着丰收的油脂。

最后，让我们回到大地所有颜色的本原——白色。据说七种色光溶合在一起就是白色。每年冬天，当雪把大地打扮得银装素裹的时候，你有没有想过会是春夏秋冬、五湖四海大地不同颜色的交错重叠呢？

我相信大地每一种颜色，不管是黑的还是红的，黄的还是绿的，都会在我们眼中映射出不同的风景。于是，辽阔的大地上，有一万条无限延伸的七彩大道。

孟姜女的传说

相传，在秦国有一对姓孟的老夫妇，他们无儿无女，就在自家院子的墙边种下了一颗葫芦，老两口像呵护儿女一般培育着葫芦。小葫芦越长越大，有一天竟长到了邻家的院中，邻家姓姜，见到葫芦甚是喜爱。终于葫芦成熟落地，"嘭"的一声，竟从中蹦出一个面目清秀可爱的小姑娘，孟家和姜家都喜爱她，就给她起名叫"孟姜女"。

孟姜女长大了，不仅美丽而且能干，十里八村都知道她。一天，孟姜女正在院中做女红，忽然听到院外有野兽的叫声和咚咚的跑步声。正在猜想，突然一个大汉站在了孟姜女的面前。他身材魁梧，面目英俊，孟姜女完全被他吸引住了。这个人就是孟姜女后来的丈夫万喜良。两人相爱，很快就喜结良缘了。婚后三天，万喜良就被抓去修长城，一去就是三年。孟姜女思念丈夫，便带上做好的棉衣来到长城脚下看望万喜良。她找了很久，才从同乡那里知道，丈夫在一年前就累死了。孟姜女三天三夜痛哭不止，竟哭倒了长城八百里！

孟姜女是一个传说，但长城却是真实的存在，它给当时百姓带来的痛苦是难于言表的。万里长城可以说是万里白骨堆积而成，它是中国劳动人民的血泪筑成的，是劳动人民劳动的结晶，所以它是中华民族的象征。

真正的勇气

三名海军上将谈论起什么是真正的勇气。

德国将军说："我告诉你们什么是勇气。"说完他叫来一名水手。

"你看见那根100米高的旗杆了吗？我希望你爬到顶端，举手敬礼，然后跳下来！"

德国水手立即跑到旗杆前，迅速爬到顶上，漂亮地敬了个礼，然后跳了下来。

"啊，真出色！"美国将军称赞说。接着他对一名美国水兵命令道：

"看见那根200米高的旗杆了吗？我要你爬到顶端，敬两次礼，然后跳下来。"

美国水兵非常出色地执行了命令。

"啊，先生们，这真是一次令人难忘的表演，"英国将军说，"但我现在要告诉你们，我们皇家海军对勇气的理解。"

他命令一名水手："我要你攀上那根高300米的旗杆顶端，敬礼三次，然后跳下来。"

"什么，要我去干这种事？先生你一定神经错乱了！"英国水手瞪大眼睛叫了起来。

"瞧，先生们，"英国将军得意地说，"这才是真正的勇气。"

第二章

语言表达外部技巧训练

重音、停连、语气、节奏，是有声语言表达的外部技巧。播音员、主持人的再创造劳动，最终是体现在把文字稿件转化为有声语言上。把文字这种视觉形态转化为声音这种听觉形态，在这个再创造的过程中，需要有对文字形态的稿件的认识，还需要有将其转化为有声语言这种听觉形式的构思和传达，而有声语言的表达技巧，就为这构思和传达提供着重要的必不可少的方法，即重音、停连、语气、节奏四大外部技巧。

第一节 重音、停连的练习

在播音主持艺术创作中，我们所说的重音，是就语句而言的。词和词组内部的轻读、重读我们叫它轻重格式，段和全篇的重要句子或层次我们叫它重点。语句重音，是指那些最能体现语句目的，而在播音主持艺术创作中需要着意强调的词或词组。它解决的是播音主持艺术创作中语句内部各词或词组之间的主次关系问题。在有声语言的表达中，“重音”这种技巧的作用是很大的，它可以使语句的目的更突出，使逻辑关系更严密，使感情色彩更鲜明。

停连，也是播音员、主持人借以表情达意的语言技巧之一，播音员和主持人必须学会运用停连组织语句。停连，就是指停顿和连接。在播音主持艺术创作当中，在有声语言的语流中，那些为表情达意所需要的声音的中断和休止就是停顿；那些声音不中断、不休止，特别是文字稿件上有标点符号而在播音主持艺术创作中却不需要中断、休止的地方就是连接。停连的作用表现在许多方面：有的组织区分，使语意明晰；有的造成转折呼应，使逻辑严密；有的可以强调重点，使目的鲜明；有的并列分合，使内容完整；有的体现思考判断，使传情更加生动；有的令人回味想象，创造意境。它常常和其他技巧一起共同服务于表达。

一、句子、段子练习

1. 北京这座凝聚了东方古老智慧与才华的古城，以她悠久的历史和灿烂的文化著称于世。

2. 一九三六年十二月十二日，国民党爱国将领张学良将军和杨虎城将军在我党“停止内战，一致抗日”的政策的感召下实行“兵谏”，逮捕了蒋介石以及当时聚集在西安的几十名蒋帮军政大员，发动了震惊中外的“西安事变”。

3. 语言是传递信息和交流思想感情的工具。语言本身具有极大的灵活性，在不同的情绪中和不同的环境下，赋予不同的思想内容和感情色彩。

4. 北京时间今晨，在法网男单决赛中，经过 3 小时 10 分钟的激战，世界排名第二的纳达尔以 3 比 1 战胜了世界排名第一的费德勒，四局比分为 6 比 3/4 比 6/6 比 3/6 比 4。

5. 亚健康状态多由人体生理机能或代谢机能低下、退化或老化所致。表现为情绪低落、心情烦躁、忧郁焦虑、胸闷心悸、失眠健忘、精神不振、疲乏无力、腰背酸痛、易患疾病等。现代生活节奏快，竞争激烈，环境问题突出，亚健康状态的人也越来越多。据 WHO 的一项全球性调查表明，75%的人处于亚健康状态。

6. 昨天上午，相声表演艺术家侯耀文的遗体告别仪式在八宝山革命公墓举行。炎热的天气并未打扰人们的心绪，从早上 6 点起，已有大批群众在那里等候，8 点左右，社会各界人士纷纷赶往吊唁，送侯耀文先生最后一程。

7. 聊天不知处，只在网络中。网络聊天，埋名隐姓，没有顾忌，愿和谁聊就和谁聊，想聊什么就聊什么，真叫那个爽啊！于是下载 QQ，寻找网友，一步步很快便进入角色。天南海北，男女老少一大群，聊起来好不热闹，好不开心。由于真诚待人，聊得用心，深受网友喜欢。只要一上线，网友就接二连三问候不断。其中有的谈文学，有的谈技术，还有音乐、魔术，五花八门，要是综合知识底蕴不足，还真是难以应付。说是聊天，也从一个侧面不断地激励你求知上进，果然是休闲、学习两不误。

二、稿件练习

论推进学习型党组织建设

《人民日报》评论员

一个成立八十九年、执政六十年、领导改革开放三十年的政党，怎样不断提高执政能力、保持和发展其先进性，怎样始终走在时代前列、引领中国发展进步，怎样领导人民夺取全面建设小康社会新胜利、开创中国特色社会主义事业新局面?

不断学习、善于学习，永不满足、永不停滞，建设科学理论武装、具有世界眼光、善于把握规律、富有创新精神的马克思主义学习型政党，是党的建设新的伟大工程的一项重大战略任务。

建设学习型政党，基础在各级党组织。把学习作为组织建设的主要特征、组织活动的重要内容、提高战斗力的重要途径，将各级党组织建设成学习型党组织，建设马克思主义学习型政党的宏伟目标才有坚实的根基。

党组织的创造力、凝聚力、战斗力从哪里来？来自科学理论的武装，来自共同信念的鼓舞，来自专业知识的学习，来自实践经验的总结。

失去思想理论指导和理想信念追求，一个组织将失去灵魂和方向。坚持用中国特色社会主义理论体系武装头脑，以马克思主义的立场、观点、方法认识世界、改造世界；深入学习实践科学发展观，创新发展理念、理清发展思路、破解发展难题、转变发展方式；学习践行社会主义核心价值体系，坚定理想信念、培养高尚情操、保持昂扬奋发的精神状态，是党组织建设的根本。当前，一些党员不适应新形势新任务的要求，有些党员的言行不符合党的性质和宗旨。加强思想理论学习和理想信念教育，正是解决这些问题的重要途径。

我们生活在一个以变革、调整、创新为显著特征的时代，倡导建设学习型组织、学习型社会，已成世界潮流。基层党组织要发挥战斗堡垒作用，党员要发挥先锋模范作用，必须学习掌握现代化建设所必需的各方面知识，在不断优化知识结构、开阔思路、把握规律中，提高战略思维、创新思维、辩证思维能力，成为本领域本行业的行家里手。党组织应该成为党员学习新知识、增长新本领的大学校，引导每个党员干部把学习作为一种政治责任、一种精神追求、一种生活方式。

建设学习型党组织，离不开良好的学风，离不开正确的学习方法。学无止境，既要向书本学习，又要向实践学习、向群众学习。知行合一，是学习的最高境界。坚持学习与思考相结合、学习与运用相结合、学习与创新相结合，不仅在总结成功经验中获得提高，而且在汲取失败的教训中获得进步，不断总结人民群众创造的新做法新经验，在学习与实践的相互激荡中形成新观点、新认识、新思路、新办法，党员的整体素质就会不断提高，党组织的创造力和战斗力就会不断增强。

让我们行动起来，加强和改进全党的学习。让我们锲而不舍，一个与时俱进的马克思主义学习型政党，将孕育于千百万勤于学习、善于学习的党组织之中。

热乎乎的孔子

刘玉琴

近两年，孔子很热。似乎在领略了秦皇汉武的大风飞扬，感受了唐宋明清的历史沧桑之后，两千年前的孔子拨开中华文明厚厚的帷幕，加速向人们走来，向世界走来。

在国内，不只是图书出版有孔子热，连一向极少涉及孔子题材的电影、电视、戏剧，也开始将目光热切地转向孔子。至于大中小学，学子们一而再、再而三诵读孔子早已成为寻常事。被尊为至圣先贤的孔子，受到了前所未有的尊崇。

在国外，孔子成了中国文化最有代表性的“形象大使”。对许多人来说，孔子就意味着中国，代表着东方智慧。虽然几百年前，孔子学说就在西方与希腊古代哲人苏格拉底、柏拉图一样享有盛名。但今天，孔子的热度超出以往。德国柏林得月园的入口处，至今矗立着两米多高的大理石孔子塑像。韩国保存有孔庙二百多处。日本有孔庙百余处，并有许多是在遗址上新建的……更富有传奇色彩的是，各国仅孔子学院的开办就速度惊人，短短几年，世界 70 多个国家共创办了 300 多所孔子学院。

孔子为何在中国、世界风头日劲？这位心怀修身齐家治国平天下之志、一生游历列国不得志的老人，一定没有想到两千年来，他的声名竟是如此大起大落。

宋代大学问家朱熹曾评价：天不生仲尼，万古如长夜。对当今而言，孔子思想和学说，作为中华文化的重要组成部分，正是他获取殊荣的根本。孔子最受推崇的“和”、“合”思想，实质上契合了当今社会的普世价值，他的思想不是拒人于外，而是与人有关，与普通人有关，有着深厚的现实土壤。他的“和而不同”学说，契合了一个多样的中国，契合了今天多样的世界。推而广之，从家庭内部到人与人之间，再到不同国家之间，都建立起和谐关系，达到天下太平，这是孔子学说的核心，也是孔子走向世界之所凭。

孔子的内外皆热，还揭示了传统文化价值的回归和人们对历史的尊重与敬仰，国人的文化自信空前高涨，古老文明中所镌刻的精神家园的路径，日益焕发出暖人的光泽。同时，中国的快速发展，及其带来的惊人影响，更为孔子周游“列国”提供了强大的助推力。这是孔子变热不容忽视的巨大背景。中国翻天覆地的社会变化，吸引无数人对中国好奇与神往，一个古老与现代同辉的中国，让孔子光彩夺目，尽享中国文化的无比尊严。

这是国家强大，文化软实力得到提升的鲜活印证。

中国正融入世界，中国文化散发着馨香。经历过熙熙攘攘的历史繁华，遭受过不堪回首的风云变幻，伴随着孔子在国内外的声名远播，优秀的中国文化将一步步走向世界，走进国人内心。

“接力还薪”彰显的道德力量

顾兆农

孙氏兄弟“接力还薪”的意义在于，它不仅体现了做人的良知，更反映了我们当前最需要的东西：社会信义。

哥哥发薪路上遭遇车祸，弟弟忍痛“接力”还钱。近日发生在荆楚大地上的一幕令人动容。“无论多困难，绝不拖欠一分钱”，在哥哥一家遭难后，弟弟孙东林朴实而坚定的话语，折射出这对“信义兄弟”的道德魅力。

这样的信义举动，源于 20 年来的承诺与坚守：“新年不欠旧年账，今生不欠来生债”。20 年来，孙氏兄弟从未拖欠工人一分钱的工钱，他们用诚信践诺，靠信义发展。俗话说，财聚人散，财散人聚；君子之财，取之有道。

孙氏兄弟“接力还薪”的意义在于，它不仅体现了做人的良知与品格，更反映了我们当前最需要的东西：社会信义。按照当下社会上某些人的逻辑，“信义兄弟”似乎也有理由拖欠农民工的工钱：孙水林本人被别人拖欠了许多工程款，因此，他再拖欠农民工的工钱，似乎也是没“办法”的事；哥哥一家 5 个人都走了，弟弟至少可以暂缓替哥哥发还工钱，而没有拿到工钱尾款的农民工，从情理上，似乎也不会因此紧追不放……从这个角度来看，孙氏兄弟的坚守更加可贵：信守承诺，宁可自己难，也不让他人忧。如此做人做事，谁不愿意和他们合作呢？

孙氏兄弟的义举，当让那些恶意拖欠农民工工钱的不良老板，羞愧难当，无地自容。那些靠昧心钱致富的人，是否觉得手烫？有些人挖空心思、钻山打洞，可事业就是做不大、做不好，是不是可以从自己的德行上找找原因？

毋庸讳言，信义的缺失，不只体现在农民工和包工头之间。一定程度上，它已成为一种社会现象。

有位劳模去世多年，生前的工资至今未结清，有关方面为此推来推去。如此事情，别说于理、于法所不容，于心、于情又何忍？还有一例，法院已终审判决，被告向原告还钱。可是，被告至今非但不还，还动用行政的力量，向上级政府“说情况，讲理由”。如此无休止地扯下去，不仅浪费了大量的社会资源，也挑战着道德和法律的尊严。如此行事，和谐从何说起？如此环境，谁还再来投资？现实中，“开门招商，关门打狗”，正是一些地方长期发展滞后的一个重要原因。

一个人，一级组织，都需要自律和他律。对不讲信义的人，当务之急便是，不仅要让他们在经济上占不到任何便宜，而且还要让他们为此付出沉重代价。比如，对恶意不执行法律的相关单位负责人，果断地采取必要的组织措施。因为，一个良性的社会，应该通过一系列规则和制度，让守信义者得人心，让得人心者得财富。这样，善行义举才会有强大的依托，守信义的人才会越来越多。

人无信则不立。诚信和道义，是做人做事的基本准则，也是构建和谐社会的重要基础，实现科学发展的必备要素。感谢孙氏兄弟在这个乍暖还寒的季节里，给我们带来的温馨、感动和震撼，为我们这个社会培植了一方道德沃土。

第二节 语气、节奏的练习

播音主持语气，是指在一定的具体的思想感情支配下具体语句的声音形式。由于全篇稿件作品和整个思想感情的运动状态的要求，由于各个语句的本质不同，语言环境不同，每一个语句必然呈现出“这一句”的具体感情色彩和分量，并且表现为千差万别的声音形式。在运用语言技巧的时候，我们一定要把握住三个相辅相成的环节，即第一，受一定的具体思想感情支配；第二，以具体语句为范围；第三，化为某种声音形式。有了一定的具体的思想感情为依据，有了“这一句”完整的独立的意思，就为变为有声语言打下了坚实的基础，这时的语音形式就有可能比较完美了。

节奏，是有声语言运动的一种形式。在播音中，节奏应该是由全篇稿件生发出来的、播音员和主持人思想感情的波澜起伏所造成的抑扬顿挫、轻重缓疾的声音形式的循环往复。语气是以语句为单位，节奏是以全篇为单位。就节奏的类型来说，大致可以分为六种，即高亢型、紧张型、轻快型、低沉型、舒缓型、凝重型。这六种类型在不同的稿件中有不同的结合，但不是并列，而是以某种类型为主，以其他类型渗入其中，既表现了节奏的具体性又表现了节奏的丰富性。节奏运用的方法有：欲扬先抑、欲抑先扬，欲快先慢、欲慢先快，欲重先轻、欲轻先重，欲高先低、欲低先高；声音对比、收纵自如。在节奏的运用上，它表现在循环往复的不同类型上，也表现在音高、音强、音长、音色的不同对比上，更表现在随着思想感情运动的声音形式的控制、收纵自如上。

一、句子、段子练习

1. 春风吹遍了山川，春雨洒满了田园，春风春雨带来了美丽的春天。百鸟和鸣清脆婉转，百花盛开桃红李艳。

2. 北京市建筑装饰协会会长贾中池表示，本届展会的目的有两个：一要在外形上做到自然、清洁、幽雅、有序；二要在展台形态上做到人文、丰富、多彩、内涵。同时，展会更要体现出品牌的价值，我们最终的目标是奔向国际的标准。

3. 推拿是中医外治法中一种简单、有效并极易为人接受的方法。它在中医基础理论指导下，根据整体观念和辨证论治的原则，通过手法作用于体表的一定穴位或部位，改变和调节机体，达到祛邪扶正、平衡阴阳、调节脏腑气血的目的，从而使机体正常活动得以恢复和维持，将机体各脏腑组织器官的功能调节到接近最佳的状态。

4. 明明是二等品，却硬要涂上一级样，让它升级；明明是积压的次品，却硬要换个合格证，充当好货。钢锉厂弄虚作假的手段，实在恶劣。这样对待产品质量，确实应当好好整一整。

5. 沉着、自制，就是能够约束自己的情感，掌握自己的情绪，在复杂的情况下保持冷静，不会发生无谓的冲动。苏轼有句很精辟的话：“……匹夫见辱，拔剑而起，挺身而斗。此不足为勇也。天下有大勇者，卒然临之而不惊，无故加之而不怒。”这句话的意思是说，遇事要冷静，思前想后，权衡利弊，考虑每个行动带来的后果。

6. 本周是苏宁空调节第二周，据了解，苏宁将在第一周的基础上加大力度，实现空调价格“抄底”，1P 空调跌破 1000 元，且大量有售；1P 空调全面跌破 1500 元，不限量销售，这一价格较去年价位又有了一定幅度的降低。一款市场价 1629 元的志高 1P 冷暖空调仅售 1099 元，降幅达 32.5%；一款市场价 1699 元的格兰 1P 冷暖空调仅售 1000 元，降幅超过 40%；一款市场价 1730 元的春兰 1P 冷暖挂机仅售 1099 元，降幅达 36.4%；一款市场价 2280 元的志高 1.5P

冷暖空调仅售1980元，降幅超过13%；一款市场价2180元的春兰1.5P冷暖空调仅售1799元，降幅达17.5%……

7. 天上那层灰气已散，不甚憋闷了，可阳光也更厉害了许多；没人敢抬头看太阳在哪里，只觉得到处都闪眼，空中、屋顶上、墙壁上、地上，都白亮亮的，白里透着点红；由上至下整个的像一面极大的火镜，每一条光都像火镜的焦点，晒得东西要发火。在这白光里，每一个颜色都刺目，每一个声响都难听，每一种气味都混含着由地上蒸发出来的腥臭。街上仿佛已没了人，道路好像忽然加宽了许多，空旷而没有一点凉气，白花花的令人害怕。

8. 我一辈子只看见了这么一回大热闹：男女老幼喊着叫着，狂跑着，拥挤着，争吵着，砸门的砸门，喊叫的喊叫，咔嚓！门板倒下去，一窝蜂似的跑进去，乱挤乱抓，压倒在地的狂号，身体利落的往柜台上蹿，全红着眼，全拼着命，全奋勇前进，挤成一团，倒成一片，散走全街。背着、抱着、拖着、拽着，像一片战胜的蚂蚁，昂首疾走，去而复归，呼妻唤子，前呼后应。

9. 人与他的信念成比例地年轻，与疑惑成比例地衰老。

谁能够从自然界、人类社会领悟到美丽、喜悦、勇敢、高尚、力量，谁就富有青春的活力。当失去所有的梦幻，心灵的花蕊被悲观和沮丧覆盖的时候，他就真正衰老了。这样的人，只有去乞求神灵的怜悯了。

10.“灵感”是个很有魅力的词儿，对人们特别是对年轻人有着很大的吸引力。有人这样形容“灵感”，说它是荡荡夜空中的流星，虽然转瞬即逝，却光彩夺目；也有人这样讲，灵感是智慧女神的使者，只有最聪明的人才能看到这位使者的尊容。真不知道从什么时候开始，灵感在它诱人的魅力中又被人们增添了多少神秘的色彩。正是这神秘的色彩使不少人把灵感看成是可望而不可即的东西，甚至为自己没有灵感而深感自卑。其实灵感并不神秘，也绝不是可望而不可即的东西。应该说，灵感人人皆有，特别是青年人，感觉敏锐，记忆力好，思路敏捷，想象丰富，正是灵感迸发的大好年华。

11. 果然，过了一会儿，在那里就出现了太阳的一小半，红是红得很，却没有光亮。这太阳像负着什么重担似的，慢慢地，一步一步地，努力向上面升起来，到了最后，终于冲破了云霞，完全跳出了海面。那颜色真红得可爱。一刹那间，这深红的东西，忽然发出夺目的光亮，射得人眼睛发痛，同时附近的云也添了光彩。

二、稿件练习

血色母爱

她们真的累了，饥饿和寒冷的痛苦紧紧纠缠着她们，把她们折磨得疲惫不堪。

在这样一个深可没膝的雪堆里艰难跋涉了四十多个小时的这对母女，后悔着当初本应该听从教练的警告，不要擅自偏离插满小彩旗的滑雪道，不然就容易迷路；她们还后悔，当初不应该穿这件银白色的羽绒服来滑雪，以至于在这个冰天雪地里，滑雪俱乐部派出的直升机都找不到跟白雪有着一样颜色的她们。

也许在这个时候，女儿才是最后悔的，若不是她平时总是闷闷不乐，作为清洁工的母亲也不会拿出自己几个月微薄的薪水，带她来阿尔卑斯山滑雪，逗她开心。可是母亲怎么也想不到，女儿平日里的不开心，是因为有一个卑微的做清洁工的母亲。

几天几夜，母女俩在这片苍白的雪山里艰难地寻找着生存的方向。她们发现好几架救援直升机从天空掠过，但无论她们如何向直升机示意，始终没有人能发现她们。走着走着，体力不支的母亲,一个踉跄,脑袋栽在了石头上,鲜血立即涌了出来。而此时女儿已经昏睡过去了。

这个时候,天空中再次飞来了一架直升机。霎时,母亲的脑海里闪过一个可怕的念头,她抓起身边的一块岩石碎片,放在自己的左手腕上,用力地割了下去!鲜红、滚烫的血液从母亲的左动脉滚滚流出,染红了她身旁冰白的雪地,接着,她支撑着她最后的一点儿力气,在血迹中爬了十几米的距离,为的是想让救援直升机能够发现她们的位置。最后,母亲那没有温度的身躯终于倒在了那片醒目的血泊中……女儿醒来的时候已经躺在了医院里,医生告诉了她所有的事实。在迟迟得不到救援的生死关头,母亲以一种感天动地的行为,用自己动脉里流淌的鲜血为女儿指引了生命的方向!女孩终于心痛地明白,自己原来一直都拥有一份人世间最珍贵的财富,那就是比血更浓的母爱!

草地夜行

茫茫的草海,一眼望不到边。大队人马已经过去了,留下一条踩得稀烂的路,一直伸向远方。

干粮早就吃光了,皮带也煮着吃了,我空着肚子,拖着两条僵硬的腿,一步一挨地向前走着,背上的枪支和子弹就像一座山似的,压得我喘不过气来。唉!就是在这稀泥地上躺一会儿也好啊!

迎面走来一个同志,冲着我大嚷:"小鬼,你这算什么行军啊?照这样,三年也走不到陕北!"

他这样小看人,真把我气坏了,我粗声粗气地回答:"别把人看扁了!从大别山走到这儿,少说也走了万儿八千里路。瞧,枪不是还在我肩膀上吗?"

他看了看我,笑了起来,就和我并肩朝前走,他比我高两头,宽宽的肩膀,魁梧的身材,只是脸又黄又瘦,两只眼睛深深地陷了下去。

"小同志,你的老家在哪儿?"他问我。

"安徽金寨斑竹园"。

"金寨斑竹园!有名的金寨大暴动,就是从你们那儿搞起来的,我在那儿卖过帽子"。

一点不错,暴动前,我们村里来过几个卖帽子的人。我记得清清楚楚,爸爸还给我买了一顶。回家来掀开帽子一看,里面有张小纸条,写着"打倒土豪劣绅"。真想不到,当年卖帽子的同志竟在这里碰上了。

我立刻对他产生了敬佩的感情,就亲热地问他:"同志,你在哪部分工作?我怎么从来没见过你呀?"

"我吗?在军部,现在出来找你们这些掉队的小鬼。"他一边说,一边摘下我的枪,连空干粮袋也摘下去。"咱们得快点走呀!你看,太阳快落了,天黑以前咱们必须赶上部队,这草地到处是深潭,掉下去可就不能再革命了"。

听了他的话,我快走几步,紧紧地跟着他,但是不一会儿,我又落下了一大段儿。

他焦急地看看天,又看看我,说:"来吧,我背你走!"我说什么也不同意,这一下他可火了,"别磨了,你想叫咱们俩都丧命吗?"他不容分说,背起我就往前走。

天边的最后一丝光亮也被黑暗吞没了,满天堆起了乌云,不一会儿下起大雨来,我一再请求他放下我,怎么说他也不肯,仍旧一步一滑地背着我向前走。

突然,他的身子猛地往下一沉,"小鬼,快离开我!"他急忙说,"我掉进泥潭里了。"

我心里一惊，不知怎么办好，只觉得自己也随着他往下陷，这时候，他用力把我往上一顶，一下子把我甩在一边，大声说："快离开我，咱们两个不能都牺牲！——要……要记住革命！"

我使劲伸手去拉他，可是什么也没有抓住，他陷下去了，已经没顶了。

我的心疼得像刀绞一样，眼泪不住地往下流。多么坚强的同志！为了我这样的小鬼，为了革命，他被这可恶的草地夺去了生命！

风，呼呼地刮着，雨，哗哗地下着，黑暗笼罩着大地。"要记住革命！"——我想起他牺牲前说的话。对，要记住革命！我抬起头来，透过天边的风雨，透过无边的黑暗，我仿佛看见了一条光明大路，这条大路一直通向遥远的陕北。我鼓起勇气，迈开大步，向着部队前进的方向走去。

通讯：电视急告

今年5月25号下午，一位青年妇女，抱着两岁的儿子，风风火火地来到湖北省武汉市汉阳区第二门诊部给孩子看病。看完病，她到药房匆匆忙忙拿着药就走了。已经是下午五点半，快要下班了，司药邹群芳正在紧张地给病人发药。突然，一位病人问："同志，我怎么吃小孩的药？"

邹群芳一听就愣住了，她赶紧查对。……坏了！这个病人的药让一个叫邱波的两岁病儿拿走了。拿去的药是土霉素、APC、颠茄合剂。这三种药的服用量超过小儿服用量的5倍，两岁的孩子吃下去那还得了！而且，土霉素、颠茄合剂又都是剧药，小孩吃了，如果稍微一耽误，就会有生命危险！不行，得快去找，可是，病儿取药交的是现金，既没有家长姓名和工作单位，又没有家庭住址，这该往哪儿去找呢？邹群芳急得团团转。她到处喊："邱波……邱波……有叫邱波的小孩吗？"她找遍整个门诊部，没有一个人答应。她又跑到门诊部外部去找，街上人海茫茫，川流不息，哪儿有病儿和家长的人影，这可真急死人啦！她马上向领导做了汇报。有人建议向公安局求援。她又急忙和汉阳区公安分局联系，公安分局的刑警队是专门管刑事案件的，寻找病儿，哪是刑警队的事？可现在群众有急难，哪能不管。刑警队长王树隶马上把这个任务交给了刑警蒋云卿。

蒋云卿立即打电话给分局管辖的翠微、月湖、晴川等七个派出所要求火速查询病儿邱波。

七个派出所的民警马上行动起来，迅速查阅了所有的人口变动本、人口出生证和户口簿，查了所有姓邱的户主。可是，一个又一个电话都回说没有邱波这个人。这时候，已经是晚上九点多了。这该怎么办？

蒋云卿忽然想起电视台，要是在电视上告急，或许能找到小邱波，对！他马上向湖北电视台告急，请求他们帮助。

这时候，电视正在放映话剧《公安局长》，再有四十分钟，当晚节目就要结束了。电视台的工作人员一听说有个病儿拿错了药，生命安全正受到威胁，当机立断，决定破例播出《电视急告》，电视台的全体值班人员迅速行动起来，有的写稿，有的写字幕，有的准备机器……

《电视急告》终于播出了。这时，离播音结束已经不到十分钟了。

话分两头，小邱波的妈妈拿错药回家，给小邱波吃了点东西，让他休息，就忙着做饭去了。

吃完晚饭，她准备给孩子吃药，可是孩子睡着了。她没叫醒孩子，坐下来看电视。等看完话剧，她刚准备给小邱波吃药，电视屏幕上忽然出现了《电视急告》，播音员在报告：急告病儿——邱波，不能服用错拿的药物。汉阳区第二门诊部今天下午五点三十分，有一份大人服用的土霉素、APC、颠茄合剂被邱波的家长错拿，急告病儿家长，邱波不能服用此药。

什么？药拿错了！邱波妈大吃一惊，连忙拿起药来一看，果然是大人吃的药！好险啊！她看看满脸稚气的儿子，又看看电视机，幸亏《电视急告》播得及时，要不然，后果……太可怕了。

我们播音，是要把整篇稿件播送出去，给人以完整的印象，而不能支离破碎，有句无章。在播音主持艺术创作中，重点要抓语气的表达用以带动重音，用以统领停连，用以显露节奏，这是播音实践中不能忘记的。重视语言技巧的训练和运用，将使我们的播音主持艺术创作更上一层楼！

在播音主持艺术创作基础上，播音主持艺术的正确创作道路是播音主持艺术创作的核心，只有不断地从思想上认识，从理论与实践的结合上认真加以解决，才会有坚实的进步，才会有长足的发展。那种偏离创作核心，单纯“找窍门”、“走捷径”、“一蹴而就”、“一步登天”的想法和做法，都是干不好播音主持艺术工作的！

第三章
文学作品朗读技巧训练

诗歌、散文、寓言、童话、故事等文学作品的朗诵朗读，也是播音员、主持人必须要训练并掌握的一项语言基本功。人间万象，宇宙万物，各色人等；诗词歌赋，平平仄仄，合辙押韵，陶冶情操；散文抒情，喜怒哀乐，低吟浅唱，品味人生；寓言童话，借此喻彼，形象生动，善恶美丑，启发暗示，揭露批判，讽刺赞美，准确鲜明，深受欢迎；故事人生，精彩纷呈，滋润身心，温暖灵魂，情真意切，生动感人。

通过各种文学作品朗读技巧的训练，使学生们的有声语言表达技巧更加完美。让播音主持艺术创作更有灵魂，让播音主持艺术语言更有活力！

第一节　诗歌朗诵练习

朗诵诗歌是播音员、主持人必须要掌握的一项基本功。无论是增加文学艺术修养，还是训练有声语言表达，或是参加专业比赛和考试，都需要有朗诵诗歌的基本功和技能。

诗言志，诗是感情的艺术，朗诵诗歌一定要做到："以情带声，以声传情，以情运气，气随情动，声情并茂，传情达意"。诗情画意，曲径通幽，形神兼备，情真意浓。或浪漫婉约，或热情豪放，或英雄气概，或儿女情长，或慷慨激昂，或缠绵婉转，或怀古伤今，或离愁别恨……要朗诵出诗歌的音乐美、意境美、韵律美！

朗诵宗旨：深刻理解内容，品味诗中意境，准确鲜明表达，形象生动感人。

走西口

（环子）

一首苍凉而忧伤的《走西口》从远古传来，穿过逶迤起伏的高原，穿过沟沟峁峁的黄土坡，伴着黄河水的呜咽传唱了百年。

一种淳朴的思念和牵挂用最原始的歌谣从毛眼眼的妹子口里唱了出来……那份痴情，那份期盼，那从心底里发出来的真真切切的无奈与失落，扯得人的心哪生生的痛啊！每当听见这首歌"哥哥你走西口，小妹妹我实难把你留，妹妹拉住哥哥的手，送你送到大路口……"我仿佛看见荒凉的口道旁，牵着毛驴的后生一步一回头的恋恋不舍，我仿佛就听见站在高山上瞭望哥哥的妹妹，至死也要把哥哥追的心声。

一首凄婉而缠绵的《走西口》，承载着两百年来荒凉的土地上，一代又一代背井离乡汉子们的沉重的思念。穷人才会走西口，再舍不得妹子，也得咬着牙往西走。古道口，四月天，不见艳阳，只见沙满天！风沙吹蚀着妹妹的脸，吹疼了哥哥思乡恋家的心！走西口的哥哥呀，妹妹什么时候才能看见你回乡的身影？呜咽的黄河水，知道女人们心中那苦苦的期盼！泪蛋蛋泡在沙蒿蒿里……古道边，挎着篮子的妹妹，望穿双眼，望白双鬓，苦苦的荞麦花开了一茬又一茬……

一首民歌凝结着一段厚重的历史，一段歌谣牵扯着成千上万人生死离别的命运。望眼欲穿的妹妹在崖畔畔上唱着凄婉哀怨的《走西口》，盼着哥哥早回头；颠沛流离的哥哥在走西口的路上，留下了一路的思念一路的歌……

《走西口》走过黄土高原荒凉的土地，走过一代代黄河人苦难而遥远的记忆……

海燕戒

刘　征

有一只小海燕在动物园里长大，
叫它海燕，只因为它是海燕的后代。
它自己，且不必说冲击暴雨，
压根就没有见过真正的大海。

这一天，小海燕从园里飞出来，
飞到大海上，直累得它东倒西歪。
它正在絮絮叨叨抱怨命运，
忽然看见海面上出现一座楼台。

小海燕一见打心眼儿高兴，
啊！这才是我理想的大海！
你看那摩天的高楼和堂皇的大厦，
那是多么豪华的所在！

那里边定然有镶着宝石的金笼，
又舒服又暖和，不染一点尘埃。
里边定然有高等厨师制备的宴席，
吃什么有什么，只要把嘴张开。

有时也可以扇起翅膀飞几圈，
但那是为了消遣，完全自由自在；
有时也可以对着暴风雨吟唱，
但喧嚣和危险完全隔在玻璃窗外。

“你看那门前如水如龙的马车，
有多少人为欢迎海燕而来！
我这么飞呀飞的真是傻瓜，
幸福的生活已在眼前展开。”
有只老海燕打断了它的话；
“那是蜃楼，哪里是什么楼台！
快抓住闪电，跨上乌云的骏马，
看，猛烈的暴风雨就要到来！”

小海燕轻蔑地打了个口哨：
“我懂得怎样为自己安排。
这大海上的风云瞬息万变，
我可不打算被大海葬埋。”

霎时间，海上涌起滔天巨浪，
无数海燕冲天起舞，多么豪迈！
小海燕跌跌撞撞向蜃楼飞去，
一头栽进大海，再也没有回来。
不要以为海燕的子孙一定是海燕，
只有海燕的翎毛并不能驾驭大海。

海燕

高尔基

在苍茫的大海上，狂风卷集着乌云。在乌云和大海之间，海燕像黑色的闪电，在高傲地飞翔。

一会儿翅膀碰着波浪，一会儿箭一般地直冲向乌云，它叫喊着，——就在这鸟儿勇敢的叫喊声里，乌云听出了欢乐。

在这叫喊声里——充满着对暴风雨的渴望！在这叫喊声里，乌云听出了愤怒的力量、热情的火焰和胜利的信心。

海鸥在暴风雨来临之前呻吟着，——呻吟着，它们在大海上飞窜，想把自己对暴风雨的恐惧，掩藏到大海深处。

海鸭也在呻吟着，——它们这些海鸭啊，享受不了生活的战斗的欢乐：轰隆隆的雷声就把它们吓坏了。

蠢笨的企鹅，胆怯地把肥胖的身体躲藏在悬崖底下……只有那高傲的海燕，勇敢地，自由自在地，在泛起白沫的大海上飞翔！

乌云越来越暗，越来越低，向海面直压下来，而波浪一边歌唱，一边冲向高空，去迎接那雷声。

雷声轰响。波浪在愤怒的飞沫中呼啸着，跟狂风争鸣。看吧，狂风紧紧抱起一层层巨浪，恶狠狠地把它们甩到悬崖上，把这些大块的翡翠摔成尘雾和碎末。

海燕叫喊着，飞翔着，像黑色的闪电，箭一般地穿过乌云，翅膀掠起波浪的飞沫。

看吧，它飞舞着，像个精灵，——高傲的、黑色的暴风雨的精灵，——它一边大笑，它一边高叫……它笑那些乌云，它因为欢乐而号叫！

这个敏感的精灵，——它从雷声的震怒里，早就听出了困乏，它深信，乌云遮不住太阳，——是的，遮不住的！

风在狂吼……雷在轰响……

一堆堆乌云像青色的火焰，在无底的大海上燃烧。大海抓住闪电的箭光，把它们熄灭在自己的深渊里。这些闪电的影子，活像一条条火蛇，在大海里蜿蜒游动，一晃就消失了。

——暴风雨！暴风雨就要来啦！

这是勇敢的海燕，在怒吼的大海上，在闪电中间，高傲地飞翔；这是胜利的预言家在叫喊：

——让暴风雨来得更猛烈些吧！……

第二节　散文播读练习

散文播读也是播音员、主持人必须要掌握的一项语言基本功。散文取材十分广泛，人间万象、宇宙万物、宏观微观，无不涉及，而这些材料一旦出现在文章中，就立即刻上了作者的主观感悟，代表着作者的人生经验、观点感受。

散文写法较活泼自由，不拘一格。最常见的是抒情，同时也有记叙、议论、抒情等融为一体，夹叙夹议的，带有强烈的感情色彩。有时气势磅礴，有时低吟浅唱；有时如诗如画，曲径通幽；有时借景抒情，托物言志……形象生动、中肯精当、真挚饱满、含蓄动人。我们要播出散文的意境，播出散文所蕴涵的精神实质。让人们在散文的字里行间体验生活、感悟生活、思考生活、品味人生……

母　亲(改编)

肖复兴

世上有一部永远写不完的书，那便是母亲……

我的生母去世的时候，我和弟弟还很小。爸爸从乡下老家领来了一个小脚女人，后边跟着一个不大的小姑娘。“她就是你们妈妈”，爸爸说。望着这陌生的娘俩，我想起了那首无数人唱过的凄凉小调，“小白菜呀地里黄，二三岁呀，没了娘”，我恨爸爸为什么给我们找了一个后娘。

说不出的一种心绪，我把妈妈生前的照片翻出来挂在家里最醒目的地方，以此向后娘示威。怪了，她没有生气，还经常踩着凳子擦擦照片上的灰尘。有一次她正擦着，“你别碰我妈妈！”我几乎是在向她喊。好几次夜里我听见爸爸和她商量：“把照片取下来吧！”她总是摇摇头：“不碍事，挂着吧，孩子还小。”三年困难时期，她给自己的女儿在内蒙找了个婆家，为的只是减少我们家里一个人的口粮。我记得特别清楚，临走的那天，外面很冷，天上飘着雪花，爸爸把家里唯一的一件粗线毛呢大衣给小姐姐披上。她一把扯下来：“留给两个弟弟穿吧，啊？”车站上小姐姐一个劲地哭，她一句话也没说，只是在火车开动的时候向女儿挥了挥手。寒风中，我看她那像枯枝一样的手背在抖动。回来的路上，她一边走一边自个叨叨：“好哇，闺女家早点嫁个人家好哇，好哇、好哇……”

我实在不知道人生的滋味，不知道她一路上叨叨的这几句话是在安抚她自己那滴血的心！她也是一个母亲啊！她送走了自己亲生的女儿，为的是两个并非自己亲生的儿子！

望着在前面步履蹒跚走着的后娘，望着她那日趋隆起的背影， 我的眼泪一个劲地往上涌，“妈妈！”我第一次这样称呼她。她站住了，回过头来愣愣地看着我，不敢相信是我在叫她！“妈妈！”当她看清了真的是我在叫她，她竟呜的一声哭了，哭得像个孩子。多少年的酸甜苦辣，多少年的委屈和不公，全在这一声妈妈中溶解了。母亲啊，您对孩子的要求就是这么少。

那一年，爸爸有病去世了。为了供养我和弟弟上学，妈妈先是帮人家看孩子，后又在家里弹棉花、拆线头挣钱。望着她满身满脸满头发的棉花毛毛、线头头，我心里说不出是一种啥滋味。我常想：是亲娘又怎样！

在以后的许多年里，我们家的日子虽然过得清苦，但是有妈妈和我们在一起，我们便觉得日子很甜蜜。无论多晚回家，小屋的灯总是亮着，那橘黄色的灯光是妈妈跳跃的心脏。只要妈妈在，那小屋便充满了温暖，充满了爱。我总觉得妈妈的心脏会永远跳动，却不曾想到，我们大学刚刚毕业，妈妈她突然倒下了，而且再没有起来。像往常出远门一样，妈妈把所有的衣服都洗得干干净净，叠得整整齐齐。望着妈妈留下的这些遗物，我和弟弟失声痛哭，请求她老人家在天之灵原谅我们儿时的不懂事，但我们永远不能原谅自己少年的虚荣。妈妈，您还记得吗？您那次兴冲冲地去学校开家长会，我嫌您土气，嫌您是一双小脚，嫌您穿的对襟小褂，我愣是把您堵在了校门口，和同学们说您不是我的妈妈。就这样，您还原谅了我，说我小，还不懂事。

妈妈，您一个大字不认得，甚至去世了也没人知道您的名字。在这个世界上我什么都可以忘记，却永远不会忘记为我们操劳一生的母亲。

第一场雪

峻　青

这是入冬以来，胶东半岛上第一场雪。

雪纷纷扬扬，下得很大。开始还伴着一阵儿小雨，不久就只见大片大片的雪花，从彤云密布的天空中飘落下来。地面上一会儿就白了。冬天的山村，到了夜里就万籁俱寂，只听得雪花簌簌地不断往下落，树木的枯枝被雪压断了，偶尔咯吱一声响。

大雪整整下了一夜。今天早晨，天放晴了，太阳出来了。推门一看，嗬！好大的雪啊！山川、河流、树木、房屋，全都罩上了一层厚厚的雪，万里江山，变成了粉妆玉砌的世界。落光了叶子的柳树上挂满了毛茸茸亮晶晶的银条；而那些冬夏常青的松树和柏树上，则挂满了蓬松松沉甸甸的雪球儿。一阵风吹来，树枝轻轻地摇晃，美丽的银条和雪球儿簌簌地落下来，玉屑似的雪末儿随风飘扬，映着清晨的阳光，显出一道道五光十色的彩虹。

大街上的积雪足有一尺多深，人踩上去，脚底下发出咯吱咯吱的响声。一群群孩子在雪地里堆雪人，掷雪球，那欢乐的叫喊声，把树枝上的雪都震落下来了。

俗话说，“瑞雪兆丰年”。这个话有充分的科学根据，并不是一句迷信的成语。寒冬大雪，可以冻死一部分越冬的害虫；融化了的水渗进土层深处，又能供应庄稼生长的需要。我相信这一场十分及时的大雪，一定会促进明年春季作物，尤其是小麦的丰收。有经验的老农把雪比做是“麦子的棉被”。冬天“棉被”盖得越厚，明春麦子就长得越好，所以又有这样一句谚语：“冬天麦盖三层被，来年枕着馒头睡。”

我想，这就是人们为什么把及时的大雪称为“瑞雪”的道理吧。

杯子与水

许多同学去拜会大学教授，起初大家相谈甚欢，然而，说着说着，学生们的话题便转向了抱怨，他们抱怨生活的压力和功课的负荷。

这时，教授不动声色地从厨房里取出了许多个不同质地、不同形状的杯子，其中有陶质的、有瓷质的、有木质的、有玻璃的，也有塑胶的。教授让同学们自己取杯子倒水喝。杯子被取得七七八八后，托盘上只剩下一些粗陋的杯子。

教授这时微笑着说：“你们瞧，所有细致、古朴、玲珑、美丽的杯子都被拿走了，剩下的，全是让人瞧不上眼的塑胶杯。现在，我想问的是你们选杯子的目的是什么？”

学生们异口同声地说：“喝水呀。”教授又问：“既然是喝水，那为什么你们在意盛水的器皿呢，随手拿一个不就可以了吗？为什么还要刻意选好的、美的、精致的？”学生们被问得哑口无言。

这时，教授正色说道：“主副不分而又什么都想一手抓的心态，正是造成压力的主因，你们喝的是水，执意要选美的杯子，甚至在选不上好的杯子时，心生怨意。”这就和生活一样，生活就是水，而名誉与地位，仅仅只是盛水的杯子罢了。如果我们把所有的注意力都放在杯子上，那么，我们便没有时间和心情去品尝和享受杯中水的美好滋味了。

第三节 寓言、童话、故事表达练习

寓言和童话，以故事喻哲理，借此喻彼，比喻性是突出特点。它们形象生动、短小精悍、善恶美丑、是非分明、哲理性强，深受欢迎。寓言、童话、故事表达也是播音员、主持人必须要掌握的一项语言表达基本功。

我们知道，大多数的寓言和童话都会有人物或者拟人化的动物、植物，或是自然界中其他的事物。作者对这些人物、动物、植物等的行为、动作、心理描写得非常形象生动，因此，我们在二度创作时，必须要从细微之处感受角色：看人物的语言是否符合这个人物的性格、年龄、性别、体态、样貌等；看人物的行为举止是否符合这个人物的特征；看人物的心理过程是否符合这个人物的特征；看人物的心理过程是否符合这个人物的逻辑；看人物动作的前因后果以及动作的高、低、轻重、缓、急……都要活泼生动、亲切自然、活灵活现地表现出来。声音上要有一定的"造型"，但不要矫揉造作，主要追求"神似"。形象之间的对话主要还是"转述"，而不是"扮演"哦！围绕故事的主旋律，力求生动、真实、具体、形象、自然、到位，达到发人深省、耐人寻味、给人启迪的演播效果。故事人生、形象生动、精彩纷呈、魅力无穷、揭露批判、讽刺赞美、准确鲜明……

喜马拉雅山的猴子

从前，在喜马拉雅山脚下的小小村落里，来了一位仙风道骨的老人。他向全村村民宣布，他会一种可以点石成金的法术，不过，天下没有白吃的午餐，想要学这套法术的人得先把家中最值钱的东西拿出来当学费才行。

村里的人实在是穷怕了，人人都想发财想得发疯。大家商讨一下：既然可以学会点石成金术，那么，先牺牲点学费有什么关系呢？（当然，他们的逻辑头脑没你聪明，不会如是想：如果老人真能点石成金，还收学费做什么）

于是他们虔诚地交了学费，集合起来听老人教授这神奇的法术。只听老人叽里咕噜念了一大串咒语，然后就把盖在木桶下的石块变成了闪亮的金子。

"快教我们吧！"每个人的喉咙深处，都发出饥渴的声音。

老人不厌其烦地将咒语教给了村人，当村子里最笨的人也能背诵咒语之后，他很满意地告诉他们："你们等明天日出的时候就可以开始用点金术了。我保证各位都可以把没用的石块变成黄灿灿的黄金，不过，你们可要记住呀——念咒语的时候，你们脑子里千万不要想起喜马拉雅山的猴子。"

"绝对不会！"村人异口同声地回答。黄金跟喜马拉雅山的猴子有什么关系呢？老人真是无聊，他们哪会想起喜马拉雅山的猴子？可是……

一千年过去了，有人说，如果你现在到这个村庄，你还会看到不少人把石头盖在木桶下喃喃自语，"努力"地不要想起喜马拉雅山的猴子。

他们始终没有"念"出黄金来，但也没有人能怪老人说谎，因为每个人都得承认，他们越想告诉自己不要想那些猴子，就越是想起那些事不关己的猴子。

我们的头脑中，也常常有这些幻想的猴子。

小心！别让任何人包括你自己在你的脑袋里养了个喜马拉雅山的猴子！

勇敢忠实的狗

七百多年前，威尔士的王子有一条很大的狗，它的名字叫吉尔特，它很勇敢，经常跟王子一起去打猎。有一天，王子把吉尔特留在家里，让它照看正在小木床里睡觉的年幼的儿子。

几小时后，当王子回到家时，吉尔特跑出去迎接他。突然，王子看到吉尔特的下巴和头上有血迹。

“你干了些什么？”王子警觉地问。他冲到房间里，发现小床翻倒在地板上，他儿子衣服上也有血迹。

“你杀了我的儿子！”王子愤怒地喊着，“你这不忠实的狗！”他拔出剑，一下子刺中了那条狗。

就在这时，他听到了婴儿的哭声。王子冲出屋子，看见他儿子安然无恙地躺在地上，在他儿子身旁有一只死去的狼，这狼曾试图把小孩从床上叼走。这时，王子才意识到吉尔特为了救他的儿子而勇敢地击败了狼。

王子跑回屋子，但是已经太晚了，勇敢的吉尔特已经死了。当王子意识到他杀害了他忠实的朋友时，泪水从他的脸上滚了下来。他把吉尔特的尸体背到一个山顶上，并且把它葬在那里。每天早上他都要爬上山顶，为的是能在吉尔特的墓旁站几分钟。

假如你到威尔士的斯诺登山，人们会告诉你吉尔特被埋葬的地方。它让人们想起一只勇敢而忠实的狗，它也提醒人们在未充分了解事实前不要匆忙下结论。

盲人摸象

很久很久以前，印度有一位国王，他心地善良，很乐意帮助别人，对臣民们也如此。

有一次，几个盲人相携来到王宫求见国王。国王问他们说：“有什么事我可以帮你们的吗？”盲人们答道：“感谢国王陛下的仁慈。我们天生就什么也看不见，听人家说，大象是一种个头巨大的动物，可是我们从来没有见过，很是好奇，求陛下让我们亲手摸一摸象，也好知道象究竟是什么样子的。”

国王欣然应允，就命令手下的大臣说：“你去牵一头大象来让这几个盲人摸一摸，也好了结他们的心愿。”大臣遵命去了。

不一会儿，大臣便牵着大象回来了，“象来了，象来了，你们快过来摸吧！”

于是，几个盲人高高兴兴地各自向大象走了过去。大象实在太大了，他们几个人有的摸到了大象的鼻子，有的摸到了大象的耳朵，有的摸到了大象的牙齿，有的碰到了大象的身子，有的触到了大象的腿，还有的抓住了大象的尾巴。他们都以为自己摸到的就是大象，仔仔细细地摸索和思量起来。

过了好一会儿，他们都摸得差不多了。国王问道：“现在你们明白大象是什么样子的了吗？”盲人们齐声回答：“明白了！”国王说：“那你们都说说看。”

摸到鼻子的人说：“大象又粗又长，就像一根管子。”摸到大象耳朵的人忙说：“不对不对，大象又宽又大又扁，像一把扇子。”摸到象牙的人驳斥说：“哪里，大象像一根大萝卜！”摸到象身的人也说：“大象明明又厚又大，就像一堵墙一样嘛。”摸到象腿的人也发表意见道：“我认为大象就像一根柱子。”最后，抓到象尾巴的人慢条斯理地说：“你们都错了！依我看，大象又细又长，活像一条绳子。”

盲人们谁也不服谁，都认为自己一定没错，就这样吵个没完。

我们认识事物，一定要从多个角度、多方面去考察，才能得到最全面的了解。如果只知道个局部就以为自己已经全明白了，从而片面地看待事物，就不免会闹出“盲人摸象”这样的笑话。

第四部分

播音员文体业务内容播音训练

普通话语音学和播音发声学、播音创作基础、播音文体理论是播音系教学的三大主要专业基础理论课程。中国传媒大学播音系毕征教授说："播音文体理论的主要任务是研究播音发声学和播音创作基础理论在几种主要文体的广播稿件中的具体运用问题，亦即研究几种主要文体各自的播音特点。"广播电视传播的节目形式是多样的，也是多变的。一些不适应当前形势的节目消失了，更多的表现当今丰富多彩生活的新节目诞生了。然而不管节目的样式如何变化，它们都是由最基本的几种体裁的稿件组合而成的。如果我们能够比较熟练地掌握和运用这几种体裁稿件的播音特点和技能，那么，无论节目形式如何变化，我们也能较快地适应，并能为此做积极的建设性的贡献。

第一章

新闻稿件播音训练

新闻播音的语言特点是:朴实、明快、清晰、流畅。新闻播音语言表达方式有三种:播讲式(语言规整、吐字干净利落,播音中最常用的也是最基本的表达方式)、宣读式(较之播讲式声音略高、强些,严肃庄重而又有气势)、说新闻(日常说话聊天式、亲切自然,较随便些)。新闻的种类很多,分法也各有不同。从内容上分,有工业新闻、农业新闻、军事新闻、体育新闻、文教新闻、外事新闻等;从写作形式上分,有动态新闻、综合新闻、评述性新闻、简讯等。新闻稿件训练中,在分析理解的基础上,要抓住新鲜感。到话筒前,调动自己那种"先睹为快"之后的那"一吐为快"的状态,在播音中着重把握字正腔圆、紧凑规整、感而不入、语尾不坠的语流样式。"导语"要播得鲜明、醒目、引人;"主体"要播得深入细致,语气连贯,层次分明;"结尾"语势要稍慢、收住,给人以"播报完了"的感觉。

新闻播音要做到:一"新"、二"明"、三"播"、四"巧"。

一"新":新鲜感(六个"W":何人? 何事? 何时? 何地? 何因? 何果?)把新鲜、快捷的新闻事实,在第一时间清楚地传达到千家万户。

二"明":朴实大方的明朗实声,干脆利落的明快节奏。

三"播":播清楚,播真实,播完整。把新闻发生的来龙去脉准确鲜明、立场坚定、真实完整地传达给受众。

四"巧":"情"、"声"、"气"、"字"巧妙结合,完美统一。以情带声,以声传情,以情运气,气随情动;声情并茂,传情达意。为使播报内容准确无误,就必须要做到:准确、规范、清晰的吐字,朴实、明朗、大方的声音,稳劲、持久、灵活的气息,清新、舒展、明快的节奏——就是要这样播新闻哦!

第一组

中央人民广播电台:现在是《新闻和报纸摘要》节目时间。

甲:听众朋友,早上好! 今天是2月9号,星期六,农历元月初八。

这次节目的主要内容有:

乙:"中国梦"一词家喻户晓

甲:治理腐败要"老虎、苍蝇"一起打

乙:“中国汉字听写”唤起民族的文化符号记忆
甲:北京“四板”市场正式启动
乙:“一次性消费”已成国蠹
甲:云南出招整治“医闹”
乙:年底谨防私家车被盗
甲:北电表演专业取消三试
乙:明年实施购车摇号新方案
甲:春节遇雾霾尽量少放炮
乙:3批次不合格食品下架下面请听详细内容:
甲:本台记者报道:

今年以来,习近平总书记关于中国梦的系列重要讲话,以清新理念和亲民风格,使中国梦一词迅速成为年度全民流行语。而中国梦更是今年学术理论界普遍关注的理论热点。

学界认为,中国梦有着深刻而丰富的内涵,国家富强、民族振兴和人民幸福是基本内涵,核心是中华民族伟大复兴;中国梦既是个人梦,也是国家梦,归根到底是人民的梦。作为一种形象的表达,中国梦以一种为社会易于接受的语言,道出人民的心声,是中国人民的最大公约数。

关于中国梦的特点,有学者认为是,最广泛的民族共识、最强烈的民族情怀、最彻底的民族信念。也有学者认为,作为一种最为朴素、浓烈的民族情感,强烈的忧患意识、坚定的民族自信是其突出特点,体现了理想与现实、共性与个性、世情与国情、国富与民富的统一,既是历史的,也是现实的,更是未来的。

关于中国梦的实现路径,学界认为,实现中国梦必须靠实干,要围绕中华民族伟大复兴这个核心和主题不断激活和传递正能量,为实现中国梦打下坚实基础。有学者提出,必须把中国梦与中国特色社会主义有机统一起来。中国特色社会主义道路是实现中国梦的根本途径,中国特色社会主义理论体系是实现中国梦的行动指南,中国特色社会主义制度是实现中国梦的制度保障。

乙:据人民日报报道:

近日,党的群众路线教育实践活动拉开帷幕,此次活动把主要任务聚焦到作风建设上,集中解决形式主义、官僚主义、享乐主义和奢靡之风这“四风”问题。在这种情况下,学界关于贪腐治理研究的著述相当集中。

学界认为:今年,中央反腐工作继续保持高压态势,力度、强度、透明度前所未有;“把权力关进制度的笼子里”、“要坚持‘老虎’、‘苍蝇’一起打”……这些铿锵有力的表态,体现了中央打击腐败、建设廉洁政治的决心和态度。学界一致认同,中央重拳,力度空前,手段升级,机构调整,均是在履行一个承诺:不论什么人,不论其职务多高,只要触犯了党纪国法,都要受到严肃追究和严厉惩处。

学界对当前腐败主体、形式、领域、手段、范围等出现的新变化以及治理问题,进行了深入研究。有学者提出,以国际公布的“贪腐印象指数”看,中国离反腐成功的终点,还有漫长而艰辛的路要走,当前反腐败形势仍不容乐观。有学者提出:加强对权力的制约与监督是预防腐败的不二法门;尤其是对那不想接受监督、不能自觉接受监督、觉得接受监督很不舒服的人,更要加强监督,挤压权力肆意作为的空间。多数学者认为,必须加强制度建设,构建一个教育防范、监督制约、惩处治理相互配合的制度体系，让权力不愿腐、不易腐、不敢腐。

甲：新华社消息：

8月，央视《中国汉字听写大会》节目开播。这一节目受到关注和热议。节目所考字词散见于《水经注》、《红楼梦》等中国名著，内容涵盖天文、地理、方言术语、生僻地名等等。

学者认为，《中国汉字听写大会》既可以检验我国民众整体的汉字书写水准，又可以让汉字文化得以传承，让汉字书写美德的观念得以传递，充分展示了汉字书写的真谛和魅力。有学者从传播学视角分析认为，该节目是用原创拯救危机的有效途径和可贵探索，与一些充满着争议的炒作节目不同，它让受众感受到的是汉字的美及其背后蕴含的中华文化内涵和文化魅力。"书写的文明传递，民族的未雨绸缪"，这句话不仅是节目的宣传语，也道出了国人近年对汉字传承的危机感。

有学者在分析国人内心深处潜存的文化认同危机后认为，用惯了电脑的现代人手写汉字的能力普遍蜕化，这个节目唤起了民族的文化符号记忆和文化心理认同。也有学者认为，英语学习、西方技术等对汉语学习的冲击，以及网络用语的流行，导致了汉语有种被戏谑化的现象，这在无形中消解着汉语的美感。随着社会文明程度的不断提高，人们追求内在文化底蕴的渴望与日俱增。重新审视汉字，是对中华传统文化的一种回归。

乙：北京晚报讯(记者陈辰)

继"新三板"市场在京设立之后，北京区域性股权交易市场平台——北京股权交易中心有限公司(即"四板"市场)28日启动，首批50家企业挂牌，北京三博脑科医院等3家中小企业与私募债推荐机构签约，拟发行中小企业私募债，融资规模2.5亿元。据了解，北京股权交易中心注册资本2亿元，是为区域内企业提供股权、债券的转让和融资服务的私募市场，将为全市中小企业提供融资、交易、孵化、改制、宣传、创新等"六大平台"。

北京股权交易中心董事长赵及锋表示，"四板"计划将在3年内实现为不少于2000家企业提供登记托管服务，为2000多家企业提供挂牌交易和挂牌展示服务；同时每年向"新三板"、创业板、中小板等输出不少于50家转板企业，为300家以上企业提供不少于100亿元的直接融资服务。

业内人士表示，北京股权交易中心的设立，可以为"新三板"乃至创业板、中小板、主板市场培育和输送更多的优质企业资源，为企业进入更高层次的资本市场做好准备，形成企业挂牌上市的"梯次发展"格局，从而使我市各层次资本市场协调发展、错位经营，共同实现金融服务实体经济的目标。

据悉，北京市现有中小微企业将近30万家，绝大多数中小微企业迫切希望可以从资本市场获取直接融资。目前，全市进入主板、创业板、"新三板"市场融资的企业不超过500家，还存在大量的企业难以通过银行贷款获取间接融资。

甲：本台消息(通讯员 徐春芳 徐南 记者 王东亮)在新一股冷空气袭来之前，内蒙古大唐煤制天然气于本二16时16分输低位于本市城北的北石槽天然气门站，这是北京燃气集团投入运行的第七个天然气接收门站。蒙气抵京，标志着北京开始进入多气源保障时代。

北京燃气集团负责人说，北石槽门站专门接收大唐国际克什克腾旗煤制天然气气源，该站的启动标志着国内首个大型煤制天然气项目正式向北京供气。

内蒙古大唐煤制天然气抵京，将在北石槽门站完成气质分析、过滤、加臭、监测、调压、气量分配，之后输送到北京城市天然气主管网，不仅为北部地区天然气供应提供更加有效的保障，也增强城市燃气管网整体接收运行和转输能力，同时提高各门站之间分输量的合理分配和调度，使城市燃气管网运行工况更加安全稳定。此次投运为内蒙舌大唐煤制天然气一期项目，日供气能力将达到 400 万立方米。

据记者了解，市燃气集团今年在城市北部新建设了北石槽和西沙屯门站，在东南部建设了西集门站，三座天然气接收门站与原有位于城市南部的衙门口、采育、阎村、通州、次渠五座接收门站形成全方位气源接收，全部运行后，天然气日均接收能力将突破 2.4 亿立方米，在原 1.2 亿立方米基础上翻一番。

据悉，北石槽门站开始接收大唐煤制天然气，西集和西沙屯接收门站将分别接收陕京二、三线气源。目前北京城市接收天然气气源已经进入多元化气源保障时代，。包括陆上、海上、国产、进口、常规及非常规天然气。多元化的气源供应格局将有效保障今冬明春本市天然气稳定供应。

乙：北京日报消息：

素有"地下中轴"美誉的地铁 8 号线年底前将抻长 9.5 公里。北京市交通委昨天发布消息：此番，8 号线经过南延北展，北段，昌八联络线线路全长 6.3 公里，设朱辛庄站（高架）、育知路站（地下）、平西府站（地下）共 3 座车站；南段，鼓楼至中国美术馆段线路全长 3.2 公里，全部为地下线，共设什刹海站、南锣鼓巷站、中国美术馆站（年底暂缓开通）3 座车站。将于年底试运营的两段新线与既有 8 号线通运营后，这条地铁线就将串联起城北所有东西向的地铁线路和环线，新开的 5 座车站中，有 3 座站是中转站，与既有的昌平线和 6 号线接驳。

届时，8 号线运营里程达到 26.6 公里，北京轨道交通运营总里程达到 465 公里。

甲：本台消息：

一次性筷子、一次性餐具、一次性雨衣雨伞、一次性餐布、一次性塑料袋，宾馆中使用的一次性洗浴用品，以及无数具有"一次性"性质的手机电池、一次性相机、一次性水笔、塑料饮料瓶、飞机上的一次性刀叉及餐盒、大型展会发放的精美宣传材料、无节制的豪华精致包装……"一次性"用品泛滥，已经成为威胁全球的生态灾难。据专业部门统计，中国人每天曾使用塑料袋超过 30 亿个，遥遥领先于其他国家。每年中国人丢弃的白色垃圾，是一个极其惊人的数量。青山绿水，受到荒漠化以及日渐膨胀的"白色垃圾"、"电子垃圾"的双重蹂躏。中国的行动早已滞后，"一次性消费"已成国蠹，没有任何一位国民能置身事外。有些"一次性"用品，比如在医疗卫生领域的应用十分必要。但对绝大部分"一次性"说"不"，在当下社会则显得尤为重要。

乙：本台驻云南记者报道：云南出招整治"医闹"

经云南省第十二届人民代表大会常务委员会第六次会议审议通过的《云南省医疗机构管理条例》（以下简称《条例》）中，对"医疗纠纷预防和处置"做出了明确的规定。近年来，由于医疗纠纷的事件时有发生，本次《条例》中关于医疗纠纷的规定成为各方最关注的焦点。为了维护医患利益，构建和谐医患关系，《条例》在"第四章 医疗纠纷预防和处置"中明确规定了六类过激行为应该被禁止：（一）限制医疗机构工作人员人身自由，或者侮辱、威胁、伤害医疗机构工作人员；（二）损毁、抢夺医疗机构的财物、医疗文书；（三）设置障碍或者以其他形式堵塞交通、妨碍他人就诊；（四）违规停尸、私设灵堂、摆放花圈、焚烧纸钱、燃放烟花爆竹等;(五)聚众滋事,破坏或者干扰医疗机构的正常秩序;(六)其他危害医疗秩序的行为。

甲:本台记者报道:

随着人们生活水平的不断提高和汽车产业的发展壮大,我国汽车的拥有量逐年上升,随之而来的汽车被盗现象屡屡发生。自我防范意识不强、防范措施不力、乱停乱放是导致汽车被盗的主要原因,具体表现为:第一,部分车主为了节省停车费用,将车辆停放在无人看管的路边、僻静的街头巷尾或无车辆出入牌的小区空地,给盗车贼带来可乘之机;第二,有些单位车辆没有防盗报警装置,在夜间或者人少、无人看管的情况下,盗贼行窃时很难被人发现,无意中给作案者带来了一定便利;第三,一些车主在办事购物时,喜欢将手提包或贵重物品放在汽车内,这很容易引起盗贼的注意。

如何防范车辆被盗?首先,要提高防盗意识,克服麻痹思想,养成良好习惯,比如离开车时要熄火锁车,取下车钥匙,关好车窗、天窗,不要把钥匙留在点火器上。其次,选择有专人看管的停车场停放汽车,严禁乱停乱放。第三,安装汽车防盗装置,是预防汽车被盗的有效措施。

乙:据北京市教委消息,北京电影学院表演专业考试将取消三试。

据悉,2014 年北京电影学院表演专业本科计划招生 50 人,表演专业将取消三试,只剩下初试和复试。初试考朗诵和即兴表演,复试考声乐、形体综合会试,台词和表演综合会试。

此外,复试中还新增了一个口试环节,主要考查艺术、历史和社会常识等,考生的文化课成绩要求有所提高。

甲:本台消息:明年实施购车摇号新方案

明年购车摇号将实新方案,与今年相比有四大变化:

第一,"小客车摇号"网站将更新上线,可查询累计参加摇号次数、基准中签率等。明年小客车指标总量为 15 万人,其中示范应用新能源车指标两万个。

第二,"久摇未中"中签率提高,累计摇号 25 次至 36 次未中的,中签率自动升为当期基准中签率的两倍。

第三,个人和单位的普通指标、示范应用新能源指标配置周期统一为每两月一次,逢双月数 26 日组织摇号。每月 8 日前授受申请,25 日公布审核结果。个人经摇号未取得配置指标的有效编码由 3 个月改为保留 6 个月,在保留期满后需要继续申请指标的须确认延期。

第四,购买新能源小客车须参加摇号,指标设单独摇号池,指标只能买纯电驱动车。

乙:本台记者报道:春节遇雾霾 物业需劝业主少放炮

各物业服务企业和房管单位要制定消防、烟花爆竹燃放、秩序维护、共用设备设施管理等应急预案,节日期间领导 24 小时带班制度,重污染日严禁燃放烟花爆竹。发现业主违反禁放、限放规定的,要及时劝阻,对不服从劝阻者向公安部门报告,同时加大巡查力度,发生突发情况及时处置和报告。

市住房城乡建设委昨日印发《关于做好元旦、春节期间物业服务和烟花爆竹安全管理工作的通知》,要求各物业服务企业对物业管理区域内的电梯、高压水泵、变电站、消防等共用设设备进行全面检查,及时排除故障,全面做好元旦、春节期间的物业服务及烟花爆竹燃放的安全管理工作。

市住建委相关负责人说,备物业服务企业制定和完善消防、烟花爆竹燃放、设备设施管理等应急预案,执行领导24小时带班制度,确保维修和值班电话畅通。按照市政府规定,重污染日严禁燃放烟花爆竹,遇突发情况及时处置和报告。各区县建委和房管局加强组织领导、加大检查力度,指导和督促本辖区物业服务企业做好节日期间服务保障工作,对检查中发现的违法违规企业依法及时查处。此外,市住建委还公布了举报邮箱 bjwyjb@163.com,对业主和单位发现的物业企业不履行职责的行为,市住建委将依法及时查处。

甲:《北京晚报》记者红梅报道:3批次不合格食品下架

昨天,市药监局公布本周下架食品名单,3批次食品被通告在全市流通领域停止销售。

标着"高档干果",吃起来却可能有哈喇味,标称北京金良平食品有限公司生产的一批"良味"牌老果园高档干果,过氧化值超标得多,吃起来就会有酸腐、哈喇等异味,食用这种食品,会造成人体肠胃不适、腹泻,并损害肝脏。

此外,市食药监局在监督检查中还发现,一批次"志发"调味面制品"环己基氨基磺酸钠"超标数倍;一批次"味之天"芙蓉香干使用了过量的防腐剂"山梨酸"。据了解,"环己基氨基磺酸钠"即甜蜜素,是食品生产中常用的添加剂,消费者如果经常食用甜蜜素含量超标的饮料或其他食品,会对人体的肝脏和神经系统造成危害。

市食药监局提示:凡已购买上述不合格批次食品的消费者,可凭购物小票和食品外包装向销售单位要求退货。

乙:各位听众:这次的《新闻和报纸摘要》节目是由王杰、大海编辑,晨星、高阳播送的,欢迎您接着收听《新闻纵横》节目。

甲:听众朋友,这次的《新闻和报纸摘要》节目播送完了,感谢收听,明天同一时间再会!

乙:再会!

第二组

中央人民广播电台,现在报告一组民生资讯:

看好经济发展　对环保信心不足

政府社会责任研究报告显示,公众对未来三年的经济发展水平最有信心,对环境质量信心相对不足,对政府治理责任的信心有明显改善。

其中,66.2%的受访者认为经济发展水平未来三年将变好,有42.9%的受访者认为环境质量未来三年将变好;超过一半的受访者对"政府忠于职守,对老百姓负责"充满信心,较2012年提升8.3%。

具体来说,经济发展责任中,只有35.3%的人表示充满信心。社会发展责任评价中,公众对基础设施建设最有信心,对社会公平公正缺乏信心,认为未来三年将变好的比率分别为64.0%和38.4%。环境保护责任中,公众对城市绿化最有信心,变好比率57.8%,对空气质量缺乏信心,变好比率40.1%。而治理责任中,公众最有信心的是征询民意,变好比率50.4%,对公务员廉洁自律较缺乏信心,变好比率38.9%。

调查结果还表明,公众对未来三年政府社会责任履行充满信心。其中,社会发展责任信心指数最高,为79.4,经济发展责任、环境保护责任和政府治理责任的信心指数分别为76.6、

76.7和78.1。国有单位职工信心指数较高，认为自己收入与社会地位较高的受访者信心指数低于认为自己收入与社会地位较低的受访者，东部地区受访者信心指数低于中西部地区。

中央禁令掀台挂历退单潮

10月31日，中央纪委发出《关于严禁公款购买印制寄送贺年卡等物品的通知》，全国台挂历之乡——浙江苍南县90%的生产企业陆续出现了取消、退单的情况，而这些都是公款订单。记者调查走访发现，我国各地的一些台历、挂历市场往年这个时候正是最忙的时段，而今却非常冷清。义乌是浙中地区规模最大的台挂历、年画商品的集散地，这里的商家告诉记者，往年差不多能卖出去500万个台挂历，今年可能只能卖出200万个，银行、政府机构的订单基本上都退了。当前，公款订购台挂历送礼的现象基本消失，随之而来的是国内台挂历市场大半萎缩。浙江省苍南县被称为中国台挂历之乡，我国75%以上的台挂历产于此地，有相关企业200多家，一位当地业内人士表示，过度依赖公款消费并不是长远之计，这一行业需要谋求转型。一些企业将产业瘦身，丰富产品种类，拓宽海外市场，当做企业升级转型的主要方向。

"研究制定渐进式延迟退休年龄政策"，广受关注——延迟退休：是否会增加就业难度

11月，"延迟退休"因为党的十八届三中全会提出"研究制定渐进式延迟退休年龄政策"而再次成为社会热点。有学者认为：延迟退休年龄是大势所趋，可借鉴西方弹性退休政策，以"小步慢走"的方式实施，以减少负面影响。也有学者担心，延迟退休是经济粗放型发展模式在社保体系的"写真"。

关于延迟退休的争议焦点是实施该政策是否会使本已十分严峻的就业形势雪上加霜。有学者认为，当前和今后一段时期就业总趋势仍然是劳动力供大于求。

但同时也要考虑已经出现的劳动力资源总量下降的端倪和劳动力无限供给终将结束的趋势，要研究如何更加充分、有效利用我国宝贵的劳动力资源。还有学者认为，我国劳动力配置与供给应与经济社会发展水平与经济结构调整趋势相适应。

关于延迟退休应从哪部分群体开始实施，有学者提出，应从那些人力资源替代弹性系数较低的群体开始，即入行门槛高、核心竞争力强、替代性弱的群体，如工程师、医生等高端人力资源群体，以更好地发挥其优势。

我国肿瘤微创复式治疗进入临床

经过10多年的艰苦攻关研究，由中科院理化所研究的肿瘤微创高低温复式治疗技术于日前首次进入临床，这一技术也打破了美国和以色列在肿瘤微创冷冻治疗技术上的垄断。据专业人士介绍，此种技术主要采取冷热消融相结合的方式，可对病灶灭活更加彻底。目前，我国采用的肿瘤微创冷冻治疗设备都是由美国和以色列研发和生产的，一次手术的费用需要近2万元，而我国研发的这套设备则采用了新的原理，用普通的液氮代替稀有材料进行降温，不仅可以将手术费用降低到原来的一半，并有望将这一技术推广到中小城市和边远地区。

农贸市场购买香油谨防假冒

芝麻香油是中国人熟悉的调味品，它不仅香，还富含营养物质，合理使用对健康大有好处，不过现在的市场上有香味的可不一定就是真正的香油。

记者在北京一家农贸市场上发现，有的香油只卖7元多一斤，而记者在超市里看到的香油，245克就要15.4元，一斤相当于31元，为什么同样是香油，价格差距如此之大呢？有商户告诉记者，7块多一斤的廉价香油肯定有问题，因为光成本就不止这个价。

记者多方打听，来到据说能出产廉价香油的地方——位于天津市武清区的东马圈镇进行调查。经过一番周折，记者找到了一个香油加工点。老板介绍说，自己不仅可以根据价格提供香油，而且香味可以保证，销量最好的是9元钱一斤的香油。

记者提出要买5公斤，这位老板十分痛快地告诉记者，廉价的香油就是用芝麻油和大豆油勾兑出来的。老板说，一点纯香油都不加也能做出所谓的香油，那么香味从哪儿来呢？这位老板还有一个秘密武器。在房间的窗台上，记者发现了一个开着盖子的白色瓶子，上面明确写着芝麻香精的字样。在记者的追问下，老板道出了其中的秘密：原来大豆油加上芝麻香精，就能勾兑出所谓的香油，但是这种所谓香油的香味最多只能保持一个月左右。除了添加香精，勾兑用的大豆油也令记者担忧。记者看到，这些大豆油都是盛放在满是油污的大桶里，颜色发黑，记者怀疑这些豆油很可能是地沟油，这些油是否安全就不得而知了。

探头加巡逻严防死灰复燃

消防人员告诉记者，在近期的一系列排查中，他们发现有的商家在拆掉彩钢的“楼上楼”后，没几天又悄没声息地拿轻体砖盖小二层了，以图蒙混过关。

对于这种死灰复燃的现象，东城区拆违部门已开始加派人手，严加盯防。很快，街内还将增设高清探头，让即便是萌芽中的“楼上楼”也无处遁形。“保证做到，随时发现随时清除，还一个规范的簋街给市民。”区拆违部门负责人说。

对于簋街拆除“楼上楼”，周边居民表现得很是期待。“有些商家，建得确实太过分了，屋顶上一层层往上搭，将旁边住户、商户连成了一片。这要是着了火，准得‘火烧连营’。”北新桥街道的冯春平老人，说出了很多附近居民的心里话。

居民们还说，他们更怀念簋街原来的样子，那时，街上大都是住户，房子也以一层为主，老北京风味十足。从1995年开始，这条西起北新桥路口、东至二环路东直门桥，全长1500米的街道，就开始在京城餐饮圈崭露头角，一栋栋酒楼、食府纷纷落户，至今已聚集了107家。房屋出租后，接手的商家千方百计扩大经营面积，于是这才有了今天司空见惯的“楼上楼”。

好在，被灯红酒绿层层包裹的簋街，眼下正一点一点向着老北京的传统风貌恢复还原。明年，簋街就将以焕然一新的面貌，接待八方食客。

大数据技术提升受众反馈价值　大数据对媒体的价值不宜高估

“大数据”一词越来越受到关注，它对各行各业将会产生一定的冲击，作为信息传播前沿行业的新闻传媒业，受到大数据技术的冲击和影响到底有多大？这也是今年的一个热点话题。

有学者认为，大数据技术将对媒体现有的新闻生产模式与机制产生影响，它将渗透到新闻生产的核心环节，提升专业媒体的报道水准，提升受众反馈的价值，拓展用户分析广度与深度。

也有学者认为，大数据对媒体的价值不宜高估，因为媒体业缺乏处理大数据的能力。所以媒体业虽受大数据的冲击和影响，但难以出现颠覆性的创新，无法孵化出新的业务形态。

本报讯（记者　孙小杰　通讯员　张慧）12月23日，本栏目接到家住朝阳区王四营乡陶庄的王先生来电，反映在双丰铁路与 G1 京哈高速辅路交界处附近的一过街桥下，部分墙面多日往外渗水，由于气温很低，水在墙面和便道上结成了厚厚的一层冰，影响行人通行。

12 月 24 日，记者来到 G1 京哈高速下行线辅路与双丰铁路交界处以东约 30 米处，发现一处过街桥下的一墙面上，渗出的水结成一串串的冰挂，墙面高约 6 米，每隔 2 米有一处伸缩缝向外渗水，绵延的冰挂十余米长；有的渗水点高约 5 米，接近墙面的顶端。由于近来寒冷低温，不仅墙面结起了冰挂，水流到便道的路面也结起了厚厚的一层冰，最厚的冰层达 10 厘米左右。记者在现场看到，犹如镜面的冰不仅侵占了十余米长的便道，还挤占了宽约 3 米的自行车道，给来往行人和骑车人带来危险。

记者从附近居民中了解到，这面墙一到冬天就结冰，一直没人管。凡是经过这里的行人和自行车，为了躲开路上的冰面被迫绕道而行。一位路过的大妈说："白天路还能看清楚，但这条路两侧一直没有路灯，到了晚上便道上黑漆漆一片，已经有数不清的行人在这里摔跟头了。太危险了！"

记者在桥下发现，渗水的墙体上方是联排的低矮平房，约有 100 多住户。据一户居民介绍，这片平房区域设有地下排水沟，居民的生活用水常年随意排放，导致废水淤积在墙体上的地面上，加上墙体的伸缩缝因热胀冷缩变大，使废水沿着罅隙渗了出来导致结冰。附近的居民希望有关部门尽快派专业人员过来看看，解决好这处墙面的渗水问题，让他们路过这里别再滑倒。

各位听众：这次节目播送完了，感谢您的收听，明天同一时间再会。

第三组

中央人民广播电台，现在播送一组文娱快讯：

新年伊始，各大电视台此时都推出了精心准备的电视剧，其中中央电视台综合频道播出大型史诗电视剧《毛泽东》、电视剧频道播出历史传奇大剧《舞乐传奇》，那么其他地方卫视都推出了哪些电视剧呢？

北京、陕西、湖北、江西：《无贼》

电视剧《无贼》是著名编剧彭三源加盟华谊兄弟电视剧之后，历时一年半打造的首部现实主义作品，由丁黑执导，汇集张国强、殷桃、孙海英、曹炳琨、许娣、贾青等老中青实力派演员。《无贼》聚焦惯偷夫妻段虎（张国强饰）和乔安娜（殷桃饰）从贼到"人"的艰难蜕变，这个过程中派出所老所长向前进（孙海英饰）一家对段虎夫妇付出了巨大努力，将两个惯偷改过自新、脱胎换骨的心理变化刻画得入木三分，阐释了人性的本真美好和人间的温情大爱。

湖南：《天龙八部》

作为金庸的经典作品，又网罗了钟汉良、金基范、韩栋、张檬等一众青春偶像，新版《天龙八部》想必是一部大龄观众消费怀旧情结、年轻观众轻松看偶像的"老少通杀"之作。为了求新，新版《天龙八部》还融入了魔幻风格，通过特技将金庸迷们耳熟能详的凌波微步、降龙十八掌等招式打造得更加炫目。

安徽、贵州、黑龙江、重庆:《利箭纵横》

《利箭纵横》讲述了“皖南事变”之后,由李剑带领的利箭特战队顺利完成任务,彻底粉碎了日军阴谋,稳固皖西南,建立根据地的故事。相比第一部《利箭行动》,《利箭纵横》故事情节更加惊心动魄,人物性格更加复杂多变,一触即发的阴谋与残酷激烈的战争,将给观众带来更加紧张、刺激、过瘾的感受。

东方、天津、江苏、浙江:《一代枭雄》

《一代枭雄》以上世纪 20 年代的边境小镇风雷镇为背景,讲述了留洋归来的何辅堂为报父仇,用先进的思想为家乡注入新风,力促风雷镇和平解放的故事。该剧由孙红雷身兼主演和监制,是他暂别荧屏 3 年后的回归之作,他在剧中扮演的何辅堂和巍子饰演的魏正先、陈数饰演的程立雪之间发生了一系列惊心动魄的故事,孙红雷、巍子这两大硬汉的碰撞尤为引人关注。

深圳:《土地公土地婆》

土地公张福德(谭耀文饰演)娶得城隍女儿李秀文(穆婷婷饰演)为妻,两个人经历了家庭话语权的争夺、重男轻女的危机、孝顺父母的反思,体悟着凡人夫妻的生活,也教育世人,要善良、勤劳,孝顺父母。该剧对传统神话故事做了大胆创新,7 个单元分别解读了缘分、利益、外表、命运、真爱、救赎、父母恩情这些人间众生相,剧情紧扣现代社会的一些热点问题,拉近了神话剧与观众的距离,使观众在最朴实的故事中得到思考。

直通春晚

12 月 28 日,《我要上春晚特别节目——直通春晚》将迎来歌唱版首场比拼的直播。届时,将有来自浙江卫视《中国好声音》、东方卫视《中国梦之声》、湖南卫视《快乐男声》、北京卫视《最美和声》、广西卫视《一声所爱 · 大地飞歌》以及山东卫视《中国星力量》6 档节目分别推荐的 3 名人气选手,经过 4 场比赛,最终角逐出能够获得春晚彩排邀请的选手。

首席夜话

《辣妈正传》里的他全心顾家,一跃成为观众眼中的“国民女婿”,他却自嘲“黄海波比我更加中国好老公”。《士兵突击》里的史班长令人印象深刻,原来传说中的“史班长”不仅酷爱恶搞,他当兵的那年也一样故事不断。生活里的张译热爱阅读,新书《不靠谱的演员都爱说如果》发售在即,内容精彩。面对乐嘉质疑,张译现场解读所谓的“不靠谱”。

精彩音乐汇

12 月 29 日将播出庾澄庆的《热情的沙漠》、金池的《对你爱不完》、刘欢的《凤凰于飞》、吉克隽逸的《情深谊长》、羽泉的《最美》、平安和殷秀梅的《我爱你中国》、那英和孙楠的《征服》、蔡琴和萧敬腾的《新不了情》、迪克牛仔和韩红的《眉飞色舞》、蔡依林和陶喆的《今天你要嫁给我》、宋祖英和周杰伦的《千里之外》、梁静茹和品冠的《明明白白我的心》、凤凰传奇的《最炫民族风》、呼斯楞的《鸿雁》、王菲的《人间》、周杰伦的《青花瓷》和刘若英的《后来》等歌曲。

影视留声机

第一期：1.《爱在春天》片尾曲：《我和春天有个约会》2.《花非花雾非雾》片头曲：《花非花雾非雾》、插曲：《爱在天长地久》3.《璀璨人生》主题歌：《叫醒爱》4.《因为爱情有多美》主题歌：《拥抱的理由》5.《我爱的是你爱我》主题歌：《爱无反顾》6.《分手合约》主题歌：《相爱有时》7.《被偷走的那五年》主题歌：《悄悄告诉你》8.《意外的恋爱时光》主题歌：《不想说再见》9.《一夜惊喜》主题歌：《一夜惊喜》10.《非常幸运》主题歌：《爱一点》11.《甜心巧克力》主题歌：《一定有个你》12.《101 次求婚》主题歌：《答应我》13.《精灵旅社》主题歌：《问题》14.《蓝精灵 2》主题歌：《呜啦啦》15.《疯狂原始人》主题歌：《照亮你的路》。

第二期：1.《新恋爱时代》插曲：《时间的漩涡》2.《小爸爸》片尾曲：《相见不如怀念》3.《辣妈正传》主题歌：《稳稳的幸福》4.《老有所依》片尾曲：《老有所依》5.《咱们结婚吧》片头曲：《把命都给你了》、插曲《以为爱情没有了》、插曲《终于等到你》6.《致我们终将逝去的青春》主题歌：《致青春》7.《中国合伙人》主题歌：《光阴的故事》8.《小时代》主题歌：《我好想你》9.《了不起的盖茨比》主题歌：《绮年玉貌》10.《速度与激情》主题歌：《属于我们》11.《环太平洋》主题歌《漂流》

第三期：1.《笑傲江湖》主题歌：《逍遥》2.《陆贞传奇》主题歌：《珍惜》3.《追鱼传奇》主题歌：《追》4.《画皮之真爱无悔》片头曲：《落叶》5.《兰陵王》片头曲：《入阵曲》6.《精忠岳飞》主题歌：《精忠传奇》7.《龙门镖局》主题歌：《one night in 塞外》8.《四大名捕 2》主题歌：《放下》9.《西游·降魔篇》主题歌：《一生所爱》10.《光辉岁月》主题歌：《光辉岁月》11.《全民目击》主题歌：《我一直走》12.《扫毒》主题歌：《心照一生》13.《盲探》主题歌：《盲爱》14.《一场风花月的事》主题歌：《爱是一颗幸福的子弹》。

12 月 29 日至 31 日 9:50(十五套)播出。

各位听众：这次的“文娱快讯”就为您播送到这里，是由晨星为您服务的。感谢您收听！明天同一时间请您继续关注我们的节目。听众朋友，再会！

第二章 通讯稿件播音训练

通讯播音的语言特点是：亲切朴实、从容畅叙、真切参与、起伏流畅、由己达人，在播音中起到准确、鲜明、生动、感人的作用。根据不同的稿件内容，通讯大致分为五大类，即人物通讯、事件通讯、风貌通讯、经验通讯（工作通讯）、主题通讯（综合通讯）。与新闻、评论相比，通讯表现方法最丰富，既有叙述、描绘，又有议论、抒情。因此要求播音员要善于运用语气，准确地进行叙述、描绘、议论和抒情。在通讯稿件播音训练中要抓住具体性，到话筒前，调动自己处于一种“深受感动”之后那“心驰神往”的状态，播音中着重把握起伏顺畅、收纵自如、入而不陷、语尾多变的语流样式。要努力做到先声夺人，播好标题和开头；生动完满，播好展开部分；画龙点睛，播好结尾，使之环环扣紧、前后呼应，全篇连贯完整、趣意盎然、生动感人。

春节的颜色

小的时候，春节在我的眼里就是红色的，红红的鞭炮，红红的对联，压岁的红包，大大的红福以及红红的灯笼，满眼都是红，祥和喜庆。我喜欢这种颜色，红代表富贵、美好。一到春节，红色遍布街头巷尾，我就有一种兴奋感。一年之中，这一段日子是最热闹的，也是家家最幸福快乐的时候。忙了一年，年味也沸腾了起来，家家张灯结彩，穿红挂红，让这个节日散发着迷人的气息，让人留恋向往。

长大后，春节依然是红彤彤的，这种红越来越清晰，越来越火红，更加的鲜亮，而且有立体感。我对红色有了更深的理解，红就是团圆，就是亲情。春节的颜色就是红色的，这种特色的红，是那样的透明，让你一眼就可能认出，一眼就会爱上这个节日。

春节的颜色就是中国红。这种红是中国独有的，充满着热烈喜庆，年年的春节，有了很多新鲜的味道，但唯一不变的还是中国红，春节的颜色依然是那样的红，红色的中国，洋溢着更多红色的元素，红色的窗花，红色的汽车，红色的家装，让生活更加红火了起来。

春节就是要红，红色避邪，代表着吉祥。中国古时候有一种叫“年”的怪兽，“年”最怕红色、火光和炸响，所以过年要贴红春联放鞭炮，人们常常用红色来驱赶“年”。红色还象征着品位、与众不同。在红色里面，人们感受到爱情、生命、勇气和骄傲。春节来临时，红红火火的音乐敲响了新春的快乐，红色流动着我们的快乐，我们拥抱着火红的生活，用一种追求，用一种信念，用不停的脚步，去开拓美好的日子。

春节，一个红彤彤的节日。体味春节的颜色，品味逝去的岁月，那烟花的灿烂，定格着一幅幅动人的画面。春节的颜色，是火红的生活，洋溢着欢庆和幸福。那年轻朝气的中国红，渗着浓浓的节日气氛，涂抹着和谐和希望。

攒下来的朋友

东晋将军苏浚在《鸡鸣偶记》中把朋友分成四类，告诫世人要交那些能够互相砥砺品行、直言规劝过失的"畏友"，和以心相交、生死与共的"密友"，而不要交巧言令色、只讲吃喝玩乐的"昵友"，和只可同甘、危难时却落井下石的"贼友"。

所以，人一辈子能攒下几个真正的朋友，是一件很不容易的事。回想一下，与你在各种场合互换名片的那些人，一年后还在联系的有几人？十几年学生生涯中朝夕相处的那些同学，毕业五年后你还常常想起的又有几人？春风得意时辐辏于身边的那些朋友，在你仕途落魄后还能陪你喝茶聊天的又有几人？

因此，那些经历过时间、时势的洗刷而"幸存"下来的几个人，才是你真正的朋友。

（据《今晚报》　卢荻秋/文）

沈从文与张兆和的浪漫姻缘

1929 年，经诗人徐志摩的介绍，因写新潮白话小说而在文坛崭露头角、27 岁的沈从文被中国公学校长胡适聘为教师。然而，木讷的沈从文第一堂课就洋相百出，他万万没有想到，在那些目睹他出洋相的女学生中，就有以后成为他夫人的张兆和。

当时，聪明可爱、单纯任性、年仅 18 岁的张兆和身后有许多追求者，她把他们编成了"青蛙一号"、"青蛙二号"、"青蛙三号"。她二姐张允和取笑说，沈从文大约只能排为"癞蛤蟆第十三号"。沈从文不敢当面向张兆和表白爱情，他悄悄地给兆和写起了情书。

后来，学校里起了风言风语，张兆和情急之下，拿着沈从文的全部情书去找校长胡适理论。张兆和把信拿给胡适看，说："老师老对我这样子。"胡适答："他非常顽固地爱你。"张兆和没有得到校长的支持，只好听任沈从文继续对她进行感情文字的狂轰滥炸。

1932 年夏，张兆和大学毕业回到了苏州老家。当时已到山东青岛大学任教的沈从文带着巴金建议他买的礼物——一大包西方文学名著敲响了张家的大门。

沈从文回去之后，立即给张允和写信，他在信里写道：如爸爸同意，就早点让我知道，让我这个乡下人喝杯甜酒吧。张兆和的父亲开明地答：儿女婚事，他们自理。于是，两姐妹便一同去了邮局，给沈从文发电报。张允和拟好的电报是："山东青岛大学沈从文允"。张兆和的则是："沈从文乡下人喝杯甜酒吧。"这也许是中国最早的一个白话文电报，但邮局没有收，而是收下了张允和的。

就这样，沈从文与张兆和结下了姻缘。

异国过年的中国人

有钱没钱，回家过年。但不是所有中国人都能如愿，尤其是那些漂泊海外的游子，刚刚过去的春节，回家之路更显艰难。

他们中有的是为了个人生计，有的是为了他国航线的平安。但不管是在近在咫尺的日本，还是在千里之外的亚丁湾，虎年钟声敲响的那一刻，他们都在共享北京时间。

没有绚丽的烟火，没有爆响的鞭炮，没有热闹的春晚，就着一碗饺子，想起远方的亲人，叫人情何以堪。可人生的每一段经历回头看都是一笔巨大的财富，离别虽痛苦，却也因此更懂得珍惜，珍惜父母的关心，爱人的呵护，祖国的温暖。

如果没有祖国的开放和强大，他们也许连走出国门的机会都没有。1949 年到 1978 年三十年间，中国出境人数仅为 28 万人次。而外交部统计数据显示，2009 年，中国公民出境人数在前一年 4584 万人次的基础上持续大幅增长，预计全年突破 5000 万人次。中国每年向境外输出劳务人员 65 万人次，中国海外留学生已达 136 万。

出国之前，他们都曾雄心壮志，带着或物质或精神的梦想匆匆上路，却怎知一路上险象环生。2009 年，金融危机的阴霾未消，恐怖主义的阴影犹在，路途更不平坦。

2009 年 6 月，中国商人在莫斯科遭遇惊天大劫——莫斯科市政府临时关闭切尔基佐夫斯基大市场，一批中国商人的钱款货物被扣，190 名华商被集中检查证件。

2009 年 10 月，25 名中国船员在印度洋被索马里海盗劫持，两个月后才安全脱险。

2010 年 1 月，两名中国工程师在阿富汗北部被绑架，至今生死未卜；10 名在日本的中国研修生采用法律手段向日本企业讨薪，至今没有下文。

这些引起媒体关注的新闻，仅仅是中国人海外安全状况的冰山一角，可以想见的是，在这个中国人已经无处不在的地球上，更多类似的悲剧可能还不为人知。

元宵节来临之前，我们走近四位海外游子：在亚丁湾护航的海军第四批护航编队副指挥员顾礼康，在莫斯科从事建筑装修行业的华商老刘，在阿富汗首部喀布尔经营中餐馆的老板陈大明，在日本埼玉县久喜市一家燃气公司上班的研修生宋华。他们的身上集聚了许多海外中国人的共性——有过焦虑和彷徨，但也比普通人更有韧性，可以为了信念不辞辛劳，可以为了使命无所畏惧。倾听他们的故事，每个人都能寻找到我们自己的影子，因为我们都有一个共同的名字：中国人。

西藏老人：心中多年的秘密

在西藏，有一个叫爱地巴的人，每次当他生气和人起争执的时候，就绕着自己的房子和土地跑上 3 圈，然后坐在田地边喘气。所有认识他的人，心里都起疑惑，但是不管怎么问他，爱地巴都不愿意说明。

直到有一天，爱地巴很老，他的房子和地又已很广大，他生气，拄着拐杖艰难地绕着土地转，等他好不容易走了 3 圈，太阳已下山，爱地巴独自坐在田边喘气。

他的孙子在身边恳求他："阿公，你已经年纪那么大，这附近也没有人的土地比你更广大，您不能再像从前，一生气就绕着土地跑啊！您可不可以告诉我这个秘密，为什么您会这样做呢？"

爱地巴禁不起孙子的恳求，终于说出隐藏在心中多年的秘密。他说："年轻时，我一和人吵架、争论、生气，就绕着房地跑 3 圈，边跑边想，我的房子这么小，土地这么小，我哪有时间，哪有资格去跟人家生气，一想到这里，气就消了，于是就把所有的时间用来努力工作。我现在还是会生气，生气时绕着房地走 3 圈，边走边想，我的房子这么大，土地这么多，我又何必跟人计较？"

一个不抱怨的人，你可以花更少的心力，招致更多你想要的东西，你还会让怨气继续操控、支配你吗？

幸福其实在我们每个人的心中，在我们触手可及的地方，其实我们已经拥有了很多，重要的是需要一颗善于觉知的心。

学会控制心态，如果总想着自己的软弱和缺陷，就永远得不到你想要的力量和平静，在灾厄和困境面前，要始终保持一颗平常心。

坏脾气与好领袖

英国首相布朗脾气欠佳、粗暴待人的传闻愈演愈烈，以至于首相府的工作人员向“全国反欺凌热线”打求助电话。

按照咱中国人的口头禅，很多人都会认为首相“有病”。不过，没病的就当不了首相、总统，成不了叱咤风云的人物。从丘吉尔、希特勒、罗斯福、肯尼迪、戴高乐、赫鲁晓夫、勃列日涅夫到里根、密特朗、叶利钦、卡扎菲，都患有不同的“疾病”。“病夫治国”不仅是一本别具一格的名人传记名著，也基本上是历史的真实。布朗的病算是轻的，甚至说没病，所以还不能称作杰出的领袖。也因为脾气发得还不够大，所以很可能在即将来临的大选中被脾气更大的选民给推出唐宁街 10 号。

法国著名记者阿考斯和瑞士医学博士朗契尼克合著的《病夫治国》及续集《非常病人》出版后，给人们带来理解政治领袖的新视角，被称作弗洛伊德理论蒙上灰尘后的新发现。不过，从英国首相布朗的坏脾气成为举世关注的新闻事件后，“脾气”与“领袖”的关系研究，可能替代“病人治国”理论，成为最新的政治时尚。

把英国带入黄金时代的“处女女王”伊丽莎白一世，就是一个脾气很坏的人。她不仅对大臣发脾气，还对无辜的平民也发脾气。好在她早已过世，要是生活在设有“全国反欺凌热线”的现在，投诉她的人一定远多于布朗。但是，她在历史上的位置是“缔造英格兰的明君”，尽管对大臣、仆人、外交官经常臭骂，有一次还把一位偷吃王室残羹的女性的手用刀捅破。

二战英雄丘吉尔 1940 年进入唐宁街 10 号，工作人员对他生恨。丘吉尔不仅脾气粗暴，而且经常处在半醉半醒状态，每顿餐少了威士忌，他会怒目而视。他的情报官说，“他简直就是一个罗马皇帝，甚至比暴君还要坏”。不过，没有人否认，没有丘吉尔，英国可能就被希特勒给接管了。

撒切尔夫人也是改变英国的人，没有横行霸道的名声，但对政敌、不听话的官员和做错事的工作人员，从来是立刻反击，毫不留情。现在人们都在讨论英国和阿根廷会不会爆发第二次“马岛战争”，如果撒切尔夫人没脾气，一个女子是不敢贸然在万里之外打第一次马岛战争。1982 年英国打赢了，“铁娘子”的名声不胫而走。

这只是英国的例子，如果扩展开来，就发现俄国的叶卡捷琳娜二世、叶利钦、普京，美国的罗斯福、肯尼迪、里根，都是脾气大的人。他们可能在公共场合表现得体面、温和，但在幕后常常动不动就发火。生理学家认为，当领袖的人都是精力充沛的人，精力充沛的人脾气就大。

有人说，领袖的脾气大没关系，只要他诚实、刚毅、坚持原则、决策果断、能给国家和国民带来好处就可以。人们不用太在意他说话是否粗暴，而应该看他是否为国家捏紧拳头。这也许有为布朗辩护的意味，其实不然，布朗的脾气还是太好，是一个弱势的领袖，不在“脾气坏的好领导”之列。

元宵佳节话灯联

元宵张灯是我国人民的传统习俗。古往今来，不仅有大量脍炙人口的元宵咏灯诗，而且有无数情趣盎然的元宵吟灯联。

南宋贾似道镇守淮阴(今扬州)时，有一年元宵节，他吩咐下属在府门张灯结彩，门客中有人灵机一动，摘唐诗作出灯联："天下三分明月夜，扬州十里小红楼。"此联意境博大深远，不仅为元宵佳节增添了文化情趣，也为观灯的人们增加了欣赏内容。此后，历代文人争相效仿，在大门或显眼的柱子镶挂壁灯联、门灯联。

被称为"父子双学士，老小二宰相"的清代安徽桐城人张英、张廷玉，皆能诗善对。有一年元宵佳节，张府张灯挂彩，燃放鞭炮。老宰相出联试子："高烧红烛映长天，亮！光铺满地。"小廷玉听到门外一声花炮响，顿时对出下联："低点花炮震大地，响！气吐冲天。"对仗工整，天衣无缝。

最为人津津乐道的，恐怕是北宋王安石妙联娶妻的故事。王安石 20 岁时赴京赶考，元宵节路过某地，见一大户人家高悬走马灯，灯下悬联，征对招亲："走马灯，灯走马，灯熄马停步。"王安石一时对答不出。到了京城，主考官以随风飘动的飞虎旗出对："飞虎旗，旗飞虎，旗卷虎藏身。"王安石以招亲联应对，被取为进士。归乡路过那户人家，闻知招亲联仍无人对出，便以主考官的出联回对，被招为快婿。一副巧合对联，竟成就了王安石的两大喜事。

传说明成祖朱棣于某年元宵节微服出游，遇一秀才，朱棣出上联试他的才情："灯明月明，灯月长明，大明一统。"秀才对出下联："君乐民乐，君民同乐，永乐万年。"上联中的"大明一统"一语双关，既指耀眼的花灯照得天地大明，又指天下一统的大明王朝；下联中的"永乐"又是明成祖的年号，朱棣闻之大喜，遂赐他为状元。

元宵猜灯谜是一大习俗，这项活动也写进了灯联。传说有一年元宵节，乾隆皇帝带着群臣兴致勃勃前去观灯会，看到高兴时，他叫纪晓岚出了一谜联，写在宫灯上，让大家猜一猜："黑不是，白不是，红黄更不是。和狐狼猫狗仿佛，既非家畜，又非野兽；诗不是，词不是，论语也不是。对东西南北模糊，虽为短品，也是妙文。"乾隆冥思苦想，文武大臣抓耳挠腮，怎么也猜不出，最后还是纪晓岚自己揭了谜底：猜谜。

毛泽东为大会堂取名

1959 年 9 月 9 日凌晨，毛主席在万里等人的陪同下来到人民大会堂工地。在北京厅休息时，他向万里详细询问了工程的概况和施工的情况。当万里汇报到这个工程比故宫的全部建筑面积还大，仅用了 10 个月时间就完成了时，毛主席风趣地说："你是万里哟，你日行万里，施工进度快，好嘛！"万里谦虚地说："这是两万多名职工废寝忘食、日夜奋战和全国各地大力支援的结果。"

万里接着说："这个工程至今没有命名。周总理讲过，到时候要请毛主席命名。"毛主席就问："你们平时怎么叫呢？"万里说："工人叫它大会堂工地，有人提议叫人民宫。"

毛主席说："'宫'嘛，有些封建"。万里又说："还有人建议叫全国人民代表大会堂。"毛主席思考了一下说："太长了。"他打比方说："我们的总路线前面有主语，全国人民团结起来，在中国共产党的领导下，鼓足干劲，力争上游，多快好省地建设社会主义。但通常把它省略了，就是'鼓足干劲，力争上游，多快好省地建设社会主义'。人家要问老百姓，你到哪里去了？老百姓一定说：到人民大会堂去了。我看，就叫人民大会堂吧。"

从此，这座雄伟的建筑有了自己的名字——人民大会堂。

新中国"22大明星"的由来

1961年6月,中央宣传部和国务院文化部同时在首都北京的新侨饭店召开"全国文艺工作座谈会"和"全国故事片创作会议",目的是贯彻中央提出的"调整、巩固、充实、提高"的八字方针,总结"大跃进"运动以来的经验和教训。这就是在中国文艺界和电影界有名的"新侨会议"。

会议期间,周总理在一次发言中突然郑重地说:"现在我们的电影院里,都挂着苏联的22个大明星照,我们建国都已经12年了,为什么不能挂我们自己明星的照片?应该有我们自己的明星嘛!"周总理第一次提到了明星的问题。

随后,四大电影制片厂纷纷把名单送到周总理手中进行审核,最后由文化部统一确定。周总理在审核"22大明星"时,主要突出新中国影坛的老、中、青演员队伍,再结合当年能轰动一时、在民间引起空前反响者,最后确定了上海电影制片厂的赵丹、白杨、张瑞芳、上官云珠、孙道临、秦怡、王丹凤;北京电影制片厂的谢添、崔嵬、陈强、张平、于蓝、于洋、谢芳;长春电影制片厂的李亚林、张园、庞学勤、金迪;八一电影制片厂的田华、王心刚、王晓棠;上海戏剧学院实验话剧团的祝希娟22人定名为"新中国人民演员",俗称"22大明星"。

这22人的大幅照片在1961年年底全部以"标准照"冲洗放大,1962年初取代苏联的22个大明星大幅照片,在全国各大中小城市乃至乡镇的电影院里悬挂,成为当年一道亮丽的风景。

嫁个老外也不错

对于很多成功的单身女士来说,嫁个老外是不错的选择。一方面,发达国家的物质条件好,福利待遇完善;另一方面,他们的教育方式也很先进。不少女人嫁到国外,就是为了让自己的小孩享受良好的教育。

在西方男人眼里,中国女人的年龄和收入都不是问题,他们更看重这个女人的个人素质和品行。同是受过良好教育,有一定社会地位的女性,中国女人往往比西方女人更加温柔体贴、更会顾家,对孩子的呵护和对男人的照顾也更加周到。

殷佳惠是一个很优秀的女人,46岁,硕士学历,在一家金融公司做人事主管,她离婚多年,一个人带着女儿生活。2006年女儿到美国加州念大学,她觉得生活一下子像被掏空了,她离不开女儿,想通过联姻的方式嫁到加州,和女儿一起生活。我在公司网站上帮她搜索到一位生活在加州的男士,吉姆,今年48岁,也从事金融行业。

吉姆希望找一位中国太太,条件是有学历、家庭简单、待人亲切。我把佳惠的照片和基本信息发给吉姆,吉姆非常满意,很快和佳惠开始了书信往来。

2008年10月,吉姆要来中国出差,佳惠让我陪她去接机,因为好几年不说英语了,她怕沟通会有障碍。第一次见面,两人一见如故,但是不少表达感情的话要靠我这个翻译,多少不太方便。几天后,吉姆回国了,送走了吉姆,佳惠决定接受我们的英语培训服务,从此,他们的邮件或是在线聊天的记录都会被佳惠下载下来交给我们的专业人员翻译或校对,我们的工作人员还会为佳惠总结出常用词组和句式。

佳惠底子好,只用了一个月时间,当吉姆再次来中国的时候。他们就可以自如交流了。2008年年底,两个人先后在中国和美国办理了结婚登记。

吉姆先生有个10岁的男孩儿,佳惠结婚以后对男孩儿照顾得非常周到,按佳惠的话说,中国女人天生就会宠孩子。吉姆对佳惠的做法非常感动,他觉得中国女人实在很了不起,对待一个没有血缘关系的儿子竟然比孩子的亲妈都要上心，于是更加疼爱这位中国太太，并且像对待亲生女儿一样给予佳惠的女儿很多帮助。

黄山天下奇

“五岳归来不看山，黄山归来不看岳”。这是古人对黄山的崇高评价，意思是说，游览过泰山、华山等五大名山，一般的山岭就不用看了，如果从黄山归来，那五大名山也可以不看了。伟大诗人郭沫若同志曾经写过“黄山之歌”，称颂“黄山天下奇”。最近，我们有机会到黄山采访，领略了黄山雄伟奇丽的风光，觉得它的确有得天独厚的自然美。

黄山，在安徽省南部，原名叫黟山。相传轩辕黄帝曾经在这里炼丹，所以在唐代天宝年间就改名黄山。

黄山，面积大约1200平方公里。重峦叠嶂、峰峰相连。有名可指的就有36大峰，36小峰。三大主峰天都峰、莲花峰、光明顶，海拔都在1800米以上，劈地摩天，气冠群山，是我国的著名游览胜地。

我们顺着山路向七八公里外的玉屏峰攀登，路过慈光阁、半山寺，经一线天，穿文殊洞。快到玉屏楼的时候，抬头看，悬崖边一棵郁郁葱葱的千年古松。它的一侧长出很长的枝丫，仿佛伸出胳臂在欢迎我们，驰名中外的迎客松，过去我们只在图画中见过。今天，在这一千几百米的绝顶上亲眼目睹它的秀丽姿态，觉得格外有趣。

其他的名山大岳，虽然也长有很多松树，但是像黄山这样奇特的古松却不多。黄山松，针叶短而稠密，它不像一般松树直接生在泥土里，而是依山势和风向扎根在高山的峭壁岩缝里。你看这些松树的形态：有立有卧、有俯有仰，有的像麒麟，有的像老虎，有的像凤凰展翅，有的像美人撑伞。这些松树的名字也很有意思：有象征友谊的迎客松、送客松、陪客松，有象征刚毅勇敢的黑虎松、探海松，有象征团结的姐妹松、团结松，还有以珍禽异兽命名的凤凰松、麒麟松等。千姿百态，苍翠奇特。

黄山还是个奇峰怪石的世界！我们从前山登山，走到半山寺，抬头看天都峰，见边上有一块大石头。形状像只即将展翅打鸣的大公鸡。向导告诉我们，这叫“金鸡叫天门”。可是，当我们登上龙蟠坡再回头看的时候，奇怪！大公鸡不见了。这块大石头的形状忽然变成五位穿长袍、扶肩携手的老人了。我们正纳闷儿，向导看出了我们的疑问，乐呵呵地说：“这叫‘五老上天都’。黄山的怪石，怪就怪在从不同角度看，有不同的形状。这就是黄山的一绝，黄山风景的特点除了怪石以外，还有奇松、云海和泉水，人们称为四绝。”原来是这样的。我们来到海拔1700米的玉屏楼，站在楼前的文殊台上，只见左前方有天都峰、耕云峰，楼右侧有莲花峰、连蕊峰，大小诸峰对峙辉映，像是挂在天边的一幅层次丰富的雄伟画卷。

向导告诉我们：不登天都峰，等于一场空。海拔1810米的天都峰，笔直陡峭、高耸入云。远望登峰小路，就像一副垂直的绳梯，挂在悬崖绝壁上。约三里路程的登山石阶，坡度都在70度以上，险处达到85度以上。攀登的时候，后面人的头顶几乎要碰着前面人的脚跟。攀登的人群，如同一条彩带，在悬崖峭壁上蠕动。登天都峰最险的一段叫“鲫鱼背”。这段大约不到一米宽、百米长的隆起的峰岗，寸草不生，光秃秃的像条大鲫鱼的脊背。鲫鱼背两侧是万丈深渊和悬崖峭壁，虽然有铁链拦着，人们走在上面，仍然不免有点胆战心惊。我们终于登上了天都峰，骑上了鲫鱼背！

高山必有云雾。我们登上玉屏峰的第二天，夜雨初晴，正是观看云雾的好机会。清晨，我们披上棉衣,赶到玉屏峰顶,只见云雾弥漫,整个山区形成茫茫的海面,只有各个山峰露出云海之上,好像一个个海中小岛。这时候,天壁上逐渐显出玫瑰色的晨曦,瞬间,金光四射,一轮红日从群峰后面徐徐升起,它染红了茫茫的云海,染红了赤壁千重的秀峰。据说,黄山云雾,早中晚变化无常。可惜我们下山了,没有看到更多的云海奇观。

黄山的山奇,水也奇。既有一落千丈的瀑布,也有委婉动听的流泉。著名的瀑布有人字瀑、九龙瀑、百丈泉等。当我们下山时,一路上看到的瀑布泉水很多。真是"山中一夜雨,到处挂飞泉"。在我们面前的是鸣弦泉,由于泉水从高山石壁间骤然流下,几十丈高的石壁是无数石片叠起来的,泉水从石缝中流下来一层一层敲打着岩石的边缘,然后冲击着下面的岩石,这块像琵琶琴似的石头左边厚中间空,被泉水冲击着发出悦耳的声音。

千百年来,黄山飞瀑流泉,除了供人们观赏外,全都白白流逝。1958 年,这里修建了一座水力发电站——石门水电站,解决了风景区的照明用电,移来了千万颗夜明珠,点缀了秀丽的夜景。

这里前山雄伟,后山秀丽。我们穿过天海到北海,一路上遮天蔽日的松林树海,鸟语花香,好像来到世外桃源。

在海拔 1600 多米高的北海宾馆周围,有狮子峰、狮子林、散花坞、始信峰、西海排云亭等美景。新建的石砌圆台——观景台,游客在这里可以看到远处峰峦如画,近处怪石献巧。"妙笔生花"就在眼前:一座石峰矗立在松海里,像一支倒立的粗壮的毛笔,峰顶尖锐像笔尖,一棵松树从尖端的石头缝里盘旋而出,茂密的松针像笔锋的颖毛,所以叫"妙笔生花"。在它的对面有一座笔架峰,如果把这支笔放倒下去,恰好落在笔架上,真是天生巧合的奇景。

一位游客从桂林来,我们问:"桂林山水和黄山比怎么样?"这位老同志说:"桂林山水好比小夜曲,黄山好比贝多芬交响乐。"这个比喻很生动。黄山确实兼有泰山之雄伟,华山之峻峭,衡山之烟云,庐山之飞瀑,雁荡之怪石,是我国特点最多的名山。

盲人的美丽花园

一个大花园里有一间小屋子,屋子里住着一个盲人,虽然他的眼睛看不见,却把花园侍弄得非常好。一年四季,花园里总是一片姹紫嫣红。

一个过路人非常惊奇地观赏着这漂亮的花园,不解地问盲人:"你这样做为的是什么?你根本就看不见这些美丽的花呀!"

盲人笑了,他说:"我可以告诉你四个理由:第一,我喜欢园艺工作;第二,我可以抚摸我的花;第三,我可以闻到它们的香味;至于第四个理由,则是因为你!"

"我?但是,你本来不认识我啊!"路人说。

"是的,我不认识你,但是我知道有一些像你一样的人,会在某个时间从这儿经过,这些人会因为看到我美丽的花园而心情愉快,而我也因此能有机会和你在这儿谈这件事。"

这是一个多么美妙的回答啊!

"按照心灵的指引,我微笑地做了;让双手生出眸子,我温柔地看了;感谢风送来花的体香,我陶醉地闻了;庆幸有你这样的陌生人路过,我娓娓地说了。我除了没有带来自己的目光,其余一切都齐备了。"

真的,一颗浮躁的心就是一个黑洞,它可以吞噬一个又一个的美丽花园。

你能不能说出自己劳顿的理由?你的理由能不能美化一个原本空虚寂寞的园子?你是不

是明白侍弄花园的理由，其实就是热爱生命的理由。

（据《非常可乐》 芬芳/文）

月光曲

一百多年前，德国有个音乐家叫贝多芬，他谱写了许多著名的曲子。其中有一首著名的钢琴曲叫《月光曲》，传说是这样谱成的。

有一年秋天，贝多芬去各地旅行演出，来到莱茵河边的一个小镇上，一天夜晚，他在幽静的小路上散步，听到断断续续的钢琴声从一所茅屋里传出来，弹的正是他的曲子。

贝多芬走近茅屋，琴声忽然停了，屋子里有人在谈话。一个姑娘说："这首曲子多难弹啊！我只听别人弹过几遍，总是记不住该怎么弹，要是能听一听贝多芬自己是怎样弹的，那有多好啊！"一个男的说："是啊，可是音乐会的入场券太贵了，咱们又太穷。"姑娘说："哥哥，你别难过，我不过随便说说罢了。"

贝多芬听到这里，就推开门，轻轻地走了进去。茅屋里点着一支蜡烛，在微弱的烛光下，男的正在做皮鞋。窗前有旧钢琴，前面坐着个十六七岁的姑娘，脸很清秀，可是眼睛瞎了。

皮鞋匠看见进来个陌生人，站起来问："先生，您找谁？走错门了吧？"贝多芬说："不，我是来弹一首曲子给这位姑娘听的。"

姑娘连忙站起来让座。贝多芬坐在钢琴前面，弹起盲姑娘刚才弹的那首曲子来。盲姑娘听得入了神，一曲完了，她激动地说："弹得多纯熟啊！感情多深哪！您，您就是贝多芬先生吧？"

贝多芬没有回答，他问盲姑娘："您爱听吗？我再给您弹一首吧。"

一阵风把蜡烛吹灭了。月光照进窗子来，茅屋里的一切好像披上了银纱，显得格外清幽。贝多芬望了望站在他身边的穷兄妹俩，借着清幽的月光，按起琴键来。

皮鞋匠静静地听着。他好像面对着大海，月亮正从水天相接的地方升起来。微波粼粼的海面上，霎时间洒遍了银光。月亮越升越高，穿过一缕一缕轻纱似的微云。忽然，海面上刮起了大风，卷起了巨浪，被月光照得雪亮的浪花，一个连一个朝着岸边涌过来。皮鞋匠看着他妹妹，月光正照在她那洁净的脸上，照着她睁得大大的眼睛，她仿佛也看到了，看到了她从来没有看到过的景象——在月光照耀下的波涛汹涌的大海。

第三章
评论稿件播音训练

评论播音的语言特点是：观点鲜明、论理充分、逻辑严密、以理服人。评论文章有多种形式：大型、重型评论（如社论、编辑部文章等），中型评论（如思想评论、讲座等），小型评论（如短评、短论、编者按等），还有一些议论文（如国际评论、声明、宣言、文艺评论、专论、杂文等）……在评论稿件训练中，要抓住诱导线，在话筒前调动自己处于“心悦诚服”之后那“坚定不移”的状态，着重把握张弛有致、舒展从容、起句常高、语势匆降的语流样式，做到观点鲜明、逻辑严密、论证有力、层次清楚、吐字清晰、字正腔圆、落落大方、有理有力。

“官德”必须制度化

马国英

一般来说，领导干部的职业道德建设更加引人关注。“官德”与官员相连，官员与权力相连。“官德”彰，则风清气正；“官德”失，则腐败滋生；“官德”正，则民心安；“官德”毁，则民心失。可以说，领导干部的道德水平，在某种程度上决定了我们事业的兴衰成败。

近日，中共中央印发《中国共产党党员领导干部廉洁从政若干准则》。1997 年制定的《廉政准则（试行）》，标志着领导干部廉洁从政步入规范化阶段。13 年后颁布《廉政准则》，既是行为规范，又是道德约束，将在廉政建设中发挥重要作用，无疑又是从政道德制度化建设中一个重要举措。

我国正处于社会转型期，价值观念多元、多样、多变。很多公务人员感觉到“角色冲突”带来的冲击与压力：既是“公家人”，又是社会人；既代表公共利益，也有个人利益；“官德”失范，很多时候正体现出道德自律在“经济人”本性面前的力不从心。

“品行或者道德，是民主政治的必要源泉。”正是由于涉及权力行使，对官员的道德要求，就不仅是伦理要求，更是政治、法律要求。“官德”的基本要求制度化，才能使道德的“软约束”获得制度“硬杠杆”的威力。

“官德”制度化，并非简单的“道德立法”，而是要建立一套规范、一个体系，包括监督机制、养成机制、评价机制、选择机制等。制度体现导向，从源头上规范价值选择，有利养成“官德”；制度带来约束，在过程中提供有力保障，有利实现“官德”；制度是一种普遍性的可靠支撑，有利整体改善“官德”。只有让“官德”系统化、机制化，才能使行政伦理的规范要求，有效转化为广大公职人员的内心道德。

中国传统文化历来非常强调“官德”。作为执政党的党员领导干部，更应该加强党性修养，“常修为政之德，常思贪欲之害，常怀律己之心”，稳步推进相关制度建设。

实际上，从中央到地方，已经进行了一系列“官德”制度建设的尝试。近年来，规范“官德”的法律法规相继出台。特别是《公务员法》以法律形式明确了公务员的九项义务和十六条“禁令”，成为行政伦理步入法制化轨道的标志。

当然，也应该看到，“官德”的制度化还处在起步阶段，相关规定分散、笼统，法制化程度较低，执行起来困难不少。相当数量的规章制度是临时性的，还没有形成协调统一的法律制度体系。《廉政准则》的贯彻实施，重要性因此不言而喻。相信随着相关实施细则及配套规定的出台，从政道德制度建设水平将有显著提升。

制度建设是根本，但制度作为一种“硬件”，也有局限性。只有制度规范的他律与操守信念的自律有机结合起来，以信仰作为制度执行的基础，以监督作为制度落实的保证，“硬件”、“软件”都更科学、更完备，领导干部廉洁从政才有更可靠的保障。

也要有“马桶精神”

张心阳

到什么年头说什么话。又逢马年，自然避不开马的话题。说马，也不是说养马、骑马，而是要讲马与人的关系，特别是精神关系，从马中感悟到什么。

马年无疑要有龙马精神，要一马当先、快马加鞭，要立汗马功劳，争取马到成功。

这种用于提神提气的话语固然很好，但还有一样东西也不能忘了，那就是家家户户都用得着的马桶，也沾一个“马”字。古时它叫“虎子”，据说唐代要避李世民一个叔叔的讳，故改名叫“马子”，后演化为“马桶”。其实，马桶也有一种精神，而且是十分值得人们学习的精神。

马桶有不求闻达的精神。在一个家庭所有用具里，马桶重要而又不求闻达。它的重要程度不在锅碗瓢盆之下。你想啊，一个人，一天可以不吃，但一次便不可以不解；吃饭早点晚点，问题不大，但若内急，别说等两三个小时，有时就是两三分钟，也够受。可就是这样一件重要的东西，在家庭不仅所占空间狭小，而且总处于不明不暗处。这种精神其实人也是需要的。人们常说，做人要低调。什么叫低调？马桶这样就很低调。论贡献很大，论待遇不高，论要求无从有，出风头谈不上，偏安一隅，默默无闻。如果把人做到这份儿上，不仅各种关系都能处好，个人内心也和谐。

马桶有简捷方便的精神。随着社会信息化程度的提高，你会觉得许多东西使用越来越不方便，新款手机的许多功能不会使用不说，电视机自从安装了机顶盒，很多人也不会开了，还有诸如空调、烤箱、摄像机、洗衣机什么的，功能也很复杂，上了年纪的人一见就发怵。但人再迷糊、再笨拙，还没有不会用马桶的，用它只需要一个动作，即揭开桶盖即是。可以说，世界越来越复杂，唯有马桶最简单。当然，现在也有了带电子装置的马桶，但如果你不会也可以不用它。它的这种简便好使、童叟无欺的精神，也是很可贵的。做人也一样，不能把自己搞得很邪乎。生活中，有些人自以为聪明，自以为得计，把自己装扮得高深莫测。可结果因为不靠谱，人们只好离他而去，并没有获得多少真心朋友。相反，倒是生活简单、思想单纯的人能赢得更多人的信任，因为和他们打交道不费劲、很省心、很放心。

马桶还有一个难能可贵的优点，就是不论有多少污物，一按水阀，立刻冲走。这种一冲即无的精神对于今天的人们来说太需要了。人生在世，悲欢离合，酸甜苦辣，纷纷扰扰，实在太多，正可谓“离愁渐远渐无期，迢迢不断似春水”。多少忧伤，多少恼愁，很多时候只能往肚子里吞。特别是当下一些领域，道德滑坡，风气不良，权力嚣张，仁义缺失，坑蒙拐骗、尔虞我诈，人格被辱窝囊事，权益被侵受气事，几乎无时不有。还有家庭矛盾、家族冲突，婚姻危机等，更是常态。

当然，正当的权益被侵害，公平正义被破坏，应当勇于较真，积极主张，把侵害降到最低。但是，大大小小都在意，时时处处都较真，锱铢必较，睚眦必报，那也忙不过来，亦不是人过的日子，妥协一下有时也是一种必要的选择。虽然阿Q一点，但却是求得心理平衡的一种手段。获得这一境界，就需要向马桶学习，学习那种一冲即无的精神。当日愁肠当日解，瞬时烦忧瞬时了。马桶之底虽然只有瓢勺之水，然而却也波澜壮阔、浩瀚无际。

马桶虽不能置于高堂，可据悉，一家酒店能不能评上某个星级，首先要看卫生间，甚至是马桶。如果马桶不合格，大堂再富丽堂皇也不行，因为它既是基本设施的标准，也是文明的重要尺度。同样，是否具有马桶精神，也是一个人活得是否快乐的标准和尺度。

“不治之治”解

宋志坚

王充赞成“无为而治”，这意思在《论衡·自然》中说得明白：“蘧伯玉治卫，子贡使人问之；‘何以治卫？’对曰：‘以不治治之’。夫不治之治，无为之道也。”蘧伯玉是卫国的大夫，与孔子同时代人，孔子到卫国时曾在他家住过。子贡是孔子的弟子。此典出自《淮南子》，最后一句“夫不治之治，无为之道也”，则是王充的点评。然而，“不治之治”的两个案例及王充之诠释，却极易产生负面作用，有必要作点剖析。

王充说的第一个案例是曹参，“曹参为汉相，纵酒歌乐，不听政治，其子谏之，笞之二百。当时天下无扰乱之变”。汉初崇黄老之术，“萧规曹随”确是一个“不治之治”的典型案例，其要义在于不要扰民，不要折腾，不要朝令夕改。《史记·曹参传》有一段曹参与汉惠帝的对话，大概可以作为“萧规曹随”的经典诠释，但这并不意味着身为汉相的曹参可以“纵酒歌乐，不听政治”。大政方针如何灵活把握，做到具体问题具体分析；“明具”的“法令”如何贯彻落实，以使王子犯法与庶民同罪，如此这般，“参等守职”真要“遵而勿失”并不容易。倘若相国“不听政治”，官吏扰民，何人去管？倘若相国“纵酒歌乐”，上下效之，岂不扰民？

王充所说，并非出于他的杜撰，《史记·曹参传》还有更详细的记载。“其子谏之”，乃是汉惠帝所“使”，而曹参与汉惠帝的对话，正在曹参笞子“二百”之后。对于他的“日夜饮醇酒”而“不事事”，卿大夫以下之官吏以及宾客亦“皆欲有言”，而曹参常让他们一起喝酒“醉而后去”。《史记》以此种种来诠释“萧规曹随”，取材大有偏颇，叙述过多渲染。然王充之《论衡》，无论圣人贤人所言，经史子集所书，凡有虚妄的，夸张的，言过其实的，往往都有挑剔并以常识评说，对于“萧规曹随”的“不治之治”，却偏偏只述“纵酒歌乐，不听政治，其子谏之，笞之二百”，窃以为大有误导之嫌。

王充说的第二个案例是汲黯，“淮阳铸伪钱，吏不能禁，汲黯为太守，不坏一炉，不刑一人，高枕安卧，而淮阳政清”。汲黯是汉武帝时的大臣，以不畏权贵，敢犯龙颜，为官正直而有操守著称，以至当面批评汉武帝“内多欲而外施仁义”，使帝“变色而罢朝”。故不为汉武帝所倚重，其官越当越小。他为淮阳太守，乃是“黯坐小法，会赦免官”之后的事。因为“吏不能禁”，汉武帝方才想起汲黯，让他去啃这块硬骨头的。

汲黯亦“学黄老之言”，认为“治务在无为而已，弘大体，不拘文法”，主要体现于两个方面：在高层辅政，他认为大政方针应当相对稳定。因此，“黯务少事”，一有机会就谏汉武帝“与胡和亲，无起兵”，多次指责张汤“取高皇帝约束纷更”而使“法三章”日益繁苛乃是断子绝孙的作为。在郡县主政，他“治官理民，好清静，择丞史而任之。其治，责大指而已，不苛小”。先前任东海太守，他就是这样做的，虽“黯多病，卧闺内不出。岁余，东海大治”。

淮阳“铸伪钱”以至“吏不能禁”，可见其弊政积重难返。“伪钱"流行，受害的首先就是平民百姓，他们的血汗钱越变越少，生计也就越来越难。至于“吏不能禁”，以今度昔，十有八九不是“不能”而是“不为”，官商勾结利益与共之可能性相当之大。追究“铸伪钱”之责并非“苛小”。“汲黯为太守，不坏一炉，不刑一人”，乃是有法不依，违法不究，大有“渎职”之嫌。《史记》说汲黯出任淮阳太守“如故治，淮阳政清”，大概与他先前任东海太守相仿。那么，其关键就在治官择吏，抓大放小，极需呕心沥血殚精竭虑，哪能“高枕安卧”？

治国之道，亦须“无过无不及”。“过犹不及”，弊端丛生：管得越多，统得越死，越易抑制发展的活力；管得越宽，机构越杂，冗官冗吏成灾，越易加重百姓的负担；至于越想有作为，越想出政绩的，往往就越会瞎折腾。“无为而治”，简政放权，大致就是对此类治之“过”的防范与矫纠。“不治之治”不是真的不治。倘若今天整日“纵酒歌乐”而无所事事，奉行享乐主义而无所作为的官吏，亦以“无为而治”作挡箭牌，岂不可悲以至可恶？

微

真是越来越迷恋“微”这个字了，在字典里被解释为小、少、衰落、精深、隐约的意思。

识于微时，晨光熹微，微言大义，见微知著，甚至白璧微瑕——有时候微小的力量却能感染一大片。而相识于微时，却牵动了一生的想念。

阳光熹微的早晨是柔和的，不热烈，不张扬，心底生出暖意，会让人情不自禁地觉得时光静谧。

宋诗有云：“春色满园关不住，一枝红杏出墙来。”《淮南子》曰：“以小明大，见一叶落而知岁之将暮，睹瓶中之冰而知天下之寒。采百家之言，观风云之变，见微知著，而后能揽天下。”古人道：“窥一斑而见全豹。”若见微，可知著，一枝叶，一世界。一枝花，而见春。见微知著是一种人生的智慧。

汉朝著名学者刘歆在《移让太常博士书》里写道：“及夫子殁而微言绝，七十子卒而大义乖。”后来便有了“微言大义”这样的成语。生活中做个有心人，处处皆是智慧，含蓄微妙的言语其实包含的是精深切要的义理。

而识于微时真是一件美好的事情。那时你爱谈天我爱笑，牵动的是一生的想念。是谁说，多年后，你最好最好的朋友一定是你学生时代的同学而不是工作之后的同事，那样纯粹的感情真挚得让人想起来都热泪盈眶。就像我们在春晚上看“小虎队”同时出现的时候，还是会非常感慨。这是一种情结，犹如初恋。

随着年龄的渐长，会越发地迷恋一些微小的事情，心也会越发地平淡喜和。比如喝花草茶，氤氲的香气里，有种独特的味道；比如慵懒的布衣裳，让人格外美丽、清纯；比如听小野丽莎的歌，心里全是浓郁的感情，世界变得清淡平和；比如这冬日里，日光倾城，恋人在身旁。

一个简单的“微”字，带着感情，仿佛柔和光线下的泡沫，有纤细、可爱的美好。于是固执地爱上这些物质，相信被如此美好的文字描述赞美过，东西便也就被赋予了美丽的含义。念着念着就会感觉平静温暖，这是属于单纯物质的微小幸福。

这真是一个微时代，微博、微信、微电影、微杂志、微小说慢慢地渗透了我们的生活。而也正是因为这些微小的事物，我们的生活才不单调不乏味，一点点地有了满园的春色。

（摘自《做人与处世》　作者　猪小浅）

浅显官箴能试贤愚

孙广勋

近读史书，看到这样一则故事：鲁国的宰相公仪休特别喜欢吃鱼，全国的人都争相买鱼来献给他，公仪先生却不接受。弟子问他："您喜欢吃鱼而不接受别人的鱼，这是为什么？"他回答说："正因为爱吃鱼，我才不接受。假如收了别人献来的鱼，一定会有不敢要求他们的表现；有不敢要求他们的表现，就会枉法；枉法就会被罢免相位。虽然爱吃鱼，这些人不一定再送给我鱼，我又不能自己供给自己鱼。如果不收别人给的鱼，就不会被罢免宰相，尽管爱吃鱼，我却能够长期自己供给自己鱼。"

不管公仪休是出于保住自己地位的私心也好，还是出于不徇私受贿也罢，都表明了一个再浅显不过的道理：为官当廉洁，莫伸手，伸手必被捉。

东汉刘宠，官至司徒、太尉。刘宠在任会稽郡（今浙江绍兴市）太守时，政绩卓著，操守廉政，朝廷调他为将作大匠（主管工程建设的官员）。在他离任前，会稽郡山阴县若耶山谷五六位鬓发斑白的老人各带了一百文钱，想送给他，可刘宠不肯受。老人们流着泪对刘宠说："我们是山谷小民。前任郡守屡屡扰民，夜晚也不放过，有时狗竟然整夜叫吠不止，民不得安。可自从您上任以来，夜晚狗都不叫吠了，官吏也不抓捕老百姓了。现在我们听说您要离任了，故奉送这点儿小钱，聊表心意。"刘宠说："我的政绩远远不及几位老者说得那样好，倒是辛苦父老了！"老人们一定要他收下，盛情难却，刘宠只好收下几位老人各一文钱。他出了山阴县界，就把钱投到了江里。后人将该江改名为"钱清江"，还建了"一钱亭"、"一钱太守庙"。从此，"一钱太守"的美称便在当地传开了。

试问，如果刘宠对百姓送的钱照单全收，如果公仪休收受别人的鱼，他们岂能明哲保身平安一生？岂能清名流史而被后人所称道？有人说，聪明的人是拿别人的教训来教训自己，愚蠢的人常常是拿自己的错误去教训别人。因此说，不管是"二不尚书"范景公、"三汤道台"汤斌、"四知先生"杨震，还是"五代清郎"袁聿修、"八一巡抚"张伯行，都可谓大智若愚，在利禄之徒看来或许傻透了，其实恰恰相反，可谓是常以别人教训来警示自己的聪明人。

就拿历史上大名鼎鼎的贪官清朝和坤来说，47 次被乾隆帝封官，宠信之极，官阶之高，管事之广，兼职之多，权势之大，可谓史上罕有。可就是一个贪欲，最终让他身败名裂。嘉庆帝宣布和坤的 20 条大罪，下旨抄家抄得家产合计白银 11 亿两。要知道，当时清廷每年的税收也不过 7000 万两，而和坤所匿藏的财产约等于当时清政府 15 年财政收入。他最终被赐自尽，死前口占一绝：五十来年梦幻真，今朝撒手谢红尘。他年水泛含龙日，认取香烟是后身。试问，这究竟是聪明绝顶呢，还是愚蠢之极呢？历史最终有了答案，使其成为后人用其错误去作教训的愚蠢之人。

随着社会的发展不断进步，人们逐渐地由丰衣足食转而追求生活的质量；特别是在追求财富方面，许多人很容易迷失方向，更找不到自己人生的真正目标，常常误认为只要有了财富就会带来自己需要的一切！事实上恰恰相反：穿什么名牌，开什么名车，其实并不能代表你生活的质量有多高。况且，如果营造自己这些华丽外表的钱财是“取之无道”，就更可能是隐藏在身边随时可以把自己弄得身败名裂的“炸弹”而已。“59岁现象”不正是从“聪明”变“愚蠢”的一个明证么？有些人兢兢业业奋斗了一辈子，本来可以安享退休生活，却为了一己之私利，贪欲之心一时泛滥，最终无情地毁了自己。

有时候，聪明与愚蠢的距离或许只是一念之间，关键是能不能够把持住自己，自觉抵制诱惑。不然，再聪明的人也会掉下“愚蠢”的陷阱而不能自拔。

别在“起跑线”绊倒孩子

百　合

对于孩子的早期教育，再好的幼儿园也抵不过父母。父母是孩子最好的老师，他们的言传身教对孩子的影响是潜移默化的，也是最为深远的。

“不能让孩子输在起跑线上”这句话，对很多年轻的家长们来说是沉甸甸的压力，也是他们“望子成龙”的强大动力。

为了不让孩子输在起跑线上，许多家长可谓不惜血本、煞费苦心：带着上小学的孩子在各种培训班、补习班、特长班之间穿梭奔波，琴棋书画、奥数英语无所不包。这样的培养，家长付出的是大把学费，孩子付出的是快乐童年。

如此“大运动量”的培训，不少家长心里还是感到不踏实，要确保孩子不输在“起跑线”上，就得让自己的孩子提前“抢跑”。于是，孩子的“起跑线”再次被前移——从上学的孩童移到了幼儿园的娃娃身上。本来是娃娃们唱歌谣、丢手绢快乐玩耍的幼儿园，现在却承担起了孩子一生“输赢”的沉重责任。为了满足家长的要求，很多幼儿园自编教程，开设了英语、电脑、音乐等多门课程，甚至连小学的语文、数学课本都搬了进来。开这么多课，幼儿园运营成本增加了一大块，收取的入园费也折跟头似的往上翻：在一些大城市，一个孩子每年入园费三四万元已很平常，上幼儿园的花费甚至超过了上大学的花费。

只要能为孩子提供一个更好的成长环境，让孩子将来的路走得更顺、更好，就是花再多的钱也值！在社会竞争越来越激烈的情况下，家长们爱子心切的初衷可以理解，但实际效果如何还要打一个问号。让一个三四岁的娃娃，每天一动不动地坐在那里，被迫接受那些不适合他们年龄的教育，对孩子的心智和潜能开发究竟有多大益处？

教育孩子就像种庄稼，禾苗什么时候发芽长叶，什么时候开花结果都有一定规律，我们施肥浇水也得讲究科学，过度了就会伤苗。同样，孩子的成长也是分阶段的，刚刚蹒跚学步就被家长推着跑，不摔跟头才怪。如果将学习负担过多、过早地压在孩子稚嫩的肩膀上，结果可能会适得其反，压抑孩子的天性，使孩子失去对学习的兴趣。家长一厢情愿地把孩子的“起跑线”前移，“起跑线”就可能成为“绊马索”，反而阻碍孩子成长的脚步。

其实，在这些一心想让自己孩子“飞奔”的父母当中，也不乏事业有成的佼佼者，但有几个是小时候上“贵族”幼儿园，靠“抢跑”胜出的？可见，“起跑线”上的输赢，对一个人的成功并不是最重要的。

对于孩子的早期教育，再好的幼儿园也抵不过父母。因为父母是孩子最好的老师，他们的言传身教对孩子的影响是潜移默化的，也是最为深远的。家长摆正了心态，多一些对孩子品质、爱心、理想的长远打算，少一些对孩子眼下成绩排名的斤斤计较，孩子就会减轻心理压力，焕发勃勃生机，在充满阳光雨露的环境中茁壮成长。

没有全民医保，稳定缺少根基

美国和中国都在掀起轰轰烈烈的医改运动。太平洋两岸当今世界最大的发达国家和发展中国家办一件相同的事。它们的意识形态、社会制度有着巨大的差异，喊出的是"在2020年前让医保覆盖全体国民"的相同口号，这是令人深思的。

看来，无论是富国、穷国，或是半富半穷的国家，向全体国民提供医疗保障，都是相当棘手的事。人道主义喊了几百年，但要让每个人都看得起病，却说起来容易做起来难。媒体无数次抨击过中国的医院把没钱的病危患者拒之门外，认为这与社会主义制度的含义大相径庭。

我们可以继续大声地批判目前的医疗体制不合理，但美国及很多国家的困境在提醒我们，改变这种不合理是一件令人生畏的任务。与美国相比，中国的经济发展水平差距不小。中国近年来道路、高楼等基础建设令世界眩目，但中国医疗领域的"基础建设"却相形见绌。

而另一方面，中国人对医疗的要求却在迅速提高。各地大量病人拥向北京、上海的大医院，对绝症希望治愈的诉求空前提高。在落后地区，大病不治的旧观念已逐渐消失。中国人求健康、求长寿的愿望达到历史上从未有过的水平。这是中国社会的巨大进步，是改善人权实实在在的成果。

中国以往的医保体系及医患平衡被这种进步冲垮。中国现在要做的是，要根据国民新诉求进行能够符合小康社会需要的医疗"基础建设"。可以预见，只要中国经济不断发展，社会不断进步，医疗能力将永远处于社会需求的巨大压力之下。

很显然，医疗改革不是一次就能完成的，而是不断推进的。但我们必须建立起一个体系，当新的需求袭来，修补将是必然的。这是一条永无止境的社会发展之路。

中国社会还应当清楚，更好的医疗体系是需要政府合理公平地管理和使用税收和资源。医疗体制要更透明、更公平、更节约，政府的相关管理机构要加强与民众的沟通，做好接受舆论监督的准备。同时，全社会也需要明白，只有积累更多的财富，才能办好这件大事。

我们的国家可以很强大，但我们不能总是在最需要关怀的时候受到最冷淡的待遇。不能让我们的商场、酒店富丽堂皇，但大量的社区医院却依然破破烂烂，年久失修。

我们的社会不能只追求经济发展，我们必须保护每一个公民追求健康的权利，为他们的个人幸福创造尽可能多的社会条件。中国的医疗能力将在这种不断的改革中进步，而没有这种进步，中国社会的稳定将缺少根基。

央企不能不务正业

王志彦

最近一份统计数据显示，全国128家央企中，逾七成企业涉足房地产业，目前央企拥有的酒店数量预计在2500家以上，资产规模超过千亿元。针对这一情况，国务院国资委日前公布了新的央企负责人考核办法和加强中央企业全员业绩考核工作的指导意见，其中要求，央企不能再如此"不务正业"，必须悬崖勒马，做强主业和实现主业收益最大化。

央企炒房这不是一个新鲜话题，但央企成为房地产市场的主力投资大户，却不得不引起警惕。表面上看，目前中国房地产市场充满暴利机会，居高不下的房价和普遍渴求拥有一套自住房的消费心理，让那些投资房地产市场的企业赚得盆满钵满。面对这种连"傻瓜"都能赚钱的市场，手握雄厚资金，与地方政府、相关部门具有天然联系的央企如果不进场"淘金"，那还真有点“傻气”呢。

不过，这样的算盘仅仅是从经营，或者直接点说是从赚钱多少角度考虑的。而对于作为国民经济支柱的央企而言，经营效益固然重要，这是检验央企管理者是否称职的重要指标。但还应该看到，国内央企绝大部分是行业的垄断者，不管是电信还是能源企业，它们的垄断地位都是国家赋予的，国家之所以赋予这些企业特殊地位，是因为它们必须保证国民经济核心产业的稳定和安全，承担着国计民生的重要职责，承担着提升中国核心竞争力的神圣使命。从这个角度来看，央企炒房炒地固然属于其多元经营的范畴，但如果由于炒房而炒得心有旁骛，炒得三心二意，从而影响到主业发展，进而影响到中国在该行业的国际地位和战略布局，那就罪莫大焉，是赚多少钱也弥补不回来的。

央企热衷于炒房炒地，反映了一部分国有企业当家人只顾眼前利益，只看短期回报的心态，而没有将主营业务的长期发展放在首要位置。之所以出现这样的现象，归根到底，是因为我们干部的考核体系出现了一定偏差，重经济效益、数字考核，轻全局长远、战略谋篇，结果必然纵容一部分当家人冒险博取短期业绩。在政府部门已日渐看轻 GDP，更重视可持续发展的今天，国企的考核标准看来也该与时俱进了。

忠孝之上那个义字

孝是中国绵延千年的“核心价值观”，经久不衰。前不久，央视推出寻找最美孝心少年的节目，引起热捧。节目余温未却，Beyond 乐队成员黄贯中突如其来的一纸声明就给央视大力弘扬的孝道泼了一盆冷水。他在微博上厉言“警告”父亲：“若你再想打我老母、我老婆，我怕自己会变自己的杀父仇人……对不起！百行绝不能以孝先行，随便看看我们四周就明白！”

中国历史上，孝被当作一种信仰，孝顺父母先祖几乎等同于崇拜神仙。信仰的最基本要求就是“不疑”，要无条件服从。作为信仰的孝也就意味着无条件顺从，因此将孝与顺连用组成孝顺一词也绝非偶然，也因此不难理解为什么明清以来被当做儿童启蒙读物的《二十四孝图》中竟然辑录了“埋子奉母”这样极端的故事。

“埋子奉母”的故事里，家道中落的大孝子郭巨担心无力供养母亲，决定活埋新生儿子。鲁迅是孝文化最尖酸的批判者，他小时候读到这则故事后，非但没有感动得发愿要当孝子，反而暗地里希望父亲不要太孝顺祖母，否则自己可能有性命之虞。

史上英杰，因父母被掳，押为人质，而落入进退两难境地的，时而有之。归纳起来，类似困境一般有两种解决办法，一种是父母大义，为解儿女之困，自行了断。比如楚汉相争之时，刘邦部将王陵之母被项羽囚禁，王母为激励王陵一心辅佐刘邦，拔剑自刎。还有一种是子女做出妥协，比如徐庶侍母归曹。曹操俘虏了徐母，徐庶为保母命，辞别刘备，投入曹营，但他并未彻底倒戈，而是消极合作，所谓“徐庶进曹营，一言不发”。这两种办法都保全了孝道。

一代枭雄吴三桂也曾面临相似的困境，走的却是“第三条道路”。领清兵入关之前，他给李自成扣押下的父亲写了一封信，指责他“隐忍偷生，甘心非义……父既不能为忠臣，儿亦安能为孝子哉”？信发出后，他就冲冠一怒，踏马入关，忍心目睹父亲在北京城楼上被杀，把不孝演绎成了一场大义灭亲的大戏。

黄贯中倒是与吴三桂有相通之处，父既待母媳不义，则莫怪儿不孝。当然，除了以手刃父亲作为“预案”有所不当以外，黄贯中的态度或许应该赢得更多同情理解。吴三桂作为两朝叛臣，以父不忠为名而行不孝，实在说不过去。不论如何，黄、吴二人倒是给众人提出了一个深刻的问题:不孝在什么情况下是正当的?

我们都知道“不孝有三无后为大”,但很多人大概不知道另两种不孝分别指什么。《十三经注疏》中讲得很清楚;阿意曲从,陷亲不义,一不孝也;家贫亲老,不为禄仕,二不孝也;不娶无子,绝先祖祀,三不孝也。后两种不孝我们都很熟悉了,唯独第一种不孝在后世对孝道的宣扬中,被忽视掉了,比如央视就肯定不会因为有人指责、改正行止不端的父母而将之奉为孝子。

《孝经》里有一段对话,曾子问,一味顺从还能称为孝顺吗? 子曰:故当不义,则子不可以不争于父,臣不可以不争于君,故当不义则争之。从父之令,又焉得为孝乎!

忠孝两种价值观实际上一脉相承,互为表里。对父母耿直之人一般无缘孝子称谓,他们同样也很少被认为是忠臣和爱国者。忠孝之上的那个义字渐渐被遗忘了,这实在是有意为之的结果。幸好这个世上总有道德直觉之人,经常站出来提醒人们。黄贯中是一个,爆出美国窃听丑闻的“叛国者”斯诺登也是一个。

中国抗战剧的问题

明楠

横店变“抗日根据地”

“什么是中国电视剧的现状? 去横店一看,四五十个剧组都在‘打鬼子’,创新在哪里?”这是知名编剧高满堂在电视剧导演工作年会上的发言,直指抗战剧题材泛滥。

春节期间,26 岁的“横漂”史中鹏突然成了网络红人,原因是他扮演日本兵,一天内竟然在不同的剧组“死”了 8 次。

据了解,去年横店影视城共接待剧组 150 个,其中 48 个剧组涉及抗战题材,约占 30%。伴随着抗战剧的增多,群众演员的需求也在不断上升。去年横店影视城使用群众演员共计 30 万人次,其中,60%在抗战题材剧中出演过“鬼子甲”、“匪兵乙”。

眼下。横店的抗战剧拍摄依然如火如荼。难怪有段子这样调侃横店:一日本人想到当年的抗日战场看看,以求牢记战争勿忘和平,导游虽然感动但却一时无措,最后打车把日本人带到了横店影视城。

抗战剧“三大化”

抗战剧武侠化 《人民日报》尖锐指出了眼下抗战剧的“三宗罪”,即“武侠化、偶像化、鬼子脸谱化”。

首先是抗战剧武侠化,不久前,一段“抗日英雄徒手撕鬼子”的视频引发网友热议:“啪”的一声。一位英雄将一名日军不偏不倚撕成了两半,鬼子血肉横飞,英雄凛然一笑……不仅如此,众多抗战剧的主人公个个身怀绝技、以一抵百,竟然可以玩凌波微步、空中翻转 720 度,在日军重武器齐备的情况下,炸得日军人仰马翻。网友们不禁要问,“这咋就不像打仗呢?”

抗战剧偶像化 为了吸引更多的年轻观众,抗战剧也开始呈现偶像化的趋势。

去年,吴奇隆、刘恺威、朱雨辰等一批偶像明星开始涉足抗战剧,他们的加盟让战争剧立刻受到观众的力捧,观众平均年龄被拉低 10 岁。

但在这个偶像化的过程中,一些不严肃的现象开始产生,《向着炮火前进》中的吴奇隆抗日顶着飞机头耍酷,《冷风暴》中的朱雨辰像是在走秀,其衣服都是巴黎时装周的款式。不仅如此,年轻化抗战剧中爱情戏的比重被大大加重,并制造了纠结复杂的人物情感关系。

鬼子脸谱化 虽然在近几年的抗战剧发展历程中,日本人的荧屏形象有了人性化的趋势,但在过去两年"抗战魔幻剧"、"抗战偶像剧"的带动下，日本人形象再次跌落谷底。史中鹏表示，因为"鬼子"演多了，他也总结出了经验，那就是"越猥琐越好"。史中鹏说，剧组选演员的时候，会专门挑一些相貌较丑的、看上去有点凶的人来演"鬼子"。

抗战剧因何"火爆"

有业内人士称，抗战题材有着很直观的生死冲突，因此收视率有保障。

曾做过收视调查的一位业内人士直言，抗战剧走俏，与观众老龄化有关，如今中老年人大都偏爱此类题材，由于观众爱看，电视台敢买，"骂得多，起码说明他们看了。"

为什么大家都爱拍抗战题材？曾与张纪中搭档、创作过新版《西游记》剧本的编剧高大庸直言，大部分是市场筛选的结果，"电视台很欢迎这种题材，收视率高，播得火，编剧和制片方就会跟风挑这些反响好的做。另一方面也与题材管理有关，涉案剧不能在黄金档播出，如今开拍者寥寥，近两年古装剧过审也受阻，当大量题材剧电视台播不出来的时候，抗战剧相对更安全，因此就从各类型中脱颖而出了。"

日本故伎：钓鱼岛之争赌"国运"

时评

日本自从明治维新以来，无论是1895年中日甲午海战，还是1904年的日俄海战，日本都是以小博大，拿举国的实力来赌博，成则为王败则为寇。战前欧美的观察家都不看好日本与中俄的战争，但是日本依靠其赌徒心理，赌上全国的实力，在浓厚的投机心理下，日本搏国运的奇袭取得胜利，这更加刺激了日本的赌博心理。

在入侵中国的"九一八"事变和"七七"事变中，在日本偷袭珍珠港事件中，日本一次次将赌博投机的心理发挥到极致，终于陷入与两个大国同时为敌、同时作战的境地。

如今的日本，特别是日本的右翼，以更加强烈和焦急的心情来遏制上升的中国。日本右翼的战略意志可以表述为：以钓鱼岛为杠杆，利用中国换届集中于内政的交接，一方面将钓鱼岛由托管地位转化为国际法意义上的实质占领，逼迫中国咽下这颗苦果；同时激发中国国内的民族主义，争取将中国拖进一场其并不占优势的、局限于海上的小型军事冲突，让中国再尝海上败绩。同时以此来扰乱中国现代化的步伐，争取第三次用外力的因素重新打断中国现代化进程，中断中国百年国运的上升路线，让中国从上行转化成下行。日本右翼的险恶阴谋不可不察。

公共媒体宜禁"屌丝体"词汇

冯小刚导演近日炮轰网络上自称"屌丝"者"不以为耻反以为荣"，认为"称自己是草根是自嘲，称自己是屌丝那是自贱"，此言迅速引爆网民围观和媒体关注。

近些年来，随着电脑日益普及和网络不断发展，类似"屌丝"一样的粗鄙词语出现了很多，如"叫兽"(教授)、"粪青"等。"屌丝体"的粗鄙词语，对汉语的优雅、纯洁以及品位构成了挑战，甚至可以说是一种污染。当然，任何新词语的出现，都是社会现实的客观反映。根据通常解释，"屌丝"一词是指相对于"高富帅"而言的"矮穷丑"男青年，真实反映了当下部分人在经济社会迅速发展和急剧分化的情况下，既无助又无奈的生活境遇和心态。

无论是自嘲还是自贱，自称"屌丝"都是他们的权利。不过，中国公共媒体在使用类似"屌丝"的词语时，则犯了另一大忌，即没有遵守"语言正确"即"政治正确"的规则。"政治正确"，即使用中性语言或文明语言描述弱势群体，以避免对其造成人格、心理、权利上的伤害，在欧美国家以及我国香港、台湾地区，这早已成为公共媒体和政治生活的常识，如说土著人为“原住民”，口吃的人为“语言障碍患者”，妓女为“性工作者”，等等。显然。中国公共媒体在这方面尚无任何自觉意识和自律传统。

中国媒体有责任做好自律和审查工作，国家也宜尽快在语言文字政策和公共媒体政策等方面予以立法，以便使我们的汉语、文化以及精神家园，变得更纯洁、更优雅、更文明。

（据《环球时报》慕朵生/文）

坚决维护人民代表大会制度的权威和尊严

人民日报评论员

人民代表大会制度是保证人民当家做主的根本政治制度，是中国特色社会主义制度的重要组成组分，也是党在国家政权组织中贯彻群众路线、充分发扬民主的最好实现形式。衡阳破坏选举案是对我国人民代表大会制度的公然挑战。

我们必须站在政治的高度、全局的高度，深刻认识此案的严重性和危害性，依法依纪加以严惩，坚决维护人民代表大会制度的权威和尊严，依法有效保障公民的基本政治权利，进一步坚定坚持和完善人民代表大会制度的决心和信心。

选举制度是人民代表大会制度的基础，选举程序是否公正合理，直接关系到公民选举权与被选举权能否得到实现，直接关系到人大代表的作用能否得到发挥。

党中央历来高度重视人大代表选举工作，有选举法和党的纪律规定，中央及中央有关部门也多次强调，严肃纪律，坚决防止权钱交易、弄虚作假等违纪违法行为．确保选举风清气正。做好人大代表选举工作，对于发展社会主义民主政治，巩固党的执政地位，加强国家政权建设，保障人民当家做主，具有十分重要的意义。

在我国，人大代表是按照宪法和选举法规定，经过民主选举方式产生，代表人民参与行使国家权力，具有广泛性、代表性和先进性的特点。人大代表，这一神圣称号不容亵渎，更不能用金钱来换取。

衡阳破坏选举案给我们以深刻的警示：只有切实加强对选举工作的组织领导，严格依法按程序办事，坚决杜绝干扰破坏选举的违纪违法行为，才能确保选举工作风清气正；只有把模范遵守宪法和法律、密切联系群众、努力为人民服务、受到群众信赖的优秀分子选为人大代表，才能为坚持和完善人民代表大会制度、发展社会主义民主政治提供坚实组织保障。

对衡阳破坏选举案的调查处理，彰显了我们党坚决维护人民代表大会制度权威和尊严的鲜明态度。党的十八届三中全会提出，坚持和完善人民代表大会制度，推动人民代表大会制度与时俱进，这是全党全社会的共同责任。各级党委要支持和保证人民通过人民代表大会行使国家权利，充分发挥人大及其常委会作为国家权力机关的作用；各级人大要自觉坚持党的领导，充分发扬民主，严格依法办事；全社会都要增强对人民代表大会制度的制度自信，充分认识人民代表大会制度是实现人民当家做主的根本政治制度，把人民代表大会制度坚持好、完善好、发展好。

按规矩办事

汤华臻

整改措制定了，制度陆续完善了，关键在落实。

没有规矩，不成方圆。法律法规的约束，党章党纪的要求，应当切切实实地落在每个党员干部的头脑中、行为里。如果将规矩挂在墙上、裱在框中、印成册子，行为上却是另一套，想怎么来就怎么来，那就成了应付事儿，糊弄群众只会自毁形象、信誉扫地。

转作风、除“四风”，很大程度上也是重树规矩的过程。有一套行之有效的制度，才能治愈顽症痼疾；牢固树立规矩意识，自觉按制度办事，才能取信于民。凡事按规矩来，坚决不碰高压线、警戒线，坚决不踏雷区、禁区，令行禁止、严于律己，每个人党性修养都更进一步，党内生活也必将更风清气正。

按规矩办事，这是第一批活动走好最后几步的必然要求，是自觉摒弃作风之弊、行为之垢的基本标尺，更是做好未来作风建设的重要原则。

想和做

胡绳

有些人只会空想，不会做事，他们凭空想了许多念头，滔滔不绝地说了许多空话，可是从来没认真做过一件事。

也有些人只顾做事，不动脑筋，他们一天忙到晚，做他们一向做惯的或者别人要他们做的事情。他们做事的方法只是根据自己的习惯，或者别人的命令，或一般人的通例。自己一向这样做，别人要他们这样做，一般人都这样做，他们就“依葫芦画瓢”照样去做，到底为什么要做这件事，为什么要这样做，有没有更好的办法，他们从来不想一想。

我们瞧不起前一种人，说他们是“空想家”，往往赞美后一种人，说他们能够“埋头苦干”，能够苦干固然是好的，但是只顾埋头干，不肯动动脑筋来想想自己做的事情，其实并不值得赞美。

这种埋头做事不动脑筋的人简直是——说得不客气一点——跟牛马一样。拉磨的牛成年累月地在鞭子下绕着石磨转，永远不会想一想为什么要做这件事，为什么要这样做，有没有更好的办法。能够这样想的只有人，人在劳动中不断地动脑筋，想办法，才清清楚楚地知道自己做这件事为什么目的，有什么意义，有什么缺点，才渐渐想出节省劳动、增加效率的方法。人类能够这样劳动，能够一面做，一面想，所以文化才能不断地进步。要不，今天的人类就只能像几万年以前的人类一样，过着最原始、最简单的生活了。

一事不做，凭空设想，那是“空想”；不动脑筋，埋头苦干，那是“死做”；无论什么事情，工作也好，学习也好，“空想”和“死做”都不会得到进步。想和做是分不开的，一定要联结起来。

想和做怎样才能够联结起来呢？我们常常听说“从实际出发”这句话，这就是想和做联结起来的一条路。想的时候要从实际出发，就不能“空想”，必须去接近实际。怎样才能够接近实际？当然要观察，光靠观察各种物体在水中浮沉的现象、光靠观察鱼类和水禽类的动作，那是不够的，一定要自己跳下水去试验，一次，两次，十次，几十次地试验，才学会了游泳，如果只站在水边，先是一阵子呆看，再发一阵子空想，即使能够想出一大堆“道理”来，自己还是不会游泳，对于别的游泳的人也没有好处。这样空想出来的“道理”其实并不算什么道理，真正的道理是在行动中取得经验，再根据经验想出来的，而且想出来的道理到底对不对，还要拿行动来证明：行得通的就是对的，行不通的就是错的。

一面做，一面想，做，要靠想来指导；想，要靠做来证明。想和做是紧密地联结在一起的。

在学校里，有些同学很“用功”，可是不会用思想。他们学习语文，就硬读课文，因为只读不想，同一个语言文字上的道理，在这一课里都是讲明白了，出现在别的课里，他们又不理解了。

他们学习数学，就硬记公式，因为只记不想，用这个公式算出了一道题，碰到同类的第二题就又不会算了。从旧经验里得到的道理，不能应用在新事物上，这就是不会用思想的缘故。另外也有些同学，他们能想出些省力的、有效的方法，拿来记住动植物的分类，弄清历史的年代。我们固然不赞成为了应付考试想出一些投机取巧的方法，但是我们承认，在学习各种功课和训练记忆力上，是可以有一些比较省力的、有效的方法的。这些方法也得从学习的经验中取得。假如只是埋头苦读，不动脑筋想一想，那就得不到。除了学习功课以外，做种种课外活动，也要把想和做联结起来，例如开会、演说、办壁报，组织班会和学术团体，这些实际的行动，如果光凭一腔热情，埋头苦干，不根据已有的成绩和经验，想想怎样才能把这件事情做得更好、更有效果，那么，结果常常会劳而无功。

无论什么人，不管他怎样忙，应该抽点工夫来想一想。想什么？想他自己做过的事，想自己得到的经验，这样，他脑子里所有的就不是空想，他的行动也就可以不断地得到进步。

第四章 文艺稿件播音训练

文艺稿件播音大多是对文艺作品、艺术家、文艺知识的介绍、解释和说明。因此，无论是播评介稿还是播解说词、串联词，播音员都应是以一个“热情介绍者”的身份出现的，要处理好“我”和戏的关系，“我”和听众的关系，“我”是戏和听众的媒介等。在解决了身份问题的前提下，还要注意和录音素材配合，统一基调、变化一致，有主有从、有机结合，播音员的话要与录音素材中的语言、音乐、效果互相配合、协调一致，使之浑然一体，给人以和谐完美的享受。

第一节 《一支外国名曲》节目

中央人民广播电台：

现在播送《一支外国名曲》节目，这一次向大家介绍意大利歌曲《玛莱卡莱》，这首歌的另一个名字叫《清澈的海》，先请大家听一遍，由著名男高音歌唱家吉利演唱。

歌曲《玛莱卡莱》的曲作者弗朗西斯科·保罗·托斯蒂是意大利著名作曲家和音乐教育家。他于 1846 年 4 月 9 日出生在意大利阿勃鲁齐省的奥尔塔诺。

托斯蒂在童年时就喜欢音乐。他 12 岁进入那不勒斯圣彼得罗·阿·马依爱拉皇家音乐学院学习小提琴。后来，又学习钢琴和作曲。这时候，他对民间音乐进行了研究，创作了一些带有那不勒斯风格的歌曲并获得成功。

1875 年，29 岁的托斯蒂来到英国伦敦以后，很长一个时期在英国王室和英国皇家音乐学院教授声乐。这期间，他创作出许多英语的客厅歌曲，但是，这些歌仍受到那不勒斯民间音乐的影响。1906 年，托斯蒂 60 岁时加入英国国籍。由于托斯蒂在作曲上的成就和教学上的贡献，英国女王授予他爵士称号。但是，年过花甲的托斯蒂这时候十分怀念祖国，1912 年他回到罗马，4 年之后，在那里与世长辞了。

在欧洲音乐史上，托斯蒂称不上重要的作曲家，但是他写的一些歌曲，深受人们的喜爱。例如他写的《小夜曲》、《玛莱卡莱》、《永远》、《理想》、《再见》、《妈妈》、《晨歌》和《四月》等，都经常出现在音乐会上。

《玛莱卡莱》是那不勒斯一个海滩的名字，因为这个词不加解释，人们不太容易弄懂它的意思。所以，有人按歌词内容，给它另起了个名字，叫《清澈的海》。这首歌的词作者是贾科莫。

歌词大意是这样的：

“当那月亮升起在玛莱卡莱，
小鱼儿也在水中追逐爱情。
看那海中的波浪起伏翻腾，
它随心所欲变化着颜色。
当那月亮升起在玛莱卡莱，
在玛莱卡莱海滩有个楼台，
我最亲爱的人就住在那里。
海风带着阵阵异香迎面扑来，
海水正婆娑起舞低声歌唱。
在玛莱卡莱海滩有个楼台。
啊……在玛莱卡莱海滩有个楼台。”

歌曲是 D 小调，2/4 拍。活泼的快板，二部曲式，演唱处理十分自由。开始有十二小节引子。先由低音奏出和弦节奏型的伴奏，高音部分从第三小节进入，听完两个乐句，你就会感到，它很有点那不勒斯民歌的特色。歌声从第二拍轻声进入，描绘了玛莱卡莱宁静美丽的夜色。

第二段转到同名 D 大调上，给人以焕然一新的感觉，这里歌词一再提到的“玛莱卡莱海滩楼台上的姑娘”使人感到爱情之火在青年人心中燃烧。

随后，它又转回到 D 小调上，歌曲用“啊”声的拖腔，继续抒发歌者内心的情感。由于这里旋律是用增二度进行的，带有一种特殊的韵味。

歌曲反复一遍之后，接尾奏，它和引子基本上是一样的，这样造成前后呼应的效果结束了全曲。现在请听意大利著名男高音斯捷方诺演唱的《玛莱卡莱》。

刚才我们欣赏了意大利两位著名男高音吉利和斯捷方诺演唱的《玛莱卡莱》，他们的演唱可以说是各有千秋。最后，让我们来欣赏另一位著名男高音帕瓦罗蒂演唱的《玛莱卡莱》，相信它会给你带来更美的艺术享受。

各位听众，意大利作曲家托斯蒂的歌曲《玛莱卡莱》今天就介绍到这里，由贺锡德写稿，晨星解说。这次《一支外国名曲》节目播送完了。

第二节　《文艺专题》节目

中央人民广播电台：

现在是《文艺专题》节目，在这次节目里给大家介绍小提琴协奏曲《梁山伯与祝英台》。

这部富于戏剧性的标题协奏曲，取材于中国民间传说“梁山伯与祝英台”。

浙江农村聪明热情的少女祝英台不顾封建传统的束缚，女扮男装，外出求学。在杭州她与善良、淳朴的青年书生梁山伯同窗 3 年，建立了深挚的友情。当两人分别时，祝英台用各种比喻向梁山伯表白内心蕴藏已久的爱情，而老实的梁山伯却没有领悟。一年后，梁山伯得知祝英台竟是女子，急忙赶到祝英台家求婚，但是不幸，祝英台已被祝父另许豪门。梁祝在楼台凄然相会，两人立下了“生死不离”的誓约。不久梁山伯悲愤死去，祝英台向苍天发出对封建礼教的血泪控诉后，毅然投入梁坟，殉情而死。梁祝死后，化成一双彩蝶在花丛中飞舞，形影不离。

小提琴协奏曲《梁山伯与祝英台》写于 1959 年，作者何占豪、陈刚当时是上海音乐学院的学生，他们这部处女作，以浙江地区越剧的唱腔作为素材，按照戏剧构思布局，综合交响乐与戏剧音乐的表现手法，描绘了梁祝相爱、抗婚、化蝶的情感和意境。

协奏曲以单乐章奏鸣曲的形式写成：

第一部分“呈示部（相爱）”——在江南秀丽的春色中，出现独奏小提琴诗意的爱情主题；小提琴与大提琴如歌地对答，以表现梁祝的相识，活泼的回旋，刻画出梁祝同读共玩兄弟般的情谊；最后，曲调转入缓慢，诉说二人依依惜别之情。

第二部分“展开部（抗婚）”——祝英台的抗婚主题独奏小提琴与祝父的逼婚主题乐队形成相互对抗，塑造出祝英台忠于爱情的坚毅形象。接着，小提琴与大提琴缠绵悲切、如泣如诉，曲调富有变化性地描述了梁的病逝以及祝英台哭灵投坟的悲剧高潮。

第三部分“再现部（化蝶）”——在轻盈飘逸的仙乐衬托下，爱情主题重新出现。它表达了人民美好的愿望——梁祝化成一对彩蝶，千年万代永不分离。

各位听众，现在就请大家欣赏这部小提琴协奏曲。陈刚、何占豪作曲，俞丽娜独奏，上海音乐学院管弦乐队伴奏，指挥樊成武。

第三节　《专题广播》节目

中央人民广播电台，听众朋友：现在请您收听“专题音乐广播”《芭蕾舞坛　群芳荟萃》——介绍“第一届全国芭蕾舞比赛”的几位优胜者，由中央芭蕾舞团陈敏凡写稿。　〔音乐——混〕

听众朋友，为了更快地发展我国芭蕾舞艺术，大力发掘和培养芭蕾舞表演人才，为更多的芭蕾舞新秀提供展现自己才华的机会，北京舞蹈学院芭蕾舞系和北国音像制品出版社联合举办了“第一届全国芭蕾舞比赛”。

党和国家领导人对我国首次举行这种全国性比赛十分重视，王震同志特为比赛题写了会标，朱穆之、周巍峙也为比赛题了词。

参加这次比赛的有来自上海、辽宁、天津、北京各家芭蕾舞团体和院校的主角和明星，也有一批是正在舞蹈院校进行专业学习的少年新苗。一共 70 多位选手，他们进行了古典芭蕾双人舞，成人男、女独舞，少年男、女独舞各项比赛，评选出了 30 多名优胜者，其中有在国际上获奖的汪齐凤、杨新华、张卫强、唐敏、郭培慧、王才军、赵民华等，他们都参加了比赛并获荣誉奖。

这次比赛展现了我国芭蕾舞艺术振兴的风貌和辉煌的前景。　〔扬——混〕

评奖结束后，主办单位为获奖者颁发了奖状和奖金，还组织优胜者们演出了一场精彩的芭蕾舞专场晚会，真可谓群芳荟萃，给人以美的享受。　〔音乐——扬——完〕

朋友：今天我要向您介绍的优胜者是李莹、徐刚、欧鹿、王艳平、杜红玲、杨新华、白岚、李安林和冯英。　〔音乐——混〕

首先我要向您介绍一对凌空展翅的芭蕾舞雏凤，他们是——北京舞蹈学院六年级的学生——李莹和徐刚。他们的名字您也许还不熟悉，但是他俩的名字已震动了国际舞坛，为祖国争得了荣誉。他们于 1985 年 1 月参加了“洛桑少年国际芭蕾舞比赛”，李莹荣获了“约翰逊基金奖”第一名；徐刚荣获第二名。

在这次“第一届全国芭蕾舞比赛”中，他俩都获得了荣誉奖，并且在首都舞台崭露头角。他们以优美的舞姿和高超的技艺给观众留下了难忘的印象。　〔音乐扬——完〕

李莹只有 16 岁，她身材匀称挺拔，宽宽的额头，一张甜甜的小脸，两只杏仁般的眼睛，流露着迷人的喜悦。她的身段、装束，显得格外地纯真、雅净、明朗，富有少女的稚嫩，又蕴涵着青春的气息和力量。〔《海霞》的音乐——混〕

在舞台上李莹表演了一段《海霞》中的独舞。这段舞蹈节奏明快，情绪欢悦，动作技巧有一定的难度，是试验演员全面能力的一个小舞段。

李莹一出场就以清新的格调吸引着观众，她随着音乐起舞，举手投足，一招一式仿佛都是音乐的旋律与节奏在自然地回旋、浮动。每一个动作的起承转合都和音乐紧紧相依，丝丝入扣，使人感到和谐、流畅之美。她的神采，随着舞步的轻移慢转，奔腾跳跃，在自然地激荡、飞扬……她是在用音乐的敏感跳舞，又是在用诗的想象跳舞。虽然她表演的是一个小片段，却给人以完整的印象。〔扬——完〕

记得一位文学家曾经说过：一个天才的艺术家与一个庸俗的匠人所区别的，就在于他的心灵是否进入了艺术的境界。看，小李莹还是个学生，却完全消除了课堂组合的训练方式和机械模仿的痕迹，全身心地投入了艺术的境界，这说明，她确实是一棵天才的艺术幼苗。〔音乐出——混〕

李莹具有良好的先天条件，又经过严格的训练，她的舞蹈芭蕾风味纯正，动作舒展大方，造型很美。《海霞》独舞后半部那一连串的单足弹腿的慢转，技巧稳定，挺拔而优美。看到她那亭亭玉立静止舞台的小样儿，我不由得惊呼起来："哎呀，又一个美丽的小唐敏！"

接着，一组弹腿加小跳的动作，那轻松的舞步和灵巧的身条，又使我依稀见到技巧娴熟、规格严谨的汪齐凤，不由得在心里高兴地赞叹："还是个可爱的小汪齐凤呢！"

是的，李莹身上有着许多优秀芭蕾舞演员的影子，这不能理解为模仿。而是因为李莹也具有优秀芭蕾舞演员所特有的素质：心灵的颖慧、形体的匀称、想象力和表现力的丰富、规格的严谨和刻苦的精神——这些素质的综合和发展，是造就各种风格的芭蕾舞艺术家所共有的基本条件。

这次李莹的表演虽然是短暂的，却像一幅迷人的速写画给观众留下了简练而清晰的舞蹈形象。我们期待着李莹在芭蕾舞台上创造的名作问世。〔音乐扬——完〕

徐刚是李莹的同学，只有十七岁，是一个淳朴而矫健的翩翩少年，他那虎虎有生气的神采，显示了中国男演员传统的美感，在洛桑比赛中他荣获了约翰逊基金奖第二名。像一棵不畏寒冷的小松树，他有一股男子汉的阳刚之气。〔《吉赛尔》音乐——混〕

这次徐刚在舞台上表演了《吉赛尔》中的男子独舞，那腾空而起的大跳，技巧很高的空转都完成得干净利落，具有非凡的气势。在当今世界芭蕾舞坛上男性的技艺都在追求速度和力度，徐刚具备粗犷气质，经过一番磨炼之后，可望成为一名骁勇剽悍的优秀演员，在世界舞坛上放出异彩，为祖国争光。

我们祝福芭蕾舞幼苗茁壮成长，也感谢芭蕾舞园地的园丁们，是他们培养了像李莹、徐刚这样一群含苞待放的花蕾，使祖国的未来更加美好！〔音乐扬——完〕

朋友，我还要向您介绍几位在这次"第一届全国芭蕾舞比赛"中的成人优胜者和他们的表演特色。〔《唐·吉诃德》音乐出——混〕

首先向您介绍一对双人舞演员。这就是北京舞蹈学院的欧鹿和中央芭蕾舞团的王艳平所表演的《唐·吉诃德》。他们在这次比赛中十分出众，舞台形象光彩夺目。〔扬片刻——混〕

欧鹿是一位技术全面、能力很强的男教师，他和老同学王艳平搭档，精彩的表演堪称具有示范性的水平。欧鹿的腾跳爆发力强，技巧性高，连续几个空转静止的动作，又奇特又漂亮，而且稳定。在《唐·吉诃德》中，西班牙风味淳厚。特别是当他奔向女伴、跪着向她央求跳舞的动作，那不顾一切的迅跑，那干脆而热烈的跪膝静止，都给人以强烈的印象，塑造出了西班牙武士的勇敢和奔放，十分带劲！〔音乐扬——完〕

王艳平是一位富有艺术魅力的优秀演员。她线条圆润，眉眼俊俏，动作大方而风味浓，情感丰富而热烈，她的舞姿凝重，隽永，光彩夺目，给人以强烈的美感。

〔《唐·吉诃德》音乐——混〕

在《唐·吉诃德》中，她以丰富的表现力塑造了一位身着红纱短裙的热情的西班牙女郎形象。看，她奔跑如流星迅猛而泼辣，静立如峭壁骄傲而矜持。有时像狂风飞旋，有时又如冰雪顿凝，她那奔跳时自由狂放，静止时凛然不可侵犯的舞蹈形象，栩栩如生地刻画出了剧中人物的鲜明性格。〔音乐扬片刻——混〕

王艳平的基本功扎实，对作品的理解力很强，每个舞蹈动作都很讲究。她的身腿，有时像画家的笔锋，陡峭有力，有时则像一条圆润的弧线，在控制中渐渐呈现。这些处理都因作品的特定要求和音乐的旋律、节拍不同而变换，她是在用舞蹈做活动的绘画。这舞蹈的画面，层次鲜明，色彩斑斓，表达了人物内在的丰富情感。〔扬——混〕

《唐·吉诃德》中她有一段持扇而跳的独舞，在音乐声中，她手持扇子扭动着肩膀，舞步是那样俏丽多姿，神情是那样的洋洋自得而又略带几分卖弄。此时此刻，热情如火而又威严可怕的形象便惟妙惟肖地出现在舞台上了，使人感到美的满足。〔音乐扬——混〕

欧鹿和王艳平的托举动作造型感很强。一个旁肩落脚，双腿伸向后方的托举造型，鲜红艳丽的舞裙像一朵大丽花盛开在枝头上，使人赞叹不已。

这一对演员在第一届全国芭蕾舞比赛中十分惹人注目，我们寄希望于他们百尺竿头更进一步，争取冲出亚洲走向世界，用他们精湛的技艺去征服世界上更多的观众。〔音乐扬——完〕

上海芭蕾舞团的杜红玲和杨新华也是一对出色的优秀演员，在这次比赛中获得了双人舞的优异成绩。杨新华 1984 年在国际比赛中荣获男子特别奖，杜红玲也获得好评。杨新华个子适中，身条匀称、俊秀，技术全面，能力很强，在当今世界男演员中是颇为难得的人才。他的潜力很大，能适应各种条件的舞伴，他舞姿优美，可以塑造各种类型的角色。杜红玲也和他一样，身材适中，功夫和表演水平都相当高，能扮演各种舞剧角色，像《雷雨》中的蘩漪便给人留下了深刻的印象。

我还要在这里向朋友们介绍一位成绩优异的独舞演员，她就是中央芭蕾舞团的主要演员冯英。

冯英毕业于北京舞蹈学院，后来随著名舞蹈演员白淑湘留学法国一年，回国后在《鱼美人》、《吉赛尔》等大型舞剧中，担任主角。她的条件良好，对艺术认真钻研，勤学苦练。她才能全面，具有各方面修养，比较成熟。在舞台上，她舞姿大方、风度朴素、动作规格严谨、应变能力强，各种角色、各种难度她都显得有把握，技艺高超稳定。

在《鱼美人》中，她在水中的形象婀娜多姿，飘飘欲仙；在陆地上的形象娴熟大方，具有民间村姑的劳动气质；在妖穴则用一系列技巧和富于戏剧性的双人舞表现出丰富的内心世界和反抗精神。在《吉赛尔》中她跳女鬼的领舞，动作洒脱有力，造型冷峻、威严，表现出一个复仇的幽灵所特有的残暴和专断。这些形象都在首都舞台上获得了观众的好评。〔音乐扬——混〕

冯英这次被评为第一届全国芭蕾舞比赛的“女子独舞第一名”，这对她各方面的才能是一个相称的奖励，她在舞台上表演一段《柴可夫斯基双人舞》中的女变奏，短短的三两分钟随音乐展现了控制、跳跃等技巧和抒情的风格。〔扬——完〕〔《女子四人舞》——混〕

这里特别要介绍的是由冯英、王艳平和另外两位国际获奖者——唐敏和郭培慧联合演出的《女子四人舞》，在这次选拔的节目中，作为演出的第一印象（什么叫第一印象呢？就是拉开帷幕后的第一个节目）真是精美无比，堪称我国当前最佳的精品。

《女子四人舞》表现了古代仕女的各种舞姿和技巧，有控制、有小跳、有彼此的礼仪、有各种场合的华贵丰姿。

四位我国优秀的女演员各显其能，各尽其长，用优美的舞姿、典雅的风格，把这个节目糅合成一幅绝妙的古代仕女图，既向观众介绍了古典芭蕾舞中各种女性舞蹈的技巧和相互配合的美丽图案，又体现出古代宫廷的高贵、幽雅、闲适的社会气氛，使我们得到丰富的想象和美的熏陶。〔扬——混〕

第一届全国芭蕾舞比赛涌现出一批人才，他们都作出了动人的表演。这里就不一一介绍了。我们期望在未来的舞台上再仔细地介绍他们。

这次比赛随着选拔节目的公演而胜利结束了。这是一次十分令人鼓舞的比赛，不仅因为它是全国第一次，而且因为这次比赛是由北京舞蹈学院芭蕾舞系和北国音像制品出版社联合主办的，属于民办性质。在我国由企业资助联合主办这样的比赛，体现了一种崭新的精神风貌，就是一切依靠国家办事的局面有了改革性的突破。社会主义文化事业的发展，要求各种形式的社会支持和合作，这对于开拓艺术改革的新路，促进人才的出现都会产生重要的作用。所以，这个举动受到了广泛欢迎和关注。让我们祝愿我国芭蕾舞艺术群星灿烂，迎来姹紫嫣红的春天。

第四节　《星期天影坛》节目

（一）

听众朋友，欢迎您收听《星期天影坛》节目。今天为大家安排的内容是：《电影动态》、《人物专访》、《外国名片介绍》和《电影插曲》，最后是《听众信箱》。

先请听几条电影消息：吴子牛登西柏林电影节奖台。

听众朋友，昨天上午在八一电影制片厂的放映室里，电影局、电影家协会和八一厂共同为获得西柏林电影节银熊奖的故事影片《晚钟》举行了庆功会，在会上影片导演吴子牛介绍了《晚钟》参赛的情况。

根据程十庆的小说改编的影片《代号美洲豹》已摄制完毕。这部影片由青年导演张艺谋和杨凤良联合执导，顾长卫担任摄影，影片描写了劫机与反劫机的惊险事件。《代号美洲豹》在送审时，被电影局评价为去年大量娱乐片中颇具特色的一部，但也有的专家认为像是“游戏之作”，与张艺谋的功力不相称。〔间奏乐〕

听众朋友，在接下来的《人物专访》栏目里，请听本台记者王卫平采访著名配音演员乔榛的讲话录音。

听众朋友，刚才您听到的是本台记者王卫平采访著名配音演员乔榛的讲话录音。接下来，请您欣赏乔榛和丁建华在最新译制的美国影片《谍影疑云》里的配音片段。

我们知道，配音艺术受到许多听众朋友的喜爱。有许多听众来信要求了解著名配音演员的情况，比如，他的从艺经历、艺术追求、幕后的生活，等等。为了满足广大听众的愿望，《星期天影坛》节目将陆续播出采访著名配音演员的录音。我们下个星期天采访的人物是丁建华，欢迎您收听。

好，下一个栏目，该是《外国名片介绍》了。今天向您介绍的是美国故事片《母女情深》。

听众朋友，如果您留意20世纪70年代末到80年代初的奥斯卡奖获奖影片名单，您会发现反映社会伦理、道德，反映普通人家庭生活的影片占有重要的地位。1979年，获得奥斯卡最佳影片奖的是罗伯特·本顿执导的《克莱默夫妇》，紧接着1980年，罗伯特·雷德福执导的《普通人》又获取了这一桂冠。而詹姆斯·布鲁克斯编导的《母女情深》，在1983年的奥斯卡授奖仪式上，一举夺得最佳影片、最佳改编剧本、最佳导演、最佳女主角、最佳男配角五项主要的金像奖，成为世界影坛上最引人注目的影片之一。

听众朋友，刚才向您介绍的是美国故事片《母女情深》，下面请您欣赏一首电影插曲，选自美国影片《午夜牛郎》。

〔放音乐——2′42″〕

听众朋友，接下来的栏目是《听众信箱》。

天津听众米莹来信说，很想知道我台《十位优秀配音演员配音精选》系列节目的安排情况，噢，是这样，去年年底至今年春节，我们先后制作播出了《十位优秀配音演员配音精选》系列节目的第一辑《邱岳峰配音精选》和第二辑《毕克配音精选》，受到听众的热烈欢迎。但因为此系列节目的工作量较大，我们人力有限，目前只能是制作一辑，播出一辑，大约一个月左右安排播出一辑。接着播出的有李梓、乔榛、刘广宁、童自荣、尚华、于鼎、丁建华和曹雷的配音专集。

每一辑的第一次播出，都将安排在星期日本台第二套节目八点钟《广播影院》栏目中播出，第一辑的播出，我们将提前一星期在本台《星期天影坛》节目中预告，请听众朋友们届时收听，更欢迎您来信提出批评、建议或点播节目。

好，《听众信箱》就播送到这儿。

听众朋友，今天的《星期天影坛》节目是由赵微编辑的，播音：晨星，录音合成：吴桂荣。这次节目播送完了。

〔结束曲〕

（二）

〔男〕 听众朋友，《星期天影坛》节目又和您见面了。今天安排的内容有：《电影动态》、《外国名片介绍》、《影坛人物》和《电影插曲》。欢迎您收听。好，先请听《电影动态》。

〔女〕 陕西省扶持电影业，给西安电影制片厂十项优惠政策。优惠政策主要有：西影厂的副厂级干部由厂长任免；影片投产权复归厂方由厂里决定；营业、教育、城建等税收项目由7%降到1.5%，所得税规定每年65万元，5年之内不变；凡在国内获国家级奖和国外获奖的影片免税，获奖影片如果出现亏损，由财政厅全额补贴等。西影厂厂长吴天明对这十项优惠政策很满意，认为这是陕西省对电影事业莫大的理解和支持。为此他表示，要进一步放开搞活西影厂，并在创作上改变娱乐片一哄而上的状况，投拍一定数量的艺术片。

〔男〕 《中国电影报》前不久透露了全国最新影片订购情况，其中国产新片订购数最多的前五名是：《疯狂歌女》《三宝闹深圳》《行窃大师》《残酷的欲望》和《复仇女郎》。外国影片及台湾影片订购数最多的前五名是：《伤痕累累的勋章》《铁石心肠》《摘星》《炎热的夏夜》和《黑暗中的拳头》。国产片订拷贝最少的是：《天鼓》《我们是世界》《烟花泪》和《棋王》等几部影片。由此看出，各地预订拷贝更倾向于侦破、喜剧等娱乐性强的影片，更多地考虑影片的经济效益。

〔女〕 峨眉电影制片厂导演米家山执导的《顽主》已拍摄完成，前不久在北京送审时，受到电影局负责同志们的一致好评。在中国影协的观片座谈会上，与会者认为影片在雅俗共赏上达到了新的高度，影片拍得潇洒自如，在轻松幽默中，生动揭示了当今社会不同层次人物的心态。《顽主》描写北京三个待业青年，联合组织了一个异想天开的“三T”公司，即替人解难，替人解闷，替人受罪。在他们真正走入社会、开展业务的过程中却碰到许多让人啼笑皆非的难题。影片的女主角由潘虹扮演，这是米家山、潘虹这对夫妇第一次合作拍片。

〔男〕 世界电影史上杰出的人物，故事片之父乔治·梅里艾于92年前拍摄的影片《魔宅》，不久前在新西兰发现。梅里艾一生拍了500多部故事片。1896年拍摄的《魔宅》放映时间不到两分钟，这部影片没有片头。经巴黎的国际影片档案馆鉴定，确定是梅里艾丢失的近百部影片中的一部。影片在新西兰修版后，让梅里艾的孙女观看过，她认出影片中有她的祖父。

〔女〕 听众朋友，在今天的《外国名片介绍》栏目里，我们应南京工学院夏冰青听众的要求，介绍美国著名影片《卡萨布兰卡》。 〔主题音乐〕

《卡萨布兰卡》拍摄于1942年，表现的也是第二次世界大战期间的故事。那时，德国法西斯的铁蹄踏遍了大半个欧洲，在占领区的居民大量涌入法属的摩洛哥首府卡萨布兰卡，以便寻找机会前往里斯本，再去美国。影片里的男主人公里克，在卡萨布兰卡开了一家很有名气的咖啡馆。表面上看，他是一个保持中立、玩世不恭、待人待事都很冷漠的人，然而正是他历尽艰险，帮助法国地下运动领袖拉斯洛和他的妻子伊尔莎逃脱了追捕。这部影片的故事情节紧凑、集中，又有几分惊险。而里克与伊尔莎的爱情插曲，又使影片在紧张的气氛里，增添了几分浪漫、缠绵的情调，再加上几位著名影星的精彩表演，《卡萨布兰卡》确实是一部引人入胜、耐人寻味的影片。《卡萨布兰卡》公映后，引起了不小的轰动。它不仅获得了当年奥斯卡最佳影片奖、最佳导演奖、最佳编剧奖，还获得了当年十大最佳影片的第五名、最卖座影片的第三名。有趣的是，这部影片开拍后，制片人、导演和编剧对于影片的结局如何，始终争论不休。对伊尔莎究竟是与拉斯洛离开，还是与里克留下，观点始终不一。这正像影片里伊尔莎犹豫矛盾的心理，看来拿不定主意的不仅是伊尔莎一个人。直到拍完里克与法国警察局局长雷诺并肩走出机场，说出那句“从此开始我们如花似锦的友谊”这一著名台词，大家才一致认定现在我们知道的结局。

听众朋友，下面请听美国电影《卡萨布兰卡》里的一个片段。里克和伊尔莎在巴黎邂逅相遇，产生了爱情。然而正当他们准备结婚时，伊尔莎悄然离去，留给里克一个难解的谜。几年以后，他们在卡萨布兰卡不期而遇，这个误会将如何解除呢？

〔放电影录音〕

〔男〕 听众朋友，在影片里扮演伊尔莎的是美国著名女影星英格丽·褒曼。她曾因主演《煤气灯下》和《安娜·斯塔西亚》这两部影片，两次获得奥斯卡最佳女演员奖，并因在《东方快车谋杀案》里扮演女传教士，获得了奥斯卡最佳女配角奖。褒曼在《卡萨布兰卡》里扮演的伊尔莎，坚毅善良、气质高贵、光彩照人，特别是她恰到好处地表现了伊尔莎在意外地遇到里克所产生的那种复杂的感情变化，具有强烈的艺术魅力。

在影片里扮演里克的是美国三四十年代最红的男影星之一亨弗莱·鲍嘉。

亨弗莱·鲍嘉生于1899年,16岁参加美国海军,经历过第一次世界大战。1920年,他进入戏剧界,在舞台上演一些二流角色。经过多年的奋斗,他1935年在影片《惊愕的森林》里开始担任男主角。在他最初的十几部影片里,他一直扮演反面角色。1941年,他在《摩天岭》一片中演一个努力改邪归正,仍被社会遗弃的亡命徒,深得美国观众的同情。同年他在《马耳他之鹰》里第一次扮演了愤世嫉俗的私人侦探萨姆,演技尤为出色,从此声誉日上。第二次世界大战期间,他在一系列反法西斯影片里成功地扮演了各种类型的正面角色,《卡萨布兰卡》就是非常出色的一部。他扮演的里克表情冷漠、声音低沉,而内心却充满主动、善良和柔情,这一形象深得观众的喜爱。1951年,亨弗莱·鲍嘉因主演《非洲皇后》而荣获奥斯卡最佳男主角奖。令人遗憾的是,这位著名影星在58岁时因患癌症去世。

1979年11月14日,在当年摄制《卡萨布兰卡》的华纳兄弟公司第九号摄影棚里,重现了37年前的里克咖啡馆。当年的英格丽·褒曼走进摄影棚时,影片里拉斯洛的扮演者,已经是满头白发的保罗·赫里德走上前对褒曼说:"欢迎你来里克咖啡馆。"当她坐下,为她斟酒的是影片中的那位侍者,钢琴边坐着的则是当年山姆的扮演者杜里·威尔逊的儿子,他弹奏起影片中那首著名的《时光流转》。然而扮演里克的亨弗莱·鲍嘉已不在人世。他们举杯,为这位永远值得怀念的演员干杯。

此情此景,又使我们回忆起影片里那段动人的场面。 〔放电影录音〕

《时光流转》是一首在当时很流行的歌曲。下面请您欣赏根据这首歌曲改编的轻音乐,由曼托瓦尼乐队演奏。 〔放音乐〕

〔女〕 最后介绍一下《卡萨布兰卡》的导演米海依·柯蒂兹。

米海依·柯蒂兹是一位极富才华的导演。1898年,他生于匈牙利的布达佩斯,在国立剧艺学院毕业后即参加戏剧演出。第一次世界大战时期加入电影界,先后在德国、丹麦、法国、意大利、英国等国拍片,1927年应华纳兄弟公司邀请到了美国,以后大部分时间都为该公司拍片。

米海依·柯蒂兹拍片样式很广泛,有歌舞片、警匪片、宗教片、间谍片,等等。他把欧洲电影的新方法带进好莱坞,对有声电影的发展有很大贡献。在《卡萨布兰卡》获最佳导演奖之前,他还因执导短片《自由之子》获得过这一嘉奖。1962年,米海依·柯蒂兹逝世。

〔女〕 听众朋友,刚才向您介绍的是美国影片《卡萨布兰卡》。

在这次节目的最后,请听一首电影插曲《说你,说我》。这是美国电影《白夜》的插曲,它曾获得第58届奥斯卡最佳歌曲创作奖。

好,下面就请听美国著名歌星莱昂内尔·里奇演唱的《说你,说我》。 〔放音乐〕

听众朋友,刚才您听到的是美国电影《白夜》里的插曲《说你,说我》,由莱昂内尔·里奇演唱。

听众朋友,今天的《星期天影坛》节目是由赵微编辑的,播音:晨星、丁峰,录音合成:刘芳。祝大家假日愉快! 〔结束曲〕

（三）

中央人民广播电台：

现在是《广播影院》节目时间，今天请大家欣赏《优秀配音演员配音精选》系列节目的第一集《邱岳峰配音精选》。

邱岳峰，名字里就鲜明地寄托着起名者的希望。是的，他的确没有平庸地度过一生。他凭着对艺术的执著追求，硬是把自己那沙哑的嗓子“化腐朽为神奇”，以他高超的配音技巧，把一个个外国影片中的人物处理得形神兼备、令人难忘，被人们称为配音一绝。遗憾的是，他过早地离开了我们，离开了千千万万喜爱他配音艺术的听众。邱岳峰虽然离去，但他精湛的配音艺术却永留人间！

先请大家欣赏邱岳峰在电影《悲惨世界》里为一个小酒馆老板的配音。

〔安静点吧——滚开，我揍死你〕

假如也能把声音当做一支笔的话，那么，邱岳峰就是在用声音为那小酒馆老板作画，他笔下的人物是多么贪婪，多么无耻，多么令人厌恶。

为电影《王子复仇记》配音，邱岳峰同样不是主角，但他依然把那御前大臣处理得有滋有味。

〔你还在莱昂斯——时间不等人，走吧〕

一个处世练达、阅历丰富、教子有方的父亲仿佛就活生生站在我们面前。

接下来再请大家欣赏邱岳峰在电影《孤星血泪》里为费格斯律师的配音。

〔凡尔内先生——再会太太，再会〕

告别了《孤星血泪》里的费格斯律师，我们顺便去《巴黎圣母院》拜访一位道貌岸然的富洛娄神父。

如此入木三分的刻画，假如法国大文豪雨果在世，说不定会写信来向邱岳峰致谢呢。

有谁还记得美国电影大师卓别林自编、自导、自演的电影《凡尔杜先生》？为卓别林饰演的角色配音，似乎就是邱岳峰的拿手好戏。影片里的凡尔杜是一个良心未泯的杀人惯犯，需要以怎样的心情去体会这一复杂的罪犯心理？

〔你是比利时人——命中注定，不远了〕

这恐怕是一次难度较大的配音，但有着良好的文学修养、被上影译制厂的同行们称为才子的邱岳峰依然把凡尔杜先生演播得游刃有余。听众朋友，还记得唐塔么？对了，就是日本电影《追捕》里那位阴险狡猾的唐塔大夫，这是个戏少、台词不多的角色。

〔杜丘先生——立刻给他吃〕

常常听人说每当听到邱岳峰在电影《追捕》里的声音就立刻想到那位阴险歹毒的唐塔大夫，便禁不住啧舌赞叹。这样一个一闪即逝的小角色，居然给人留下如此深刻的印象，我们不能不由衷地敬佩邱岳峰高超的配音技巧。许多人津津乐道于邱岳峰的配音艺术，但他配音的艺术顶峰是哪部影片里的哪个人物，恐怕众说不一。我们特意把英国电影《简·爱》作为压轴节目，只是表明编辑倾向，却无强人之意。已故著名配音演员邱岳峰为《简·爱》里的主人公罗切斯特的配音难度之深，功力之高，在影片译制界恐怕也是一座高耸难攀的山峰。

各位听众，《优秀配音演员配音精选》系列节目的第一集《邱岳峰配音精选》就播送到这里。

编辑写稿：俞德利，解说：晨星，复制合成：刘芳。这次节目播送完了。

第五节　电影录音剪辑《莫斯科之恋》

〔欢送会。“歌声——再见了，东京”〕

告别了故乡，告别了朋友，百合子踏上了异国的土地，可她的心早就飞到了莫斯科。能到大剧院学习芭蕾舞，那可是百合子梦寐以求的愿望。而今，梦想变成了现实。

〔排练厅〕

这位大导演就这么给初来乍到的百合子上了一课。不过，他的话的确精辟。想赢得艺术之神的青睐可没那么容易，那得要有献身精神，就像大剧院顶上那四匹奋力奔驰的马。像这样的旋转、踢腿、跳跃，每个动作不知要反复练习多少遍。百合子不怕吃苦，就怕得罪了她心中的上帝——芭蕾舞。但是，她没想到先得罪的竟是好朋友哲也。

〔通信。“你好，百合子——常给我来信吧”〕

〔排练厅。“你好，瓦罗加——音乐”〕

百合子跟往常一样，天天伴随着她的芭蕾舞。今天的排练厅里，怎么多了一个金发碧眼的小伙子？他坐在角落里，灵巧的手在纸上画个不停，百合子注意到小伙子在端详自己，那么他是在给自己画速写了。博得小伙子的好感毕竟容易，可要得到老师的赞赏，就难得多了。

〔“胳膊——大概不会去”〕

苏联公民对“五一”劳动节倾注了极大的热情，你看那节日的街道、广场，到处是欢乐的人群，百合子置身在这欢歌笑语的气氛里，她的忧伤，她的寂寞，一下子烟消云散了，她想起了一个人，想起了塔尼亚交给她的地址。

〔瓦罗加家。“你好——当然行了，请进”〕

瓦罗加的画室，就像一个艺术画廊。一座座神态逼真的雕像，仿佛变成了一个个活着的人物，缓缓地从百合子面前走过。看着看着，百合子不由得笑起来。这里真好！百合子感到亲切、温馨，就像是到了老朋友那里。

〔“噢，百合子，欢迎——看烟火”〕

节日的礼花，把夜空点缀得绚烂多彩。百合子度过了一个愉快的夜晚。

〔排练厅。“注意——她怕难为情”〕

〔通信。“哲也——”〕

〔小提琴——〕

人在沮丧的时候，最好别赶上小雨，据说，那淅淅沥沥、绵延不绝的雨，更容易给人增添几分烦恼。百合子撑着一把小伞，在雨中徘徊。她满腹心事，竟没能察觉瓦罗加的到来。

〔“瓦罗加——这就好”〕

〔通信。“你好，百合子——想象你在那儿怎么样”〕

不知哲也的想象力是否丰富。半年的时光，百合子的感情已产生了微妙的变化。这天，百合子正在排练《吉赛尔》，塔尼亚带来了一个坏消息。

〔“百合子——真的”〕

〔音乐——〕

这回，百合子怎么也不能安心排练了，这恐怕是她第一次触犯了“心中的上帝”吧。

〔瓦罗加家。“是谁呀——就这样”〕

瓦罗加让百合子坐下，他深情地望着百合子。在他内心深处，涌出了一股强烈的创作欲望。他要为百合子塑像，他要留住这个仿佛是从日本版画里走下来的姑娘。用他的手，用他的心，用他的全部感情。现在，百合子再也不用为不会跳爱情戏而苦恼了。爱情带给她幸福，爱情带给她灵感。她就是吉赛尔，瓦罗加就是她的王子。

而这一切，远在东京的哲也终于感觉到了。

〔办公室。“经理派我去——想去莫斯科”〕

〔音乐——〕

中国有句古话：有志者事竟成。哲也真的变成一只大熊追到莫斯科来了。

〔打电话。“喂，是哲也——说定了”〕

〔瓦罗加家。“又见面了——很有意思”〕

〔吉他音乐——〕

哲也终于见到了日夜思念的百合子，可却是在瓦罗加家里。尽管哲也并没有向百合子吐露过爱，但他怎么也摆脱不了那种被抛弃的感觉。聪明的百合子，你怎么就想不到哲也是为谁而来？

〔街上。“怎么样——再见了”〕

事情到了这一步，叫百合子如何是好？忧愁、苦恼困扰着百合子，她真想找个人聊聊，百合子想到了也在莫斯科工作的野川大叔，他曾是妈妈的好朋友。

〔野川家。“你好像有心事——没跟她们结婚”〕

〔通信。“百合子——愿你笑容常在”〕

〔排练厅。“百合子，怎么不看瓦罗加——我走了”〕

百合子迈着轻盈的舞步上场了。她的动作优美、舒展，富于表情，导演们投来赞叹的目光。

〔“我说她确实有才华——祝贺你”〕

〔哼唱——〕

百合子像一只快活的小鸟，跑出了大剧院。她又看到了剧院顶上那组雕像。四匹马费力地拉着轻盈的阿波罗。今天，她心中的上帝，她的芭蕾舞，终于伸开双臂拥抱了她。百合子穿过人流，在街上奔跑着。她多么希望这里的一切都来分享她的幸福，她的快乐。跑着跑着，她突然感到浑身无力、头晕目眩，百合子跌倒在地，失去了知觉。

〔医院。“你好，大夫——生命危险”〕

百合子并不清楚自己的病情，出院后，她像从前一样又去排练了。

〔排练厅。“你好，百合子——明天再谈”〕

〔野川家。“野川大叔——白血病”〕

百合子想找野川大叔问个明白，野川大叔不在。百合子走到桌前，看到的竟是一份有关广岛原子弹爆炸的资料。百合子想起了自己的妈妈就是在遭受核辐射后，得了不治之症的。莫非自己也……

〔街上。“是原子弹——百合子她……”〕

刚从桑娜尔罕回来的哲也，真为百合子担心，这么巨大的打击，百合子承受得住吗？

〔“百合子——应该去见见他”〕

〔海滨。“瓦罗加——上帝”〕

面对着大海，瓦罗加侃侃而谈，他的事业、他的生活……他憧憬着更美好的未来，而这些，对百合子来说，正在悄然离去。

〔“百合子，干吗忧伤——明天见”〕

“明天”，百合子还有几个“明天”？她的王子，她的芭蕾舞，都将化为泡影，她还能活多久？活着又有什么意义？

暴风雨无情地吹打在百合子身上，她像一朵无力挣扎的小花，在寒风中哭泣。

〔哲也“百合子——快去吧”〕

瓦罗加声声呼唤着百合子，回答他的却是风和雨。百合子去哪儿了？难道她……瓦罗加不敢再想，他不顾一切地朝海边跑去。

狂涛拍打着海岸，巨浪撞击着礁石。那随着波涛上下起伏的不正是百合子吗？瓦罗加跳进海里，救出了百合子。

〔海边。“百合子，你干吗——别让我不安”〕

〔音乐——〕

回到莫斯科，百合子又病倒了。

〔医院。“根据化验——百合子知道自己的日子不多了。她是多么留恋这个世界啊！她的芭蕾舞，她的瓦罗加！”〕

〔“百合子，来客人——很美，瓦罗加”〕

百合子去世了，她带着那么多的遗憾，恋恋不舍地告别了人世，我想，我们大家不该忘记，百合子是在广岛出生的，就因为这个缘故她才那么早地失去了生命。

〔哼唱——报尾〕

听众朋友，刚才您听到的是电影录音剪辑《莫斯科之恋》。影片由苏联莫斯科电影制片厂和日本东宝电影公司联合摄制，上海电影译制厂译制。主要配音演员：丁建华、童自荣、杨晓。剪辑写稿：赵薇，解说：晨星，复制合成：刘芳。这次节目播送完了。

第六节 《戏曲专题节目——寓意象于声情之中》

中央人民广播电台：

各位听众，现在播送《戏曲专题节目——寓意象于声情之中》——介绍华文漪、岳美缇在《牡丹亭》一剧中的部分唱段。 〔放背景音乐1′10″混〕

华文漪和岳美缇是两位著名的中年昆剧演员，也是上海昆剧团的主要演员。她们长期合作相继演出了《牡丹亭》《晴雯》《墙头马上》《琴挑》《偷诗》《梳妆》《跪池》《百花赠剑》等剧目，塑造了不少光彩奕奕的艺术形象，博得南北各地以及港澳观众的赞赏。

华文漪和岳美缇自幼接受了南昆舞台艺术的训练，打下了深厚坚实的基础，通过二十多年的舞台实践，她们对唱曲这一手段的重要性体会越来越深。她们把唱曲同念白、动作融成一体，使演唱和表演技巧更好地为刻画人物形象服务。昆曲是曲牌联套体，有定词、定调、定腔、定板的特点，不像板腔体剧种那样流派纷呈、变化繁多。换句话说，昆曲除了新编或改编幅度很大的剧目以外，一般传统曲子的唱法是基本相同的。但是细分起来，毕竟还是同中有异。之所以存在这些差异，首先在于演唱者对剧中人物的不同认识，对情绪、气氛的不同掌握，然后从音色、节奏、旋律、口法、润腔等变化多端的方式上进行不同的处理，于是产生寓意象于声情之中的不同效果。华文漪和岳美缇根据自己的见解，有所探索，有所追求。这种艺术上的进取精神是值得肯定的。

下面，我们播送华文漪和岳美缇演唱的全本《牡丹亭》中的几支曲子，供大家欣赏，同时做一些说明和分析。

《牡丹亭》的“游园·惊梦”一场，不论唱曲和表演，都是昆剧的优秀代表剧目之一。太守千金杜丽娘是被封建礼教束缚的大家闺秀，她的性格中具有幽娴、娇柔的一面，但还有反抗封建桎梏，追求理想、幸福的另一面。这正是杜丽娘这个人物独有的性格特征。因此，华文漪认为演唱“游园·惊梦”的时候，必须有层次地逐步揭示少女惜春和怀春的心情，而不能演成少妇思春和伤春。这个差别是微妙而细致的，要求演员在艺术处理上恰当地掌握分寸，准确地体现人物的内心情感。华文漪的这个理解是她演唱的重要基本特点。她的演唱随着剧中特定环境的变化而一步步展开人物性格。在《牡丹亭》的“游园·惊梦”一折中，前半部是“游园”，后半部是“惊梦”。杜丽娘在前半部的“游园”里演唱了两支著名的曲子，叫做〔皂罗袍〕和〔好姐姐〕。

请听华文漪演唱的这两支曲子。

华文漪通过演唱这两支曲子，表达了闲居闺阁、足不涉园的杜丽娘在偶然情况下看到自然界的美好景象而为之陶醉的感情以及由“春光容易把人抛”联想到春光应当珍惜的心境。杜丽娘心中的“惜春”之情，是她个性觉醒的先兆。华文漪抓住了由景到情、再由情到景这样相互激发的特点，把人物的精神境界和感情色彩融合在对客观景色的赞美和爱怜之中。要做到这一点，就需要采取不同的声乐处理来具体体现，华文漪恰到好处地做到了这一点。第一句“原来姹紫嫣红开遍”，华文漪用松弛、明亮的音色，唱出眼前一派活泼的生机，显现出闺阁千金杜丽娘第一次接触到春景以后，内心蕴藏已久的活力也开始动起来了。紧接一句“似这般都付与断井颓垣”所透露的是杜丽娘对春光被人忽视的惋惜之意。下面“良辰美景”两个七字句和“朝飞暮卷”四个四字句，是对自然景物的铺叙描写，这其中有静态美，也有动态美。华文漪用甜美的歌唱和轻盈的舞姿充分揭示出杜丽娘由于对春色的新鲜感受而引起的内心波动，接下来顺畅地转入“锦屏人”一句的惜春情绪，紧接着〔皂罗袍〕曲子的〔好姐姐〕是描写继续观赏春景的内容。其中“那牡丹虽好”一句的“好”字下面的中眼上有一记鼓签“答”，华文漪抓住这一小的停顿，表现出杜丽娘心情又有个转折。下面一句“它春归怎占的先”，华文漪唱出了杜丽娘饱含的惆怅心情。

这两支曲子，中音较多，没有高腔。华文漪认为，西方的圆舞曲轻盈柔和，值得借鉴，而“游园·惊梦”的旋律也具有这样的风格，再加上曼妙多姿的舞蹈动作，非但不比圆舞曲逊色，而是意境更深，韵味更浓。华文漪的演出，载歌载舞，她的演唱能够做到华丽而不繁缛，甜润而不纤巧，含蓄而不暗淡，明亮而不浮浅。

下面介绍“惊梦”的〔山坡羊〕曲子。曲词是这样的：〔山坡羊〕没乱里春情难遣，蓦地里怀人幽怨。则为俺生小婵娟，拣名门何处，何处有神仙眷？甚良缘，把青春抛得远！俺的柔情谁见？则索要因循腼腆。想幽梦谁边？和春光暗流转。迁延，这衷怀哪处言？淹煎，泼残生除问天！

这支曲子的唱法和《游园》的曲子有所不同，表达的是杜丽娘内心中的怀春感情越来越强烈，对她自己理想的人生幸福的追求越来越热烈。华文漪把整支曲子唱得缠绵往复，低回不尽。并且力求在某些词语上又加以不同方式的强调。如“甚良缘把青春抛得远”中的“缘”字末眼上有一记“答”，华文漪要求鼓点打得清楚，这样有助于手势的顿挫。“抛得远”中的“得”字第一个音符后面一般做“断腔”处理，但是，华文漪认为强调虚字“得”没有意义。因此，她在前面的“抛”字上用力念准唇音，然后把“得”字连着“远”字并且把“远”字唱得短促、利索，这就充分表达出杜丽娘对于自己青春可能虚度的烦恼和感叹。下面的“迁延”和“淹煎”，都是无可奈何的幽怨，华文漪唱得压抑、低沉。但是，杜丽娘毕竟不同于一般官宦人家的小姐，她敢于把自己的怀春心情表露出来，并且因情及梦，在一个极富浪漫色彩的梦境之中，和一位素不相识的异性青年相会。遗憾的是，落花惊破了好梦，杜丽娘梦醒后，她的精神状态仍处在一种似醒非醒、半痴半醉的精神状态中。下面就请听华文漪演唱的这支曲子。

华文漪十分细致地处理三句〔尾声〕的曲词：困春心，游赏倦，把一点相思梦里悬。春啊！有心情那梦儿还去不远。华文漪把“困春心，游赏倦”这六个字唱得有气无力，突出“困”和“倦”的神情。末句“有心情那梦儿还去不远”中的“梦”字和“去”字都是去声，华文漪用“豁”腔唱出，唱得轻圆柔和，不见棱角。接下来的“远”字，华文漪唱得若有若无，似断似连；在“远”字的余音中，她半蹲身子，盯住远方，眼神里露出对去而未远的梦影和心中深长、隽永的春情的回味；紧接着，她上身微微向前一冲，春香上前急忙扶住，华文漪徐徐抬身，嘴角渐渐上翘，慢慢展开甜蜜的笑靥，精确地刻画出杜丽娘外弛内张的心理状态。华文漪通过自己的表演，体现出的感情是真挚、纯洁的。

上海昆剧团整理改编的《牡丹亭》删去了杜丽娘梦醒后唱的一支〔绵搭絮〕曲牌，这在剧本结构上稍微显得不太协调，但华文漪通过演唱〔尾声〕的曲词，简练而有效地补足了人物内心的转折过程。华文漪的演唱和表演使人感到这场戏的格调既温馨旖旎又高洁明澈，具有不同于其他人表演的意象。

下面请听华文漪演唱的〔尾声〕曲子。〔放录音〕

上海昆剧团改编的《牡丹亭》“寻梦”一出和汤显祖原作有些不同，剧中人杜丽娘在这出戏中唱了一个〔江儿水〕曲牌。曲词是这样的：〔江儿水〕晓和昏，心似卷，在梅树边，似这等花花草草由人恋，生生死死随人愿，便酸酸楚楚无人怨。待打叠香魂一片，阴雨晴烟，啊呀人儿啊，守得个梅根相见！

华文漪唱的这支曲子和前面的几支曲子迥然有别。她这时要表现的是杜丽娘虽然病很沉重，但是情绪还是高昂的。她在唱“心似卷”三个字的时候，使去声字“似”和上声字“卷”形成鲜明的高低对比，显示出人物的内心情感像芭蕉叶那样层层紧卷，无法解开。下面的“似这等花花草草由人恋”等三句，是杜丽娘思想感情的最高点，也是《牡丹亭》全剧的主题。“由人恋”，“随人愿”、“无人怨”几个字是要说明杜丽娘强烈要求自己掌握命运，这也是距今四百年前，我国伟大的剧作家汤显祖所喊出“自由民主”的强烈呼声。华文漪为了充分体现这种精神，尽管这三句词的四声阴阳完全一样，她都用了不同的力度来唱出不同的语气和不同的内涵。例如，“草草”唱得轻柔，“死死”唱得较重，而“楚楚”则是带着哭音唱出。这样就使得这三句曲文层次分明，寓意深刻。请听这段〔江儿水〕曲子。〔放录音〕

岳美缇扮演剧中人柳梦梅。柳梦梅第一次在杜丽娘梦里出现的时候，仅仅是杜丽娘意识到的幻影。他的出场，是被众花仙簇拥而来，见到杜丽娘后，唱了一支〔山桃红〕曲牌。曲文如下：〔山桃红〕只为你如花美眷，似水流年，哪答儿没寻遍，在幽闺自怜。转过这芍药栏前，紧靠着湖山石边，和你把彩袖联衣带牵，诉浓情傍着花魂颤也，只待你玉貌绮年结好缘。是哪处曾相见？相看俨然，早难道好处相逢无一言。

岳美缇曾得到过俞振飞的亲授。她的演唱非常讲究“出字重、运腔婉”，在各种润腔方法上，着重吞吐，韵味。她经过多年的学习和实践，较好地掌握了俞派的精髓。

这支〔山桃红〕曲牌的声情，岳美缇分作三层来处理，这一层是前四句，表达的是梦中的柳梦梅对杜丽娘的衷心爱怜，这一层，岳美缇唱得十分含蓄，显示出柳梦梅内心诚挚深厚的感情。第二层从"转过这芍药栏前"起，到"只待你玉貌绮年结好缘"，一共五句，表达的是柳梦梅鼓励杜丽娘冲破礼教，去追求理想中的人生幸福的愿望，岳美缇唱得既热情奔放，又在细腻中透出旖旎风光，特别是"诉浓情傍着花魂颤也"一句，她唱得情意缠绵，没有丝毫轻佻和浅薄。当年俞振飞在演唱这段时富有很浓的"书卷气"，岳美缇深受俞振飞的耳提面命多年，悟出其中的"三味"，她的演唱同样体现了这一不同凡响的格调。最后一层是这支曲子的最后三句，表现的是两个人素昧平生而又似曾相识的感觉，这种表现是汤显祖的传神之笔，是为了显示出柳梦梅和杜丽娘在思想上的共鸣，精神上的交融。在现在的演出中，这三句采取生、旦同唱，就是由柳梦梅和杜丽娘两人非常和谐地唱出了这个绚丽、优美的意境，请听这支〔山桃红〕曲牌。〔放录音〕

岳美缇在唱这支曲子时，完全按着俞派唱法。由于全曲音域较宽只是"赠板"曲，因此，只有把气息储存好，才能把曲中高音撑满，岳美缇存气、换气掌握得稳健，运用得自如，她的演唱神明气足、精力充沛。

这支曲子的润腔方式变化繁多，岳美缇经过俞振飞的教导，再加上她平时的磨炼，下过很大功夫，因此较熟悉地掌握了这支曲子的润腔方法。曲中"滑擦"两字是入声，在唱法上要出口就断，而且"滑"字断了以后有个叠腔，叠腔后面要有一个小停顿，停顿后面还要再垫两个小腔，岳美缇都交代得十分清楚。曲子后半部的"客来过"三个字，是运用"滑腔"的演唱方法，岳美缇对这三个字的"滑腔处理"一点都没有呆板的味道，而是体现饱满充实、神采奕奕的声情。以"寒花绕砌"到"荒草成窠"一句，岳美缇唱时口劲由强转弱，音亮由大转小，较好地表达出柳梦梅在凭吊这冷淡园林时所具有的无可奈何的心情。〔放录音〕

如果说刚才听的〔颜子乐〕是剧中人柳梦梅对荒废园林的嗟叹，那么下一支叫做〔绵缠道〕的曲子则是表现柳梦梅一路寻访梦境，在偶然的机会中，找到梦中之地的喜悦和浓郁的伤感，曲中"却曾是当年经过"一句，岳美缇用高腔唱出，体现出剧中人柳梦梅由于偶然的机会找到了自己三年前梦见过的大花园的喜悦，花园虽然找到了，但梦中的姐姐哪里去了呢？柳梦梅禁不住自问自答。岳美缇在演唱的时候先是用轻声唱出"问佩环何在呵"，表示剧中人边自言自语，边暗自思索；"断肠人远"四个字，她唱得悠然神往，显示出柳梦梅留恋不尽的复杂情绪。

现在就请听这支〔绵缠道〕曲牌。

华文漪和岳美缇认为，对于《牡丹亭》这样的古典名著，每个人都可以根据自己的不同理解，在唱念和表演上作出不同处理，以便更好地体现汤显祖的原著精神。至于她们的演唱是否达到了这一标准，必须通过舞台实践加以检验。她们表示，非常愿意虚心听取各方面的批评、指正。

各位听众，刚才播送的是《戏曲专题节目——寓意象于声情之中》——介绍华文漪、岳美缇在《牡丹亭》一剧中的部分唱段。

写稿：微木；编辑：贾志刚；播音：晨星；复制合成：关汉哲。这次节目播送完了。

小贴士：毕征教授说："在播音文体业务理论教学中，我们主要以新闻、通讯、评论三大件为主，这是文体业务学习的主干，是最基本的体裁，也是广播电视播音中的核心内容。"如果我们能够比较熟练地掌握和运用这几种体裁稿件的播音和技能，那么，无论节目形式如何变化，我们也能较快地适应。通过这三大件的学习，它应该成为我们播音员的拿手本领。当然，除了这三件，我们还应掌握更多的播音形式，如文艺播音、对话交谈、电视解说、节目主持、小说播讲以及电影配音等。特别是当前主持人节目的出现和迅猛发展更为播音员施展才能开辟了广阔的天地。

第五部分

电视口播新闻及电视专题片解说词配音训练

电视是以视觉为主、视听结合的传播媒介。电视播音主持是通过声音、表情给观众清晰的印象和鲜明的态度。服装、化妆、仪表,镜头前的状态、眼神、姿势等都要体现出播音员和主持人的气质和风格。屏幕形象应以端庄大方、平和安适、自然舒展为主,气息声音要随情而动、因情而发,不僵紧、不压抑、不懈怠,在镜头前要精神振奋、情绪饱满、全神贯注、从容不迫地进行播音和主持。

电视是以连续运动的屏幕画面传递信息的,它及时、迅速,具有强烈的真实感。从接收者的角度来看,电视观众一般以家庭为主,播音员和主持人与观众距离很近,因而很容易产生亲切感。电视播音主持内容主要有“口播新闻”、“电视片配音”、“现场报道”、“电视节目主持”等几种形式。电视节目以丰富的内容拥有广泛的观众,因此,要求电视播音员和主持人要有热心为观众服务的真诚态度,有自己独具特色的播音主持艺术风格,这样才能赢得观众的信任、尊重、赞誉和支持。

第一章

电视口播新闻播音训练

电视口播新闻，就是播音员坐在播音室出画面报告新闻。在播讲方式上，一般采用讲述式。因为新闻绝大多数是纪实性的，讲述时可用小实声，气息下沉，唇舌灵活有力，吐字颗粒性强，不能“秃噜”。切忌为了追求亲切，嗲声嗲气，提气捏嗓。报道涉及人民日常生活、写得又比较口语的消息，可采用交谈式，语言轻松随意些（不能懈怠，吐字的清晰度要高），会使观众产生亲切感。至于重大新闻、公报、社论、专论等，采用郑重严谨的播读式，声音以刚、实为主，气息深厚，吐字颗粒饱满、字正腔圆，气息控制和口腔控制都要有一定的力度。

电视播音员在镜头前应以平和、安适、端庄、大方的仪态走进千家万户，积极明朗地向观众报告自己的“所见所闻”。口播新闻，是以面部表情、眼神来帮助声音传达内容的。镜头前夸大面部表情，过分高兴或悲伤都会影响观众“胃口”。播讲时，镜头就是观众，目光的交汇、心灵的交流要在镜头上反映出来，仿佛那就是观众的眼睛，要引起他们的兴趣和共鸣，抬头与低头要跟着稿件内容走，大方稳重、从容自然、潇洒灵活，切忌目光呆滞、死盯一处、刻板僵直。

一、第一组

〔甲〕　观众朋友，晚上好！

〔乙〕　晚上好！

〔甲〕　欢迎收看今晚的《新闻联播》节目，今天是12月25号，星期日，农历11月25日。首先请看内容提要。

〔乙〕　昨天上午10时20分，沙河北满井加油站突然着起大火。

〔甲〕　国际成衣展览会今天上午开始在香港举行。

〔乙〕　北京市标准计量局在本市52种产品技术的监督抽查中，有39种产品合格，13种产品不合格，合格率为75%。

〔甲〕　我国目前最大的一个建筑节能型住宅小区正在北京兴建。

〔乙〕　下面请看详细内容。

〔甲〕　本台消息：昨天上午10时20分，沙河北满井加油站突然着起大火。

距加油站100米的北京飞达电器厂的干部、工人听到“轰轰”的油桶爆炸声，纷纷抄起灭火器和铁锹冲向火场。此时，首先起火的油罐车已成火团，大火和浓烟裹住了整个加油站，飞达厂的30多名工人、干部和闻讯赶来的消防警一起，奋战了一个多小时，将火扑灭。

〔乙〕 本台驻香港记者报道：国际成衣展览会今天上午开始在香港举行，展品分别来自亚洲、欧洲的十多个国家和地区，中国服装工业总公司带来了十多个系列、三百多套服装参展。香港是世界上最大的成衣制造商中心之一，成衣出口量名列世界前茅。因此，这是举行成衣展览的理想场地。中国上海时装表演队十名女时装模特在展览会上表演了中国时装，这些富有东方韵味的时装，简练中见高雅，朴素中有华丽，受到了服装同行和观众的好评，有许多客商洽谈订货。

〔甲〕 本台消息：我国目前最大的一个建筑节能型住宅小区正在北京兴建。这个住宅区建在第十一届亚运会运动员村附近，建筑面积98万平方米，它采用内外墙保温新建筑技术，建成后每年将可节约冬季取暖用煤约14000吨。

〔乙〕 观众朋友！下面再向您简要介绍一下这次新闻节目的主要内容。

〔甲〕 昨天上午10时20分，沙河北满井加油站突然着起大火。

〔乙〕 我国目前最大的一个建筑节能型住宅小区正在北京兴建。

〔甲〕 观众朋友！这次的《新闻联播》节目播送完了！

〔乙〕 感谢收看！明晚同一时间请继续关注我们的节目，再见！

〔甲〕 再见！

二、第二组

〔甲〕 观众朋友，晚上好！

〔乙〕 晚上好！

〔甲〕 欢迎收看今晚的《新闻联播》节目。

〔乙〕 今天是6月9号，星期六，农历五月初五，首先请看内容提要。

〔甲〕 阳光少年拥抱奥运。

〔乙〕 华表奖将增设数字电影奖。

〔甲〕 成龙等百位电影人庆祝香港回归十周年。

〔乙〕 下面请看详细内容。

〔甲〕 “阳光少年，拥抱奥运”——崇文学子喜迎奥运倒计时400天庆祝活动在灯火映衬下的玉蜓公园文化广场隆重举行。原外交部部长李肇星、文化部副部长常克仁等领导以及奥运冠军李永波、高崚、吉新鹏等到场，与“阳光少年”们共迎奥运倒计时400天的到来。随着李肇星部长按下水晶球，崇文小学奥运小天使阳光社团成立了。郑凤荣、谢娜、桑兰、吉新鹏、李永波等14位文体明星、奥运冠军欣然接受邀请，成为学校的奥运形象大使，他们纷纷在手印泥上留下手印，为奥运献上美好的祝福。桑兰、黄伟麟的奥运新歌将活动推向高潮，在这首名为《微笑》的新歌中，桑兰的坚强和乐观深深打动了在场的每一位崇文学子，而贫困大学生金豆、银豆坚强的毅力和顽强的精神也感染了在场的每一个人。从他们身上，孩子们感受到了什么叫做“责任”。当六年级毕业班的同学手捧毕业证的一刻，一张张充满稚气的小脸上露出肩负责任与希望的庄重神情。崇文小学校长白淑兰表示，当奥运倒计时400天的时刻，崇文学子以这种特有的形式，唱响了奥运新篇章。在活动中，孩子们热情空前高涨,表达出阳光少年拥抱奥运的梦想。这个过程,对他们既是教育,也是锻炼。而让孩子在参与和体验中成长,正是崇文小学育人的特色。

〔乙〕　昨晚,国家广电总局电影局局长童刚透露,今年的华表奖评选,将增设优秀数字电影奖。童刚透露,中国数字影院建设将呈现高速增长态势。为使数字电影真正发挥优势、形成规模,今年的华表奖评选,将在优秀故事片之外,增设优秀数字电影奖。童刚表示,近两年我国数字电影在国际舞台上频频亮相,去年,一批国产数字电影分别在日本的数字电影节以及戛纳、威尼斯、东京等国际电影节上获奖。数字电影领域也产生了一大批题材多样化的作品,比如《爱情呼叫转移》《追爱总动员》《院长爸爸》《借钱》《冬天的童话》等,数字电影正在以新的成本概念和新的影像效果,赢得市场,吸引观众。为使数字电影真正发挥优势,形成规模,从去年起,电影局开始把采用高清设备拍摄的电视电影纳入数字电影的统一管理范畴。同时华表奖评选,将在优秀故事片之外,增设优秀数字电影奖,以引导和鼓励制片单位多出精品佳作。

〔甲〕　今年7月1日,是香港特别行政区回归祖国十周年的重要纪念日。全国政协港澳台侨委员会、全国政协教科文卫体委员会和国家广播电影电视总局将于6月25日在北京全国政协礼堂联合主办香港回归十载电影界大型晚会。据主办方透露,成龙、梁家辉、李连杰、章子怡、张智霖、郑秀文、任达华、刘青云、古天乐等将出席当天晚会,CCTV—6将于7月1日晚播出这台晚会。据一位内部人士透露,除了大家熟悉的电影明星外,当天内地、香港两地的知名导演将会齐聚一堂,并共同登台。其中《七剑》的导演徐克,《古惑仔》《伤城》的导演刘伟强和《旺角黑夜》《门徒》的导演尔冬升等几大导演届时将会畅谈回归十年来拍片的心路历程。此外,冯小刚和周星驰也将带着自己新片的剧组成员来到现场。

〔乙〕　据最新气象资料显示,今天白天,本市阴间多云,部分地区仍有阵雨,偏南风2～3级,与昨天相比,气温又会继续下降,今天最高气温只有24℃,这大大缓解了连日来的较热天气。昨天厚厚的云层抑制了太阳的辐射增温作用,截至下午4点,南郊观象台监测到的最高气温只有29.2℃,比前一天低了2.6℃。入夜后,云层增厚,部分地区下起了小雨,空气湿度也随之增加,最大相对湿度为90%。

〔甲〕　各位观众,下面再向您简要介绍一下这次新闻节目的主要内容。

〔乙〕　阳光少年,拥抱奥运。

〔甲〕　成龙等百位电影人庆祝香港回归十周年。

〔乙〕　各位观众,今天的《新闻联播》节目播送完了!

〔甲〕　感谢收看!明晚同一时间再见!

〔乙〕　再见!

三、第三组

〔甲〕　观众朋友,下面请看一组国际简讯。

〔乙〕　负责美国肯塔基州西部地区事务的一位联邦检察官3日说,被指控参与奸杀一名伊拉克少女并杀害其家人的前美军士兵史蒂文·格林一旦被定罪,应该被判处死刑。这是美联邦检察官首次要求对在伊拉克犯罪的美军士兵判处死刑。由于格林是退役后才受到指控的，因此对他的审判将在联邦法院进行，审判日期目前尚未确定。

〔甲〕 菲律宾国家警察部队4日发布的统计报告显示，今年以来因全国大选而引发的政治暴力事件已导致121人丧生，176人受伤。在121名死亡者中，11人为候选人，49人为候选人的支持者。在176名遇袭受伤者中包括7名候选人、17名政界人士和62名候选人的支持者。

〔乙〕 尼日利亚警方4日说，武装分子当天袭击了壳牌石油公司在尼南部河流州境内的石油设施，并绑架了5名外国工人。尼警方说，被绑架的5名外国工人包括两名新西兰人、一名澳大利亚人、一名委内瑞拉人和一名黎巴嫩人，警方目前已经就此事件展开调查。

〔甲〕 马来西亚一家法院4日裁决，驳回前副总理安瓦尔·易卜拉欣对前总理马哈蒂尔·穆罕默德的诽谤罪起诉，使马哈蒂尔免于公堂受审。安瓦尔1月向吉隆坡高等法院递交一纸诉状，状告马哈蒂尔犯有诽谤罪。马哈蒂尔曾在公开场合发表安瓦尔是同性恋。马哈蒂尔当时要求法院不受理这一案件。

〔乙〕 韩国警方日前逮捕两名诈骗案嫌疑人，他们涉嫌使用假自动提款机盗取信用卡密码，诈骗金额高达7000万韩元。据《韩朝日报》报道，这个犯罪团伙在釜山街头安装数台假自动提款机，其实暗藏读卡机和摄像头。一旦人们把信用卡插入假提款机，读卡器会记下卡上数据，摄像头则会录下手指触摸数字按钮的过程，从而获得信用卡密码。罪犯根据所获数据制作假卡，到真提款机上取钱。

〔甲〕 法国已故前总统乔治·蓬皮杜的夫人克洛德·蓬皮杜3日在巴黎去世，享年94岁。克洛德·蓬皮杜基金会说，蓬皮杜夫人在巴黎家中去世，但没有说明她去世的原因。1970年，蓬皮杜夫人创建了克洛德·蓬皮杜基金会，用于帮助老年人和残疾儿童。

〔乙〕 因为有球迷在冲突中死亡，阿根廷政府3日责令事发地新芝加哥体育场禁赛20场。事情发生在6月25日新芝加哥队和蒂格雷队的比赛中，双方球迷发生冲突，导致一名41岁的男球迷死亡，另有十名球迷受伤，数十名足球流氓被捕。

〔甲〕 前英格兰队主帅埃里克松3日抵达曼彻斯特，这标志着他离执掌曼城队教鞭又近了一步。作为曼城队的头号主帅目标，埃里克松当日并没有透露一些此行的细节。他说："我更愿意明天再说。"他只是表示将在4日与曼城队的代表会面。由于新赛季前球队的训练4日就要开始，因此埃里克松可能在被正式任命为球队主帅之前，就要与队员见面。

〔乙〕 这次节目播送完了！

〔甲〕 感谢收看！再见！

〔乙〕 再见！

观众朋友们，这次节目播送完了。欢迎您继续收看我台其他栏目的节目内容。我是主持人晨星，稍后回来为您献上一组《文娱快讯》。观众朋友们，一会儿见！

第二章

电视专题片解说词配音训练

电视专题节目解说总的要求是起伏有序、刚柔兼备、生动形象、变化自如。电视专题片配音要求解说、画面、音乐要交相辉映、情景交融、声画并茂。专题节目内容广泛，文化生活、家庭之友、体育节目、人物专访、风俗民情、风景抒怀等，都属专题之列。根据不同形式、不同内容、不同风格的片子，有的坚实有力度、气势磅礴，有的柔和细腻、古朴典雅，有的自然洒脱、生活味儿浓等，那么播音员所赋予的情感、语气、基调、节奏也各有差异。随着画面的色调、镜头的推、拉、摇、移以及音响、音乐效果的烘托、渲染，带动你的情感时而含蓄深沉，时而热情奔放，时而慷慨激昂，时而柔和抒情，时而轻松愉快，时而幽默诙谐……播音员的配音也随着那变化的内容情感，正确运用虚实结合、刚柔并济、情真意切、真实可信、绘声绘色、委婉动听的语言表达方式，给观众朋友送去美的享受。专题片节目的配音为播音员和主持人提供了施展才能的广阔天地。

华夏文明看山西　三晋文化"枣"闻名

华夏文明看山西，红枣作为华夏农耕文化的一部分，一样有着浓厚的文化底蕴。据史书记载：红枣作为黄河流域最古老的树种之一，距今已有5000年的栽培历史。当年黄帝与蚩尤的一场旷日持久的战役，最终以黄帝的胜利告终。战后的中原大地百废待举，轩辕黄帝带领百姓，在黄河流域大面积推广枣树的栽培技术，致使枣的种类与数量有了突飞猛进的增长，枣的丰收，在人类的生存和发展史上起了巨大的作用，同时也为黄帝定居中原打下了坚实的物质基础，从而奠定了华夏民族的根基。

称雄国内长达500年之久的晋商，由于诸多原因由盛及衰，为了生存，山西人被迫外迁，寻求新的发展。淳朴的山西人离别之时，常常是一把黄上、一把红枣，它代表了浓浓的乡情和切切的相思，自此，红枣就有了北方的相思豆之称，它盼望亲人早回家、早团圆。

随着时代的变迁，始于春秋，鼎盛于明清两代的晋商，作为中国最早的商人，他们创造着商业奇迹的同时也繁荣着红枣文化。当晋商的足迹遍及全国各地并远涉欧洲、日本、东南亚和阿拉伯国家时，红枣作为一种馈赠佳品、辟邪之物被随身携带，因为红枣寓意着"早建业、早发财、早增福、早吉祥"。

晋商的辉煌，不仅成就了富商巨贾和商界精英，更推动了枣文化的进一步发展。在晋商的故里，我们从摆设的家具、门庭雕刻、当地的风土人情，就很容易找到红枣文化的痕迹。成功后的晋商忘不了红枣带来的好运:早结良缘,早生贵子,早享荣华,早进财宝。红枣已经融入了人们的日常生活中。

如今,随着“中西部崛起”的发展战略的实施,山西作为中原枢纽地带,正蓄势待发,红枣也被赋予新的时代内容:早发展、早腾飞。更可喜的是,红枣也不仅仅作为一种简单的农产品摆在农家的院子里,它天然的营养价值已经被越来越多的人所认知。汉波系列枣品的原料恰恰来自于黄河流域晋秦峡谷一带大红枣发源地的千年枣树之果实,这里有着独特的光热资源和巨大的昼夜温差,多变的气候条件,使得枣树的根深入地下达数十米之深,这些枣树充分吸收地下深层的有机养料,且树冠高达数十米,光合作用十分充分,结出的果实圆润丰满,营养极其丰富,是大自然恩赐的天然美味食品。汉波公司正用它的辛勤与智慧将华夏文明与黄河红枣文化的精髓在这块热土上发扬光大。

“最上海”——大气归来

有一个眺望黄浦江的好地方,大多数人绝对想不到。

——中山东一路 13 号、海关大楼顶部,海关钟楼。

一级级登上狭窄的旋转楼梯,来到放着五口大钟、离地约 70 米高的扩音层,从正对着黄浦江的窗口朝外看,外滩和对岸的陆家嘴,尽收眼底。

“从这里看出去,似乎每一天,黄浦江两岸都会有点不一样。”海关钟楼的“第四代护钟人”魏云寺说。从 1993 年起,魏师傅便负责看护“亚洲第一、世界第三”的海关大钟,几乎天天都要到这个能看到“无敌江景”的地方报到,也就此见证了近 20 年来外滩——这一“最上海”地标的变化。

2009 年 2 月 20 日,外滩滨水区开始了新一轮改造,并有望于今年 3 月底完工。世博会召开之前,外滩将以全新面貌亮相。地面道路将由双向 11 车道压缩为双向 4 车道,新建的地下快速通道将大大分流地面交通。地面之上,外滩边将出现滨水区和四大市民广场。

虎年伊始。望着脚下初露端倪的新外滩,魏师傅用了一个词来形容:大气。

初春的阳光洒满浦江。波光映衬下的浦江两岸,多了些许旖旎与灵动。

海关大楼恰好处于外滩滨水区域传统“黄金段”的中间位置,晴天,钟楼上的视野无比开阔,高楼簇拥的黄浦江,宛如一条碧玉锦带。当钟声在耳边响起,时光似乎都定格了。魏师傅的“导游”,便从外滩的起点黄浦公园开始,那里绿树点点,从高处看格外精巧。“小时候经常去玩,我记得门票是 5 分钱。”魏师傅说。52 岁的他是土生土长的上海人,家就在黄浦区。在魏师傅记忆里,黄浦公园虽小,却是上海最早的欧式花园,始建于 1868 年,在上海还有租界的年代,那里曾公然挂出“华人与狗不准入内”的牌子。新中国成立后,黄浦公园才真正属于普通民众。

“现在上海公园多了,黄浦公园也不稀奇了,但在上海人心中,对黄浦公园还是有一份特别的情感的,这次改造后再开放,一定要去坐一坐。”魏师傅说。

在外滩地区交通综合改造工程建设指挥部工作人员的陪同下,记者经过外白渡桥,进入尚在施工装扮中的外滩滨水区改造现场,提前感受江景、绿化和老建筑相映成趣的美丽外滩。

走进黄浦公园,春色扑面而来,常绿树与灌木成荫,加上近几天天气较暖的缘故,“浦江潮”青铜人物塑像前的圆形花坛中,红、黄、白三色花朵已经盛开,组出了缤纷的图案。建于上世纪 90

年代初、高56米的人民英雄纪念塔已修缮一新，蓝天白云下，伴着黄浦江的涛声，格外伟岸。

指挥部工作人员介绍，拆除了围墙以及部分建筑的黄浦公园，将是一片全开放式的公共绿地。原先的公园肌理、植被系统、水景等基本被保留了下来，在此基础上，工程人员对道路铺装、小品设施以及部分灌木绿化进行了局部改造。整个黄浦公园广场将与马路对面的外滩源公园一起，组成一个整体的外滩生态公园，成为上海市中心重要的生态绿肺之一。

从钟楼上俯瞰，自北京东路至新开河全长1000多米的防汛墙，修葺一新，如一条蛟龙蜿蜒。

“你看，中山东一路的车道变少了、变窄了，而沿江的观光平台和空间更宽广了。”魏师傅说。跟许多老上海人一样，魏师傅记忆中，“情人墙”是挥之不去的一景：因空间局促，20世纪七八十年代，情侣们只能“站”在外滩防汛墙边谈情说爱。《纽约时报》曾报道：“沿黄浦江西岸的外滩千米长堤，集中了一万对上海情侣……这是我所见到的世界上最壮观的情人墙。”

魏师傅记得，在20世纪90年代的外滩改造中，防汛墙向江面外移了若干米，建成了“空厢长廊”，厢顶平台可供人游览休憩。即便这样，空间仍然不够，常常人满为患。“相比之下，新外滩大气多了。”魏师傅说。他还有一个期望，外滩这样的大型工程，能在最后收尾阶段有更多的人性化考虑，比如多一点遮阳和供人休憩的场所，走累了，可以坐下来，喝杯茶，看江景。

踏上高6.9米的防汛箱体平台，江风微拂，两岸新老建筑带来强烈的视觉冲击，景致如画。

这是观赏陆家嘴城市景观以及外滩风貌景观的最佳区域。同行的外滩地区交通综合改造工程建设指挥部工作人员介绍，防汛箱体平台除了在宽度上进行了拓展，具体细节上也进行了改造，比如，选用的主要材料与外滩历史建筑进行呼应，以灰色系石材为主。同时，还对栏杆进行了局部改造，尽量选择通透的栏杆，不阻挡游客观赏浦江对岸的景观。而防汛墙为整个外滩筑起了固若金汤的“铜墙铁壁”，已达到“千年一遇”的防汛标准。

从黄浦公园广场一路向南漫步，连续的滨水步道串联起不同的空间，可以通过阶梯或坡道随意到达，其中有广场，有休闲场所，还有阶梯式的绿化景观，丰富了层次观景空间，也缓解了人们在防汛空箱附近所产生的压抑感。

不过，还未最后完工的防汛箱体平台上，未见大量绿化，阳光很是耀眼。夏天怎么办？工作人员介绍，由于平台受到结构承重等因素的影响，将以灌木种植以及移动式绿化为主，同时，将在平台周边合理布置坐椅以及遮阳等服务设施，满足游客在观赏外滩景观的同时进行休憩活动。

“看，陈毅像，那里新建了一个广场，新年跨年倒计时活动，就是在那举行的。当晚，我就在海关钟楼里值班。”魏师傅告诉记者。

那一晚，设于陈毅广场的整个舞台置身于外滩万国建筑博览群的背景中，灯光、烟火与黄浦江上流动的彩船交相辉映。临近零点时，歌唱家魏松就站在海关大钟外的临时平台上，演唱了《今夜无人入睡》。最后，浦江对岸灯火全部熄灭，深蓝色的天空中，升起了象征美好祈愿的孔明灯，东方明珠化身为新年倒计时器，中间的球体上显示了最后倒计时的秒数——“5、4、3、2、1，世博年到啦！”欢呼声中，全上海伴随着海关大钟的钟声跨入新的一年。

“那天说实话我很紧张，之前对大钟检查了一遍又一遍，确保万无一失。”魏师傅说，“不过，那一晚的外滩真的美极了，再辛苦，也是值得的。但愿，这样的美丽能够一年一年持续下去……”

步入陈毅广场,吸引眼球的是一堵鲜花做成的花墙,黄色和紫色的鲜花,勾勒出“EXPO”四个英文字母和世博会标志的图案。这个广场以陈毅雕像作为中心景观,保留了原来陈毅雕像北侧的香樟林,而休闲观景空间则相比过去扩大了一倍。

往南,福州路口增设的,是总面积为4900平方米的外滩金融广场,这里将立起“金融牛”雕塑,信息屏还将即时播放股票、外汇等金融信息,这里也将是中外游客观赏外滩历史建筑和市民举办节庆活动的最佳地点;延安路广场处,则是以有100多年历史的气象信号台为中心的广场,这里结合整个外滩历史建筑群,成为展示外滩历史变迁及地域文化的特色空间。

黄浦公园广场、陈毅广场、金融广场、气象信号台广场,好比四颗耀眼的明珠,相连相通,成为外滩滨水区的四大亮点。而这些广场所倚的防汛墙内部,高2.5米、宽14.4米的空箱,被巧妙设计为停车库和供游人驻足购物或品茗小憩的商店、休息场所等。广场周边还布置了绿化带,悬铃木、银杏、香樟、美女樱、丰花月季等争奇斗艳。今年3月底工程完成后,外滩滨水区整个绿化面积将达到2.3万平方米,公共活动空间增加40%。

啊!“最上海”,大上海,这颗东方耀眼的明珠,象征着中华经济的腾飞!

这座美丽的明珠之城,她的明天,一定会更美好!

中华56个民族同根同源

张建松 张旦昕

我国学者的一项研究成果近日引起世界关注:从每个人与生俱来、终生不变的皮肤纹理中,中国专家发现了“中华民族自古就是一家人”的科学证据。

这项历时30年、国内上百家研究单位、千余名研究者共同参与的肤纹研究,彻底摸清了我国56个民族的肤纹“家底”,使我国成为世界上首个完成全民族肤纹调查研究的国家。

关于中华56个民族同根同源的论文在线发表在美国《公共科学图书馆—综合》杂志上,该研究建立起世界上第一套含有中华民族肤纹参数的数据库,填补了生物学资源的空白。

肤纹是遗传标志和印记

据领衔该研究的中国肤纹学研究协作组组长张海国介绍,“肤纹”即皮肤纹理,是灵长目动物特有的、外露的生物学特征。早在1 000多年前人们就认识到,每个人的肤纹与生俱来、终生不变,即使受伤脱皮,再生的皮肤也还会长出原先的嵴线花纹。

科学家研究肤纹,首先是将一个人的指纹、掌纹和足纹用黑色油墨拓印在白纸上成为肤纹图,然后对手指和手(脚)掌面上嵴线形成的各种花纹进行研究。为了研究方便,手掌一般分为13个区域,足掌分成14个区域,指纹则分为弓形、箕形和斗形3种。此外。手掌上的花纹还分为大鱼际纹、指间区纹、小鱼际纹和主要掌纹线;足掌上的花纹分为大拇指球纹、趾间区纹、足小鱼际纹和足跟纹。科学家除了对这些复杂的嵴线花纹进行研究外,还对手纹轴三角、指纹总嵴线数等指标进行一系列肤纹测量和计算。

研究表明,不同人种和民族间的肤纹参数各不相同。例如,白色人种(高加索人种)的斗形指纹频率仅为黄色人种(蒙古人种)的二分之一强,但手掌上的小鱼际纹是黄色人种的2.5倍。第Ⅲ指间纹的频率是黄色人种的3倍。而黄色人种的第Ⅲ指间纹是非洲人种(阿非利加人种)的25倍,第Ⅱ指间纹是非洲人种的十分之一。

中国民族肤纹分为两群

30 年来，研究组共采集和整理了我国 56 个民族的 150 多个模式样本、含 6.8 万多人的数百万肤纹数据。

科研人员应用肤纹聚类分析统计法，发现我国的 56 个民族聚类成为南方和北方两大民族群，并找到了民族肤纹的标志性群体。

研究发现，以长江或北纬 30 度至 33 度为界，我国汉族可分为南方群和北方群，南方群主要为长江畔或长江以南各群体，各群体间的差异小且较均质；北方群相互间的差异较大，并表现出相对的独立性。

值得注意的是，北京群体归于南方大群，张海国分析认为，这可能是首都人口迁入和迁出特别多的缘故。

进一步分析发现，华夏民族的古老遗传密码在现代人的肤纹上依然有着鲜明的印记。汉族的肤纹特征表现出很强的民族杂合性，是华夏民族集合的后代。换句话说，数千年来，汉族是在与各少数民族的融合中繁衍生息的，而少数民族也是在繁衍中与汉族进一步融合和发展的，由此证明，中华民族既是多元的，又是一体的。

藏族是我国北方民族后代

据张海国介绍，研究表明藏族的族源与古羌族等民族有关，其肤纹表现出鲜明的中华北方群特征。由此证实，藏族源于我国北方民族，而绝非所谓的从印度来的“南来之民族”。在民族差异方面，藏族的肤纹参数与哈尼族差异较小。另外，藏族与汉族之间的肤纹参数差异也比较小，二者在族源上很近。藏族与维吾尔族的差异较大。各民族的肤纹参数不尽相同，反映出各民族族源上的亲疏关系。

台湾人持有大陆中原基因

肤纹基础研究在判定民族关系等方面显示出不凡的价值。据介绍，台湾闽南人是台湾人口最多的群体。闽南人，顾名思义，来自于福建省南部。调查研究显示，台湾闽南人群肤纹项目参数类同于大陆北方人群，即闽南人群源于中原等地。

此外，台湾高山族的 2 个样本分别是人数最多的阿美人样本和数量很少的噶玛兰人样本。经过聚类分析，台湾少数民族样本都聚类在北方群内，与早些年所谓的台湾少数民族源于南洋的结论也不相同。

发现中国指纹术的源头

我国古陶器上的雷云纹是我们祖先观察指纹后，在陶器上所做的描绘，雷云纹类同于指纹的斗型花纹。新石器时代晚期的龙山文化遗址距今 5000 年以前，中期的仰韶文化则更早，现在可见那些时期绘有雷云纹的古陶器出土。红山文化和马家窑文化（距今已达 5000 年）有绘制精美的指纹图。西方学者认为，“中国是指纹术的发源地，时间在 1300 年前的唐朝”。我国学者研究发现，“中华原始指纹图画”是古陶器上的“新画种、新饰纹”，可能找到我国指纹观察和应用的源头。

肤纹研究的“金矿”尚待开采

肤纹人皆有之，对其进行研究有何意义？对此张海国表示，肤纹是古老民族的标志和印记，通过它可追踪民族的起源及其迁徙路线。肤纹可作为甄别、寻根和溯源的遗传标记物，对人类学、民族学、遗传学和医学的研究有着重要的意义。但肤纹研究的“金矿”还远远没有被开采和挖掘出来。

由于每个人的指纹各不相同、终身稳定且手印触物留痕，指纹在刑事侦查领域的应用由来已久，世界各国的警务、保卫、刑侦机关对指纹的研究与应用都十分重视。我国各地公安机关一般都设有指纹室，专门开展指纹比对工作。目前，国内外还研制了大型的指纹特征点核查计算机系统，在门禁等识别系统中也开始应用指纹来识别。

国内外体育界的肤纹研究表明，肤纹能为选拔运动员提供一定的遗传信息。我国研究人员曾经对田径、体操、游泳和排球等 4 个项目的 2479 名汉族运动员的肤纹进行了研究。结果发现，肤纹变异较多的运动员绝大部分未能成才，而优秀运动员群体则具有共同的肤纹特征，如肤纹变异少、嵴线清晰粗壮、指纹双箕（斗）频率显著增高、弓形指纹频率低、手掌屈肌线长而粗壮等。

肤纹异常，在临床诊断时也可以作为遗传病的一种辅助诊断手段。不过，由于目前还不清楚肤纹的遗传机制及肤纹与形状的内在联系，也不清楚肤纹与疾病间的稳定的对应特异性标志，肤纹在医学应用上仍具有一定的局限性。肤纹用于先天愚型病的综合诊断，是唯一成功的例子，得到了国内外医学界的承认。

目前，张海国计划与复旦大学相关机构进行肤纹遗传机制的合作研究，寻找决定肤纹的基因和染色体。他同时还计划对西藏和台湾的肤纹样本进行更精细化的解读。

迪拜塔:世界第一高楼

记者　丁刚

世界第一高楼迪拜塔是迪拜的象征。从迪拜的“海底世界”走出来，我们穿过两旁全是奢侈品店的商场走廊，来到了迪拜塔入口处。只见通往电梯的通道上方用英文写着“世界之巅”。

观景台位于第 124 层

在导游的引导下穿过走廊，两旁是有关迪拜的发展史和迪拜塔建设过程的介绍。在一幅巨大的迪拜塔的照片前，有摄影师会劝你停留片刻，为你留下一幅纪念照。排队的人不算太多，大约五六分钟后，我们就进了电梯。

电梯门关闭时，充满阿拉伯情调的曲子缓缓响起，像是从沙漠远处传来的悠扬笛声，一种飘飘然的感觉伴随着电梯的启动油然生起……这感觉只持续了不到一分钟，电梯门就忽然打开，我们已经到了观景台！导游告诉我们，这座大楼内共有 57 部电梯，而我们乘坐的这部电梯最高时速为 64 公里，是世界上最快的。

观景台位于第 124 层，分为两部分，一部分为全封闭，另一部分是露天的。露天的部分是由四五米高的落地玻璃窗围起，但有的玻璃窗离地面大约 1.6 米的地方开有约 30 厘米高的空缺，形成了一个长长的观景框。游客可以由此更清晰地观望迪拜的全景并拍摄照片，呼吸近 450 米高空的空气。

也许，只有站在这样的高度，环顾迪拜塔周围那些造型奇特的楼群，才能真正体会迪拜这座从沙漠中崛起的现代都市的魅力所在。不像北京、巴黎这样的传统名城，迪拜没有值得炫耀的历史，但却有足以令世界刮目相看的创造现代感的能力。

迪拜塔的高度为 828 米，共 160 多层，在全球高楼大厦的高度排名中遥遥领先，远高过 553 米的加拿大国家电视塔和 509 米的台北 101 大厦。真正要领略迪拜塔的风采，最好还是从远处眺望。在迪拜观光，你在任何一个角落，只要向远处张望，迪拜塔都离不开你的视线。据说天气好时，最远可以从近百公里外看到迪拜塔。在一大片摩天大楼组合的建筑中，迪拜塔鹤立鸡群，拔起了整个城市的高度。

导游介绍说，按照早先的设计，迪拜塔的地基可以承受1000米高的建筑。如果有哪个国家要再建一座高楼，挑战迪拜塔，他们可以很轻松地再把迪拜塔往上加几层。

保持着多项世界纪录

迪拜塔还保持着多项世界纪录：最多的楼层数、最高的混凝土结构、最快速度的电梯和最长运输高度的电梯。此外，迪拜塔还拥有位于76层的全球最高的游泳池以及位于158层的全球最高的清真寺。

迪拜塔是迪拜的，也是世界的。它的设计、建筑施工，以及大楼的租户都来自不同国家。大楼内部有1044间公寓、49层办公用楼。大厦开放后，游客除了可以到观景台观赏迪拜全景，还可到122楼的餐厅，坐在巨大的落地窗前，一边观景，一面享受世界各地的美食。

让人重新认识“迪拜梦”

迪拜塔于2004年开工建设，上升的速度一直很快，每隔三天就加高一层楼。但由于金融危机影响，整幢建筑的竣工日期不得不推后了4个月，直到今年1月4日才对外开放。当天，“迪拜塔”被重新以阿联酋总统、阿布扎比酋长的名字命名为“哈利法塔”。不过，来自世界各地的游客们仍然叫它迪拜塔，因为它已经成为迪拜的象征。

每年来迪拜的游客总数已经接近千万人。这些游客当然都会以登上迪拜塔为荣，在观景台，不时可以看到来自世界各地的游客用惊讶的目光眺望着迪拜的全景。当你站在观景台上，你会想到仅仅30年前，它还是沙漠中的一座很不出名的小城吗？那一刻，你会忽然明白，为什么迪拜人要修建这样一座现代的“人间奇迹”。它让你感觉到的是迪拜人的创造力，会让你产生一种对“迪拜梦”的全新认识。

由于债务问题，年轻的迪拜摔了一个大跟头，摔得很痛，但迪拜的神话不会就此完结。因为30多年来，这座城市不只建起了一座比一座高的大厦，不只在沙漠上辟出了一片绿色，它还创造了一种叫做“迪拜梦”的东西，而只要那个混搭、多元的居住、生活、工作、购物环境，以及体味现代建筑魅力的场景还在，全世界大大小小的买卖人、投资者和游客就还会再来，就好像植物必定追逐阳光。

天堂草原　魅力青城

辽阔的内蒙古大草原东起碧波荡漾的额尔古纳河，西至驼铃声声的巴丹吉林沙漠，全长4200多公里，如一匹奔腾的骏马驰骋在祖国的北疆。

呼和浩特宛若一颗灿烂耀眼的珍珠，镶嵌在内蒙古自治区的中部，南临涛涛奔流的黄河，北靠连绵起伏的阴山，是内蒙古政治、经济、文化、旅游的中心，是一座多民族聚居的城市，是中国的历史文化名城。呼和浩特蒙古语意为“青色的城”，它以无限秀美的风光展现着浓郁而独特的塞外风情。

七八月的呼和浩特，绿树成荫，气候凉爽。紧紧拥抱着呼和浩特的希拉穆仁、格根塔拉和辉腾锡勒大草原沉浸在夏日的恋情里，素日宁静的草原，变成一片欢乐的海洋。矫健的摔跤手登上高筒马靴，穿上“昭得格”，颈项上带着象征荣誉的“景嘎”，在一浪浪的赞歌声中跃上赛场，谁夺得冠军，谁就受到人们的格外尊敬和姑娘们的爱慕。

草原上热热闹闹的蒙古族歌舞，是马背民族综合文化的结晶，它犹如一部蒙古族文化的百科全书，向人们解读蒙古民族神奇的宫廷文化，神秘的宗教文化，圣洁的礼仪文化，悠久的祝颂文化，奇丽的服饰文化，丰富的美食文化和独特的那达慕文化……

当草原与文化邂逅，便结下了不解之缘，同时也开启了呼和浩特新的篇章。

早在50万年前的旧石器时代，"大窑文化"拉开了呼和浩特地区历史文化的帷幕。凝聚着草原人民勤劳与智慧的内蒙古博物馆，如一个博古通今的智者，向我们娓娓讲述着这个游牧民族的美丽家园，展示了历史上活跃在内蒙古境内的匈奴、东胡、鲜卑、契丹、蒙古等这些北方民族的举世瞩目的"草原文化"。

自古有召城美誉的呼和浩特，其中被誉为佛教建筑典范的席力图召，还立有蒙、藏、汉、满四种文字雕刻的清康熙帝亲征噶尔丹的记功碑。并有康熙家庙之称的大召，始建于1579年，清代赐名为"无量寺"，是呼和浩特现存最大最完整的木结构建筑，并以银佛、龙雕、壁画三绝，称颂于世。喇嘛洞召依山而建，独特的佛教石像神态各异。这些不同特色的召庙共同组成独具魅力的召庙文化。

与气势宏伟的召庙相依相伴的是透着通灵气息的座座宝塔。建于清乾隆初年的金刚座舍利宝塔，因形制为金刚座上耸立五座小塔，俗称"五塔"，有世界上仅存的唯一的蒙文标注的天文石刻图。位于东郊的万部华严经塔又称"白塔"，建于辽代，呈八角七级楼阁式，塔体造型优美、工艺精湛。

与召庙和佛塔相映成趣的是风格独特的伊斯兰一条街，琳琅满目的商品与赏心悦目的建筑融为一体。这里的清真大寺，已有三百多年历史，平日五次礼拜的情景，镌刻了伊斯兰虔诚而朴素的信仰。来到这条街，清真美食是一定不能错过的，数不尽的美食让人大快朵颐。夜晚，当您步入这条景观街，那充满伊斯兰特色的建筑和绚丽的灯光交相辉映，让人仿佛置身于童话世界中。

位于呼和浩特南郊的昭君博物院，在萋萋芳草掩映下，远远望去黛色朦胧，如诗如画。据史料记载：昭君出塞和亲，使汉匈保持了60年之久的友好相处，形成"边城晏闭，牛马布野，三世无犬吠之警，黎庶亡干戈之役"的祥和景象。千百年来，昭君已成为民族友好使者的象征，昭君墓则成为一座见证民族友好的历史纪念塔。

然而镌刻在草原和马背上最深的，还是那些千百年来写下的无数征战诗篇。位于新城西街的将军衙署，自清代乾隆二年至民国六年，先后有74位将军在此继任。在呼和浩特以南8公里处的蒙古风情园里可以目睹曾率领蒙古铁骑横扫欧亚的一代天骄成吉思汗的纪念堂和铁马金帐。昔日挥戈进军、号角连营的壮观景象宛如昨日。那曾经的杀声振振，战马啾啾，在今天，在这里，都静默成为后来人对草原英雄的追思。

呼和浩特市有2300多年的建城史，近几年，市委、市政府加大了城市基础设施和旅游景区的建设力度。立足自身优势，大力开发山水资源、文化资源，形成多元化的旅游经济。一座融古老和现代为一体的草原都市，正焕发出青春的活力。它正成为中国的"夏都"和北方的旅游胜地。

风光秀丽的哈苏海，让人到此尽情领略塞外西湖的美景。白石旅游区山幽水美，步移景换。去黄河一遛湾，让游人体验云中古郡农家乐旅游的快感。敕勒川人家集农业观光、休闲娱乐为一体，展现农业旅游的魅力。大青山太伟度假村是人们休闲旅游的好去处。呼和浩特的红色旅游资源也十分丰富。乌兰夫纪念馆就是一个进行爱国主义、革命传统教育的生动课堂。

经济的繁荣，旅游业的成长推动着呼和浩特各领域的快速发展！在国家实施西部大开发的战略下，呼和浩特人因地制宜，全力打造"中国乳都"品牌。工农业、旅游业发展迅速，蒙牛工业园，以“小胜凭智，大胜靠德”的理念成为当之无愧的中国乳业领跑者。中国最大的乳业集团伊利更是在2007年俄罗斯中国年的展览中受到普京总统的盛赞。

如今按国际机场标准建起来的呼和浩特机场，作为2008年北京奥运会的备降机场，可以起降大型客机，从北京飞往呼市仅需45分钟。如果开车走高速公路，从北京到呼和浩特只用四个半小时就可以到达，四通八达的交通枢纽，使呼和浩特成为中西部地区的旅游经济发展的大动脉。150家旅行社，35家星级饭店，琳琅满目的民族商品，独具特色的饮食文化，良好的投资环境和人居环境，开放、团结、繁荣的呼和浩特吸引着旅游者，更吸引着投资者，经济快速持续的增长让这个城市更加坚定了继续做大做强的信心和决心。

繁花点点，奶酒飘香的草原上，好客的蒙古族牧民早已敞开了自家的蒙古包迎接远方的客人。焦嫩的烤全羊嗞嗞地冒着香气，锅里的手扒肉翻着一个个的白浪，来碗醇香的奶茶别忘了撒点盐巴。晚上，大家围坐在篝火旁一起欢唱一起跳舞。小伙子腰间的蒙古刀，姑娘手中的牛角梳子，还有大叔身旁装酒的皮囊，此时也一齐挤进了眼睛里。那彼此祝福的歌舞，飘逸、辽阔，那高亢奔放的长调和呼麦唤起我们对这片神奇草原的无限遐想。真想做一朵小花，就这样静静地依偎在草原的怀抱中。

来吧，远方的客人！马背天骄的男儿从不吝惜囊中的美酒，草原姑娘也早已准备好了手中的哈达。看！古长城下牛羊如繁星般撒落在草原上。听！涛涛奔流的黄河水为你讲述大青山下呼和浩特的昨天、今天和美好的明天。

第六部分

主持人节目各种栏目内容播音主持训练

主持人节目是一种新的广播电视节目样式，它是我国广播电视编播工作者遵循广播电视宣传的客观规律，借鉴国外的成功经验，对广播电视节目进行改革和创新的结果。它对改变广播电视节目面貌，改革广播电视体制，提高工作者素质有着重要意义。主持人节目一出现，就受到了广大听（观）众的欢迎，并以它特有的魅力吸引着越来越多的听（观）众。主持人节目要求节目主持人的政治素质、生活经验、能力、性格、年龄资历、文化修养、思考方式、审美情趣等都应有自己独特的个性：或温文尔雅、或热情风趣、或老成持重、或洒脱自如、或幽默诙谐、或深沉含蓄等，这是一般播音员、主持人所不能及的。主持人区别于播音员的一点就是：他在节目中有自己的思想、观点，而这思想和观点正是基于博学多知、善于采访、敏于思考、勤于写作、精于表达。在语言表达中，节目主持人在话筒前和镜头前，是以“我”的面目出现，“我代表电台电视台向听众和观众交谈”。主持方式一般多采用谈话式的：主持人与听众、观众关系平等，主持人应当是个热心人，要把大家当成亲密的朋友，因此主持的有声语言要口语化。口语通俗易懂、生动悦耳，这种口语化，不是日常生活中自然状态的语言，而是经过艺术加工去粗取精的准确、鲜明、生动、富于生活活力的规范化、艺术化的，源于生活而又高于生活的返璞归真的口语。它应当有文采、有哲理、有幽默感、活泼自然、变化灵活，应当思维敏捷、逻辑严密、有条有理、语言由衷、自如精当、出口成章，听起来引人入胜，耐人寻味，这才是我们所提倡的口语。电视节目主持人在仪态方面应该做到：大方而不俗气，端庄而不刻板，谦虚而不虚假，热情而不轻浮，亲切而不嗲气，礼貌而不畏缩，朴实而不做作。要想成为观众爱戴的节目主持人，重要的是要具备内在的气质和外在的风度，内在美和外在美的和谐统一，才是具有深层魅力的仪表美，才能真正达到有口才、有文采、有品德、有灵魂、有血性、有本事、有内涵、有个性、有气质、有风度、有魅力……

第一章
各种栏目内容播音主持训练

第一节　《新闻直播间》栏目

这里是中央电视台新闻频道的《新闻直播间》,我是主持人晨星。

各位观众,早上好!您现在收看的是《新闻直播间》。这一时段的主要内容有:

①第四届“十大孝子”亮相山东卫视 ②“海内存知己·天涯若比邻”——赞《环球春晚》③教会孩子不卑不亢 ④生活小贴士:关注胃部健康。以下是详细报道:

第四届“十大孝子”亮相山东卫视

由中国社会科学院、中国伦理学会、山东电视台主办的第四届中国演艺界十大孝子推选活动2月25日揭晓“十大孝子”名单,侯勇、林永健、郭晓冬、杜淳、张光北、张少华、苏岩、刘莉莉、莫少聪和翟小兴成为新一届“演艺界十大孝子”。

中国演艺界十大孝子推选活动自2006年举办以来,已成功举办3届,评选出刘德华、唐国强、腾格尔、陶虹、姜昆、斯琴高娃、潘长江等30位大陆及港澳台明星孝子。“十大孝子”评选活动在社会上特别是在演艺界产生了强烈反响,引起社会各界广泛关注。

第四届中国演艺界十大孝子推选活动自2009年12月1日正式启动,经过组委会筛选,18位候选人的事迹在相关网站和山东卫视进行了公示和展播。根据推委会的评选意见,结合广大网友的投票和手机投票情况,最终评选出了“十大孝子”。据悉,2月25日19:40山东卫视将现场直播颁奖晚会。

“海内存知己·天涯若比邻”——赞《环球春晚》

王亚果

北京电视台《环球春晚》让人耳目一新。

“海内存知己,天涯若比邻”。中国文化与世界文化是相通与互补的。《环球春晚》有机地融入世界文化元素,荟萃了来自中、美、俄、法、德、日、加拿大、阿根廷、巴西、非洲、新加坡等十多个不同国家、地域的不同民族、不同语言、不同肤色的上百位演员同台联袂献艺。俄罗斯歌唱家维塔斯那高亢、激越的“海豚音”震撼人心，令人倾倒。三十年前风靡中国的德国电影《英俊少年》、日本电影《人证》中主题歌“小小少年”、“草帽歌”原汁原味的原音原唱，令人触景生情，余味无穷。赵本山的高徒田娃的“脱口秀”和德云社的相声令人忍俊不禁。美国魔术师表演的戏法心有灵犀，出神入化，而法国魔术师创作的另类魔术《雕塑》有如神来之笔，带给观众“错位”之美的艺术感悟，令人神思驰骋，浮想联翩……还有那激情似火的巴西桑巴，西班牙弗拉门戈舞，热情奔放的俄罗斯、非洲舞蹈，精彩纷呈，美不胜收。

教会孩子不卑不亢

从小培养孩子健康的自尊心，学会对自我价值的肯定，将会帮助他们在未来顺逆一如，不卑不亢。美国《儿童健康网》推荐了不少好建议。

失败了也要表扬

赞扬子女不仅是在他们表现好的时候，在他们付出努力即使失败的时候同样需要。诚恳地赞扬孩子的努力过程，是对他们的最大鼓舞。

肯定准确的回馈

即使孩子做了错事，也不要对他们大吼大叫，指出他们做得对和不对的地方，让他们知道如何正确选择。一味的训斥只能使他们无所适从。

真诚的关心爱护

父母的爱永远激发着孩子的自尊心。一个亲切的拥抱，一句真诚的赞扬：“我为你骄傲”。但要适度，否则过犹不及。

鼓励他参与合作

鼓励孩子协同别人一起完成某事，或帮助其他小朋友，是在与人交往中培养自尊自信的好方法。

下面请看一组“生活小贴士”：

关注胃部健康的关键时间

7:00　晨起一杯温开水。晨起漱洗完毕后喝半杯到一杯温开水，可以补充流失的水分，促进胃肠蠕动，帮助胃肠做好接受早餐的准备。

8:00　早餐最佳时间。早餐最好在起床后1小时，与午餐间隔4小时。长期不吃早餐易导致营养失衡，同时增加患胆结石的风险。

12:00　午饭后别马上就睡。午饭时间要尽量充裕，不要飞快吃完饭马上投入工作。吃完饭最好能安静待一会儿，保证血液大量流向胃肠道，使其正常工作。另外，午餐吃完后不宜马上午睡，最好休息一会儿再睡。

14:00　饭后一支烟，提早见神仙。吸烟会使血管收缩，胃的保护能力变差。同时，烟碱、尼古丁等毒物也会进入唾液，这些均可导致胃溃疡。

16:00　加餐最保“胃”。下午如果觉得饿，可以适量补充一点儿点心水果，长期空腹容易导致胃溃疡和胃肠功能紊乱。

19:00　晚餐后站立半小时。有胃食道反流的人，尽量不要饭后躺着或坐下，这样胃酸会反流到食道，使症状加剧。餐后最好站半小时，但不要做剧烈运动，否则容易造成消化不良。

20:00　餐后1小时别做“沙发土豆”。这是脂肪最容易堆积的时候，尽量不要坐在电视前当“沙发土豆”,可以散步或慢跑。

22:00　睡前尽量别进食。睡前喝牛奶并不是所有人的“养生良方”。这样会刺激胃酸和胆汁的分泌,胃不好的人最好睡前不要进食。

烂水果不烂部分也致中毒

水果腐烂后,只将腐烂部分挖去,即可食用吗?其实,这种做法并不正确。据测定,在距离腐烂部分1厘米处的正常果肉中,仍可检出毒素。

实际检测证明,只要水果发生霉变腐烂,各种微生物特别是各种真菌都会在腐烂水果中不断加快繁殖,并在繁殖过程中产生大量有毒物质。这些有毒物质又不断从腐烂部分,通过水果汁液向未腐烂部分渗透、扩散,导致未腐烂部分同样含有微生物的代谢物。人吃了烂水果中的真菌毒素,可能会发生头晕、头痛、恶心、呕吐、腹胀等,严重的还会发生抽风、昏迷,危及生命。此外,水果腐烂后其所含的硝酸盐,还会变成有毒的亚硝酸盐。

因此,为了健康,吃水果要选择表皮色泽光亮、肉质鲜嫩、有香味、新鲜的水果。如略有小斑或少量虫蛀,应用刀挖去腐烂虫蛀处及其周围超过1厘米处的好果部分;如霉变腐烂或虫蛀面积达到或超过水果的1/3,应果断弃之,以防后患。

观众朋友,《新闻直播间》这一时段内容就到这里,更多新闻请您观看下一时段内容。下一时段《新闻直播间》将带您一起去看冬奥赛况。我是主持人晨星,稍后回来,请您继续收看《新闻直播间》。

男:观众朋友,您现在收看的是新闻频道和《新闻直播间》并机播出的《新闻30分》。

女:这一时段的主要内容有——

男:女环卫工因扫雪浸湿3双袜子上央视。

女:两岁宝宝满口黑牙,可乐是背后“黑手”。

男:压岁钱变味儿——南京一老太给孙辈30万元压岁钱。

女:保姆厨艺好　春节被“扣留”。

以下是详细报道——

男:老太过七十大寿竟放掉10万元烟花。

〔男〕　**女环卫工因扫雪浸湿3双袜子上央视**

《淮安女环卫工扫雪换袜被偷拍》的新闻2月18日在《扬子晚报》刊发后,立即被全国各大网站纷纷转载,也引起中央电视台的关注。2月19日,中央电视台《新闻联播》播出此新闻。记者发现,在《新闻联播》对孙美兰扫雪过程中忙里偷闲换湿袜子一事作1分55秒报道之前,该台《共同关注》栏目已对此事作了长达3分钟的报道。当记者打电话给孙美兰时,她并不知道自己已经被“新闻联播”。

据了解,孙美兰2月19日早上4点多就出来了,因为19日是春节长假的最后一天,她与她的同事想赶在大伙上班之前,把路上的积雪都清扫干净,让大家新年上班能有个好心情。

(据中新社讯)

〔女〕　**两岁宝宝满口黑牙,可乐是背后“黑手”**

日前,一对夫妻带着孩子到(湖北)省妇幼保健院口腔科就诊。看到宝宝的乳牙后,医生很是惊讶,宝宝才两岁,仅长出了16颗牙,但这些本应洁白的小牙全都是黑乎乎的。在家长强烈要求下，医生小心翼翼地给宝宝洁了牙，宝宝的牙齿焕然一新。

据宝宝的妈妈王女士(化名)介绍，平时，孩子很少喝白开水，就爱喝可乐、吃糖果。该院口腔科副主任医师杨湘晖表示，可乐中的酸性物质对孩子牙齿有很强的腐蚀作用，使得牙齿的保护层变薄，极易受到损伤，使孩子的牙齿变黑。

（摘自《楚天都市报》）

〔男〕 **南京一老太给孙辈30万元压岁钱**

“买黄金给孩子当压岁钱，既保值增值又让孩子养成不乱花钱的习惯，培养他们的理财观。”大年初一，在江苏中金太平南路专卖店，一位年逾七旬的南京老太太带着一大家子人，掏出30.3万元现金为孙辈们买了1公斤的黄金作压岁钱。春节是中华民族的传统节日，发压岁钱也是一项多年流传下来的风俗，表示喜庆无可厚非，但现在的压岁钱发得越来越多，越来越有些变味了。

（摘自《扬子晚报》）

〔女〕 **保姆厨艺好　春节被“扣留”**

年前高女士突然接到远在天津的舅舅电话，说他们一家要在南京过年，“我当时就晕了。”高女士笑着说，自己最不擅长的就是厨艺，舅舅、姨妈这一来，自己可就要“丢丑”了。就在这“危急关头”，高女士想到了家里的住家保姆吕阿姨，“吕阿姨在乡下的时候，亲戚邻居家有个红白事，都要请她去掌勺的。”

就这样，吕阿姨被高女士“扣”了下来，加班工资照算，春节七天假，前3天三倍，后4天两倍。2月份她工资有4000元。

（据中新社讯）

〔男〕 **老太过七十大寿竟放掉10万元烟花**

2月19日晚，南京六合一殷姓老太过七十大寿，4个儿女及众多亲朋好友前来祝贺时，竟燃放一货车300多箱价值10万元的烟花，儿女们为什么要这么做，他们觉得邻居看到会有面子。但老寿星为此很心疼。邻居们有羡慕的也有感到可惜的。

（摘自《扬子晚报》）

女：下面播送一条《四川日报》消息——

豪赌官员的底气从何而来

新闻背景：重庆市渝北区原副区长刘信勇涉嫌犯赌博罪、参加黑社会性质组织罪、受贿罪一案，前不久进行了公开审理。刘信勇被指控受贿3160余万元。据悉，此人“嗜赌成瘾”，刘每次参赌均不带现金，直接从赌场“放水”人员处拿钱。据悉，刘信勇打麻将最大赌注40万一炮，其中有一次两小时就赢了200万。

点评：在时下官场上，也有不少官员与“刘副区长”一样，痴迷于“垒长城”赢钱财的“爱好”之中，只不过与“40万元一炮”相比规模小了许多而已。殊不知，放任自流，积少成多，量变终究会引起质变，一旦敛财的胃口越变越大，终将不可避免地滑向罪恶的深渊。

男：好，观众朋友，节目最后为您送上生活小提示——

节后返京　关注健康

春节过后，来京务工人员告别家乡，带着亲人的牵挂和旅途的疲劳，加入首都的建设大军，开始新一年的工作和生活。此时，正值北京冬春交替的季节，也是呼吸道传染病的多发季节。因此，北京市疾病预防控制中心提醒您：请您一定关注您自己的健康，同时不忘关注家人和朋友的健康。

一、了解呼吸道传染病

冬春季节易传播的呼吸道传染病有：流感、麻疹、流脑。这几种病都是通过空气飞沫经呼吸道传播的。有时候也可以通过接触表面沾有病毒或细菌的物品而受到感染。

二、远离呼吸道传染病从平时做起

1. 随时增加衣服：如果您的家乡与北京的温差很大，请您一定注意随时增减衣服，注意防寒保暖，避免着凉。

2. 不要带病工作：如果您在来京的旅途中，或者到京后出现发烧、咳嗽等症状时，请及时就医。不提倡带病工作，当您的身体出现不适的时候，请一定不要带病坚持工作，避免传染给其他人。

3. 开窗通风：居室一定每日开窗通风至少两次，每次不少于三十分钟。让居室内的空气与外界的新鲜空气充分交换。

4. 勤洗手有助预防传染病：如厕前后、接触钱币之后、外出归来、触摸过公共物品如公用电话或乘坐过公共交通工具之后要洗手；用餐前一定洗手；咳嗽或打喷嚏之后先洗手；要揉眼睛、鼻子之前要洗手。

5. 养成良好生活习惯：要保证每天有充足的睡眠、保持膳食的营养与平衡，适当加强运动，以增强身体对疾病的抵抗能力。特别是北京的春季比较干燥，一定要注意多喝水。

6. 远离传染源：避免与看起来身体不适和有发烧症状的人密切接触，一旦发现周围人员出现多个相同症状的人员时，就要警惕是否发生了传染病。要及时报告相关部门，以便采取防控措施。当自己咳嗽或打喷嚏的时候，一定要用手或纸巾捂住口鼻，纸巾扔进垃圾桶，然后，用流动水和肥皂洗手。

预防疾病，从平时的一点一滴做起，养成良好的生活习惯，则会有助于您健康愉快度过每一天。

女：观众朋友，这一时段的新闻节目播送完了！稍后请继续关注新闻频道的其他内容。观众朋友，明天同一时间再会！

第二节　《第一时间》栏目

（一）

中央电视台，这里是财经频道《第一时间》。

家事、国事、天下事，事事关心。

观众朋友，早上好！欢迎您第一时间听晨星为您读报：

规范党员领导干部从政行为 中央印发《廉政准则》

（据新华社北京2月23日电）中共中央近日印发了《中国共产党党员领导干部廉洁从政若干准则》，并发出通知，要求各地区各部门认真贯彻执行。

通知强调，《廉政准则》是规范党员领导干部从政行为的重要基础性党内法规，对于加强领导干部廉洁自律工作和干部队伍建设，进一步提高管党治党水平和深入推进反腐倡廉建设具有十分重要的意义。

什么样的"官腔"民众爱听

江苏徐州睢宁县曾评选当地官员最差会议讲话稿，被评为 最差讲话稿的是《以对人民群众高度负责的态度切实抓好应急避难场所建设》，讲话标题很大，讲完各种意义之后，关于下一年工作打算的部分只有区区280字。

睢宁县委书记王天琦这样总结官员的讲话模式："第一段是统一思想，提高认识；第二段是明确目标，落实措施；第三段是加强领导。"王天琦说自己不喜欢按照"套路"讲话。他的讲话看起来基本不像会议发言，比如《巴掌的哲学》就是他在政协睢宁县第十三届委员会第二次会议上的讲话题目。

徐州师范大学学生处副处长郝其宏是最差会议讲话稿评选专家组组长。郝其宏说，评选标准其实很简单，也就是"开放、互动、高效"，开放办事要"公开、包装、策划"。"讲有用的，说爱听的"重要标志之一就是官员讲话要"俗"。比如获得第一名的《我们都要争气》的讲话稿，作者是睢宁县纪委副书记荣保翠。通览全文，该文引用了大量的民间土语，比如"不蒸馒头争口气、不吃馒头赌口气"；谈到村干部乱用低保时，说"四个舅舅三个好，个个都能吃低保"。

（据《半月谈》）

"官腔"为何根深蒂固

一是没"料" 对问题不了解，工作不扎实，心里没底，说不出个所以来，只好躲到官腔套话里混日子。

二是没"胆" 此处所谓"胆"，还不只是胆量，更是责任和担当。有些干部说话办事，总是瞻前顾后，畏首畏尾，权衡利弊，生怕对自己的前途、利益有一丝一毫潜在的风险，计较多了，就会对迫切的现实问题、群众反映强烈的突出问题，不愿说话，不敢任事，只想打官腔糊弄过去。

三是没"法" 一些人还不懂得在人人都有麦克风的时代应创新和解放表达，改善交流方式，实现有效沟通和传播，还是习惯命令、指示、训导等老一套。

（据《半月谈》）

"房""正能量"成年度字词

国家语言资源监测与研究中心和商务印书馆等单位近日举办"汉语盘点"活动，同时发布年度十大流行语、十大新词语、十大网络用语。今年活动共得到近千条网友推荐字词，"房""正能量""争""曼德拉"分列年度国内字、国内词、国际字、国际词第一，"霾、梦、改革、土豪、光盘行动、中国大妈"等热词也榜上有名。

自2006年以来，"汉语盘点"已举办了8届，成为国内颇具影响力的文化品牌活动。"汉语盘点"活动旨在全面真实展现中国语言生活现状，勾勒万千世态和百姓民心，更以特殊的方式书写汉语新词新语、流行词语的编年史。如"炒"、"涨"、"和"、"被"、"控"、"亲"字，以及"给力"、

“犀利哥”、“淘宝体”、“HoLD 住”、“逆袭”等，越来越多源于民间、源于网络的词语进入专家视野、官方榜单，反映出国人在使用汉语词汇时较以往更加活泼诙谐、开拓创新。（冷冰）

昏暗环境可诱导不诚实和不道德行为

据网络医学博士网站报道，一项新的研究发现，昏暗的环境可诱导不诚实和不道德的行为发生。

在三个不同的试验中，研究人员发现，人们在阴暗的房间里或者戴墨镜时，会比以前更自私和更加不诚实。“研究结果表明，在黑暗的场景中，即使是戴上墨镜也会导致这些情况的发生。”

在第一个试验中，研究人员发现，为了赚更多钱，在黑暗的房间中工作的人更有可能采取欺骗的手法。在另外两个试验中，他们发现，戴太阳镜的人在玩电脑游戏时，比戴普通眼镜的人更注意讨价还价，也就是更加自私。

“黑暗可能造成一种不会透露姓名的幻觉，这会诱发自私和不道德的行为。”研究者说，“这让人有一种虚假的安全感，让他们错误地认为他们的身份都是隐藏的。”

都市白领易患上网无聊症

在上网的时候两眼无神、漫无目的，看电影嫌费时间，玩游戏又怕上瘾，于是乱点鼠标，无聊地度过半天。这就是上网无聊症的典型症状。在江苏淮安，市民范女士在“双十一”期间连续三天时间在网上疯狂抢购，但是随着网购热潮的消退，范女士突然觉得对着电脑不知道该干什么了。

心理专家表示，范女士这种现象属于网络依赖的一种病态，就是长时间无目的地反复进行网上冲浪而呈现出的一种焦虑心理。如今网络软件自身也在追求趣味性、集中性，用以吸引网民、改善上网无聊症现状。但心理专家表示，这只能治标不治本，缓解上网无聊症，需要网民的自我提醒，要尽量减少不必要的上网，多进行户外运动。

金钱豹夜袭羊群农户损失惨重

12 月 16 日清晨 5 点，河南省济源市王屋镇一户村民家中的羊群被金钱豹袭击，损失惨重。记者赶到村民董虎群家中，出事的羊圈已经被简单清理过了，不过，从地上残存的羊毛仍能想象到当时的惨烈场面。董虎群告诉记者，那天夜里他爱人出门上厕所，发现圈里有羊叫的声音，拿灯来到羊圈一看，发现有只豹子，就赶快回屋去喊人。豹子走了之后，大家清点发现有 56 只羊死亡。其中一只羊是被咬死的，其余 55 只羊应该是互相踩踏致死的。事发以后，当地林业部门工作人员比对了现场毛发及痕迹，初步判断肇事者就是金钱豹。鉴于此次发生伤亡事件，相关部门表示会根据法律法规，对农户给予一定的补偿。

好，今天读报就是这些内容，祝大家一天好心情。我们明天再会！

下面请看天气预报：

分享阳光、分担风雨，第一时间、第一印象。

观众朋友，大家好！下面关注天气，我是主持人晨星。

从 19 日开始的升温将告一段落，今日开始，气温要走回头路，预计今天的最高气温仍在 10℃左右。不过，明日只有 8℃，后日只有 7℃了。

气温起起落落会给大家的生活带来一些困扰，尤其是着装方面，最好根据冷暖，及时调整。同时，春季气温回升明显，病毒细菌开始活跃，大家还须注意加强身体保健以免病菌入侵。

继 19 日起连续三天最高气温超过 10℃以后，昨日下午，京城的气温再次跃升到 10℃以上。不过，这也是这一波升温的顶部。

今日白天，有一股弱冷空气南下，能见度会逐渐好转。午后天空放晴，白天大部分时间有利于交通出行，但太阳光芒黯淡，对气温上升的助力并不明显。

明日开始，天空云量又会逐渐增多，气温略有回落，尤其是明日早晨的最低气温将再次达到−1℃，大家要注意保暖。

未来七天，冷空气活动较弱，基本不会出现大风及降水天气，大部分时间以晴到多云为主。有时受东移云带影响，天空云量较多，阴晴转换比较快，天气也忽冷忽热，大家的衣服不宜减得过快。

下面请看具体预报：

全国主要城市今日天气

天津	多云	−2 至 5℃	广州	小雨	20 至 26℃
石家庄	多云	0 至 7℃	南宁	晴	20 至 33℃
太原	多云	0 至 11℃	海口	多云	21 至 30℃
呼和浩特	多云	−3 至 11℃	成都	多云	7 至 16℃
沈阳	多云	−5 至−2℃	重庆	阴	11 至 15℃
长春	晴	−15 至−9℃	贵阳	多云	11 至 24℃
哈尔滨	晴	−15 至−11℃	昆明	晴	9 至 23℃
上海	中雨	15 至 20℃	拉萨	晴	−7 至 11℃
南京	雷阵雨	13 至 18℃	西安	阴	6 至 18℃
杭州	中雨-大雨	12 至 18℃	兰州	多云	0 至 18℃
合肥	雷阵雨	13 至 17℃	西宁	多云	−6 至 13℃
福州	多云	16 至 26℃	银川	多云	0 至 13℃
南昌	中雨	17 至 23℃	乌鲁木齐	阵雪	−10 至−4℃
济南	多云	4 至 12℃	台北	多云	15 至 28℃
郑州	阴	8 至 13℃	香港	阵雨	21 至 25℃
武汉	中雨	14 至 18℃	澳门	阴	21 至 25℃
长沙	中雨	19 至 24℃			

气象小贴士

今天降旗时刻:18:01

天气:晴间多云,偏南风二、三级,9 至 8℃

明天升旗时刻:06:53

天气:晴间多云,偏北风一、二级,－1 至 0℃

上下班天气

今天下班:晴间多云,偏南风二、三级,10 至 8℃

明天上班:晴间多云,偏北风一、二级,－1 至 1℃

晨练指数 2

明天早晨晴,微风,适宜户外晨练。

穿衣指数 7

白天适宜穿棉衣类服装。

观众朋友,天气预报播送完了!下面请您继续关注财经频道其他时段的节目内容。我是主持人晨星,明天同一时间再会!

(二)

中央电视台,这里是财经频道《第一时间》。

家事、国事、天下事,事事关心。

观众朋友,早上好!欢迎您第一时间听晨星为您读报:

原县处以上官员罪犯减刑须开庭

最高人民法院近日出台的《关于贯彻宽严相济刑事政策的若干意见》中规定,对减刑、假释案件,要采取开庭审理与书面审理相结合的方式。对于职务犯罪案件,尤其是原为县处级以上领导干部罪犯的减刑、假释案件,要一律开庭审理。

(据中国共产党新闻网)

丝绸之路拟跨国申报世遗

据悉,我国青海将跨国联合申报丝绸之路为世界文化遗产。目前,各遗产地政府已制定相应的管理办法,完成地形测绘、申遗文本初稿编制等工作。

(据中央人民广播电台)

元宵节"猜灯谜"的由来

元宵节始于西汉。在平定"诸吕之乱"后,汉文帝深感太平盛世来之不易,将平乱的农历正月十五这天,定为与民同乐日。古时正月又称"元月",夜又称"宵",所以,汉文帝就将正月十五这一天定为元宵节。后来司马迁等人创建《太初历》,把元宵节列为重大节日。

猜灯谜是中国独有的富于民族风格的一种文学形式,它源于民间口谜。三国时盛行猜谜。到了南宋,谜语变成元宵节里的游戏方式。人们将谜条系于五彩缤纷的花灯之上,供人猜射,称为"灯谜"。明清以后,灯谜已发展成为城乡人民在年节,特别是元宵节不可缺少的文娱活动形式。

汉字有可能重入韩国小学课程

韩国于1970年出台韩文专用化政策后，汉字即从韩国小学课本上消失。不久前，金钟泌等在世的20名历届韩国总理联名向韩国总统府青瓦台提交了一份《小学汉字教育敦促建议书》。

针对“将汉字教育纳入小学教育课程”的呼吁，韩国教育科学技术部表示，将建议各学校从明年开始，在小学“创意体验活动”时间向学生教汉字。

致读者：年终特刊与读者见面

今年的年终特刊与您见面了。

与以往不同的是，这期特刊侧重着笔于一个关键字：“微”。微，字义多层，如微小、细小、微观、精妙等。这两年，沾高技术的光，“微博”、“微信”一时成为与“微”字搭配最流行的词。微博、微信，以短小见长，作为信息交流工具，自有其“精妙”处，它们不仅活跃于社会生活交流中.也渐渐地侵入学术研究交流中。就哲理言.微者，乃小中见大，微言大义也。可见，理论学术研究和交流传播.借助微博、微信，既合时宜，也顺理成章。基于此，这期特刊，特别以“微观察”、“微观点”、“微学术”的面貌展现在您面前。

所谓“微观察”、“微观点”，就是以言简意赅语言，以近似微博的短小篇幅.梳理理论学术视野中的热词新语，回眸一年来的社会热点，梳理一年来的学术新见；所谓“微学术”，意在专题探讨理论微博、学术微博的可能性、可行性，尝试着为理论学术大众化、普及化，开辟一新路途。贡献一份力量。

“微观察”、“微观点”等，仅仅是观点要览，您不妨与平时阅读本刊、阅读《学习时报》、《新华文摘》、《人民论坛》等相结合，这样就会对理论学术界一年来取得的研究成果有更深切的体会。

全面深化改革的号角已吹响，实现各项改革目标.还有许多理论和实践难题需要我们去探索和破解。在新的一年里，本刊将和专家学者一道，立足学术前沿，紧扣社会热点，宣传理论创新成果.传播学术研究新见，为实现中华民族伟大复兴的中国梦提供智力支持。

扎实开展党的群众路线教育实践活动，建立健全作风建设长效机制

各级党组织要按照“照镜子、正衣冠、洗洗澡、治治病”的总要求，深入开展党的群众路线教育实践活动。全面学习领会中央关于开展教育实践活动、加强党的作风建设的一系列重要文件精神，提高思想认识和宗旨意识，增强贯彻群众路线的自觉性。紧密联系本地区本部门本单位实际，认真查摆“四风”问题，以整风精神开展批评和自我批评，切实整改脱离群众、作风漂浮等问题。总结教育实践活动中的好经验好做法，健全领导干部带头改进作风、深入基层调查研究机制，完善党员干部直接联系和服务群众制度及畅通群众诉求反映渠道制度，改革政绩考核机制，不断改进工作作风，密切联系群众。

“老实”究竟是一种什么品质

新闻背景：广东南雄市近日在出台的《选拔任用老实人办法》中规定，各级党组织、领导干部同时推荐并经组织部备案的老实人，将被列为待查对象，并安排到重点部门、重点岗位，表现优秀者将优先提拔。

点评：以老实为选才任用的标准，的确让人耳目一新。不过，对于老实人，不同的人有不同

的看法。在几乎没有人能够把“老实”这一概念标准化的背景之下，选拔任用老实人，还要防范有人对“老实”的概念动手脚！

“宿悦书法展”荣宝斋大厦举行

本报讯　“宿悦书法展”昨日起在荣宝斋大厦二层举行。展览汇聚了书法家宿悦近年来的书法作品五十余件，其中以小楷写经作品为主，书风古意盎然，体现了书家的独特风貌，令人耳目一新。

宿悦现为海协会书画交流分会理事，躬耕书院院长，自幼学习研究书法四十余载，曾师从书法家骆舒焕先生，后得启功先生等前辈指点。其作品最显著的特点是气韵生动，瘦劲而飘逸，刚健中含婀娜之态。观看宿悦的作品，质朴之风扑面而来，字里行间流露出作者飘逸的创作心态。

另据介绍，继《宿悦书药师经》《宿悦书道德经》《宿悦书金刚经》之后，《宿悦楷书千字文》也已由荣宝斋出版社出版。《千字文》为南朝周兴嗣撰，用四字韵语写出，首尾连贯，音韵谐美，很适合儿童诵读，宿悦以楷书传播《千字文》，则更添古韵今香。

中国乡土艺术协会迎新年举办“乡土情·中国梦”百名将军书法展

中国乡土艺术协会星期日上午10:00，在北京市攀天红红木艺术馆举办“乡土情·中国梦”百名将军书法展开幕式。此次展览是协会自会员大会换届以来举办的首次文化公益活动。

此次将军书法展经主管单位文化部批准，由中国乡土艺术协会主办；攀天红艺术馆承办；莆田市北京商会、福建省耕读书院、攀天红投资有限公司等协办。届时将有170多位将军以“乡土情·中国梦”为题材的书法作品亮相，作品中包含四位老红军、五位共和国上将的力作，作品将在中国乡土艺术协会攀天红红木艺术馆展出115天；随后还视情况将赴福建、山东、广东、河北各地巡展。

这次书法作品筹备得到攀天红投资有限公司董事长陈聪海先生的大力协助。攀天红红木艺术馆为迎接此次展览，确保环境美观整洁，对展厅进行了重新装修，精雕细琢的红木雕刻艺术搭配名家字画书法，相得益彰，打造了韵味古朴的观展氛围。对文化的热爱，成就了他的文化责任担当。在百名将军书法展征集工作中，精心筹集将军的书法作品170多幅，以此画展来抒发将军们爱祖国、爱家乡的情感和立志实现“中国梦”的豪情，为协会向社会发出正能量的声音。

观众朋友，今天的“晨星读报”就到这里，到这里吧！哈哈！祝大家一天好心情！我们明天不见不散，拜拜！

下面请看天气预报：

分享阳光，分担风雨，第一时间，第一印象。

观众朋友们，大家好！下面关注天气，我是主持人晨星。

昨日，主体位于贝加尔湖地区西部的一股冷空气步步南下，但在华北到江南大部分地区暖湿空气的抵抗下，冷空气无奈只得将主力转而杀向我国的东北地区，采取先东北再南压的新“攻略”。

今天，在冷空气的作用下，京城的天气将发生明显的变化，大家最先感觉到的便是雾霾天气逐渐退却，空气变得清新。但由于京城身处冷气团一方，会感觉比昨天冷，预计白天最高气温在10℃左右，北转南风二、三级，最小相对湿度40%。此外，由于此次冷空气没有直接从西北袭京，天上的云不会很快被北风吹走，多云的状况仍将在今天维持一段时间，云虽多，但较为轻薄。今夜最低气温将重新跌破冰点，为－1℃。

今天白天

多云转晴，北转南风二、三级，最高气温10℃。

今天夜间

晴间多云，南转北风一、二级，最低气温－1℃。

明日天气

白天到夜间，晴转阴，北转南风二、三级，最高气温8℃，最低气温1℃。

图说天气

下面请看全国主要城市天气预报。（省略）

观众朋友，天气预报播送完了！
下面请您继续关注财经频道其他时段的节目内容。我是主持人晨星，明天同一时间再会！

第三节 《健康之友》栏目

睡眠和健康的关系

〔苏〕 听众朋友们，大家好，又到了这期的《健康之友》栏目，我是主持人苏苏。

〔牧〕 我是小牧。今天呢，我们要和大家说的是睡眠和健康的关系。

〔苏〕 我们大家都知道睡眠和健康有着密切的关系，但是您知道睡眠有哪些作用吗？

〔牧〕 总的来说啊，良好的睡眠是消除疲劳、恢复精力、充满生命力的有效保证，也是健康长寿的重要因素。

〔苏〕 没错，好的睡眠会让我们明显感到头脑清醒、精力充沛、精神焕发，从而提高工作学习的效率。

〔牧〕 下面，就来听听睡眠到底有哪些作用吧。

〔苏〕 首先第一点，睡眠能够消除疲劳、恢复体力。睡眠时人体精、气、神皆内守于五脏，五体安舒、气血调和、血压下降，呼吸及部分内分泌减少，使代谢降低，体力得以恢复。

〔牧〕 那么第二呢，睡眠可以保护大脑、恢复精力。大脑在睡眠状态中耗氧量会大大减少，有利于脑细胞能量的储存。因此，有利于保护大脑，提高脑力。

〔苏〕 接下来第三点，睡眠可以增强免疫、康复机体。睡眠能增强机体产生抗体的能力，能使人体各器官自我康复加快。

〔牧〕 下面这一点呢，青少年朋友们要注意了，睡眠能够促进生长发育。因为慢波睡眠期血浆中的生长激素，可以连续数小时维持在较高的水平。

〔苏〕 哎，说到这里啊，小牧你有没有听过这样一句话，说是：美女都是睡出来的。

〔牧〕 嗯……对啊，对啊！

〔苏〕 所以我们最后要说的就是睡眠有利于皮肤美容。在睡眠过程中，皮肤表面分泌和清除过程加强，毛细血管血液循环增多，加快了皮肤的再生，所以睡眠是皮肤美容的保证。

〔牧〕 嗯，以上五点睡眠的作用不知道大家有没有听清楚呢？

〔苏〕 好的，那么今天我们的话题就和您说到这儿了。主持人苏苏。

〔牧〕 小牧。

〔合〕 感谢您的收听。

〔牧〕 如果您有任何健康方面的问题，欢迎拨打我们的咨询热线：65454253、68522783。

〔苏〕 我们下期《健康之友》再见。

〔牧〕 拜拜！

听众朋友，大家好！欢迎收听《健康之友》，我是主持人晨星。今天我来为您讲述著名舞蹈家姚珠珠的养生之道。

名人养生

姚珠珠是我国当今享有盛誉的几位女舞蹈艺术家之一。1944 年 2 月出生的她，曾是大型音乐舞蹈史诗《东方红》和舞剧《鱼美人》的领舞。她的成就不仅在于一连串金光闪闪的奖状、证书、证章，也不仅在于"姚珠珠舞蹈艺术发展基金"的创立，而在于昭示中华各民族舞蹈源头和灵魂的活化石的资料艺术片《舞之灵》的问世。

初识姚珠珠，觉得她不像一位享有盛誉的舞蹈家，倒像一个笑容常在、无话不说的老熟人。更令人惊奇的是，这位年过花甲的全国政协委员，依旧身材匀称，双腿灵巧，行动快捷有力，像个年轻姑娘。据说，有一次，她和女儿乘出租车，与她谈得火热的司机听她无意中透露出自己已经 63 岁了，大吃一惊，下意识地踩了一脚刹车，弄得姚珠珠母女前仰后合，而司机则以惊奇的目光打量着姚珠珠，连说"不像"。

作为资深的舞蹈家，她对舞蹈的感悟极深，并对舞蹈与保健间的相互关系有着执著的追求、探索和独到的见解。她认为，真正的健美锻炼不是为了让别人看，而在于自己身心健康，锻炼贵在坚持，最好成为一种日常习惯。姚珠珠养成良好锻炼习惯的过程是有一段痛苦经历的。二十几年前，她得了一场大病，脉搏达每分钟 140 次以上，医生警告她，如不及时治疗会有危险。为此，她在 5 年里，坚持每日 8 次服药，这对她的意志无疑是一种锻炼。同时，她坚持练功不辍，硬是熬过了那梦魇般的 5 年，5 年后，当她在三人舞蹈晚会上，一场跳完 8 个独舞和双人舞时，当年为她诊治的医生惊讶得不知说什么好。

人过中年，腹部易胖。姚珠珠常常躺在床上和地板上，支起双腿挺腹上下，或是双腿并齐缓缓上举，靠腹肌的力量支撑斜位的双腿。她还自创了一些健美方法。在公共汽车上，她常常踮起脚尖、收腹、夹紧臀部、挺直身子站立一会儿。身体重心最理想的位置在腹部，行进中的汽车上最难控制重心，姚珠珠用这种方法锻炼腹肌，保持重心平衡、身体挺拔。

姚珠珠说，在日常生活中保持坐卧行走的正确姿态，注意饮食起居的合理性，同样可以达到健身、健美的目的。家务劳动对许多人来说是最厌烦的事情，可姚珠珠却乐此不疲，她说，家务劳动可以健身。家里几间房子的地板被姚珠珠"承包"了，她常蹲在地上擦来擦去，使双腿在一个水平面上不断移动，这有利于锻炼腰肌、膝关节，掌握重心平衡。这些年，姚珠珠很少登台，为了保持体形，她开始减少乘车，甩开臂迈大步行走。每天走上1小时。下雨时，她在屋里来回走，而且看着时间，决不偷懒。现在，她又喜欢上跑楼梯，11层的高楼，她可以在短时间内节奏快捷地跑上跑下，气息平稳，面不改色。

春季养生防干燥

红　岩

著名中医养生专家杨力教授告诉我们：春季养生关系着人一年的健康状况，春季正是万物复苏的季节，重在养阳，所以养生要趁早且须防干燥。

春季重在养肝健脾

俗话所说的一年之计在于春，不仅仅指播种季节在于春天，健康养生同样是以春季开始。春主木，木生火，易肝阳上亢，易出现紧张、失眠、焦虑、烦躁等心理疲劳表现，处理日常工作或家庭事务时易心情急躁、易怒，故春季养生重在静心养神，贵在养肝，养肝健脾以调神。学会情绪调节，力戒暴怒，更忌情怀忧郁，做到心胸开阔，保持心情舒畅，乐观愉快。在起居养生方面，从了解天气变化入手，合理安排好每日的工作和休息。春季午后休息30～60分钟，对身体健康十分有益。休闲养生方面，听音乐、跳舞、读书、书法、绘画、养鸟、养观赏鱼、养花、春游、下棋、放风筝、钓鱼等都是很好的方式。运动养生以散步、慢跑、保健操、气功、太极拳、打门球等为宜。

调理脾胃少食酸

有关事实证明：到了春天，凡有肝阳上亢的人，特别容易出现头痛、眩晕，这就是我国医学早已指出的“春气者诸病在头”的原因。现代医学也发现，春天的气候变化容易使人血压增高，出现头痛、头晕、失眠等症状。因春季肝气最旺，肝气旺会影响脾，所以春季容易出现脾胃虚弱病症，所以，饮食中要尽量少吃炸、烤、煎的食品，以免加速体内水分的蒸发，做饭时多采用有利于保持食物水分的烹调方式。如蒸、炖、煲、煮等，以便增加水分的摄入。另一方面，可以多食些润燥润喉的食物，如蜂蜜、雪梨等，此外，豆浆、鲜奶、香蕉、红薯、黑芝麻、猕猴桃等食品中含有大量的维生素，经常食用含钾多的香蕉、柠檬、梨、绿豆等，对防治高血压也有益处。

如果过多吃酸味食物会使肝功能偏亢，故春季饮食调养，宜选辛、甘、温之品，忌酸涩。饮食养生春季宜清淡可口，多吃蔬菜，忌油腻、生冷及刺激性食物。饮食应全面，做到荤素搭配、粗细搭配、寒热搭配，如：水里长的、苦的、青的、冬天长的食物为寒；陆地长的、辣的、红的食物为热；酸碱搭配等。

不同颜色的食物有利于不同脏器的营养，如黑色养肾、黄色养脾、白色养肺、青色养肝，坚持每天吃一种红色养心食品，比如西红柿，可以活血通络排毒。高血压患者可选用黑木耳炒芹菜；冠心病患者可选用西红柿炒洋葱；糖尿病患者可选用苦瓜炒尖椒。希望大家把厨房变成快乐的保健室，通过调整膳食，管理你的健康。

每天喝水防干燥

春季由于早晚气温变化大，又常有冷空气侵袭，气候干燥，空气中缺乏水分湿润。在这个季节里，人体的津液易伤，可出现一系列干燥的症状，如口干舌燥、鼻腔有干燥感、嘴唇干裂、干咳、咽喉干痛等，这就是中医常说的燥症，为此，每天要喝4杯水。

早晨起床5∶00—7∶00是大肠经活跃时，喝第一杯空腹水，利于通便。

午睡后1∶00—3∶00是阴经最盛时，喝第二杯水，利于养心降血糖。

晚上5∶00—7∶00是肾经活跃时，喝第三杯水，利于保肾。

晚上睡前7∶00—9∶00是心包经活跃时，喝第四杯水，利于清血脂。这只是指的“特定”时间里的饮水，每个人可以根据自己的情况进行增减。

此外，还可加强锻炼，通过出汗、增加肺活量的形式，经汗孔和肺部排毒。也可以在室内晾刚洗完的衣服、毛巾等，以提高空气湿度。也可以使用加湿器，直接向空气中喷入水雾，短时间内可提高空气湿度，以防春季干燥。

血虚调养法

血是人体最宝贵的物质之一，它内养脏腑，外养皮毛筋骨，维持人体各脏腑组织器官的正常机能活动。若血虚，不能营养身体，则会面色无华、视力减退、关节活动不灵、四肢麻木、皮肤干燥、头痛眩晕、失眠多梦，等等，因此，应重视补血，方法如下：

情志调养：血虚的人，时常精神不振、失眠健忘、注意力不集中，故应振奋精神。当烦闷不安、情绪不佳时，可以听听音乐，欣赏一场幽默的相声或哑剧，这样可使精神振奋。

饮食调养：可常食荔枝、松子、黑木耳、菠菜、胡萝卜、猪肉、羊肉、牛肝、羊肝、甲鱼、海参、平鱼等食物，因为这些食物均有补血和养血的作用。

防“久视伤血”：中医认为“肚开窍于目”，眼睛的好坏，依赖于肝之藏血，长时间视物，会损伤血。不可长时间看书、看电脑，防“久视伤血”。血虚之人，本来气血已不足，若再伤血，就更不足了。

运动强气血：体育运动能加强气血运动，可以打打太极拳、慢步行走，但由于血虚，运动量要小，以不感劳累为度。

好，这次节目就播送到这里。我是主持人晨星，稍后带您走进《百味人生》。观众朋友，再会！

第四节　《百味人生》栏目

观众朋友们，大家好！欢迎收看这一期的《百味人生》节目！我是主持人晨星。在这一期的节目中，我们首先讲一讲相声大师侯宝林之子侯耀文与郭德纲的师徒情，然后介绍中国最后一位格格——金默玉。

侯耀文与郭德纲的师徒情

2004年5月，北京电视台举办一次全国性的相声大赛。担当评委的侯耀文看到一个小伙子的表演不错，一查名字——郭德纲。

大赛结束后，侯耀文打听到郭德纲在天桥的茶馆说相声。一天晚上，一身便装的他悄悄去天桥听了一场郭德纲的相声。他对搭档石富宽说，可以让郭德纲和他的搭档于谦跟着铁路文工团演出一段时间考察考察。

于谦是石富宽的徒弟，当于谦把这个好消息告诉郭德纲时，他真有点不相信自己的耳朵，恍恍惚惚地让于谦打他几下看看痛不痛。想想自己熬了十年的“京漂”，终于得到了大师级人物的认可，眼泪不觉流了下来。

第一次见侯耀文时，郭德纲很紧张，在他心里，那侯家可一直是相声的代名词，高不可攀，但侯耀文对他们不但很客气，而且关切有加，但等到排练时，就没那么客气了。

郭德纲和于谦讲的是侯宝林先生的《夜行记》，因为缺少北京特有的韵味儿，语调听起来总不那么俏皮，包袱抖得也不是很响。侯耀文很不满意，甩下一句“大活儿使不好甭想上场”，就走了。

郭德纲作为一个业余相声艺人，好不容易有机会和国家级的专业团体合作，心想怎么也不能让人看扁了啊。所以他们一直练到下午3点多都没吃午饭。侯耀文带了吃的亲自送去，郭德纲说：“练不好决不吃饭。”

“行啊，这小子有股子倔劲”。侯耀文当时就觉得挺对脾气。从那次起，铁路文工团只要有什么演出，侯耀文就会叫郭德纲跟团演出。有一次，在南方演出，晚上，郭德纲他们下台之后已经11点多了，前面的演员演完都休息了，侯耀文还坐在一边皱着眉头。郭德纲和于谦觉得不好，站在一边也不敢说话。侯耀文想了一会儿说：“你俩给我把刚说的《文章会》再说一遍。”郭德纲和于谦拖着疲倦的身体又认认真真地为他说了起来。说到一半时，侯耀文突然叫停，“就是这个地方，听上去很别扭”。说着，他站起来一边给他们讲解，一边亲自示范，直到深夜2点多才结束。第二天一早郭德纲起来的时候，侯耀文和石富宽已经在一唱一和地练习他们晚上表演的段子了。郭德纲让于谦托石富宽给他求求情，请侯耀文收他做徒弟，石富宽还没来得及说呢，没想到侯耀文的家里出了一件大事。

2004年，侯耀文陷入了第二次婚姻危机，妻子袁茵带着女儿离开了他，他变得低迷、落寞，颇有一些万念俱灰。郭德纲很担心他，也不敢提拜师的事。而由他发起成立的德云社也生计艰难，郭德纲觉得人生到了最低谷，几乎看不到一点光亮。

那晚，侯耀文突然出现在他的家里。一个多月不见，侯耀文苍老了许多，鬓角头发明显白了，双眉深锁着，一脸憔悴，郭德纲看得眼泪差点掉下来。

侯耀文掏出个纸包给郭德纲说：“这五万元你先拿着，咱爷们共同努力，不能让相声就到咱们这儿。”郭德纲没有接。侯耀文很生气，他把钱啪地甩在桌子说：“德云社不是你一个人的，这是个相声艺人和观众面对面的平台，是属于所有相声人的。”郭德纲知道侯耀文心里关注着相声的兴衰，很感动，但他却对侯耀文鞠了个躬说：“我不想要您的钱，最想当您的徒弟。”侯耀文拍拍他的肩说：“不是因为家里出了事儿，这事儿早应该办了。”那一天侯耀文他们团里就引进相声演员的问题开会讨论。到了郭德纲时，大家颇有异议，把侯耀文气得在会上大发脾气，拍着桌子说：“天天讲振兴相声不就是要发现有能力的年轻人吗，现在发现了，怎么忍心把他拒之门外？”

那次会议之后，家庭的打击和一些外边的因素，侯耀文病倒了。一个人在床上烧得晕晕沉沉的，不知道睡了多久，迷迷糊糊地听着电话响，一接起电话，就听见郭德纲说：“师傅你怎么了？手机打不通，几次来你家敲门也没人应。”原来他正在门外呢。

侯耀文挣扎着爬起来开了门，郭德纲一看到师傅脸色蜡黄，走路蹒跚，眼泪差点没掉下来。他问侯耀文是不是一直没吃过东西。侯耀文眼泪流下来了，他说：“吃不下，情这个东西一旦摊上了，就是铁打的人也会融化。”

郭德纲握着师傅的手坐在床边说，在天津时他犯了错误，被下放扫厕所，有一位领导还指着他的鼻子说，这要是在“文革”，你就得用舌头把厕所舔干净。当时他心里真是直发冷啊。这事儿还没翻过身来，妻子又跟他离婚去了日本，他自己带着3岁的儿子过，那日子苦得没法说。最后他说：“照例，振作起来吧，上天给人的一切苦难都是他能够受得了的，咬咬牙就会过去的。”

侯耀文拍拍郭德纲的手，笑了，“小子，你今天也给我上了一课。”那些天，郭德纲一直陪着侯耀文，天天给他做饭，一起喝酒聊天。

一天，郭德纲因为父亲住院，演出时很不在状态。看着他在台上蔫头耷脑的样子，侯耀文很生气。郭德纲一下台，性急的侯耀文就大发脾气。他说："作为一个演员，不管在台下有多大的委屈，有多少难事儿，只要一上台心里装的就只能是观众，这是最起码的艺德，你给我记住了！"

郭德纲低着头细细咀嚼着师傅的话，侯耀文还以为他不服，又语重心长地说："纲子，好好想想吧，观众是最多情的，你给了他们笑声，他们会一辈子抬着你，纲子，咱自家的事儿只能打掉了牙往肚里咽。"郭德纲重重地点了点头。

在侯耀文的指导和郭德纲孜孜不倦的努力下，2005 年下半年，郭德纲终于名满华夏了。

中国最后一位格格

今年 89 岁的金默玉有着坎坷的人生经历：她是末代皇帝溥仪的侄女，也曾是川菜馆的老板娘，靠打毛衣维持一家生计的家长；她留过洋、享过福，也坐过牢、吃过苦，后来她还办过学校……

赊账成了每天的必修课

1949 年，解放军进了北京城。金默玉的哥哥们都去了香港，留给她的全部财产只有 100 块钱。这 100 块钱要喂养 9 张嘴：大哥的 4 个孩子、二哥的 2 个孩子，还有大哥的老保姆和保姆的女儿，而她尚未结婚，没有社会经验，也没有生活经验。

为了维持生计，金默玉开始变卖家中的物品：钢琴、地毯、沙发、皮大衣、留声机……由于根本不懂市价，一大堆皮衣她用不到一件衣服的价钱就给卖了。昔日的十七格格还织起了毛衣出售，3 天织 1 件，但仍不够一家人的买菜钱。此后，她还开过洗衣坊，用上好的肥皂，一个月下来，挣的钱还不够买肥皂。赊账成了每天的必修课，胡同口杂货铺的老太太看到她就追问："钱什么时候给啊？"

这样的日子一直熬到 1952 年，那年大哥到了日本，给她和 6 个孩子寄回一笔生活费，金默玉斟酌再三，在自家院子里开了家西餐厅，结果没人上门。后来金默玉改开四川饭馆，北京当时有 40 万四川人，这家饭馆一下子火了起来。虽然没赚多少钱，但至少不再为吃穿发愁了。两年后，饭店被公私合营，她成为中央编译局的一名职员，每月拿 60 元工资。

人生两次最正确的选择

1954 年，36 岁的金默玉结婚了，丈夫马万里是当时国内极负盛名的花鸟画家。但平淡而温馨的生活没过几年，风暴就到来了。

1958 年 2 月，金默玉突然从家中被带走，开始了她 15 年的牢狱生活。唯一的罪名，就是她的出身：肃亲王的女儿，特务的妹妹。为了不连累丈夫，狱中的金默玉申请了离婚。

1973 年，刑满释放的金默玉来到天津茶淀农场，成为一名农场工人。此时，一位上海人闯进了金默玉的生活。金默玉很快答应了他的求婚。

"你不后悔当年没和哥哥们一起走？那就不会有后来的事情了"。有人问金默玉。

金默玉却说，她这一生做过的最正确的事有两件，一是没有去香港，二是在监狱中没有陷害过任何一个好人。

生平只求过一次人

1976 年，跟丈夫回上海探亲时，金默玉病倒了。X 光片显示，她的脊椎有 9 节都坏了，病历上写着:“脊椎骨质增生、骨髓炎、腰肌劳损。”农场给她办了病退。每月工资降至19元2角。“连吸烟的钱都不够”,何况还要给婆婆寄钱。吸烟,是金默玉在监狱里养成的习惯,“腰痛得受不了,或者累得撑不住时,我就吸烟,后来一天能吸一包”。

曾经在肃王府侍奉过她的保姆看着她掉眼泪:“格格,您这是从天上摔到地下了!”金默玉大笑:“这不是还没摔死么!”曾有一位在美国的侄孙女,苦苦请求这位姑奶奶住到自己家里去,可她就是不愿意麻烦别人。

但在1979年,生平第一次,金默玉想到了求人。她写了一封求助信,收信人是邓小平。

在信里,金默玉不是要求平反,而是要求一份工作。信很快就有回复,告别北京20多年后,金默玉终于成为北京街头市民中普通的一分子。

奔波办学,播撒爱心

金默玉一直就想办一所学校。1992年初,金默玉与丈夫将家中的存款全部拿出来,购买了书桌、教材等学习用品,开办了“爱心儿童日语班”。“爱心”暗喻“爱新”,表明她是爱新觉罗家族中的一员,又表明她在晚年为培养儿童的日语能力而奉献自己的爱心。

为了把“班”办成学校,从1993年起,金默玉在日本和北京之间奔波了数年,动用了同学、朋友、亲戚等一切关系,终于筹足了办学经费。1996年5月,位于河北省廊坊市开发区的爱心日语培训学校正式挂牌,成为当时国内设施最齐全的民办日语专修学校。20世纪90年代后期,正是在这所学校的基础上,建起了廊坊东方大学城。在晚年,金默玉终于在廊坊有了一套完全用自己挣来的钱买下的房子。

尽管经历坎坷,金默玉却不觉得自己一生有什么特殊。“有时候想想,我这一生,到底干了点什么呢?”这个一直笑对人生的老太太,总在遗憾自己为社会奉献得太少了。

好了,观众朋友,这一期的《百味人生》就为您讲述到这里。感谢收看!请您继续关注我台其他栏目的节目内容。观众朋友们,我们下期节目再会!拜拜!

第五节 《走进科学》栏目

观众朋友,大家好!我是主持人曲阳阳,在下面的节目里,我来为您讲述“藏在山崖里的秘密”。

藏在山崖里的秘密

在湖南省与贵州省接壤之处,有个新晃县,就在前不久,有传闻说新晃县贡溪乡的大山里,发现了一种从未见过的东西。当地的村民都把它当成宝贝,争先恐后地往家里搬……

山中奇物

宝物最先是被贡溪乡一位叫蒲祖龙的村民发现的,当时乡里修公路,需要将他承包的一座山挖开,于是蒲祖龙常跑到修路的施工现场去看,一天他在工地上看见了一个非常有意思的圆石头,便随后带回了家。当晚蒲祖龙熄灯准备睡觉的时候,突然看到房间里隐约透出一种淡淡的蓝色,是从山上捡回来的石头发出来的。消息传出来以后,乡里的村民都认为蒲祖龙捡了个宝贝,只是这到底是什么宝贝,谁也说不上来。

几天后,修路的施工队要将蒲祖龙承包的那座山,炸开一个缺口修建路基。一声巨响后,在场所有的人都惊呆了：在炸开的碎石中和裸露出来的崖壁上，又出现了许多那种石头，它们圆润、光滑，镶在崖壁之上，三五成群地聚集在一起。有人提出：没准这是恐龙蛋化石——原来，在湖南的张家界、济阳等地，曾经发现过多枚恐龙蛋的化石。2003 年时，在贡溪还发现过剑齿象的化石。剑齿象和恐龙一样都是生活在远古的同一个时期，而且贡溪属于喀斯特地貌，有着不计其数的深洞，说起来正是适合剑齿象、恐龙之类的古生物生活的地方。

来历不明

很快，贡溪乡发现了恐龙蛋的消息让这个侗族之乡沸腾了起来。村民们开始争先恐后地上山搬宝贝，一时之间现场的石蛋全被村民们搬回家了。有的还将其放在家里的供桌上，当做"镇宅之宝"供了起来。当地许多村民的房前屋后，都摆着大小不一的石蛋，小的如鸡蛋，大的有圆桌大小，重达一两吨。

然而，就目前有关资料显示，世界上发现最大的恐龙蛋化石，长为 83 厘米，宽为 29 厘米，重量也不过 200 多公斤，与贡溪乡的大石蛋比起来小多了。于是，有村民们猜测，也许在远古时代，贡溪乡生活过一种超巨型的大恐龙，因此留下了这超巨型的恐龙蛋化石。

为了弄清石蛋的来历，记者专门请教了湖南地质研究所的教授，专家说，那肯定不是恐龙蛋，因为石蛋是埋在山体里，镶嵌在岩石中，该地层应该是 6 亿年前寒武纪形成的，而非恐龙存在的侏罗纪，它的地质年代比起恐龙的出现，足足早 4 亿多年。至于这到底是什么东西，还要经过进一步的检测鉴定。

地质奇观

有村民发现，石蛋上有些很奇怪的纹理，其中一个石蛋上的纹理很像世界地图。村民开始怀疑这些石蛋是不是"天外来客"留下来的，那地图也许是在向人们传达着什么神秘的信息。村民们浮想联翩，县里的干部们却很紧张。县领导认为贡溪乡发现的石蛋，无论是什么，肯定有它的价值；而且，这种石蛋以前谁也没见过，它说不定含有放射性的元素，从而对人体产生伤害。

天然放射性源主要来自岩石。有不少石头收藏爱好者都遇到过，因为收藏了带有放射性的奇异石头导致头晕、恶心等症状，严重的还会使人患上癌症。为此县里马上组织人员，对未挖掘的石蛋群保护起来；将村民们收藏的石蛋登记编号，回收至乡政府进行保管；派专人携带样品到相关部门进行检测鉴定。

几天之后，石蛋的检测报告出来了，报告显示石蛋内含有数十种元素。庆幸的是，没有带放射性元素的物质。随着紧张气氛的消失，神秘的石蛋到底从何而来的问题，再度成为大家关注的焦点。其实那些石蛋也不是什么"天外之物"。在 6 亿年前的寒武纪，湖南还是一片大海，海底一些游离的碳酸钙分子，在海水的振荡之下，渐渐地凝聚在一起形成了一种圆形的结核，经过亿万年的地壳变动，被埋在了贡溪乡的大山里。由于石蛋除了主要成分碳酸钙以外，还含有黄铁矿、磷铁矿等多种元素，一些含磷钙较多的石蛋就会在黑暗处发出淡淡的蓝光——谜底解开了，危险也解除了，石蛋依旧还是贡溪乡的宝贝，村民不再把它们搬回家里而自发地将石蛋群保护了起来，因为它们属于非常稀有的地质奇观，也是珍贵的地质标本，属于所有的人。

好了，观众朋友，下面我们有请主持人高歌和您聊聊这样一个话题：统一手机充电器何其难。

有请高歌。

观众朋友们，大家好！我是主持人高歌。

统一手机充电器何其难

充电器不统一给消费者带来麻烦

家住北京的张小姐非常喜欢旅游，前不久她刚从黄山回来，本来很开心的一次旅行，却因为手机平添了一些烦恼。原来张小姐出发时，带了两部不同品牌的手机，却只带了一部手机的充电器。在游玩时，偏偏那部没有带充电器的手机没电了，而有些重要号码恰恰就存在这部手机里。张小姐找遍身边所有的人，都没有找到合适的充电器，为此她耽误了不少事情。张小姐告诉记者，几年间，她换过十几部手机，相应的也用过十几个充电器，它们之间都不能通用，张小姐感到很麻烦。随着手机的普及，像张小姐这样拥有多部手机的人是越来越多，而手机充电器不能通用给人们的生活带来了极大的不便。

充电器不能通用造成了资源的巨大浪费，信息产业部电信管理局副局长鲁阳表示，现在我国每年包括新增用户在内，更新的手机大概有1亿多部，由此计算，这些手机用户每年用于更换充电器的费用就高达二三十亿元，如果其中有一半的老款充电器可以通用的话，就为手机用户节约了十几亿元。此外，由于每个充电器都含有5%的铜，这不仅造成环境污染，也造成铜资源的巨大浪费。

新标准令企业增加生产成本

信息产业部电信研究院的泰尔实验室，是专门从事移动通信技术研究的部门，这里的负责人刘军是手机充电器新标准的主要起草人，据他介绍，早在2003年的时候，他们就开始围绕手机充电器统一标准征求企业的意见，但是那时却遭到了很多手机生产企业的反对，因为新标准会使很多厂家改变已经成型的设计流程，增加生产成本。在一个手机生产厂家，记者看到他们按照新标准所生产的手机充电器，和以前相比，新充电器多了一个USB的插头，然而对于一个年产1500万部手机的企业来说，一个小小的插头无疑会给企业的采购增加很多成本。

刘军告诉记者，除了充电器做了部分改动之外，符合新标准的手机在内部电路上和以前的手机不太一样，按照新制定的标准，新的充电器的输出电压必须为5伏左右，上下浮动不能超过5%，而之前并不是所有的手机都能够适用于这个标准，所以一旦标准生效以后，厂家必须在手机充电管理这一部分进行重新的设计。

国内手机生产厂家态度更加积极

据泰尔实验室介绍，今年3月份，就有一批企业的手机充电器通过了新标准的认证，其中大部分都是国内品牌，而国外品牌则表现出相对消极的态度。对此信息产业部负责人表示，由于手机充电器标准不涉及人身安全，标准只属于一个推荐性的标准，所以一些国外企业对此表现出消极的态度，为此信息产业部在6月14日制定出一个强制性的规定，要求在6月14日之后在中国境内生产的手机充电器必须符合信息产业部的新标准。

6月14日，记者在泰尔实验室看到不少厂家送来的手机充电器正在这里接受新标准检测。据刘军介绍，截至目前，已经有30多款国产品牌的手机充电器接受了检测，依然没有国外品牌手机的身影。不过一国外品牌的手机厂商表示，绝对不会因为充电器新标准而放弃整个中国市场。

手机电池统一标准也即将出台

据信息产业部分析，尽管开发新电路所增加的投入加上报废充电器的成本对于企业来说会造成一定的损失，但从长远角度来看，执行新标准对于企业来说将会获得更大的发展空间。

记者在泰尔实验室拿了一部按照新标准生产的手机和充电器在街头给消费者展示，有的消费者认为确实比以前方便许多，但也有人认为还是不够方便。对于质疑的声音，信息产业部表示，产品标准的制定是一个非常慎重的事情，需要循序渐进，目前信息产业部的相关部门正着手讨论制定手机电池统一的标准。据刘军介绍，关于统一手机电池的新标准，大概年底可以推出，与手机充电器标准不同的是，手机电池的标准将是一个推荐标准，厂家可以根据自己的手机型号来自愿进行调整。

好了，观众朋友，这期节目播送完了！感谢收看！下期节目再会！拜拜！

第六节 《道德观察》栏目

观众朋友们，晚上好！欢迎收看《道德观察》，我是主持人欧阳星子。今天的节目为您找寻的是“下落不明的丈夫”。

下落不明的丈夫

2005年8月29日21时，在南京长江大桥上一位母亲想捆着两个亲生女儿投江自尽。这位母亲名叫罗艳霞，她说她之所以这样做是因为丈夫夏满节失踪了，一下子断了全家的经济来源。丈夫在失踪之前和罗艳霞说过自己加入了黑社会，而且吸毒，目前正被黑社会追杀，为了妻子和孩子的安全要和罗艳霞离婚。

假离婚后 丈夫突然失踪

可让罗艳霞没想到的是，离婚几个月后，从2005年10月开始，丈夫夏满节却突然失踪了。罗艳霞慌了，每天都在忐忑不安中度过，不知道丈夫是不是在外面被黑社会追杀了。更要命的是，夏满节的失踪让全家失去了收入来源，两个孩子上学都成了问题。就在这个时候，罗艳霞意外地被一个神秘电话告之：她丈夫失踪不是因为被黑社会追杀，而是因为在徐州有了情人。为找到丈夫，罗艳霞奔赴徐州，找到了丈夫的情人小静，却得知丈夫并没有和小静在一起，而是在南京另有新欢。

小静告诉罗艳霞，几年前夏满节的确和她在一起，她是在1999年的一次聚会上与当时在徐州承包工程的夏满节认识的，彼此印象都不错。两个人相处几个月后，夏满节才告诉小静自己有家室，正在办离婚，让小静不要多想。

1年后，小静怀孕了，夏满节呵护备至。2001年10月，小静生下一个女儿，可就在孩子8个月时，一个陌生女人的电话把小静弄懵了。那个女人告诉小静，夏满节已经和她生活很长时间了，他们在一起非常幸福，希望小静不要继续纠缠夏满节。

为了摆脱小静，夏满节给小静写了一份协议书，说要在徐州给小静买一套房子，一次性付给小静1万元，并于2003年12月1日之前兑现。可是4年多了，承诺不过是一纸空文，小静母女受尽磨难。

3个“妻子” 男子苦心周旋

徐州一行虽然没有见到夏满节，但被蒙骗多年的罗艳霞一下子看清了丈夫的真实面目。罗艳霞还得知当初给自己打电话的那个陌生女子不是小静，而是夏满节现在的妻子小芳冒充的，目的是让罗艳霞对夏满节死心。

尽管罗艳霞不再相信前夫，但她还是希望夏满节能尽到做父亲的责任。2005年5月18日，他给罗艳霞写了一份保证书和两张共计70万元的欠条，但这些承诺却不能改变母女3人窘迫的现状。

机关算尽 岂料人财两空

罗艳霞多次向夏满节讨要孩子的生活费，可每次夏满节都和她玩捉迷藏。万般无奈之下，罗艳霞寄希望于法院能够迅速执行判决。可让她万万没想到的是，下关区人民法院了解到由于无法查证夏满节拥有可被执行的资产，罗艳霞向夏满节索要子女抚养费和50万元欠款的案件已经中止执行。

记者来到夏满节住的五塘村，发现已是人去楼空。在公司员工的帮助下，记者终于电话联系上了夏满节。夏满节在电话里称自己和罗艳霞是包办婚姻，多年生活都是凑合着过，毫无幸福可言。他还觉得本来自己能挣到不少钱，但是罗艳霞到处散布他的不是，让合作的伙伴不愿意和他合作，使他坐吃山空。由于失去了经济来源，弄得他现在连100元钱都没人肯借了。

夏满节说他现在的住所是小芳出钱买的，自己顶多算是借住，而且罗艳霞的多次出现，已导致小芳和他离婚。夏满节怎么也没想到他算计好的离婚却离出了这样的结局。如今他不但人财两空，妻离子散，还面临着罗艳霞和两个女儿再次把他告上法庭，讨要欠款和生活费的局面。

观众朋友们！大家好！欢迎收看这次节目。我是主持人晨星，今天为您讲述“神秘的新娘”。

神秘的新娘

小李是大同市矿区一家工厂的工人，老实本分，能吃苦又节俭，是远近闻名的好小伙，可偏偏就是不急着找媳妇。为了这事，小李的爸爸妈妈没少跟小李念叨。今年1月3日，小李订婚了。可没过多久，他的新娘子竟然凭空消失了。

拿了聘礼迅速消失

1月3日这天，按照大同当地的风俗，小李一家兴高采烈地在家里准备了丰盛的宴席，邀请小李的女朋友刘燕一家来家里吃了订婚饭，刘燕的妈妈提出了彩礼的要求。首先，男方要给女方家里一笔彩礼钱，还要购买金项链、金耳环、金戒指作为过门前的礼物，由于这些都是大同当地订婚时的风俗，小李一家很快应允下来，把东拼西凑来的8000多元，连同精心挑选的价值9000多元的金首饰一起交给了刘燕家人。拿到了聘礼，刘燕一家人回去了，而小李一个月后就要结婚的消息也很快在亲朋好友间传开了。

可随后刘燕的反应有些出乎小李预料，她很少给小李回复短信，而且家里屋门紧锁，窗帘也拉得严严实实，这让小李十分纳闷，可当小李满腹疑惑地向房东打听这件事时，房东的回答简直让小李不敢相信自己的耳朵——刘燕家已经搬走了。

网络相识迅速升温

小李和刘燕认识是3个月前的事。那天，小李上网聊天时，一个陌生的叫“小金鱼”的网友主动和他搭话，“小金鱼”告诉小李，自己也住在大同。在网上碰到了老乡，让小李很高兴，两个人很快就聊得十分投机。没过几天，“小金鱼”突然向小李提出，两个人既然都住在大同，为什么不见上一面呢，小李没有多想就答应了。

见面后，“小金鱼”告诉小李，她真名叫刘燕，和小李年龄相仿，还没有男朋友，刘燕表现出来的开朗和懂事让小李打心底产生了好感。那次见面后，小李和刘燕的关系越来越亲密。随着两个人关系的升温，他们正式开始谈婚论嫁，小李的妈妈十分喜欢刘燕，这让小李很高兴。没过多久，小李也去了刘燕的家，刘燕的妈妈和妹妹也很快认可了小李。

和刘燕在一起的一幕幕场景反复在小李脑海中闪现，更加重了小李对刘燕的担心和思念，他一遍遍地拨打着刘燕的电话，心急如焚。终于，3 天过去后，电话接通了，可刘燕的一番说辞简直让小李不寒而栗——因为家人借了高利贷，她已经被人控制了，让小李拿钱去赎她。

识破骗局恍然大悟

短短几天怎么会出现这么大的变故？既然被人控制，怎么还会有准备地举家搬迁，小李越想越觉得蹊跷，他拿着刘燕的照片再次去了他们已经搬离的家，希望房东能提供更多的线索。结果房东告诉他，照片上的刘燕是原来那家人的儿媳妇，孩子都 6 岁了！

小李恍然大悟，原来自己陷入了一个精心编织的骗局中，首先刘燕一步步诱骗小李和她处朋友，继而冒充这家的女儿和小李订婚，而拿上近两万元的聘礼后，刘燕一家人马上消失。一番思索后，小李想出了办法，兴许刘燕还不知道骗局已经被识破，他索性将计就计，谎称自己又凑了些钱，兴许能帮助她摆脱困境。如果刘燕答应见面，就可以一举将她抓获，扭送到公安机关。

可狡猾的刘燕根本不上当，怎么都不答应和小李见面。事情到了这种地步，小李终于打消了原有的觉得家丑不可外扬的顾虑，走进公安机关报案。可由于之前小李没有仔细核实过刘燕的身份，警方无法确定刘燕这个名字是真是假，唯一掌握的线索只有一个手机号和 QQ 号，这给侦破工作带来了巨大的困难。

家庭团伙骗婚被抓

正当侦破陷入僵局的时候，小李忽然回想起一个细节，当初和刘燕交往时，他发现刘燕的妹妹刘建梅经常和一个叫“我爱高梅”的网友在网上聊天，掌握了这条线索后，警方迅速找到了网名为“我爱高梅”的小伙子小陈，而小陈说出的情况却出乎所有人的预料，几天前，他和刘建梅刚刚订婚，可对方拿走了两万多元的聘礼后，人却不露面了。

看来这个诈骗团伙的犯罪行为还在继续，所有人都感到了巨大的压力，由于线索有限，警方只能通过小陈、小李继续和犯罪嫌疑人联系，从而设法确定他们所处的方位，实施抓捕。今年的 3 月 19 日中午，小陈报告警方，刘建梅在大同市火车站附近出现了。警方立即出动，将其抓获。随着刘建梅的落网，这个以订婚为名索取聘礼，实施诈骗的家族式犯罪团伙的成员很快被警方全部抓获。

好了，观众朋友，这一期的《道德观察》节目播送完了，明晚同一时间请您继续关注我们的节目，观众朋友们，我们明晚再会！

第七节　《百家讲坛》栏目

观众朋友，大家好！今天的《百家讲坛》节目又和大家见面了，我是主持人欧阳星子。在今天的《百家讲坛》节目中，我们将邀请北京大学中文系教授孔庆东先生来讲一讲《论语》的魅力。

有请孔教授。

孙庆东谈《论语》

孔庆东，北京大学中文系教授。祖籍山东，系孔子第73代直系传人。1983年自哈尔滨考入北京大学中文系，钱理群先生的开山硕士、严家炎先生的博士，主攻现代小说与武侠小说，语言驾驭出色，文章不仅生动有趣且愤世嫉俗。著作有《北大往事》、《金庸侠语》、《空山疯语》等。

在中国古代的文化经典中，《论语》无疑是极为重要和特殊的一部著作。《论语》以其深邃独到的思想成为人类最重要的思想文化，在人类的思想组成中占据着重要的一席之地，这是顺理成章的事情。而对于中国人来说，《论语》更是我们的精神家园。那么，回望绵延数千年的中华文明史，《论语》的魅力又在哪里呢？

孔子的思想纷繁多样，博大精深，富有极强的生命力和包容性。在人类的四大文明古国——古埃及、古巴比伦、古印度和古中国之中，中华文明之所以会成为唯一没有间断的，五千年延续下来的文明，儒家思想功不可没。不过，对于我们现代人来说，《论语》是不是已经成为过时的老古董"中看不中用"呢？孔庆东眼中的《论语》，还有怎样的魅力呢？且来听听孔庆东是怎么说的。有请孔教授：

孔庆东先生：主持人好！观众朋友们，大家好！今天，很高兴能在这里与大家见面。回望数千年的中华文明史，《论语》的魅力在哪里呢？

第一，《论语》是人类最重要的思想文化资源。

人类思想浩如烟海，没有办法完全了解，但它们之间都是有联系的。研究人类思想如同研究山脉，不能一个个山头地研究，而是把几大主要山峰的特点找出来，就能找到它们内在的联系。同样，人类的思想也必须提纲挈领地来把握。一个现代人需要接触过孔孟老庄，接触过佛教文化、伊斯兰文化、基督教文化，读过一点古希腊的东西，接触过一点文艺复兴时期的东西，再接触一点现代思想。按照这个框架去选50本书读下来之后，什么书都可以迎刃而解，就会越读越快，融会贯通。

1982年在巴黎，诺贝尔的得主们曾经开会讨论：21世纪的时候人类需要什么思想？最后他们一致认为，人类在21世纪最需要的思想就是孔子的思想。如今基本上东西方都达成了一种共识，认为21世纪人类的思想组成部分中，孔子的思想应该是重要的核心部分。

第二，《论语》是中华文明的核心源泉。

就中华文明的范围来说，《论语》是中华文明的核心源泉。中华文明是多元的，也有人去具体解释过它的多元性，有人说是儒释道互补，但是在这个互补的格局中，这些成分并不是等量齐观的，它们有主有次。我认为，对中华民族起了最重要作用的是孔子的思想。

大家耳熟能详的就是孔子的"仁"的思想和"中庸"的思想，"和"是孔子一个非常重要的概念，还有民本主义的思想。相比较而言，孔子的思想是民本的思想，是以百姓为主的思想，当然到了孟子这里发展得更显著了。以教育思想为例，孔子的思想是德育为主，全面发展的思想，而不是单纯追求成绩名次。所以，孔子的思想是纷繁多样的，充满着许许多多理论空间的，可以不断探讨下去的。我们不能想象，如果没有儒家的思想，中华文明会发展到今天，会成为四大文明古国中唯一没有间断地延续五千年的文明。

第三，《论语》还活在我们的生活中。

我们不要把古代的东西都一概看成是古董，认为它们对今天没有任何指导意义。鲁迅批评某些著作，说这些书"诞生即死亡"。而像《论语》这样的书，它永远是鲜活的。孔子的话还适用于今天。

我并不是从小就读四书五经。我出生在一个工人家庭，小时候都是读《毛泽东选集》、《林海雪原》，看样板戏长大的。批林批孔的时候要写批判文章，给了我全面地接触孔子思想的机会。我一读《论语》，觉得他的思想都很有道理。比如“学而时习之，不亦说乎？有朋自远方来，不亦乐乎？”为什么要批判呢？

有一次，上课的时候老师问我：“孔庆东，你说说‘克己复礼’是什么意思？”我根据自己的理解，答：“‘克己复礼’就是克制自己，恢复周礼。”老师说：“不对，根本不对，‘克己复礼’就是要复辟资本主义。”同学们全笑了，他们嘲笑我：孔庆东连“克己复礼”是什么都搞错了。我第一次深刻地体会到孤独，我觉得我没有错，孔子那个时候哪有资本主义？但正是由于这种孤独，却使我在一种黑暗的寂静中默默地增加了对说出这句话的人的尊敬。我这才知道，孔子的思想是不容易被理解的。

可能有人会说，我们进入现代社会了，不管是复辟资本主义还是恢复周礼都毫无意义了。甚至有人在教育改革中提出，要把语文课本中的文言文全部去掉，说这都是封建糟粕，都是不民主、不法制、不自由的思想。

可是我们现在的思想是从哪里来的？孔子的思想里没有自由、没有民主吗？过去的东西就一定是错的吗？我们总以为“五四新文化运动”全盘否定传统，这种认识是错误的，看一看李大钊、陈独秀、鲁迅、胡适他们的文章，没有人批判过孔子。他们的文章都用很大的篇幅热烈地赞美古代以孔子为代表的这些思想家、文学家。他们要批判的是明明生活在现代，还一口之乎者也的人，批判的是代圣人立言的僵化思想。所以说，孔子的思想历经几千年一直都活着，不但在古代活，在五四时期、在今天，它都活着。

第四，《论语》能够直接帮助我们的人生。

很多同学、朋友喜欢读我的书，其实我一直处在圣人的光环中，我一直在学习从孔子到鲁迅这样的古今圣贤，而且越学越觉得自己无知，对这些大思想家的理解正如颜回所说“仰之弥高，钻之弥坚；瞻之在前，忽焉在后”。今天以为理解他的思想了，明天一看好像你还不对，后天一看，还有一点没琢磨透，这就是经典的魅力。所谓经典就是说它不是一次性消费的，它可以反复地、无穷尽地消费下去。

所以，我说《论语》是中国文化里最重要的那本武功秘籍，它就摆在那儿，如何利用，就要看读书人的修养造化了。

关于怎么样学习《论语》，正像孔子所说，无非是各言尔志，孔子的教育思想感情是非常民主的，上课的时候大家都可以畅所欲言。正因为这种民主，谁也不保证自己说的是绝对真理，别人都可以修正，中国人永远有这种生生不息的真正的文化革命精神，我觉得这才是中华文明的伟大性，它的延续性的内在魅力。我也希望我所讲的只是小小的一注菩提水，能够引起学习传统文化的滚滚波涛，希望这个波涛能够汪洋恣肆起来。

观众朋友们！接下来，我们重点关注一下“易中天的尴尬”。

易中天的尴尬——谈“传统经典有什么用？”

在7月6日中央电视台10频道的《百家讲坛》栏目中，易中天先生和“国嘴”崔永元坐在一起，搞了一场名为《易中天与小崔说事》的访谈节目。当节目进行到即将结束的关节点时，却闹了一场不大不小的尴尬：在易中天先生谈了一番中国经典以后，一位观众站起来提了一个问题:“您认为这有什么用处?”

易中天对于这个问题的回答是“无用之用”。他认为,正是因为传统经典看似无用,所以有“大用”。这个时候崔永元冒出一句话来,狠狠地让观众见识了他的刀子嘴:“因为一件东西什么用处都没有,所以它就是最有用的。这听起来像是忽悠人啊。”也许是受到此语的刺激,易中天不得不举出一些实例来救场,诸如传统经典在公司决策、发展策略、企业管理上面的作用。然而小崔依旧不依不饶:“听起来好像我们的观众都是大公司的经理啊董事长啊之类的人。”面对小崔的攻击,易中天还没来得及招架,节目的话题就因为观众提问而被引到其他方面去了。

事实上,易中天在当代中国,已经是把经典推向“实用”的领军人物了,如果易中天尚且无法说明经典之“用”,则更遑论他人。

而这个令当代中国人困惑不已的经典之“用”的问题,曾几何时,却根本不是一个问题。18世纪法国启蒙哲学家伏尔泰曾经向法国人赞叹伟大的中国:“当我们的祖先还住在森林里的时候,这个民族已经有小说了!”被现代中国人视为无用的小说,在18世纪法国人的眼睛里面却具有扎扎实实的分量。那个时代经由海上贸易出口至欧洲的大量Made in China的丝绸、茶叶、药材、古董,都无法像小说一样证明这个国家的文明程度。18世纪的欧洲人当然也喜欢物质的中国,但是真正让他们将中国视为一个值得佩服和赞叹的民族的,却是一些看似“无用”的东西:伏尔泰将中国的《赵氏孤儿》搬上法国舞台,中国风格的园林建筑风靡欧洲,托尔斯泰在他人生最为困惑的阶段试图翻译《老子》,对社会心存不满的读书人甚至半开玩笑地建议:请中国皇帝来治理欧洲!一个民族可以因为物质而获得他人的羡慕,但是真正能够令他人由衷尊重的,却只有智慧。智慧无用,因为它无法产生出让人看得见摸得着的工业产品以及财富数字。但是智慧又是有用的,它是对于生活的洞见,令每一个在生活中感到惘然的人找到归属。我们为了生活而追求一切“有用的”东西,但是如今,已经很少有人停下来问一问生活本身。中国传统诗歌、小说中蕴涵的智慧令欧洲人如获珍宝,而当代中国人竟迷失到如此程度,以至于看不到手中的宝藏。

易中天的这一说辞,非但没有能够证明经典之“用”,在事实上反倒将其贬为“无用”。经典以及经典所传承的古典文化自有其用处。这种“用”不能等同于现代企业发展谋略之“用”。利用老总、经理们为经典之“用”张目,只能说连易中天自己也没有认清楚自己所搞的这一套究竟有什么用。

20世纪的俄国思想家别尔嘉耶夫或许能够给我们一些启示。在别尔嘉耶夫的时代,俄罗斯民族仍然被许多欧洲人视为没有历史、缺少文明的“野蛮”民族。尽管彼得大帝建立了一个强盛的帝国,尽管俄罗斯曾经战胜过那个在欧洲大陆不可一世的拿破仑,尽管俄罗斯人率先在自己的土地上强大,但并未能够让俄罗斯摆脱“野蛮国家”的评价。别尔嘉耶夫为俄罗斯民族作出辩护,他的依据就是:14世纪,俄罗斯就已出现了完美的圣像画和著名的建筑艺术(仅仅是绘画和宗教建筑艺术,而不是什么其他“有用”的东西)。然而,俄罗斯到了莫斯科公国时期,其思想文化还非常微弱,后来的民族文学更显得分裂,没有固定风格。语言文化方面的薄弱令别尔嘉耶夫感到颇为踌躇,虽然他真心想要证明俄罗斯民族不是“野蛮”的。艺术,尤其是语言和思想的艺术对一个民族有多么重要,于此可见一斑。而今的中国社会,如果手里面拿着源远流长的传统经典,却仅仅因为其“无用”而弃之如敝帚,岂不是最大的悲哀?

好了,观众朋友们,今天的《百家讲坛》节目又要和观众说再见了!那么,在明天的这档节目里我们会邀请首都师范大学于丹教授继续为观众朋友们讲述《论语》的魅力，欢迎到时收看。

观众朋友们，我们下期节目再见！

第八节　《焦点访谈》栏目

（一）

观众朋友，大家好！欢迎收看《焦点访谈》，我是主持人晨星。今天我们关注的话题是："不文明驾驶，为何治而不绝？"

春节期间，全国共接报按一般程序处理的道路交通事故2500起，造成798人死亡，分别下降25.2%、35.2%。

据国务院安委会办公室统计，春节期间，全国共发生较大以上道路交通事故18起、死亡77人，其中：广西5起，四川4起(其中1起为重大事故)，云南、福建各2起，山东、安徽、广东、贵州、新疆各1起。

春节期间道路交通事故呈现鲜明特点：一是大年初二至初四小型客车异地肇事减少；二是午后、夜间事故明显减少；三是酒后驾驶、超速行驶肇事明显减少，但逆向行驶、违法会车交通违法行为肇事增多；四是国道事故减少，县道事故增多；五是阴雨雪雾天气事故总量减少，但翻坠车等单车事故比例上升。

据了解，这些事故多为驾驶人无证驾驶、超速、超载等交通非法违法行为导致。从广义上说，这些事故发生的原因多与不文明驾驶密切相关。

编辑：不文明交通行为有哪些，其中人们比较容易疏忽的是什么？这些不文明交通行为会带来哪些危害？

记者：不文明交通行为有狭义与广义之分。狭义的是指那些不道德的交通行为，比如抢黄灯、随意变更车道、都有通行权时的抢行、雨天不减速水溅路人等，这类行为交警一般没法处罚。广义的包括违法行为，比如闯红灯、超速等，这类行为交警可依法处理。现在人们习惯所说的不文明交通行为，是指广义的，既包括违法交通行为，也包括不道德的交通行为。

特别值得一提的是，一些违法交通行为，因为其瞬间发生，比较隐蔽，危害不大，交警处罚取证又比较难，很大程度上靠个人自律，久而久之，一些人就习以为常。比如不系安全带、加塞、开车打手机、夜间会车开大灯等，这类行为只有导致交通事故后，在区分责任时才有可能被发现，并受到相应处罚。这些也是现在最容易被忽视的不文明交通行为。

不文明交通的危害甚巨：一是导致交通事故居高不下，人民生命财产受到损害。二是影响道路通行能力。

据了解，我国每年因交通事故死亡人数在10万左右，虽然近年来有所下降，但驾驶非机动车、步行、乘车等"弱势"交通群体在交通事故中伤亡比例一直居高不下。一份资料显示，从事故伤亡人员行业类型来看，农民、外来务工人员、学生等"弱势"交通群体交通伤亡比例较大，合计约占60%。同时，驾驶机动车不文明行为导致交通事故的比例较大，合计约占事故的37.6%。

我国机动车的增长速度，远远快于道路增长速度，堵车现象越来越让人头疼。有堵车，就是因为不文明交通行为导致的，比如在一些十字路口，人和车、车和车各不相让，导致路口通行能力下降，甚至造成拥堵；还有一些车辆占用应急车道，一旦发生情况，就可能使抢救受阻。

编辑：驾驶出行不讲文明，是什么原因造成的？有人说，近段时期以来，特权意识和夸富心态仍是不文明交通甚至违法驾驶的“推手”，这属实么？

记者：对这些不文明现象，所有人都明白，这是不对的，甚至可以说是深恶痛绝。可“知道”却未必能“做到”。其中原因是什么？之前人民网曾做过一个调查，有近九成的受访者认为是人的素质问题。交通文明意识的培育形成需要一个过程。虽然我们进入了汽车社会，但驾车文明规范、交通文明意识，还需要一定的时间培育。

还有就是约束和惩戒机制偏“软”，违法成本低，行人、司机普遍存在侥幸心理，认为法不责众。特别是处理行人违反交通法规，操作难度较大。交警在路面执勤，重要的是要保持道路畅通，很难有时间和精力去处理行人的违法行为。

此外，也有交通设施设置不合理的问题。比如，有的公交车站，离路口很近，公交车不连续并线很难。许多行人流量大的路口，没有天桥或地下通道，一些地下通道标志不明显，有的过街天桥成为“小商品市场”。

关于特权意识、夸富心态加重了司机的侥幸心理，导致不文明驾驶的现象，客观地讲，这是存在的，比如震惊人们的杭州飙车案。其危害不仅仅导致交通事故，更大的危害在于一些特权车起到反面示范作用。但通过治理，现在这些现象有所好转。比如军车的抄告制度，还有不少地方公务员交通违法信息抄告所在单位等。对那些炫富不怕罚的“主儿”，现在也有了相应的规定：加大力度惩罚。比如对醉酒驾车，就将一次性扣完 12 分。同时，随着社会的进步、交通文明的培育，这种炫富导致的不文明行为会越来越少。

编辑：不文明交通行为常常治理，却时时有。有什么措施能根本改变这种状况吗？国外有没有什么经验可供借鉴？

记者：据了解，欧美发达国家一般都有年度或者阶段性的交通安全策略、计划，用于指导全国的交通安全工作。这些策略与计划的显著特点就是，有很强的系统性、延续性。比如交通安全教育从娃娃抓起、交通违法与信贷信用挂钩等，值得我们借鉴。

澳大利亚政府制定全国道路安全策略，对现有路网进行道路安全调查，考虑所有道路使用者群体的需求，优先考虑有事故记录的地点，确定治理重点。并改善道路设计和交通工程措施，为行人、骑自行车的人和机动车驾驶人创造更安全的环境。

整治不文明交通行为，我国也借鉴了国外一些经验，结合我国实际，正在从专项行动过渡到综合治理，着力建设长效机制。今年 1 月，中央文明办、公安部部署大力开展文明交通活动，力争通过 3 年的努力，使公民交通出行的法制意识、安全意识、文明意识明显增强，文明交通长效机制进一步完善。

此次文明交通活动有针对性地明确了重点任务。摒弃六大交通陋习：行人乱穿马路、骑车突然转向、驾乘摩托车不戴头盔、开车打手机、不系安全带、随意变更车道。倡导六大文明交通行为：行人过街左右看、各行其道、机动车礼让斑马线、机动车依序排队通行、机动车有序停车、文明使用车灯。抵制六大危险驾驶行为：酒后驾驶、超速行驶、超员/超营运、疲劳驾驶、闯红灯、弯道越线超车。改善六类道路通行条件：城市过街通行设施、路口渠化设施、出行诱导与指路系统、路口车速控制设施、施工道路安全防护、农村公路安全设施。

此次活动还有一个亮点，就是把交通文明纳入了文明城市评选。

观众朋友，让我们关爱生命，文明出行吧！

好，今天的访谈就到这里，明天同一时间再会！

（二）

观众朋友，大家好！欢迎收看《焦点访谈》，我是主持人晨星。今天我们关注的话题是——

三到五年京津冀大气将明显改善

去年7月，北京市环保局通报贯彻《京津冀协同发展规划纲要》，推动京津冀及周边地区大气治理工作时强调，将严格控制区域煤炭消费总量，并不断化解水泥、钢铁等过剩产能。

京津冀大气污染防治协作小组办公室专职副主任、北京市环保局副局长庄志东表示，协调区域逐步统一大气污染物排放标准。目前七省区市地级城市共71个，环保部确定的执行国家特别排放限值的范围仅12个，主要在火电、钢铁等七大行业实施，如北京、天津及河北省石家庄、唐山等。

他提出，在推进大气污染防治方面，要严格控制区域煤炭消费总量。除了控制煤炭使用，还要大力化解过剩产能。也就是说，除了直接减少煤炭的使用以外，还将控制钢铁企业的生产。2015年7月24日，国家环保部要求邯郸、安阳地区在8月下旬至9月份期间减产30%。根据庄志东介绍，河北省淘汰钢铁6000万吨。

为此，我们采访了河北省环境保护厅厅长陈国鹰。

记者：京津冀联防联控，具体如何做？

陈国鹰：京津冀区域统一规划、联合执法、联动应对重污染天气。联防联控的前提是做好各自的大气治理，同时开展"合作"，比如污染天来了，北京和周边地区都要统一采取行动。现在专门有个京津冀大气污染协作小组，遇到重大问题，比如阅兵保障等，协作小组会议会统一部署。今年还要深化这个联防联控的举措。

京津冀的空气污染治理需要各省市齐心协力、共同发力，河北治理好了，对首都的空气变好有贡献，因为空气是流通的。京津冀及周边的河南、山西、山东、内蒙古都要协同治理。

记者：《京津冀协同发展规划纲要》把河北省定位为京津冀生态环境支撑区，您此前也提出过，建设京津冀"生态修复环境改善示范区"，还要探索建立跨区域的联合监察执法机制？

陈国鹰：今年河北省将建立省级环境保护督察机制，省环保厅将会同省委、省政府督察室开展环境保护督导检查，实行督企、督政"双督办"和问企、问政"双问责"。

记者：我看到数据报告上显示，河北的PM2.5年均浓度是77微克/立方米，低于北京的80.6微克/立方米，您怎么看这个数据？

陈国鹰：河北的数据是全省平均下来的数值，河北一些重污染市的浓度值被拉下来，所以PM2.5年均浓度数值低于北京。

记者：河北省今年打算如何完成定下的环境指标？

陈国鹰：今年河北省将开展焦化行业的集中整治，之前河北省也有，但这次是集中整治，因为焦化行业对于河北省来说是一个比较主要的污染源。为防治大气污染，河北省今年将深入推进减煤、压能、治企、降尘、控车、增绿等综合治理措施，强力实施散煤、露天矿山、焦化行业、道路车辆污染综合整治四大专项行动。按照京津冀统一政策标准要求，制定实施扬尘排污费政策。在现有基础上，再压减生铁产能1000万吨、粗钢产能800万吨，力争再淘汰燃煤锅炉

1322台。加速推进一批热电联产项目和集中供热工程，新增供热能力1400万平方米。

记者：在全国74个重点城市的空气质量排名中，河北有7个。对保定、邯郸、唐山等重污染城市如何治理？

陈国鹰：重污染的城市要加码，刚才我说的治理措施的基础上，继续加码，还要因城施策，钢多的减钢，其他能耗多的减少其他产业，总之都要按照相应指标降下来。

记者：3月1日，《河北省大气污染防治条例》正式实施。这部被称作"河北史上最严治霾法规"的实施，对改善河北省大气环境有何意义？有人说河北是牺牲了经济来治理大气污染？

陈国鹰：出台此条例对于全国省份来说，河北是第一家。我不认为是牺牲了河北经济，短期看对于河北的经济会带来"阵痛"，长远看对经济是利好，利用环保倒逼企业转型升级，过去那种高排放高污染企业该淘汰就淘汰，通过治理，拉动节能环保产业的发展，反而有利于经济的发展。关停一批、转移一批、治理一批，促进产业结构调整升级。

记者：曾经的河北钢铁围城、重煤能源结构，现在这些指标都有所下降，省长发言时也说了，河北的燃煤总量首次下降到3亿以内，如何看待河北的污染治理效果？

陈国鹰：从环保部、国家气象局等部门上报国务院的报告来看，都说明河北空气污染治理的变化最大，成效最明显，但是污染治理还要全民参与。代表们也说了，要注意能源的浪费问题，李克强总理的报告中也说到全社会百姓都要参与到环境治理中，节约能源，降低能耗。

记者：邯郸的代表发言时说，当地大量的钢铁企业关停，大量职工下岗，担心这些人带来生活和社会问题，您怎么看？

陈国鹰：河北省立法引导企业转型，工厂不生产钢铁可以去搞上下游产业和服务业，寻求转型，当然确实也面临职工重新安置的难题，这个工作量也非常的大。但是通过治理污染换取长期的效益，让老百姓呼吸到清洁的空气，我们必须痛下这个决心。

记者：去年两会期间，您曾说"10年后蓝天白云会更多"，现在依然是这样想的吗？

陈国鹰：现在更有信心了，如果是20年，就太久了，大气污染治理的问题，西方国家用了很长时间来治理，但是我们现在是全民都在参与，集中力量办大事，所以我们有信心3到5年后市民就能感受到空气质量的明显改善。

在中央财政的大力支持下，河北已投入240亿治理大气污染。期待蓝天白云，盼望清洁的空气。

观众朋友们，今天的节目就到这里。明天同一时间再会！

第九节　《国宝档案》栏目

观众朋友们，大家好！欢迎收看这一期的《国宝档案》，我是主持人晨星。在这一期节目里为您讲述"翡翠扳指"和"百鸟朝凤图"。首先是"翡翠扳指"。

翡翠扳指

一枚小小的扳指，从射箭使用的工具演变成一种时尚的装饰物，这其中蕴涵着丰富的文化内涵和鲜为人知的故事。

为自己营建豪华陵墓

1908年10月12日，紫禁城一片慌乱，慈禧太后驾崩，大太监李莲英从此失去了靠山。他知道大势已去，在慈禧太后去世不久，就带着收敛的百万银两，离开生活了50多年的皇宫，过上了悠闲的生活。

离开皇宫后，李莲英深居简出，很少与外界联系。不过，他也没闲着，一直在忙碌着一件大事，那就是为自己修建一座豪华的陵墓。李莲英为自己选中的墓地在北京城西的恩济庄，这里是清朝太监的墓地，安葬着2700多位太监，当地人都习惯把这里叫做“老公坟”。

老公坟里有一片开阔地，这里北高南低，生长着苍松翠柏，是修建陵墓最理想的地方。以前，不知道有多少太监都看中了这个地方，尽管他们使出了浑身解数，都没能如愿，唯独大太监李莲英倚仗着与慈禧太后的特殊关系，把这块风水宝地弄到手。李莲英就安葬在这里，那么在他死后，一生积聚的财宝都上哪里去了呢？是不是也伴随他埋入地下了呢？

陪葬品中发现无价宝

1966年，李莲英的墓被打开，谜团终于得到破解。墓室里停放着一具金丝楠木棺椁，人们在棺椁里发现了50多件小巧玲珑、精美别致的陪葬品，有朝珠、戒指、鼻烟壶等，其中最引人注目的是一件翡翠扳指，它高2.5厘米，直径3厘米，质地细嫩，色泽莹绿，通体剔透，宛如一注绿水，是一件无价之宝。

扳指原本是射箭时使用的一种辅助工具。古人射箭时，把它佩戴在拇指上，防止拉弦时弄伤手指。在中国，扳指的历史非常悠久，迄今为止发现年代最早的扳指，是出土于商朝妇好墓的“妇好扳指”，距今已有3000多年的历史。

到了明朝末年，满族人更是把扳指发挥到了极致。满族是女真族的后裔，入关前，他们过着逐水草而居的游牧生活，骑马、射箭是男人必须掌握的本领，几乎每位满族男子手上都佩戴着一枚用鹿骨制作的扳指。后来八旗子弟佩戴着鹿骨扳指驰骋疆场，攻城拔寨，开创了大清王朝。

到了清朝中后期，扳指的作用发生了变化，原本作为射箭工具使用的扳指，变成一种时尚的装饰物，材质越来越珍贵，制作越来越精美，成为佩戴者身份和地位的象征，品种有象牙扳指、黄金扳指、水晶扳指、玉石扳指，等等。

到了清朝晚期，翡翠受到皇亲国戚的珍爱，达官贵人、富商巨贾也纷纷效仿，于是翡翠扳指身份倍增，上等的翡翠扳指更是价值连城，人们便把翡翠扳指当做巴结上司的礼物。那么，李莲英是如何得到这件精致的翡翠扳指的呢？民间就流传着这样一段故事。

不择手段得到稀世珍宝

当年，恭亲王深受慈禧太后信任，成为朝中最显赫的辅政亲王。一次，恭亲王得到了一枚翡翠扳指，这令他爱不释手，无论走到哪儿都戴在手上。这天，恭亲王遇见了李莲英，李莲英一眼就看到了恭亲王手上的翡翠扳指，非让恭亲王赏给他看看不可。恭亲王知道李莲英的贪心，就一口回绝了。

李莲英望着恭亲王远去的背影，咬着牙低声说道：“恭亲王你等着瞧，这枚扳指早晚是我的。”

几天之后，慈禧太后召见恭亲王，问他是否得到了一枚翡翠扳指，恭亲王心中暗暗叫苦，知道又是李莲英在背后捣鬼，可是又没有办法隐瞒，只好把心爱的翡翠扳指送给了慈禧太后。没过几天，当恭亲王再一次见到了李莲英时，李莲英故意伸出拇指让恭亲王看，并洋洋得意地对恭亲王说，这翡翠扳指是慈禧太后刚赏赐给奴才的。其实，这只是一段演绎的故事，太监李莲英究竟是如何得到这件珍宝的，至今依然是一个谜。

翡翠稀有珍贵，主要产自缅甸。一块上等翡翠料石，一定要具备“浓”、“阳”、“正”、“和”这四个条件。这件翡翠扳指，色泽纯正柔和，颜色翠绿，晶莹剔透，四者齐具，堪称是翡翠料石中的极品。

俗话说，玉不琢，不成器。再好的料，还要靠人工的精心雕琢才能更显露出它的天然美质。这件翡翠扳指，精工细作，把翡翠的天然美感表现得淋漓尽致，堪称是一件无价之宝。

如今，这件翡翠扳指就在首都博物馆的玻璃展柜里，在柔和的灯光下，展露出迷人的风采，默默地向游人诉说着它的不平凡经历……

接下来，为您讲述“百鸟朝凤图”。

百鸟朝凤图

清朝雍正九年，也就是公元1731年，日本国的特使乘船过海，专程来到扬州拜访一个人。经过探寻，特使敲开了那人的房门，恭恭敬敬地递上由日本天皇亲自签署的邀请信……

日本特使拜访中国画家

原来，日本特使拜访的这个人名叫沈铨，他不仅擅长花鸟，还精通山水、人物画，书法也成绩斐然，是中国清朝著名的花鸟画家。您可能会奇怪，日本天皇为什么要派特使专程来拜访一位中国画家呢？这还要从沈铨的一幅画说起。

清朝雍正年间，有一位日本商人来到中国经商，在市场上偶然看到沈铨画的一幅《百马图》，画面构思奇妙，栩栩如生。这位日本商人见后非常喜欢，于是就把画买了下来，并且带回了日本。说来也巧，日本宫廷正在招募画师，准备开设画馆。于是商人就把《百马图》呈献上去。日本天皇见到《百马图》，非常钦佩沈铨的绘画本领，决定派特使到中国聘请沈铨到日本任教。

沈铨欣然接受了聘请，带领弟子，东渡日本，来到长崎，向日本人传授中国花鸟画技法。沈铨在日本任教2年，教授弟子上千人，赢得了“舶来画家第一”的美誉。1733年，沈铨回到了朝思暮想的祖国。

回国后潜心创作绘画巨作

沈铨从日本回国的那一年，刚好51岁，正是他绘画创作的最佳时期。当时的大清国，生产恢复，社会稳定。沈铨回到阔别多年的家乡，心里充满喜悦，一股创作激情时时在胸中涌动。他开始酝酿创作一幅大型画作，以此来表达自己的心情。经过长时间构思，沈铨胸有成竹地拿起画笔，全神贯注地投入创作，历经数年，一幅巨作终于在乾隆五年，也就是公元1740年创作完成。

画面以大自然为背景，配上苍松翠柏和四季花卉，荷花、菊花、牡丹、芙蓉、山茶、月季等，千姿百态，栩栩如生；画的中心是两只身披五彩羽毛的凤凰，围绕着凤凰的是孔雀、仙鹤、绶带鸟、鹭鸶、鸳鸯、大雁、雄鹰等在内的300多只禽鸟，好一幅百花吐艳、百鸟齐鸣的《百鸟朝凤图》。

在中国人的历史中，凤凰为百鸟之王，是吉祥的神鸟。传说，凤凰居住在仙境，只有天降圣君和天下太平的时候，它们才会出现，中国人自古喜欢用百鸟朝凤来寓意百姓安居乐业，国家繁荣昌盛。沈铨就是要借助这一传统题材来抒发自己的情怀。

众多珍贵作品流传后世

200多年过去了，沈铨的绘画已经成为后人争相收藏的珍品。中国各地博物馆也收藏了不少沈铨的作品，他的《乔松双鹿图》、《受天百禄图》等画作珍藏在南京博物馆；《老树蹲鹰图》、《松梅双鹤图》等绘画成为北京故宫博物院的收藏；浙江省博物馆收藏有沈铨的《桂花锦鸡图》、

《喜报三台图》等佳作。

沈铨在日本教授绘画期间也留下了大量作品，根据史料记载，当年，沈铨的花鸟画曾经轰动日本绘画界，上至幕府将军、诸侯大臣，下至豪门富商，都为能够得到沈铨的画作而感到喜悦。传说，德川将军把沈铨的画作悬挂在官邸内，闲暇时就悉心欣赏，竟然到了废寝忘食的境地。如今沈铨的《梅花双兔图》、《老圃秋容图》等绘画被日本静嘉堂文库珍藏；《雪中游兔图》成为日本泉屋博古馆的藏品；日本神户市立美术馆收藏着沈铨的《狮子戏儿图》；最值得一提的是收藏在日本滕井有邻馆的《丹凤朝阳图》，凤凰站立在嶙峋的山石之上，仰望一轮红日，表现出人们对太阳的崇拜，对拥有永久生命力的“凤凰”的向往，内容虽然与《百鸟朝凤图》不同，却有着异曲同工之妙。

民间收藏家偶获宝画

但在沈铨传世的绘画作品中，一直没有关于《百鸟朝凤图》的记录，是失传了，还是依然存于世间？它的下落也成了一个谜。

记者查阅了各大博物馆的收藏目录，希望能够寻找到《百鸟朝凤图》的下落，但遗憾的是，没有任何发现。那么《百鸟朝凤图》到底在哪里呢？就在此时，中国民间国宝评审活动组委会提供了一条非常重要的信息，说《百鸟朝凤图》被一位民间收藏家收藏着。故事还得追溯到20世纪70年代。

当时，中国还没有出现全国性的收藏热潮，北京琉璃厂文物商店的顾客并不算多。一天，这位收藏家走进文物商店，寻找自己喜爱的藏品。一幅绘画吸引了他的目光，作品是中国传统的花鸟凤凰，凤凰周围绘画了千姿百态的禽类和各种各样的花卉。画的一侧，写着“乾隆庚申嘉平月吴兴沈铨”一行清秀的毛笔字，下方加盖了“沈铨之印”、“松山”、“梅林”三枚印章。收藏家心里豁然一亮，难道这幅画就是清代著名花鸟画家沈铨的《百鸟朝凤图》吗？他一遍又一遍仔细欣赏着画卷，越看越喜欢，尽管价格不菲，他还是决定买下这幅画。

心中忐忑请专家鉴定

收藏家得到宝画后，一直沉浸在喜悦之中，同时，他也隐约有些忐忑不安。沈铨是清代著名花鸟画家，他在世的时候，就有不少画家临摹他的画作，这幅作品到底是沈铨的真迹，还是别人的仿品呢？他的心里还是没有底。1988年春季，这位收藏家带着《百鸟朝凤图》拜访了中国当代著名的书画鉴定家徐邦达。徐先生长年与各种书画打交道，练就了一双辨别真假书画的“火眼金睛”。经过对《百鸟朝凤图》认真仔细的鉴定，徐先生给予了非常高的评价，并欣然提笔在画作上题跋，记述了鉴定书画的经过。

从此，收藏家更加珍惜这幅画作，悉心收藏，很少向外界展示。然而，有一天，收藏家却欣然决定把《百鸟朝凤图》公之于众。这又是怎么回事呢？

画作公之于众受好评

《百鸟朝凤图》被发现的消息不胫而走，2000年的一天，天津杨柳青画社的负责人拜访了《百鸟朝凤图》的收藏者，说明来意后，收藏家欣然应允，答应把珍藏的《百鸟朝凤图》拿出来印刷成册，供人们鉴赏。

2001年，沈铨的《百鸟朝凤图卷》出版了。这部集中国传统花鸟绘画技法之大成的作品一问世，立即博得广泛好评，人们称赞这是中国绘画史上的一大喜事。

在记者的恳请下，收藏家小心翼翼地取出精心收藏的《百鸟朝凤图》。这幅长卷被徐徐展开，真迹《百鸟朝凤图》展露出它的真容。观赏画卷，人们仿佛被带进美丽辽阔的大自然，嶙峋的山石，奔流的溪水，绽放的花朵，栖息在梧桐树上的凤凰，展翅飞翔的仙鹤，觅食的小鸟，戏水的鸭鹅……沈铨采用工笔重彩与水墨合一的写意手法，把自然美景一一浓缩到画卷里，他用有限的画面展示了无限的自然，给人一种博大的气势。中华文化博大精深，表现吉祥如意的方法多种多样，有的采用谐音字来表达，有的运用花鸟、走兽的形象来展示，有的用题款的方法画龙点睛，说明主题。但是，千变万化不离其宗，那就是把吉祥如意巧妙地融入画中。

在《百鸟朝凤图》里，沈铨就运用各种表现手法，把美好的寓意和祝福表现得淋漓尽致。群鸟围绕着凤凰，寓意百鸟朝凤，国泰民安；仙鹤站在松树上，寓意松鹤延年，长命百岁；喜鹊立在梅枝上代表喜鹊登枝，象征吉祥高照；鸳鸯相互依偎，象征夫妻恩爱，白头偕老。可以毫不夸张地说，《百鸟朝凤图》几乎到了"有图必有寓意，有寓意必代表吉祥"的地步。沈铨一生勤奋创作，75 岁时创作了《受天百禄图》，76 岁创作了《寒花双猫图》，根据初步统计，沈铨传世作品有 366 幅之多。他把"到老学不足"这几个字刻成印章作为座右铭，时时鞭策自己，真可谓活到老，学到老。

沈铨的画不但在中国受到珍爱，在日本也大受欢迎。他在日本教授两年中国花鸟画，对日本绘画界产生了深远的影响。在中日绘画交流的 1000 多年里，到过日本的中国画家为数不少，但在日本画界能够形成著名画派的，首推沈铨。他对中日文化交流作出的贡献，被永远载入史册。

观众朋友，这一期的《国宝档案》就为您讲述到这里。明天同一时间请继续关注我们的节目。好了，观众朋友，我们下期节目再会！

第十节 《半边天》栏目

观众朋友，大家好！欢迎收看《半边天》节目，我是主持人晨星。在今天的节目里我们为您讲述金马影后——归亚蕾的平淡生活和一位香港妈妈的英雄事迹。

归亚蕾的平淡生活

40 年前的一次偶然机会，她荣登电影金马奖影后宝座；40 年的风风雨雨，她塑造了上百个女性角色。这位扮演过无数女儿、母亲、媳妇、婆婆的演员，到底有着什么样的人生经历？

22 岁的金马影后

这天，归亚蕾刚刚回到家里，一进门就用命令式的语气对女儿说，去给我倒杯水来！哎，把我的包拿来！女儿觉得奇怪，妈妈平常说话不是这样子，今天这是怎么了？想着想着，女儿突然明白过来了：妈妈，您怎么还没从戏里出来呢？您还不如直接说我是"朕"呢！

原来，归亚蕾是刚刚拍完了电视剧《大明宫词》回到家，一时角色还没转换过来，人是回到了家里，状态却还在戏里，怪不得说话还是颐指气使的呢！

其实，很多观众都是从电视剧《大明宫词》《雷雨》《橘子红了》中认识归亚蕾的，可能有人要问：这位气度不凡、老旦式的演员是从哪儿来的？她年轻的时候是什么样子的呢？也有人认为她是大器晚成，殊不知她 22 岁的时候，已经是红遍台湾、家喻户晓的金马影后了。

翻开她的履历表，上面赫然记录着令人咋舌的荣誉：归亚蕾，曾出演琼瑶小说改编的电影《烟雨濛濛》《喜宴》《家在台北》等，4 次荣获金马奖最佳女主角，2 次荣获金钟奖最佳女主角，获得过 2 届捷克和亚洲影展最佳女主角奖。

2007 年 3 月 26 日，记者在深圳的一个码头见到了归亚蕾，她正在拍摄由李少红导演的又一部电视剧——《荣归》，至今为止，她已经出演了 110 多部影视剧了。

归亚蕾告诉我们，她能够从事演艺事业，要感谢父母对她的培养和熏陶。她的父亲名叫归来，是一位有名的剧作家。也许受父亲的遗传，归亚蕾很小就表现出惊人的艺术天赋，两三岁的时候，她就能哼唱出电影里的主题歌。

当初正是看到女儿有唱歌天赋，父母才有意识地培养她当“明星”，然而归亚蕾却认为自己不适合干这一行，她觉得自己不够漂亮，也不会参加应酬，因此，她把自己的志愿定为当一名教师。

17 岁那年，归亚蕾考取了一所师范院校，然而父母却坚持要她再去报考国立艺术专科学校，最终，听从父母意见的归亚蕾被录取到了影视科。

在校学习的 5 年中，她的表演课成绩并不突出，可是谁也没有想到，就在毕业前夕，归亚蕾有了一个令全班同学羡慕的机会：电影《烟雨濛濛》的导演王引到学校挑选女主角，归亚蕾被导演认定为女主角“依萍”的不二人选。

事隔 3 个月后，当那位导演再次来到学校时，却找不到归亚蕾了，原来她已经毕业回家，失去了联络，无奈之下剧组只好面向社会急招女主角。

这件事被归亚蕾的母亲知道后，她怕女儿失去这次机会，于是又拿着女儿的照片去报了名。

角色竞争得很厉害，有 1000 多人参选，归亚蕾还记得，别人都打扮得花枝招展，只有自己的穿着非常朴素：一件借来的粉红色毛衣和简单的黑裙子、黑皮鞋甚至连妆也没有化。

考试的题目很简单，就是拿一把钱砸在导演的头上。说起来简单，其实演起来难，要想演出那种激动的表情可不容易。不过，归亚蕾一点儿也不紧张，毕竟她是科班出身，有一定的表演基础。

其实，早在归亚蕾走进考场的一瞬间，导演就认出她来了，因为在此之前，导演已经从 1000 多名应聘者的报名表中发现了这个姓归的女孩子，并且通知她前来试镜。果然，坚忍的眼神，很好地诠释了依萍这个人物的性格。

然而，当导演建议由归亚蕾出演女主角依萍时，却遭到了投资方的反对，原因很简单：她不够漂亮。这件事情的结果就是，双方为此翻了脸，投资方撤了资，无奈之下，王引导演自筹资金拍了《烟雨濛濛》，依旧由归亚蕾出演主角依萍。

也许是觉得这个角色来之不易，也许是为了报答导演的知遇之恩，归亚蕾投入了所有的精力，将倔强的依萍塑造得入木三分。影片上映后在台湾引起了很大的轰动，22 岁的归亚蕾生平第一次演电影，就荣登第 4 届电影金马奖影后的宝座。

为家庭息影 3 年

然而，当观众对这位未来的女明星的“星途”有诸多猜疑的时候，意想不到的事情发生了，归亚蕾突然消失在了人们的视线里。这位年轻的影后到底去了哪里？结果令影迷们大为吃惊：她竟然回去结婚生子，当起了家庭主妇，而且一当就是 3 年，这对于一个从事演艺工作的年轻演员来说，无疑是选择了一条危险的路。但归亚蕾没有后悔，她说，在我心里女人有两份职业，一份是家庭主妇，一份是她的工作。假如电影事业没有了，我就做家庭事业，没有什么不好。

归亚蕾的丈夫叫张梦奎，是一位空军飞行员，他们是在一次部队的联谊会上认识的，当时归亚蕾还在读大二。交谈中，归亚蕾得知，张梦奎和她一样，也是在 4 岁多的时候随父母一起来到台湾，相同的经历拉近了两个人之间的距离。在归亚蕾的心目中，张梦奎是一个耿直、实在的人，尽管她当时并不喜欢飞行员这个职业，可她依然决定将自己的一生托付给眼前的这个年轻人。

后来，他们约定，等归亚蕾大学一毕业就结婚，但那时母亲给她报名参选“依萍”，才不得已将婚期推后，为此她还向张梦奎许下了承诺：我要听妈妈的话，父母这么艰难地供我读书，我能演电影是他们的愿望。如果考取了“依萍”，演完之后我就嫁给你！电影拍摄结束后，归亚蕾兑现了许下的承诺，成为张梦奎的新娘，同时也离开银幕，成为一名家庭主妇。

命运总会眷顾有准备的人，当归亚蕾专心致志地做着家庭主妇时，好运却不期而至。在她息影 3 年后的一天，电影《家在台北》的导演找到归亚蕾，想请她出演女一号。这对于归亚蕾来说可是个难得的机会，然而令她没有想到的是，已经过惯了朝九晚五生活的丈夫，却根本不同意她再去做演员。

经过大家的反复劝说，丈夫才稍稍松动了口气，但是对于归亚蕾的拍戏内容，做了很严格的规定，并且提出了“约法三章”：不准拍接吻的镜头，不准拍暴露的镜头，最好不参加应酬。

虽然现在看起来这几条要求有些保守甚至苛刻，但从影 40 年来归亚蕾一直坚守着这个规矩，每当戏里有暧昧镜头时，她总会和导演商量尽量回避，如果不行，她也要回家和丈夫商量，取得他的同意之后才肯出演。

类似这样的事情一次两次可以，但上百部影视剧都要严守丈夫的“约法三章”，可真不是件容易的事。有人认为，归亚蕾为丈夫牺牲得太多了，过于“三从四德”会不会失去了一个女人的自尊和原则？但反过来想想，如果她真的是个软弱而没有主见的女人，在这个竞争如此激烈的领域里根本就没有成功的机会。只不过在面对这一切时，她有着自己特殊的心态和特殊的处理方法，这也许正是她的聪明之处。

“孝敬公婆奖”获得者

不仅家庭幸福美满，归亚蕾的事业也很成功，这种很多人可望而不可即的生活，归亚蕾却把它经营得游刃有余，其秘诀就在于她用高度的理智把职业和家庭两者全面分开。在她看来，家庭和工作都需要精心经营。

要说家庭的负担，其实归亚蕾并不轻松，她有两个相差不到 5 岁的女儿，家里还有公公婆婆需要照顾，虽然和丈夫各有分工，可是丈夫工作很忙，家里的大事小事都得她来干。

为了照顾家庭，归亚蕾曾试过两地奔波，从台北到台南，每天几百公里的路程，她必须很早起来坐飞机赶去。不过这个飞机可不是一般的飞机，而是送报纸的飞机，上面根本没有座位，她只能自带一把椅子，坐在拥挤不堪的报纸堆里，长途跋涉飞过几百公里的路程；而拍完戏后无论多晚，她都要坐飞机或火车赶回家去。

尽管在外人眼里归亚蕾是个大明星，可她从来没有忘记自己作为妻子和母亲的职责。她说，如果今天我不拍戏了，回家就是家庭主妇，我就该做家庭主妇该做的事，这是很自然的，我不觉得是个苦差事。当你把经营家庭当做一件很快乐的工作时，你对工作就不会有抱怨。

生活中的归亚蕾是个急性子的人，每到周末，她总会把家里打扫得干干净净，当年还和弟弟妹妹生活在一起的时候，大家最怕的就是大姐归亚蕾打扫卫生。因为地板变干净了之后，谁也不敢再踩上去，生怕留下脏脚印被归亚蕾看见，肯定免不了被大骂一顿。

但是，谁也没想到，就是这样一个原本天性自然、严厉，甚至在弟弟妹妹眼里霸道跋扈的大姐，突然有一天被彻底地改变了，变成了一个温和、包容、谦卑的人。连妹妹都说：姐，你真奇怪，你怎么嫁到了张家之后，连脾气都没有了？

归亚蕾笑着说，我的丈夫是一名飞行员，我每天都要让他开开心心地上班，一定不能带给他不好的情绪；还有我的公婆，我不能对着他们还那么粗声粗气的。

恐怕连归亚蕾自己都没想到，最初的宽容在日后竟然形成了一种习惯，也正是这个好习惯才使得她有了让人羡慕的幸福家庭。40 年过去了，她宽容、平和的心态使得她和丈夫的感情越来越深。

在台湾的演艺界，归亚蕾是出了名的孝顺媳妇，30 多年前就曾得过“孝敬公婆奖”，她也是台湾演艺圈内唯一得过此奖的人。熟悉她的人都知道，她和婆婆一起生活了 20 年，从未红过脸、吵过嘴。婆婆已经 90 几岁了，归亚蕾每天回家还要帮婆婆洗澡，而在婆婆眼里，归亚蕾则是她最忠诚的聆听者。

婆婆总是不停地给归亚蕾讲故事，一直讲了 20 多年，尽管她早就背得滚瓜烂熟，但无论什么时候，只要婆婆愿意讲，她都不厌其烦地听着，有时候，婆婆还会停下来问：我讲到哪儿了？你不是早就会背了吗？你说说，我讲到哪儿了？

20 多年来，她们在相互理解和包容中相安无事地生活着，在婆婆的心里归亚蕾是她精神的寄托，生活的依靠。

女儿是她最好的作品

几十年来，归亚蕾创作了很多影视作品，但在她心目中，两个女儿是她最好的作品。她给了女儿很多，两个女儿也给她带来了数不清的欣喜和快乐，她的家庭单纯而亲密，全家人共同的特点和习惯就是不喜欢外面的应酬。她说最幸福的时刻就是全家人在一起聊天、吃饭、郊游。拍戏时如果距离不远，她一定要天天回家，要是在外地拍戏回不了家，就每天给家里打电话，每次最少也要 1 个小时。因此，家里的大事小情，没有她不知道的。

每次拍戏让她最难熬的就是想家想女儿，因此每次拍完戏的第二天，归亚蕾做的第一件事就是赶紧回家。1993 年，归亚蕾全家移居美国洛杉矶，如今，大女儿张之洁已经是两个孩子的妈妈了，小女儿张之怡也有了稳定的工作。归亚蕾常说，是两个女儿给了她完整的人生，让她在做母亲之余，也尝到了做外婆的喜悦。

2006 年 4 月 8 日，归亚蕾的小女儿张之怡举行了婚礼。因为女儿要嫁的是一位美国人，所以婚礼是按照美国的礼俗操办的，那天的婚礼最让人感到温馨和感动的是，小女儿 90 多岁的公公亲自为他们主持了婚礼。

那一刻，归亚蕾心里充满了感动和喜悦，她是含着泪水，笑着目送丈夫牵着小女儿走过用鲜花铺过的路，看着丈夫为女儿撩开面纱，将女儿交给女婿的那一刻，归亚蕾感受到了做母亲的自豪。

在激动的泪水之中，归亚蕾不由得回想起 6 年前大女儿张之洁的那段情缘。最初，她非常坚决地提出了反对意见：中国人当然要找中国人，这样更谈得来，外国人对婚姻看法跟我们不一样。最后，女儿还是执意结了婚，而归亚蕾在对大女婿的观察中也发现，他非常保守，而且非常爱家，跟长辈们也相处得很好。

此后，这个来自国外的年轻人对女儿及全家人的呵护和关爱不仅打消了归亚蕾的一切思想顾虑，反而还让她得到了许多不同的感受。一向传统的归亚蕾开始接受西方文化，与此同时她也试着将中国的传统文化传达给对方，便得两家人在轻松、温馨中友好相处。

在二女儿结婚的那天，归亚蕾看到亲家母年纪很大，走路不便，就连忙过去搀扶她，这位

80 多岁的外国老太太见状非常感动，还见人就夸归亚蕾有爱心，爱帮助人。归亚蕾告诉她：这是我们中国人传统的美德。

跻身影坛多年，归亚蕾用自己的人格魅力征得了大家的尊重和喜爱，不管在什么时候她都是如此地淡定、从容、优雅。一路走来最值得庆幸的是，当她为别人付出爱的同时，她也得到了别人的爱。如今，丈夫张梦奎时刻陪伴在她身边，开始了妇唱夫随的生活，从去年开始，他已经陪妻子拍了 3 部片子了。

归亚蕾说，曾经有一位同学在大学即将毕业时问她：你喜欢平平淡淡的生活，还是喜欢多彩多姿的生活？归亚蕾回答说喜欢平平淡淡，而那位同学说喜欢多姿多彩。几十年过去了，当她们再次重逢时，那位同学说，归亚蕾，如今咱们两个正好反过来了，你倒是多彩多姿了，而我却平平淡淡。

归亚蕾笑着说，我想一定是误会了，我的生活仍然是平平淡淡，但却很有滋味。

观众朋友们，接下来我们为您讲述一位“香港妈妈”的英雄事迹：让儿子的生命在 9 个人身上延续的惊人之举。

香港妈妈

香港少年缪志豪遭遇车祸不幸丧生后，其母欧惠梅捐出他的全部器官，让 9 个家庭重现希望。这个童话般的故事情动香江，被评为 2006 年度“香港十大好人好事”，欧惠梅也被誉为“香港英雄母亲”。

拳拳母爱

1991 年 5 月，家住香港大埔的欧惠梅与一位大学校友结婚。婚后第 2 年，儿子缪志豪呱呱坠地，3 年后，欧惠梅又生了一个女儿。然而，1996 年 8 月，负心的丈夫却离欧惠梅而去。

搂着怀中 4 岁的儿子和 1 岁的女儿，欧惠梅在心中告诉自己：“为孩子，我也不能倒下。”为了养大两个孩子，她除了在一家超市当营业员，还打了一份工。不少市民和群团组织也向欧惠梅提供帮助，政府每个月还为她发放固定的援助金。对此，欧惠梅的心中充满了感激。

可是，因为父亲的不负责任，缪志豪对父亲心怀仇恨，以致患上了忧郁症。为了治好儿子的心病，欧惠梅每天晚上睡觉前，都要跟儿子聊些开心的事；每个周末都要带着儿子跑步、爬山或参加文体活动。

缪志豪 10 岁生日那天，欧惠梅送给儿子的生日礼物是一张“感恩账单”。上面密密麻麻记载了这些年来政府发放的每一笔援助金的数目、邻居捐赠的衣物、陌生人打来慰问电话的话单、豪仔生病被计程车免费送医院的时间……欧惠梅还在账单旁边附上一张字条：“妹妹成长中需要哥哥的照顾，这个家将来靠你支撑，我相信我的豪仔一定能成为顶天立地的男子汉。”

渐渐地，缪志豪重新焕发生活的热情，他的学习成绩也突飞猛进。2003 年考入香港大埔一所初中后，他还被校方选拔为“香港青少年数学精英选拔赛”的代表。谁知，2006 年 12 月 18 日下午缪志豪放学后横过马路回家时，被一辆疾驰而来的巴士撞倒……

惊人决定

听到噩耗，欧惠梅当即昏厥过去。当她赶到威尔士亲王医院时，医生已经确定缪志豪为脑干死亡。那时候，他全靠医疗器维持着心跳和呼吸。

第二天，几名医生走到欧惠梅面前说："你的孩子在医学上已经不可能出现奇迹，我们有一个十万火急的请求，但说不出口……"

原来，一个名叫林子幸的49岁的患者，4年前因患肝癌切除了部分肝脏，如今，因出现肝衰及硬化被家人送到玛丽医院做肝脏移植。如果一周内还没有合适的肝脏，他将丧失生命。林子幸的妻子要将自己的肝捐给丈夫，但手术风险大，林子幸担心夫妻俩都出事，一对年幼的子女失去依靠，坚决不同意。

出乎医生的预料，了解了林子幸的遭遇，欧惠梅不仅答应捐献儿子的肝脏，还作出一个决定：将儿子全部有用的器官都无偿捐献给需要的患者。因为欧惠梅早就听说香港共有2000名患者在等候器官移植，由于捐赠的器官有限，如果排队，有的患者要等到30年之后才能获得所需要的器官。

两天后，缪志豪停止了呼吸。他虽然只有14岁，但身高1.71米，体魄强壮。经医生检查，他的心、肺、肝、眼角膜、皮肤、骨骼等器官都可以移植。其中，两个肾脏和一对眼角膜可以分给4个病人。

可是，正当医生准备摘取缪志豪的肝脏时，一位老太太突然扑到缪志豪身上。这位老太太是缪志豪65岁的外婆，她哭喊道："你们这样做，比剜我的肉还疼啊！"原来，按照香港的风俗，人走之后必须要保持完整。即使是坠楼、车祸、打架斗殴死亡的，也要花钱为其安装假肢和整容。缪志豪的外婆无论如何不能接受心爱的外孙被摘去器官。

"妈妈，豪仔也是我的心头肉。但我们这样做，就能换来9个家庭的幸福啊！"情急之下，欧惠梅跪在母亲面前……

老太太的思想问题刚解决，缪志豪的妹妹阿莲又离家出走了！原来，阿莲无法接受哥哥去世的打击，听说妈妈要捐出哥哥的器官，更是悲痛欲绝。欧惠梅发动所有的亲友展开寻找，当地电台也滚动播出寻人启事。最后，有人在缪志豪出事的地点发现了阿莲的身影。

欧惠梅没有责怪女儿"添乱"，她向女儿讲解了捐献器官的意义："哥哥虽然离开了我们，但由于器官移植，我们还可以听到他的呼吸、他的心跳……"

天使之旅

缪志豪的遗体终于被推进了玛丽医院手术室。15个小时后，豪仔的肝脏成功地移植到了林子幸身上。接着，在香港葛量洪医院，缪志豪那颗年轻的心开始在一个叫金唯的27岁患者胸中跳动；他的肺也在28岁的潘先生体内移植成功；两只眼角膜则让一位17岁的少女和一位19岁的男孩重见光明；他的骨骼使一名瘫痪多年的中年男子重新站了起来；他的肾脏挽救了两名已婚男士的生命；他的皮肤则为一位被歹徒毁容的年轻女士挽回了"面子"。

一次性捐献7种器官，让9个家庭获得了新生，在香港近10年来还是第一次。从政府官员到普通市民，凡是听到这个故事的人都潸然泪下。人们称赞欧惠梅为"香港英雄母亲"，香港一位著名诗人还在报纸上专门为豪仔和他的妈妈发表诗歌《天使的翅膀》。2007年春节前夕，由全香港各中学、大专院校学生和公众人士在网上投票，欧惠梅高票当选为"2006年度香港十大好人好事"。

听说缪志豪生前曾想到韩国旅游，2007年4月5日清明节这天，林子幸等9名受捐者相约在一起，陪着欧惠梅和阿莲飞抵韩国。就这样，一群本不相识的人组成一个特殊家庭，共同完成了这个命名为"天使之旅"的浪漫心愿。

观众朋友，这一期的《半边天》节目到这里就结束了。欢迎继续收看我台其他栏目的节目内容。我是主持人晨星，观众朋友们，我们下期节目再会！

第十一节 《艺海拾贝》栏目

观众朋友，晚上好！欢迎收看《艺海拾贝》。我是主持人晨星。今天为大家安排的主要内容有：中国好声音之为你转身；中国好歌曲四大导师阵容强；吴霜的耍宝人生；综艺快报等。

首先请看：

中国好声音之为你转身

作为大热的综艺选秀类节目《中国好声音》，自去年开播以来，不仅吸引了众多观众的目光，更让许多怀揣音乐梦想的草根歌手脱颖而出，成为家喻户晓的歌唱界新星。今年，人气不减的《中国好声音》更推出了以电视节目为背影的电影《中国好声音之为你转身》，并将于12月27日全国公映，该片也将见证"好声音"从小荧屏走向大银幕的过程，汪峰、吴莫愁、李代沫等都在电影中出演重要角色。

故事

拥有音乐才华、天赋异禀的吴沛珊（吴莫愁饰）在哥哥（华少饰）的极力反对下不得不怀着遗憾报考了工商管理专业。即将开始的音乐节，是吴沛珊实现音乐梦想、让哥哥重新认识自己的最好舞台。同为热爱音乐的李子扬（李代沫饰）是一位在酒吧工作的"草根"乐者。吴沛珊阴差阳错地与李子扬结识，并无意中发现了隐藏在李子扬身上不为人知的声乐才华。吴沛珊希望能帮助李子扬展现自己的才华，但李子扬非但不接受吴沛珊的帮助，反而与之渐行渐远，扑朔迷离的缘由让生性开朗的吴沛珊更为好奇，欲一探究竟。

音乐节的倒计时让每一位怀揣梦想的年轻人心潮涌动，开赛在即，李子扬的心结在吴沛珊、丁飘飘（丁丁饰）、张乐（张玮饰）、刘一宸（大山饰）、王葳（王克饰）、赵安娜（赵露饰）等人的帮助下慢慢地云开雾散。正当吴沛珊、李子扬等人秣马厉兵，准备在音乐节一展身手时，吴沛珊的哥哥意外发生车祸，让她瞬间无法选择。

音乐学院院长（汪峰饰）对吴沛珊这位来自工商管理专业的女孩十分关注，看着吴沛珊让他想到自己曾经热爱音乐的青春往事……

汪峰大银幕当老师

电影《中国好声音之为你转身》不仅云集了"好声音"人气学员吴莫愁、李代沫、张玮、丁丁等实力唱将'.摇滚明星汪峰也倾力加盟，献出银幕秀，在片中出演音乐学院院长。

在刚刚曝光的电影人物特辑一开始，就介绍了"汪夫子"的生平："汪夫子，名汪峰、字音帝。江苏常熟人士，高五尺三，肤黝发长，多才多艺，多是多非。乃乡间名师，诲人不倦，得八方赞誉。"夫子即老师的意思，这正符合汪峰在电影《中国好声音之为你转身》中院长的身份，教书育人。

虽然汪峰此前深陷"头条"舆论中，但无论戏里戏外他都希望成为一个"好夫子"，传道授业解惑。在近日曝光的预告片中，汪峰评价"好声音"学员的演唱时，也直指问题中心："你的歌空有技巧，没有灵魂"，而提出的建议是"一首歌唱给谁听很重要"。

汪峰歌唱得好，出演大很幕的演技也是备受肯定。许多戏他几乎都是一条过，让对手戏演员吴莫愁非常佩服。“跟汪峰老师对戏,我觉得老师演得特别棒。我觉得他演戏非常自然,很放松,学到很多东西。”

《中国好歌曲》四大导师阵容强

今年1月3日,中央电视台综艺频道将隆重推出新节目《中国好歌曲》。对于这个新节目,吸引眼球的除了优秀的音乐作品,还有就是节目中的四位导师刘欢、周华健、蔡健雅和杨坤。

刘欢:录像时长要控制

曾在《中国好声音》中担当导师的华语歌坛大哥刘欢,这次加盟“好歌曲”实在难得。很多人都还记得刘欢对于节目组经常录制节目到深夜的“血泪控诉”,此次参加《中国好歌曲》,刘欢表示已经和节目组打过招呼:“他们承诺这次会控制录制时间,不过这些年轻的不靠谱的我不太相信。”看到欢哥难得开一次玩笑,周华健也在一边打趣:“(录制节目时)我会看着刘欢做事,我会给他眼神。他要说‘录太长了’,我就说‘哥,累了啊?’”调侃完还对着刘欢一笑:“哥,说话啊!”蔡健雅也在一边附和道:“一切都看刘欢老师!”这下身为老大哥的刘欢反而不好意思了:“天呢,我好无辜啊!”

而对于“好歌曲”的未来版图,刘欢老师坦言现在“还没到划分地盘的份上”:“我们鼓励创作的多样性,虽然四位有不同的方向,但并没有特定的类型划分。”

周华健:原创吸引我报名

要说周华健这位华语乐坛的常青树,在导师界却还只是棵新苗苗。对于原创音乐的情有独钟促成了周华健在内地电视荧屏的导师首秀,携手刘欢、杨坤坐镇“好歌曲”,他直言“我们责任重大”。

当导师这件事儿,“好歌曲”并非第一个抛来橄榄枝的节目。此前多次邀约都被他婉言谢绝,总是散发出温暖气息的周华健直言当导师“太虐心”。但这一次,周华健之所以答应完全是因为两个字:“原创”。“我对原创这件事相当着迷!”在周华健的眼中,原创是新生的希望,更是点石成金的惊喜。私下里,周华健的朋友们都喜欢称他为音乐顽童,别人爱好运动、集邮,而他最大的快乐则是在录音室里玩音乐:“我人生里很多时间都在做这件事,所以现在有这样一个节目能够配合这一点,我就自己报名了。”

当谈到第一次当导师的准备,周华健笑答道:“你觉得我有很大的变化吗?我有把我的头发弄高一点,这样才更像一个疯狂的科学家。其实我有向很多朋友问当导师的问题啦,像刘欢、杨坤、蔡健雅,我们四个肯定是一个很特别的合作关系。经验方面他们会提醒我,音乐的想法我们会一起分享探讨,肯定会有很多的化学效应。”

蔡健雅:不做严师做朋友

她是天王天后眼中的魔鬼制作人,也是爱烤甜点的可爱女生。她有点严厉,不温不火,中意红色高跟鞋,有“机器恐惧症”。自称“一面对摄影师就讲不出话”的音乐才女蔡健雅加盟《中国好歌曲》,将为中国原创音乐的复苏注入新鲜的活力。她说音乐中的感性也有逻辑和层次,就像自己身兼蔡老师、蔡大厨、蔡导师等多重身份。不爱撒娇,不太幽默,却从来敢说敢做。

此前节目发布会上,蔡健雅便透露了此番担当导师,会在造型上寻求突破,“会和平时知性、中性的东西不一样,颜色非常鲜艳,释放我的女人味。”造型上的突破只是外在,最令蔡健雅紧张的还数个性上的调整:“我以前都是低调的创作歌手,这次跳出来做导师,真地跳得蛮大。”作为一名常写常红的歌手,蔡健雅最擅长的是把感受化作音符,但这次要尝试说出来,难度着实不小："在镜头面前评价是好还是坏，这个不太像我的个性，所以我自己都需要去调整。"

因为不善批评，所以蔡健雅给自己的导师定位是：不做严师做朋友，"我就是他们的一个疯狂爱写歌的朋友。我自己身为一个创作歌手，会与他们分享一些写歌的心得，给他们一些建议，就像朋友聊天一样。因为我不想太严肃，太苛求技术的东西会让他们害怕。我有时还会带着'蔡老师'一些疯疯癫癫的状态，让大家心情轻松。"

杨坤："好歌曲"让我感同身受

以一首《无所谓》红遍大江南北的歌手杨坤来到"好歌曲"，他用一个词形容："感同身受"。谁也没想到，现在男女老少都耳熟能详的《无所谓》，他竟然卖了五六次。"我是 1997 年写的这首歌，2002 年我拿出去唱，才得到大家的认可。"而且要不是出于生计上的问题，用杨坤的话说，"怎么可能把自己那么满意的作品毫无保留地奉献出去呢?"据说当时签的合约比较苛刻，可能在几年的时间里，他都不能用这首歌。讲到这里，杨坤一脸凝重，几度语塞。

所以，当第二季《中国好声音》结束后，制作团队邀请他和刘欢一起来做《中国好歌曲》，杨坤想都没想就答应了。在他看来，创作人其实是以后整个流行音乐的推动者、生产力，是流行音乐中最有个性的一个单元。

重操旧业，杨坤对当导师显得一脸轻松，游刃有余，"我自己倒是没什么压力，因为我知道我能很清晰地判断，歌好还是不好，我负责的也就是这个。"但他也表示"其实要让四个评委在很短的时间内，判断这首歌好与不好我觉得是特别难的。首先你看词，有的歌是你揣摩了几遍之后才觉得它是首好歌。有的歌是你开始听觉得不错但后来却又慢慢后悔，你觉得这不是一首好歌，经不起推敲。这两种都是很有可能的。"

最后，当被问及希望能在节目中选出什么样的好歌曲时，杨坤表示只要能感动他就行。除了"感动"这个大方向，他还透露了他一些具体的偏好："我自己更愿意听一些有节奏感的，节奏类型的，还有所谓的音乐上有气质、有想法的。有气质的歌不代表一开始听是一个大家喜欢的常规的流行音乐，只要他的歌里面有态度，能听出来有气质，那我也觉得是一首好歌。"

吴霜的耍宝人生

她少年成名，曾被称为歌唱界的"小精灵"；长大后因歌唱技艺高超，被誉为"花腔女王"；她同时又是知名编剧、喜剧作家，她就是吴霜，喜欢她的观众管她叫 W-unique，寓意她独创的幽默花腔天下无双。然而，她的幽默，她的变化多端，她的标新立异，都来源于家传——她是吴祖光和新凤霞的女儿。

父母给她的"财富"

父亲吴祖光，母亲新凤霞，一个是曾任中国作协副主席的著名剧作家、知名戏剧导演；一个是曾受过毛泽东、周恩来接见，令万众倾倒的评剧皇后——这样的家世，无疑是显赫的，但对吴霜来说，父母传奇般的爱情故事、相濡以沫的婚姻生活、乐观风趣的处世态度，才是这个家庭给予她最宝贵的财富。

出身文化世家，吴霜从小就受到浓厚的艺术氛围熏陶。往来家中的客人，都是文艺界的名流。

母亲新凤霞时常带她进戏院看戏，6、7 岁时就让她练基本功练身段，有意识地培养吴霜的表演才能。"那时候母亲是想让我接她的班，但并不强迫我一定要学习评剧。母亲给了我很大的空间让我自由发挥。"

儿时学戏剧,令吴霜自幼向往舞台,也打下深厚的基础。而考入中央音乐学院,师从郭淑珍、周美玉学习花腔女高音,则是吴霜的个人意愿。1980 年全国声乐比赛上,初出茅庐的吴霜获得了季军。“个人事业上我挺像母亲,有股不服输的执拗劲儿。”读大三那年,吴霜凭优异的成绩拿下美国印第安纳州立大学音乐学院的全额奖学金只身赴美,幸运地遇到黑人音乐大师卡米拉·威廉斯教授。在她的悉心教导下,1985 年,吴霜获得了美国加州声乐大赛的冠军。

跨界的花腔女王

1987 年,吴霜回国首度开起个人音乐会,首场尽管获得好评,然而第二场到场人数却寥寥无几。这让吴霜认清了一个现实,古典音乐受到流行音乐的冲击,尽管地位依旧高端,却如塔尖上的珍珠可望而不可即,显然是属于小众精神贵族的,光靠懂行人捧场并不足以传播。

“那是我最郁闷的时候,但我天性不习惯自怨自艾。”古典音乐做不好,吴霜干脆碰也不碰,“所以我转行做起了话剧”。凭借以往给做编剧的哥哥们出谋划策的经验,吴霜开始执笔尝试写剧本。1996 年,喜剧话剧《别为你的相貌发愁》问世,一举拿下“北京国际戏剧展演优秀剧目奖”和“中国戏剧文学奖”。1999 年,吴霜策划并亲自撰稿,推出了电视专题片《新凤霞》,该片当年即获“中国电视星光奖最佳纪录片奖”。

沉溺于写作的吴霜并没放弃她挚爱的古典音乐,在美国,吴霜看过许多流行歌手将脱口秀加入唱歌的表演,但要这样做古典花腔,吴霜则是第一个吃螃蟹的人。她在花腔、歌剧、民歌、大鼓、评剧、京剧中插入大笑或脱口秀,在古典音乐会上诙谐表演,凭借一个个精准圆滑的音调与夸张肢体语言的混搭,彻底颠覆了人们对古典音乐的印象。

2011 年 10 月,吴霜携独创的“笑唱花腔”复出古典乐坛的舞台。不到一年半的时间,就做到了每场爆满。今年 3 月,吴霜又携“笑唱花腔”从青岛首站开演。途经十地,总共 20 天的巡演,再度给天南地北的观众带来了无与伦比的幽默盛宴,好评如潮。

从最初许多不以为意的“花腔+二人转”的负面调侃,媒体评论的风向标也集体转向。他们这样评价吴霜:“由一名歌唱家在一场音乐会中独自表现完全不同领域和门类的艺术,以及幽默的形体和喜剧台词,简直是对吉尼斯世界纪录的勇敢挑战。”

生活中的“活宝”

熟悉吴霜的人都叫她大乐子,见面还会高兴地来上一句:“吴大霜大活宝来了!”吴霜不仅爱没事儿拿自己打趣儿,身边人也常得到她即兴调侃的“优待”。巡演乐团的工作人员就经常享受这种“优待”,渐渐也与她互动起来,大家打成一片,气氛十分融洽。

吴霜的丈夫是老一辈革命家彭加伦的后代。1984 年圣诞夜,两人在美国旧金山日本城初次邂逅。中国艺术代表团到美国巡演,吴霜在台上机智幽默的表现,瞬间俘获了这位年轻绅士的心。结婚以后,两人成了一对欢喜冤家。吴霜说:“刚跟丈夫认识时,他身上有一种忧郁气质,可现在不同了,比我还能逗,他经常得意洋洋地跟朋友说,娶了她,自己的性格好了很多。”

说起自己的幽默,吴霜坦言颇得父亲真传。“我爸也是个特别爱说笑的人,家里充满开放热闹的气息,客人们爱来家里串门,除了和父母进行艺术交流,很大程度是被父亲的乐观幽默吸引。”“吴氏幽默”一如家传基因,深入吴霜骨髓。这种天生的能力让她学会笑对生活,也感染了身边的人。

维纳斯神像断臂之谜

最近,有人发现了 19 世纪法国舰长杜蒙·居维尔的回忆录,解开了维纳斯神像断臂这个

100多年来的谜。

“维纳斯神像”是希腊米洛农民伊奥尔科斯在1820年春天刨地时掘获的。出土时，维纳斯右臂下垂，手抚衣襟，左上臂伸过头，握着一个苹果。

当时，法国驻米洛领事路易斯·布勒斯特得知此事后，赶往伊奥尔科斯住处，表示要以高价收买此塑像，并获得了伊奥尔科斯的应允。但由于手头没有足够的现金，布勒斯特只好派居维尔连夜去报告法国大使。

大使听完汇报后，立即命令秘书带了一笔巨款，随居维尔连夜前往米洛洽购女神像。谁知，农民伊奥尔科斯此时已将神像卖给了一位希腊商人，而且已经装船外运。

居维尔当即决定以武力劫夺女神像。英国得知这一消息之后，也派舰艇赶来争夺，他们展开了一场激烈的战斗，混战中，雕塑的双臂不幸被砸断。从此，维纳斯就成了一位断臂女神。

超男高音翘楚中国首演　用声带变“魔术”

对于“男高音”，人们并不陌生，但如果提到“超男高音”，或许很多人就要打上问号了。3月5日，一位名叫安德瑞斯·修尔的天才歌者将首次来到中国，展示独一无二的奇妙声音魔力。

所谓超男高音，又叫反男高音或假声男高音，这种源于中世纪欧洲的神秘演唱方法可以使男歌手的音质变得柔软似女声一般，并达到女高音或女中音的音域，弥补了旧时欧洲女人不允许参加演出而造成的听觉缺憾。安德瑞斯·修尔是当今世界超男高音中的翘楚，被认为是“超男高音中的帕瓦罗蒂”，赢得过古典音乐权威奖项“留声机”大奖、英国古典音乐大奖等众多国际奖项。

据悉，3月5日在国家大剧院上演的独唱音乐会将是安德瑞斯·修尔在中国的首次亮相。为此，他特意精选了一系列自己最擅长的中世纪、文艺复兴歌曲，曲目来自英国、法国、西班牙、意大利欧洲4个国家的宫廷恋歌及乡间民谣。音乐会上，观众还将近距离感受通常在油画中才能见到的古老乐器——鲁特琴。据介绍，此次演奏鲁特琴的是被欧洲媒体称为“当今最伟大琴手”的英国鲁特琴大师埃汀·卡拉马佐夫。届时，最纯粹的中世纪歌唱方式与中世纪的古老乐器将引领观众进入一场专属于十六七世纪欧洲宫廷的独唱音乐会。

观众朋友，这一期的《艺海拾贝》到这里就结束了，欢迎继续收看我台其他栏目的节目内容。我是主持人晨星，观众朋友们，我们下期节目再会！

第十二节　《人物在线》栏目

观众朋友，大家好！欢迎收看《人物在线》，我是主持人晨星。今天讲一讲播音员李瑞英和主持人白岩松在香港回归报道中的故事。

一档精彩的电视节目可以由许多部分组成，它们像一粒粒华美的珠玉，需要有人在最后的环节，用智慧和热情把它们组合起来，这个穿针引线的角色就是主持人。对观众来说，他们往往经由一个个性鲜明的主持人，记住一个栏目、一个电视台。央视藏龙卧虎，星河璀璨，主持人或庄或谐，风格各异，有的已为大家耳熟能详，名满天下，有的则是锋芒初露，后生可畏。

10年前，李瑞英作为中央电视台的一名播音员兼记者远赴香港参加了香港回归祖国的大型直播活动。

李瑞英：用热情和毅力面对挑战

李瑞英，播音指导，中央电视台播音员、主持人业务指导委员会执行主席。1983年毕业于北京广播学院新闻系播音专业。1986年至今在中央电视台新闻中心工作，现任播音组组长，中国广播电影电视总局高级职称评委会副主任评委，中国广播电视播音协会播音主持委员会副会长兼秘书长，全国政协委员，全国青联常委。播音风格庄重大气。20年来，李瑞英经历了无数次重大历史事件的直播考验。

两版本的直播稿

1997年，香港。

那年在香港的大型直播，可以说是中央电视台1995年《新闻联播》直播以来，第一次大规模开赴异地进行重大新闻事件的大型直播活动。6月中旬，中央电视台先后有上百人到达香港，开始准备6月30日到7月2日长达72小时不间断的滚动直播。

说起那段直播经历，李瑞英觉得好像就发生在昨天一样。那次直播中的点点滴滴都是那么的清晰，就连细节都没有丝毫模糊。从直播前的准备工作开始，李瑞英就置身其中。离6月30日还有不到一周的时间，编导和李瑞英连播出稿的初稿都还没有写出来。是啊，每一次重大直播前编播人员都要看大量的资料，脑子里的东西越多好像就越难下笔。要把全部的信息和感情都浓缩在几分钟的现场导语里确实不容易。大家越是紧张越是没了主意，还好有领导提了一个开头，大家这才拿定主意，如果是下雨天就用"洗刷百年耻辱……"；如果是晴天就用"维多利亚湾灯火璀璨……"但这样的稿子可不是像大家想得那样简单，写一遍就完事了。初稿一定要写出至少两个版本来，一个版本是直播那天是晴天用，另一个版本是直播那天下雨用。再加上稿子从编导到领导，一遍又一遍地修改，最后传到李瑞英手上，离6月30日直播的时间已经所剩无几了，而且改动很大。李瑞英要抓紧一切时间把两个版本的稿子都牢记于心。

6月30日晚上8点，经过严格的安检，李瑞英与摄像、技术员还有一名行政人员终于站在了指定的直播位置上，但直播晚上12点才开始，李瑞英在直播位置上整整站了3个小时。一切准备就绪，李瑞英通过对讲机问导播："外面天气如何？是晴天还是下雨？"对讲机里传来的是"等一会儿告诉你"。也就是说那个时候，她还不知道到底会用哪一个版本的稿子。李瑞英回忆说自己当时挺希望下雨的，因为下雨的那一篇稿子在语言上比较上口。就在还有5分钟的时候，耳机里传来现场导播的声音，"用下雨那一篇"。听到这句话，李瑞英心里更踏实了。她满怀激情，热情洋溢地面对镜头，与全世界的观众一起屏住呼吸等待那激动人心一刻的来临，"5、4、3、2、1，开始……"

如果说坐在演播室里直播是一种专业上的考验的话，那么在外景直播就更不轻松了。7月1日零点，交接仪式开始时，还没有到7月1日，会展中心里是不允许随意走动的。为了完成那一次直播，中央电视台保卫处专门选出了两位身形剽悍的保卫人员，跟在李瑞英左右，如果直播当时要是有工作人员出来阻拦的话，他们要以身体优势抵挡一会儿，以确保李瑞英完成直播。虽然直播顺利，但当时现场情况复杂多变，什么事情都有可能发生。

在香港，李瑞英和她的同事们圆满地完成了72小时的直播节目。当大家都已经疲惫不堪的时候，她却还精神饱满地对大家说，你们都回去休息吧，剩下的收尾工作我来做。当她完成所有的事情回到宾馆以后，躺在床上似乎还没有睡意。可到第二天一早，当她努力睁开眼睛时，觉得房子的四个角都在旋转，人怎么都起不来。结果就在床上睡了整整一天。说到这里，她自己都忍不住笑了起来。

以秒计时的直播生涯

除了这样的大型直播，李瑞英的常规工作主要是担任新闻播音员。一说起自己的播音工作，她似乎有说不完的话。在这个岗位20年的工作经历，她已经任中央电视台播音组的组长很多年了。播音组从最早的7人发展到现在包括本组化妆师近40人。节目量也从过去的一档变成新闻频道24小时滚动新闻的几十档。这么多年来，由她播音的新闻已经不能简单地用有多少条来计算了，自从《新闻联播》开始直播以后，她的计时单位就由分精确到了秒。在和她的谈话中，会有分秒必争的感觉。

有一次《新闻联播》，她和男播音员坐在直播台前，眼看着时间一秒一秒地过去，电子钟已经显示6点59分了，他们两个人手里一篇新闻稿件都没有，两个人不断和导播间里的编导说，我们手里还没有稿子，可是导播间里没有一点反应。直到6点59分40秒的时候，编导才冲进直播间将一叠稿件“飞”到他们的桌子上。就在这短短20秒时间里，她很有经验地首先把提要稿件浏览一遍，看看有没有生僻字、多音字。“15秒准备……5、4、3、2、1，开始”，放下手中的稿件，他们两个人的画面就出现在了全国千家万户的电视屏幕上。

也许有人会说，播音工作有什么难的，不就是照着稿子读吗？其实大家只是看见了电视上的播音员，并不知道电视屏幕后面的他们是如何工作的。播音组全体人员要负责中央电视台新闻频道所有的新闻节目。早间新闻要求播音员凌晨到岗，晚间7点《新闻联播》要求播音员下午4点半以前到岗；晚间的新闻节目要求下午到岗。李瑞英曾经上了七八年的早间新闻，每天要求凌晨4点半到岗，她4点就得起床。那个时候，她有3个闹钟，就怕自己起不来。特别是北京的冬天，刮着北风，凌晨4点钟走在街上的感觉，一般的人是体会不到的。

播音这个工作是不能有半点马虎的。一走进播音组的办公室，除了墙上挂着的“全国巾帼示范岗”和“模范集体”的牌匾，还会看见一台电视和一块黑板。电视里播的都是新闻节目，而黑板上写着当天新闻中可能出现的生僻字和多音字的读音。而在李瑞英的办公桌上随手能拿到的地方就放着3本字典，她笑道，我们播音组的字典估计是台里最全的了。像我们做播音工作，总是强调关键字不能错。而在新闻播音中字字都是关键字，也就意味着一个字都不应该错。

在这里，她还代表全组同事感谢观众朋友们对他们的帮助和厚爱。经常有观众打来电话提出读音方面的问题，让播音组的人很感动，同时也不断地鞭策着播音组的全体同仁认真对待每一次直播，不能有丝毫的松懈。

李瑞英寄语

无论以前完成过多少次直播任务，都要从零开始，就像运动员一样，我们每天都站在新的起跑线上。我们需要的是认真的态度和坚强的精神，心中永远记住的是我们肩负的社会责任感和历史使命感。

白岩松：认真工作　享受生活

白岩松，蒙古族，1985年考入北京广播学院新闻系，1989年毕业分配到中央人民广播电台《中国广播报》工作，1993年参与创办《东方时空》后正式任中央电视台新闻评论部主持人。电视屏幕里的白岩松永远都是领带、西装，一副窄边眼镜，中规中矩，思维敏捷，话语深刻。从电台的记者到电视台新闻评论部的主持人，他一路走来，坚持着自己的风格，遵循着最基本的新闻特性，不惧不畏。

转眼10年了，白岩松作为主持人全程参与了香港回归祖国10周年的大型直播活动。他们是这段历史的见证者，他们都经历了那激动人心的时刻。

10年的准备

2007年，北京。

说到中央电视台重大新闻事件的直播，有一个人一定少不了，那就是白岩松。从1997年香港回归祖国到今天香港回归祖国10周年，他都是参与者。做香港回归祖国10周年的直播节目，他感触颇多。又是一个10年，无论是对于香港还是对于他自己，10年的变化可以说是很大，但有些东西却是始终不变的。

10年后的今天，白岩松笑谈10年前在香港，第一次参与如此重大的新闻直播活动，那是真紧张。每天晚上都睡不着，一到夜里12点，就拉上一帮同事去喝酒，回来借着点酒精劲儿才能入眠。直播的第二天，他一分钟都没合过眼，压力加紧张，等直播真正结束以后，整个人都放松下来，拖着疲惫的身体回到房间，用他的话就是，进屋把鞋脱了，往那儿一靠，合着衣服裤子就睡着了。中午11点倒下的，再睁开眼睛已经是下午6点了。他说那一觉是他那段时间睡得最香的一觉，也是他睡得最不规范的一觉。这次的直播他再也没有了紧张的感觉，10年的历练，成就了现在的他。对于直播中的突发状况应对自如，对于各种观点掌握得恰到好处。聊起这次香港回归祖国10周年的直播活动，白岩松平静得就像在说一期常规节目一样。其实，为这次直播做的前期准备，从6月就开始了，那就是《岩松看香港》的专题节目，再往前说，他还采访了香港特别行政区行政长官曾荫权等。他说从香港回归祖国到现在，他一直没有脱离过，一直都在准备，所以真到庆祝香港回归祖国10周年的时候就不需要特别的准备了。在做《岩松看香港》的专题节目时，白岩松不止一次被感动。其中有一次白岩松走进一户老百姓家，一家4口人住在40平方米的房子里，拥挤却井井有条。全家人的脸上不时露出幸福的笑容，是从内心散发出的一种满足和快乐。没有抱怨，有的只是用勤奋和双手改变生活的决心和毅力。这便是白岩松经历和体会到的“香港精神”中的一种。

每一次大型直播，总有一些事情让他感动，这次也不例外。6月30日晚上，直播间里请来了10年前参与香港回归祖国直播报道的主持人李瑞英和敬一丹。转眼就是10年，虽然嘉宾和白岩松都是同事，平时抬头不见低头见，但这一次是他们3个人10年来第一次坐下来聊香港。说到这里，可以看出白岩松很兴奋，“那个晚上我们几个聊得特别好”。

用自己的方式生活

从电台记者到电视台主持人，白岩松说自己是无心插柳。最初到电视台工作是因为手头拮据，想做一份兼职。那时崔永元给他打了一个电话，说有一个节目缺一个策划，他答应了，结果一来被制片人派去外地采访还要出镜。那是《东方时空》的第一期《东方之子》。他说，当时我完全蒙了。我还问制片人，该怎么看摄像机呀，制片人说，你管这些干吗？你过去不是采访过吗？你采访你的，摄像机找你，又不是你找摄像机。就这样他由策划变成了主持人，一直干到现在。白岩松还笑道，就是因为那句话，这么多年我都没找过摄像机，都是它找我。我只知道它的大概位置就行了。现在想想那个时候真的挺后怕的，什么都不知道就敢上节目。

在白岩松的思想里，工作和生活是两种截然不同又不能混淆的事情。他说自己能很自如地转换工作和生活中的自己。生活中的白岩松，喜欢看书，喜欢踢足球，陪家人逛街，还经常接孩子放学。值得一提的是，他还曾在中央电视台举办的足球赛中率领新闻中心夺冠，他一个人在5场比赛中射入了9个进球，荣获了全台最佳射手称号。他自嘲道，自己是荣获这一称号中年纪最大的一个。还有朋友开玩笑道，你可以去国安队了，他们现在正好缺前锋。

白岩松寄语

任何重大的历史事件都不仅仅是历史本身，而是融入了每个人的生命中，成为人生的一种经历。

观众朋友，这一期的《人物在线》节目播送完了！

在下期的这个节目里，我们将为您讲述小巨人姚明和110米栏冠军刘翔的奥运情结，欢迎到时收看。观众朋友，我们下期节目再会！

第十三节 《走遍中国》栏目

观众朋友，大家好！欢迎收看《走遍中国》节目，我是主持人欧阳星子。今天的《走遍中国》带您“重访木兰祠”。

重访木兰祠

电影《花木兰》热映，演员赵薇的出色演绎，让这位古代文学作品中的巾帼英雄再度受到瞩目。但令人好奇的是，这位千古流芳的女中豪杰，究竟是一个虚构人物，还是历史上真实存在的人物呢？若确有其人，她又生于何地，命运如何？《走遍中国》栏目将为您揭开这位旷世女杰的身世与成长之谜。

女杰故里

花木兰，中国民间传说中近乎完美的一个女性形象，她在危难之际女扮男装、代父从军的故事可谓妇孺皆知。

《木兰辞》是有关木兰的最早文字记载，大概完成于南北朝期间。里面用生动的语言完整地述说了木兰代父从军的民间故事，遗憾的是，对于木兰家在何地只字未提。虞城县位于河南商丘市境内，历史悠久。在虞城，有一座古老的木兰祠，当地人说，里面供奉的女子就是传说中的花木兰。据《虞城县志》记载，这座木兰祠最早建于唐代，宋、元、明、清各代均有修缮，为花木兰建立祠堂，这在中国极为罕见。当地人都说，花木兰出生在虞城.而且她并不姓花，而是姓魏，她的老家在魏庙，至今还有她的后人。

在魏庙寻访时，记者发现，提起花木兰，每个村民都能讲出很多故事。村里的老人告诉记者：“木兰的父亲叫魏应汉，之所以为女儿取名‘木兰’，是因为木兰家里种了一棵木兰树，许多年都不开花，而她出生的那年春天，那棵树刚好开花了。”

真实木兰

在不同版本的花木兰中，她的容貌都很俏丽，但事实上，木兰在军中12年，却没有人发现她是女子。很多人因此而猜想，木兰的长相也许并不美丽。文史学者宋成树数十年来一直进行着有关花木兰的研究，通过近些年的考证，他对木兰有着自己的解读。“木兰生下来以后就像个男孩，到4岁才开始说话。”也许，那个传说中英姿飒爽的女英雄，并没有俏丽的容颜，只是一个声音沙哑、本性质朴的乡下女孩。

宋成树介绍说：“有一次，木兰到同村的老拐爷爷家玩，木兰发现，老拐爷爷正在编织一种花席，有经有纬，非常漂亮。她豁然开朗，把纺织的经线和纬线染成不同的颜色，织出来的花布就会更好看。”那时的木兰，跟村中所有的女孩一样织布、绣花，她并没有想过在战场上叱咤风云，更没有想过，有一天命运会将她推向一次未知的旅程。

代父从军

在中国的民间故事中，有几位传奇的巾帼英雄——梁红玉、穆桂英、花木兰。她们全都武艺高强、经历不凡，然而，女扮男装戎马生涯的却只有花木兰。令人好奇的是，如果木兰最初只是一个普通的乡下女孩，她的智谋与武艺又从何而来呢？宋成树告诉记者，木兰自幼就喜欢习武，在父亲的熏陶下，木兰的武功基础很好。“木兰的文韬武略是从伊乔那里学来的，伊乔是名相伊尹的81代孙，他发现木兰非常聪明，就收她为徒，传授她文韬武略、兵法战策。”

在魏庙，村民们告诉记者，魏庙曾经有一处很大的祠堂纪念木兰。遗憾的是，那间魏氏祠堂如今已经看不到了，不过，当年祠堂中的一块石碑还保留在一位村民的家中。在石碑上，魏氏木兰几个大字十分清晰，魏氏后人说，四月初八是木兰的生日，每年这天，都会有很多人赶来祭拜。那一天，他们会请戏班子唱戏来纪念木兰，其中最受欢迎的就是“木兰从军”这出戏。

在魏庙的小路上，至今还可以看到一棵皂角树，据说树龄在千年以上。宋成树说：“这棵皂角树已经有1400多年的树龄，是当年木兰出征、朝辞爹娘去的那棵树，自木兰走后，她的母亲每天在这里盼望女儿归来，树就不长了。等到木兰凯旋后，这棵树竟然开始疯长。后来，人们在这个地方建造了望归台，还修了一座庙，供奉魏老太太。”

自尽抗婚

在《木兰辞》中，木兰征战12年后，最终回到家乡，照顾年迈的父亲。但是，在虞城一带，关于木兰的结局却流传着另一种说法。传说，木兰参军回来之后，被皇帝看中，欲纳她为妃，木兰性格刚烈，撞柱而亡。木兰的命运真的如此吗？

就在木兰祠的前面有两块石碑，上面清清楚楚地记录了木兰的身世与经历。“将军魏氏，本处子，名木兰，亳之谯人也。世传可汗募兵，孝烈痛父耄羸，慨然代行……”按照这块石碑上的记载，花木兰本名魏木兰，隋朝人，突厥犯边时，因为父亲年迈力衰，她毅然女扮男装、代父从军，整整12年，在战场上屡立战功。

据宋成树介绍，木兰在杨广大业二年代父从军，从军12年未露女儿身。凯旋后，杨广授她尚书郎，木兰不受。昏君杨广得知木兰身份后，招入宫中，欲纳为妃。性格刚烈的木兰自尽抗婚，也正是因为冒犯龙颜，隋朝几乎没有留下有关这位奇女子的任何史料。甚至为了避免牵连，当时的魏姓族人都要隐姓埋名。直到唐代，才追封木兰为“孝烈将军”，并立祠纪念，也正是这块石碑的存在，让有关木兰身世的疑问被一一解开。

2007年，中国民间文艺家协会正式把“中国木兰之乡”授给虞城，并将虞城县的“木兰传说”列入国家级非物质文化遗产名录。古往今来，木兰的形象始终鲜活，从明代开始，戏剧家徐渭以《木兰辞》为蓝本，改编《雌木兰代父从军》，为了让形象更鲜明，便移“花”为姓，将她称为花木兰，而这个朗朗上口的名字很快便深入人心。

上世纪90年代，美国迪斯尼公司花费4年时间，将花木兰的故事搬上大银幕，这也是迪斯尼公司第一次取材中国民间故事，拍摄成动画电影。

观众朋友，这一期的《走遍中国》节目就播送到这里，下期的《走遍中国》我们将带您走进云南——美丽的西双版纳。

好了，观众朋友，我们下期再会！

第十四节 《服务窗》栏目

观众朋友，大家好！今天的《服务窗》节目又和大家见面了，我是主持人晨星。那么，在今天的《服务窗》节目当中呢，我们为观众朋友安排了以下节目内容：

首先向大家介绍一下“大蒜的医疗作用”；

第二，将向观众朋友们讲一讲“如何存放葱、姜、蒜”；

第三，就是说一说“为什么有些人不能吃螃蟹”；

最后呢，我们现场教大家做一道凉菜，名字就叫“蛇皮辣黄瓜”。

好！观众朋友，下面我们就先向大家介绍一下“大蒜的医疗作用”。

我们知道，大蒜具有非常强烈的杀菌本领。这是因为它含有许多植物杀菌素的缘故。常吃大蒜能健胃，消除肉食积滞。吃大蒜还可以预防流行性脑炎、流行感冒及治疗细菌性痢疾和肠炎。生蒜液处理后点眼，可以治疗沙眼。把生蒜切成片浸泡在浓白糖水里，二十四小时后服蒜汁糖水，对治疗小儿百日咳有一定的疗效。患了喉头炎的病人，如用加蒜汁的盐水漱口，可很快得到治愈。把蒜捣烂成泥敷在患处治疗脓疱疮疖也有一定的效果。大蒜对化脓性球菌、结核杆菌、痢疾杆菌、伤寒杆菌都有抑制生长的作用。

以上我们了解了大蒜的医疗作用。

观众朋友，接下来，我再和您聊一聊“如何存放葱、姜、蒜”。

如何存放葱、姜、蒜呢？

秋后，选葱白粗壮无伤的葱，把叶晒蔫，把它捆起来放在干燥、阴凉、避风雨的地方，能储存到翌年新葱上市。

存蒜的方法比较简便，夏季买来有老叶的新蒜，晾透后编成辫，挂在避光、干燥、无风处，一般就不要随意挪动了。因为常动会助其发芽，故民间有“大蒜不怕冻，就怕动”的说法，不过气温太低(零下10摄氏度以下)对蒜也是不适宜的。

姜比葱、蒜难于存放，容易干蔫或冻坏、腐烂，姜霉烂后切不成形，香味减少，不宜烹调使用。因此秋季存放新鲜姜应选外皮无伤、茎肥厚的大块姜，掰掉小芽，埋入潮而不湿的细沙土或黄土中。姜抽芽长出小叶也无妨，只要长得不快就可多放些时间。冬季存放鲜姜主要是防冻，在较暖的屋里置于干燥、避风处即可。

好了，观众朋友，下面先播放一段广告，广告之后再回来。(广告：略)

好了，观众朋友，刚才我们插播了一段广告，那么接下来，我继续为大家服务。下面呢，我就跟您说一说为什么有些人不能吃螃蟹？那么究竟哪些人不宜吃螃蟹呢？

螃蟹性寒，有些人不宜食用，如已经伤风、发热、胃痛、腹泻的人，吃了螃蟹会使病情加剧。原有慢性胃炎、十二指肠溃疡、胆囊炎、胆石症、肝炎的人，最好不吃螃蟹，以免使病情加重，对螃蟹过敏的人，吃后容易引起恶心、呕吐或皮肤上起风疹块。又因蟹黄中胆固醇较高，患有冠心病、高血压、动脉硬化、高血脂的人，应尽量少吃或不吃蟹黄，脾胃虚寒的人，也应少吃或不吃螃蟹，因为食后容易引起腹痛和腹泻。遇有这种情况，可用性味辛温的中药紫苏十五克，配加生姜五六片，加水煎服，即可很快止痛、止泻。

好了，观众朋友，今天的节目我们已经进行了一大半，那么剩下的时间呢，我就亲自在现场教大家做一道凉菜。这道凉菜的名字就叫——蛇皮辣黄瓜。

大家看，我们把洗干净的黄瓜分两面切，切成蓑衣刀。具体方法是：在先切的这一面刻一个记号，切的时候要点刀切（刀面后部不接触菜板），可不要把黄瓜切断。把黄瓜切成五分硬币那样厚度就可以。以记号为标准，把黄瓜翻过来，再切，切的方法同上面说的一样。

黄瓜切好以后，用手一拉，样子就像蛇一样，所以这个凉菜叫“蛇皮辣黄瓜”。

把切好的黄瓜放到盆里一小时，然后把水分挤干。黄瓜里的水挤得越干越好。

把鲜姜切成细丝，再把发好的干辣椒切成细丝，把它们放到切好的黄瓜上。

锅里放少许油，如果能放少许香油就更好了。油熟以后放花椒、干辣椒，炸好以后把它们捞出去。

锅里再放糖，把糖炒成汁再放少许淀粉，汁炒稠以后，放凉了才能用。

“蛇皮辣黄瓜”，从颜色上看，有绿、黄，还有红。味道也不错，甜、香、酸、辣样样都有，热天吃它是时候……

观众朋友，大家好！接下来请您收看《健康小提示》：三种坐姿很不好。

对于整日“坐”在办公室的人来说，要说“不会坐”简直有点令人发笑。但其实并不是每个人都能掌握坐姿的奥妙，什么样的人该怎么坐，如何保持坐姿的状态最佳，这些可都是你需要知道的。

二郎腿跷出病

长期持续不变的坐姿工作，特别是跷二郎腿工作，会给颈、背部造成持续负荷，使背部肌肉、韧带长时间受到过度牵拉而受损，从而引起原因不明的腰痛。但只要保持良好的坐姿，过一段时间，就会恢复正常，不会有什么问题。此外，跷着二郎腿久坐，由于双腿互相挤压，还会妨碍腿部血液循环，久而久之，就造成了腿部静脉曲张，严重者会造成腿部血液回流不畅、青筋暴突、溃疡、静脉炎、出血和其他疾病。

舒服坐姿未必好

并不是自己感到舒服的坐姿就是好坐姿，正确的坐姿应是上身挺直、收腹、下身微收，两下肢并拢。如有可能，应使膝关节略高出髋部，如坐在有靠背的椅子上，则应在上述姿势的基础上尽量将腰背紧贴椅背，这样腰骶部的肌肉不会疲劳。久坐之后，应活动一下，松弛下肢肌肉。另外，腰椎间盘突出症患者不宜坐低于 20 厘米的矮凳，尽量坐有靠背的椅子，这样可以承担躯体的部分重量，减少腰背劳损的机会。

久坐不适成闭尿

前列腺增生患者不宜久坐，已为许多人所共识，但前列腺增生患者坐的姿势也是有讲究的，当人正常端坐的时候，重心自然落于前列腺的位置，坐的时间久了，增生的前列腺必然要承受体重的压力，因而难免造成增生的前列腺向尿道管扩张，而压迫尿道，严重者会造成排尿困难，甚至闭尿，如前列腺增生患者日常坐的姿势有意识地将重心移向左臀部或右臀部（可以左右臀部适当轮换），就可避免人体重心直接压迫增生的前列腺，从而避免或减轻前列腺向尿道压迫。长期用此方法，对增生的前列腺可以起到意想不到的保护作用。

好了，观众朋友，今天的《服务窗》节目到这里就全部播送完了！主持人晨星在这里感谢大家的收看。我们下期节目再会！

那么，在下一期的《服务窗》节目当中，主持人晨星将带您一起走进北京的老字号——东来顺，现场向您介绍“北京东来顺的涮羊肉”。欢迎到时收看！

观众朋友们，我们下期节目不见不散，再会！拜拜！

第十五节 《世界各地》栏目

观众朋友，大家好！欢迎收看《世界各地》节目，我是主持人晨星。今天的节目是这样为您安排的：1. 全球十大养老福地；2. 世界最著名长寿岛的真实生活；3. 地球上最热的地方；4. 世界上最冷的四个地方。

下面先请看：

全球十大养老福地

什么地方最适合安度晚年？从气候、生活成本、医疗条件、税费、签证要求和居民友善等方面考虑，以下十个地方堪称退休天堂。

奥地利

维也纳是欧洲生活质量最好的城市，生活成本却低于伦敦或巴黎，在维也纳市区的 1 房 1 厅年租为 973 美元，比同等条件的巴黎公寓需要 1362 美元低不少。如果喜爱滑雪，奥地利阿尔卑斯山度假区租金比瑞士的便宜至少 2 倍。

伯利兹

伯利兹有热带雨林、山脉和海滩，政府为 45 岁以上的退休人员每月发放至少 2000 美元的退休金，退休收入都享有减免税费的优惠政策，海外人员可以通过工作或投资方式入籍。

哥斯达黎加

哥斯达黎加政府倡导环保，火山、热带雨林、海滩和国家公园跟人民的居住区和谐并存。哥斯达黎加的每月退休金也能达到 1000 美元，而投资型退休金每月能领取至少 2500 美元。

法国

法国的外籍人员退休待遇随西班牙政策影响，变得越来越好。法国巴黎的普通公寓价格已经回到平均 32.5 万美元。在多尔多涅葡萄酒产区的房产一直是英国买家的最爱。

爱尔兰

欧洲房地产市场最为萧条的地区——爱尔兰，拥有美丽的自然景色，仅 10 万美元就能买下一座乡间别墅或一间现代化公寓或能够看到大西洋风景的房子。

意大利

意大利式的生活十分具有诱惑，没有什么比退休后来到意大利更美妙的事。佛罗伦萨遍地的露天咖啡馆，无论走着或坐下眼睛看到的都是一幅幅的美丽画卷。需要注意的是，意大利的法律规定配偶和子女都有继承权，孩子越多那么配偶能分到的财产越少。

新西兰

新西兰代表着健康的生活方式，无数的美景，湖泊、海滩、高山和森林，在新西兰永远不会感到无聊。退休后如果打算长住新西兰，需要准备过硬的签证条件，一般情况下退休人员最长居住时间为 2 年，并有最低投资和收益要求。

巴拿马

巴拿马政府制定了专门的政策欢迎退休人员，从交通、餐饮到住宿，退休人员一律享受折扣优惠，甚至看电影都能享受折扣。巴拿马使用美元为货币，不必担心汇率高低。如果只是为了选择低成本、高质量医疗条件可以考虑巴拿马。

新加坡

新加坡采用多种官方语言，是亚洲生活质量最高的城市之一，与全球高质量生活城市相近，这里更是美食的天堂，城市个人安全系数也相当高。

西班牙

尽管欧元区面临的经济问题严重，但不影响退休人员对西班牙的热情。银行握有 1/3 左右的在售房产，价格回跌到 2007～2008 年水准。花费 10 万美元，就能买到离海边不到 1 英里的海景两居室公寓。

世界最著名长寿岛的真实生活

撒丁岛坐落于距离亚平宁半岛西海岸约 200 千米处，属亚热带和地中海型气候。岛上有很多“跨世纪”老人。

梅利斯一家就居住在撒丁岛上。一家兄弟姐妹 9 人，年龄相加达到 819 岁，创下吉尼斯世界纪录。老大孔索拉塔已迎来 106 岁生日，年龄“最小”的马法尔达也已 78 岁高龄，堪称“世界最高龄家庭”。

岛上居民很少出岛，尤其是上了年纪的老岛民，他们怡然自得地保持着简单的生活方式。颇为有趣的是，岛上很多人互相都以“长命百岁”打招呼，在撒丁岛这已是标准的“打趣语”，正是积极乐观的生活态度使那里的老人能够“永葆青春”。

岛上有很多以牧羊为生的老人，他们在放羊时一走便是几公里，但从未出现“力不从心”之状。还有一些老人能够独立经营一家小商店，思路清晰，账目明细，可谓人老心不老。而且他们善于用“劳逸结合”的方式缓解压力，空闲时打打猎，钓钓鱼，惬意的生活令岛民颇感充实。老人们每天都吃大量奶酪，他们还喜欢蘸着特级橄榄油吃当地生产的面包。

此外，老人们每天喝红酒，但不会过量摄入，每天最多两杯。或许，是撒丁岛的“生性淡泊”谱写了岛民的长寿传奇。

地球上最热的地方

埃塞俄比亚的达洛尔，是地球上最热的地方，这里骄阳似火，一年 365 天烈日当空；熔岩如泉，沿着地缝流淌；水源奇缺，但从地下涌出的滚烫硫酸形成了许多泛着黄、绿光彩的水坑。非洲埃塞俄比亚的这个地区是地球上最不适宜人类居住的地方之一，这里气温过高、地震频发，人类要在这里生存困难重重。

但并非没有可能。阿法尔部落的人们已在这片沙漠地区生活了数百年。几个世纪以来，他们的生活几乎没什么变化。一些家庭过着游牧生活，住在临时搭建的营地里，住几个月就迁走，为他们的牲畜寻找水和食物。

而一些家庭可能几十年都待在同一个营地。那里没有商店，没有学校，没有医生，没有农田,与外界基本没有联系(最近的城镇也要骑骆驼跋涉好几个星期才能到达),阿法尔人几乎完全自力更生。各家各户联合起来,组成了一个个紧密团结的部落。

在这里,青少年被当做成年人对待。他们早早就成家立业,过着与其祖先几乎相同的生活。妇女和女童负责做饭持家,并且每天都要花好几个小时去深井打水,然后吃力地运回住所。男孩与男人们大多以采盐为业——这里是远近闻名的产盐区,数英里的沙漠覆着厚厚的白色盐层。卖来的钱用以购买衣服和其他生活必需品。

大多数阿法尔部落的人终其一生也不曾离开过这个地方。科学家预言,几百万年后,达洛尔将会把自己从非洲大陆撕裂开来。然而这一切似乎并未惊扰到阿法尔人,他们与这片动荡的土地和谐相处。

世界上最冷的四个地方

近期,中国的极端寒冷天气,让南方人期盼着像北方一样实现供暖,然而,世界上有些地方的居民却常年生活在极低的气温下。他们的生活究竟是怎样的?

奥伊米亚康:一天三顿餐餐吃肉

西伯利亚的奥伊米亚康小镇是世界上有人类长期居住的最寒冷的地方。此处的最低气温曾达到零下71摄氏度,据说当时有很多人因为严重冻伤而被迫截肢,导致当地医院的麻醉药品供不应求。当地人会让交通工具成天保持运转以免被冻住而无法使用。在这里,那些业余探险者携带的装备根本无法使用;厚的羽绒服穿在身上就像一张纸一样难以御寒。

当地居民的木屋都搭建在永久冻土上,屋内的热气逐渐使冻土层软化,因此整条街上的房子看上去都像东倒西歪似的。人人穿着双层内衣,厚厚的皮外套、皮大衣、皮靴或毡靴;不然的话,只要在冷空气下暴露10至15分钟,人的四肢便会断裂。所有建筑物包括人们居室的窗户都是四层玻璃做的,木屋结构,一半房子埋入地下。外出都坐汽车,配备上等暖气设备,车窗也都是四层玻璃。人们使用的自来水管大部分铺设地面之上,为的是修理起来方便,也可避免地下冰层的溶化与厚结活动损毁地下水管。用水是从勒拿河15至20英尺厚的冰层下抽取出来的;在运输过程中,人们对它不时加热,以防冻住。在学校里,孩子们整个冬天都在室外玩耍,除非气温低于零下60摄氏度,学校是不会停课的。令人难以置信的是,在这个世界上最寒冷的地方竟有冬泳俱乐部。

为了在这种极度寒冷的环境中生存,必须摄取大量的脂肪和蛋白质以维持身体运转。当地人最常吃的食物是烤制的马肉和冰冻的生马肝,一天三顿加上夜宵都是吃肉。在这种极其寒冷的地方,狩猎活动变得十分简单,只需在哺乳动物出没的地方设下陷阱就行了,根本用不着蹲守和察看。落入陷阱的动物如同被放进了冷藏库,几个月都不会解冻,其天然保鲜的效果非常理想。

最有趣的是,当地好多民间风俗都同“冰”字相连,如:人们从印迪吉尔卡河里破冰捕鱼,鱼捕上后马上冻成了冰块,然而,大家并不把它放在锅里烹煮,而是用刀把鱼削成很好看的长条,然后,伴上香料及调味品送进嘴里,那样子就像是在吃冰棍或糖块,煞是有趣。另外,那里不卖一桶桶的牛奶,而是出售已结成硬块的“牛奶冰砖”。人们围着木制小圆桌,吃着冰食。

雅库茨克市:零下55℃学生才放假

雅库茨克市是俄罗斯雅库特自治共和国的首府、西伯利亚地区最寒冷的城市之一。它位于勒拿河的西岸,这里的冬季非常寒冷,以至于勒拿河的河面长期封冻为季节性道路。如果游客刚到雅库茨克，当地人会好心地提醒不要戴眼镜出门。因为，镜框会被冷空气“粘”到脸上，取下眼镜时，很可能会把肉也扯下来。在最冷的一月，气温低于零下40℃，整个城市被冻雾笼罩。呼出一口气，马上就能听见它变成冰碴的声音。

尽管冷，人们照常工作、学习、生活着。零下50℃时，建筑工人仍然奋战在工地上；孩子们继续上学，除非温度降到零下55℃。在露天市场上，摆放着各种冻得硬邦邦的鱼。大鱼冻得像棒子，小鱼冻得像冰棍儿。生鳕鱼片是当地人很喜欢的一道菜。

就算在如此之冷的雅库茨克，也是有夏天的，虽然只有短短的20天。在最热的七月，平均气温为十七八度，最高能达到40℃。但是，这里的人们也并非喜欢夏天。夏天时，由于冻土层的融化，房屋地基都泡在水里。主人不得不一次次垫高地板以免太潮湿。

一般来说，一场大雪往往预示着严冬的到来；而在雅库茨克，每年的第一场雪告诉人们的是：春天来了。

图里河镇：棒冰冬天卖得比夏天好

中国最冷城镇——图里河镇位于内蒙古东北部（距漠河约390公里），极端最低气温零下50.2℃。那里的气温有时比中国最北的漠河县还要冷。在这个只有一万多人的小镇上，年轻人很少。一到晚上，路上就看不到人了，寂静得可怕。晚上10点后到清晨7点间，是温度最低的时候，路上会弥漫起霜雾，当地人称之为冒白烟。路上的人们基本都只露出一双眼睛。

图里河的街道上，有不少小摊贩在室外卖一些山货、干货、瓜子等，他们穿得十分厚实，在等待生意的时候，需要不断地跺脚。这个季节镇上有许多地方可以买棒冰。棒冰都是摆在室外的，开店的人说，这些棒冰冬天卖得比夏天好。

当地人吃的都是些干货或者肉类，很少见到蔬菜。镇上有一些农贸市场，都是室内的，有暖气。每家每户里都有土暖气，烧的是煤。土暖气用来供热，也用来做饭。室内温度二十来摄氏度，室内外的温差达到六十多摄氏度，进屋的人第一件事就是脱衣服。

午后，图里河的气温升到零下二十多摄氏度，大家都会出来晒太阳，他们需要不断走动，否则脚指头会冻麻掉。

维尔霍扬斯克：曾是首选犯人流放地

维尔霍扬斯克位于西伯利亚中部莫斯科以东3000英里（约合4800公里）的寒冷的针叶林带，地处北极圈以北，是北极圈里最古老的城市。它是一个内河港，也是一个皮毛集散地和驯鹿喂养区中心。就其历史来说，维尔霍扬斯克是一个首选的犯人流放地，沙皇最初用作放逐地，之后苏联把它用作放逐地。20世纪，维尔霍扬斯克的人口曾经达到2500人。

三个世纪以来，俄罗斯人一直生活在这里，勇敢地面对雅拿河岸漫长的冬天，一年中，雅拿河结冰的时间长达9个月。今天这里仍居住着大约1500人。

维尔霍扬斯克是世界上最冷的城市，即所谓的寒极，从9月到来年3月这座城市每天的平均日照不超过5小时，12月和1月几乎没有日照。现在，这座城市正考虑吸引喜欢极冷的“极端游客”。

美国名校如此“牛气”

美国的名校，特别是常青藤，现在大多靠校友吃饭。只要发现人才就去招募，你要是穷光蛋，学校就把学费生活费全包下来，而且还会毕恭毕敬地说：“感谢你到我们这里来读书。”

入学后，学校对你无微不至。特别是本科生，有时让人感到学校活像个惯孩子的父母。比如，大学生是谈恋爱的最佳年龄，学校竭尽全力为此创造条件，甚至在招生中采取倾斜政策，保证男女平衡。如果你在大学里找到自己的配偶，那是学校最高兴不过的。人家期望的是，你们夫妻一辈子都会把学校当成自己的家。

美国名校也有“牛气”的地方，这种牛气就在于他们相信：我们的教育能够保证你成功，而且保证你成功之后会认识到是我们的教育改变了你的一生，最后你会捐钱来感恩。

如果你毕业后收入低、欠的教育贷款还不起怎么办？许多名校的做法是：全免！理由大致有两条：第一，从我们这么优异的地方毕业后，你放弃高薪而从事低薪的公益事业，那就算我们学校为社会作贡献了。第二，如果你真没有技能拿到高薪工作，那一定是我们教育的失败，对你说“对不起”还来不及，怎么会追着向你要钱呢？

礼貌好，生意好

在欧洲许多国家，人们见面很自然地会握手。在法国商务会议上，经理应该和在场的每一个人都握手，这样才是有礼貌的表现。这可不是一件容易的事，因为如果一个屋子挤满了人，你可能要握上几十次手。

在欧洲，宴会上最常见的不是吃什么的问题，而是在吃的时候如何举止的问题。在法国，在进食主菜的时候谈论生意上的棘手事情，被认为是没有礼貌的表现。

意大利人对商务招待的整个过程都非常在意。如果精力充沛的话，吃完饭可以做一件有礼貌的事情：埋单。然后，经过激烈的讨论，你千万记住下一件有礼貌的事情：让主人埋单。

在德国，当你失望地走回宾馆时，可能会想友好的主人为什么不邀请你。不要多心，这与个人的风格没有关系。德国人不像欧洲其他国家的人那样热衷于宴请商务客人。

对德国人来说，头衔很重要。忘记某人应该被称为博士、先生、主管或小姐可能会引起严重的冒犯行为。同样，如果称呼一个他们没有的头衔，也是一种冒犯行为。

在意大利，关于头衔的问题变得更加让人迷惑，只要有大学学历的人都会被称作博士，工程师、律师和建筑师希望称呼他们的职业头衔。

在异国做生意难免会遇到困难，这样的文化挑战也同时存在。但是你对某个国家的文化了解得越多，就越不会陷入困境之中。好的礼貌让人羡慕，它们能促成生意，也能毁了生意。

观众朋友，这一时段的《世界各地》节目就播送到这里，欢迎您继续收看我台其他栏目的节目内容。我是主持人晨星，明天同一时间再会！拜拜！

第十六节 《天气·资讯》栏目

观众朋友们，大家好！欢迎收看《天气·资讯》。

“桑拿天”驾临京城

雾蒙蒙、潮乎乎，“桑拿天”正面亮相。今天上午10点，市气象台报告，今天最高气温在33摄氏度左右，空气最小相对湿度已超过60%，闷热感越发明显。

据市气象专家介绍，“桑拿天”正式驾临京城，主要由于此时北京地区受一种特定的天气系统影响。

自6月下旬起，北京地区不断受到南下冷空气侵袭，冷空气与白天气温升高的暖空气碰撞，产生连续不断的雷雨天气。在这种天气影响下，近地面气温偏高、空气湿度大。而夜间太阳辐射冷却后，水汽集结得更欢实，到白天经常呈现轻雾的状态。从而，在不下雨的时候，形成“桑拿天”状态。

根据目前的气象资料显示，从今天起至未来一周，本市白天最高气温稳定在33～34摄氏度的高值，并且，不断有雷阵雨加湿，空气相对湿度在60%～80%。“桑拿天”将展开“拉锯战”。

因此，医疗气象专家提醒市民，近期要格外注意防暑降温，多喝水，适当减少运动量，保证睡眠；同时注意饮食卫生，少吃生冷食品，小心消化道疾病。

答疑解惑：为何“桑拿天”的闷热要比单纯高温更难熬

医疗气象专家表示，这是因为高温天气时，人体主要依靠汗水蒸发带走热量，而气温和湿度都高的闷热天里，汗水附着在皮肤上难以蒸发。

有研究表明，在最高气温38摄氏度、相对湿度为75%的天气里中暑的人，比高温38摄氏度、湿度为72%天气中的多一倍。

夏云多变幻　雷雨入夜迟

昨天太阳很大，在它的照耀下，气温上升很快。截至17时，南郊观象台最高气温上升到31.8摄氏度。今天受对流云团影响，夜间可能有雷阵雨光临本市，但气温不会下降。今天白天以晴为主，最高气温可上升到32摄氏度左右。

昨天由于紫外线照射强，天气比较炎热，长时间在户外奔波及在高温下作业的朋友感到很难受。昨天白天，天空看起来很干净，太阳的光芒直射大地，由于光照充足，截至17点，南郊观象台最高气温达到31.8摄氏度。

今天，本市大部分时间仍受高气压控制，天气以晴为主，然后转为多云天气。虽然夜间比较凉爽，但白天气温较高，紫外线照射比较强，预计午后最高气温能上升到32摄氏度左右。今天傍晚前后，将有对流云团发展，有可能预报夜间来的雷阵雨会提前赶到，此时恰逢下班高峰，大家最好带上雨具。

值得提醒的是，目前北京雷阵雨多发，这种天气不宜靠近通向室外的门窗，也不要靠近水管、暖气、煤气等金属管道；洗澡时也要注意，特别是不要使用太阳能热水器；另外，尽量不要拨打或接听电话。

环球气候异常　多国暴雨成灾

中南欧：酷暑夺走多人性命

在罗马尼亚、奥地利和保加利亚，酷暑致死的人数升至18人，炽热的天气把人们烤得萎靡不振。

在罗马尼亚，持续一周的高温天气已经导致11人死亡。21日，该国的气温高达40摄氏度。

在奥地利，因炎热天气而死亡的人数达到5人。

在匈牙利，首都布达佩斯以南130公里处的基什孔豪洛什，创下了该国的最高气温纪录——41.9摄氏度。希腊则在经历着100多年来最炎热的夏季。

保加利亚人已经在热浪中忍耐了5天。炎热的天气引发了森林火灾，导致两人死亡。

英国：罕见大雨引发混乱

英国的麻烦不是炎热而是降雨，此次降雨导致当地发生大洪水。英格兰地区20日天降大雨。气象学家说，这一天的降雨量比以往一个多月还要多。英国环境署官员芭芭拉·扬称：“这是100年、150年甚至200年一遇的降雨，非常猛烈。”

在英格兰南部和中部，好几千人由于被迫把汽车丢弃在积水的高速公路上，或因乘坐的火车停运而必须留宿紧急救援中心。一些民众逃到自家屋顶上等待救援，许多家庭断电，不少航班也被迫取消。伦敦希思罗机场的一名发言人说，由于20日的降雨，从这个机场起飞和降落的约141个国内和国际航班取消。今天机场正在为旅客改签机票。当局出动的3架直升机已经解救了40人，不过，还有几十人等待疏散，其中包括一名紧抱路灯杆的男子。

恶劣的天气导致伊斯伯恩河的河水决堤。位于苏格兰的皇家空军基地官兵协助疏散了60名被困当地的人。在伊斯伯恩河附近露营的旅客也已经由直升机送往安全的地点。

在伍斯特郡和格洛斯特郡，不少公路都被水淹没。一些人被迫在动弹不得的汽车内过夜，另一些人则选择丢下车子或房子，到紧急救援中心求助。在牛津郡西部的班普顿，300多户家庭的房子积水，另外1200多户人家断电。一些电视台由于卫星信号受到恶劣天气的影响而暂时停播。许多公司的电脑系统也出现故障。

英国首相布朗面临巨大压力，因为有人指责政府未能保护民众免受暴雨洪灾的影响，大臣们被指责处理危机不当。据称，数月前，就有下级官员提醒大臣们，今夏可能面临严重洪灾，但大臣们却没有采取适当的措施。

孟加拉国：洪水毁了茅屋庄稼

孟加拉国的暴雨引发了汹涌的洪水，今天全国各地有至少4人被冲倒的树木砸死。

据当地媒体报道，在达卡以西130公里处的切尼达地区，大雨导致一棵树被连根拔起并压垮了一间棚屋，其内的一名男子同他的两个女儿全部遇难。

另外，在南部的诺阿卡利地区，一人骑在三轮车上被倒下的大树砸中，在被送往医院的途中不治身亡。

洪水还卷走了东部朱瓦当加地区和班多尔班山区的茅屋和庄稼，但目前没有收到人员伤亡的报告。

洪水预报和预警中心说，该国东部和南部地区的河流均已接近洪水水位。

巴基斯坦：泥石流致死近百人

雷击和大雨引发的泥石流，在巴基斯坦西北部3个偏僻村庄导致80多人死亡，多处房屋被毁。当地官员说，营救者今天开始寻找幸存者。

一名地方官员说，这个地区昨天经历了大雨和风暴，目前仍有数十名村民失踪。

这些村庄坐落在山区中，靠近一条水势迅猛的河流。这里位于白沙瓦以北约250公里处。

这名地方官员说，他可以确认的死亡人数超过80人。当地媒体报道，雷击和洪水造成了多达100人死亡。

美国：铁轨被淹火车“搁浅”

得克萨斯州部分地区遭遇暴雨，一辆火车上的170名乘客因此受困，营救人员目前已经把50人转移到安全地带。

雨水淹没了尼帕地区的火车铁轨。一辆全国铁路客运公司的火车因受到雨水阻碍而“搁浅”。全国铁路客运分公司发言人沃农·格雷厄姆说，公司正在用大客车将这些乘客转移到埃尔帕索。格雷厄姆说，由于洪水很大，大客车很难靠近火车。

在这次暴雨洪灾中，没有严重伤亡的报告。但很多道路被迫关闭，很多民众也被强制疏散。

第二章

其他训练——主持人无稿、脱稿的口语训练

口语训练是一门综合性很强的语言实践课。它以培养广播电视事业的新型人才、提高学生的口语表达能力为目的。

口语表达能力是一种综合能力的体现。为了使学生完整、规范、由浅入深地掌握表达的技能、技巧，我们要有目的、分阶段地进行训练。在正确理论指导下，通过系统、科学、有效的训练，使学生“想说”、“会说”、“善说”，达到内容完整、语句流畅、观点明确、逻辑严密、层次清楚、感情真切等基本要求。

第一节　复述

复述，就是重复述说。复述是一种最基本的、用途最广泛的口语表达方式。它不是背诵，也不是“放录音”，它是按照一定的要求用自己的语言千方百计表达原始材料的内容。复述类型有详细复述、变换语体复述、扩充式复述、简要复述等。

复述要求：

一、准确完整：要忠实于原始材料，准确把握中心，不得歪曲原意，不能丢掉、改换主要内容、主要观点和主要情节。要根据要求适当地处理详略，突出重点。

二、语脉清晰：线索分明、前后连贯、层次内容清楚。

三、语言流畅、自如、洗练。

一、详细复述

什么是求职“软包装”

毕业在即，职场新人正穿梭于大大小小的招聘会，以期找到一份满意的工作。用人单位在考核毕业生时，除了解学习成绩、个人素质外，还常常通过求职“软包装”来全面考查求职者。所谓的求职“软包装”，就是你不经意间流露出来的细节。

简历：不可因求简洁而简陋

前几年厚厚一摞，今年只有一两页，求职简历从“面面俱到”终于回归到“简洁”。不少缺乏就业指导的大学生，从一个极端走向了另一个极端，他们的简历因过于追求简洁而“简单”，甚

至“简陋”了。不少大学生的简历只有一页，既没有成绩单，也没有社会实践经历、获奖情况等。有些学生准备简历时比较茫然，为了追求“一目了然”的效果，个人优势等用人单位看重的内容，竟然被他们糊里糊涂地“省略”了。

参加招聘会，毕业生应该带上足够的求职材料，求职心态会比较从容。标新立异、大胆创新的风格更容易得到用人单位的青睐。

现场“推销”很重要

在招聘会现场，总能看到不少忙忙碌碌的大学生奔波于展台间。好不容易挤到展台前，却放下简历，扭头就走。有些学生认为招聘会是免费投递简历的最佳场所，一位大学生自称这是全面撒网。然则，这样随随便便撒的“网”是网不住“鱼”的。

一家公司负责招聘的工作人员直言不讳：“招聘会又不是废纸处理厂，有些学生扔下简历就走，这种不认真的态度让我们也懒得看那些简历。而且有些学生专业还不对口，如果你都懒得介绍自己，不和我们交谈、沟通，我们怎么会录用你呢？现场‘推销’很重要，不要认为简历一交就万事大吉了。”

善用肢体语言

招聘会上，求职者与人事主管谈话，其实就是第一次面试。既然是面试，求职大学生就不要与家人、恋人在招聘会上表现得过于亲密，否则会给人以很不独立、很不职业的感觉。

人山人海的招聘现场，经常看到一些人事主管站在展台高处，给求职学生发放问卷或宣传材料。站得高，看得远，不少有经验的人事主管会目送自己感兴趣的面试者回到人群中，看看他们面试后的真实面貌。所以，无论面试前，还是面试后，细节问题一定要注意。

给面试官一个坚定的眼神

一家企业负责招聘的工作人员曾抱怨：“现在求职的大学生底气不足，现场回答问题声音太小，有的男生不知道是不好意思还是害怕，说话时吓得连头都不敢抬。”

面谈时，双眼看着人事主管，是求职时基本的礼貌。声音洪亮，敢于在人群中大胆表达自己想法的求职者，更容易得到就业机会。

“补内”胜“养外”

当前社会最需要的求职包装是实实在在地从求职者自身出发精心挖掘、策划的包装。那些接受过系统职业培训及实习的求职者更容易找到满意的工作。参加职业培训已成为大部分求职者的共识。以 IT 职业培训机构北大青鸟 APTECH 为例，累计培训学员规模超过 25 万人次，其中大多均具有大专及以上学历。北大青鸟 APTECH 推出的 CPD 课程(Communication & Personality Development，沟通与个人发展)，在人际沟通、时间管理、组织行为、应聘、面试等各个环节，着重对学员进行职业技能培训，使学员能够顺利踏上就业之路，从容应对职场风云。

越来越多的毕业生选择职业培训来转变以往的“求职包装”观念，这是一种可喜的校园文化和社会新风，是高校青年求职新思维的体现。相比以往花较大财力、精力搞“面子工程”，毕业生选择补充内功提升自身职业技能，才能够在个人择业问题上更加从容。

一篇文风质朴的高考作文

终审评价提升 17 分

这是一篇被“打捞”出来的高考优秀作文。一评都是给了 36 分(总分 60 分)，二评都是判给它42分,三评都是判39分。

复查阶段,江苏省高考语文阅卷组何永康教授发现了这篇综合判定为37分的《怀想天空》。反复读了3遍,终于下决心给它54分。

何永康在点评中写道:此文很典型,不事张扬,不搞“满天星”的铺陈铺排,不搞华彩炫目的“集锦”,不玩深沉,只是极为真实地记叙了父亲割麦、自己割麦的情景,中间一节还喊了“口号”!然而,它真实、本色、真情、纯净,一板一眼地道来,汹涌的内心波涛潜伏其间。父亲的言语极少,但厚实、博大;儿子的情感表述很普通,但均发自肺腑……

何永康希望阅卷者和中学语文教师能包容鼓励这份“来自现实生活的质朴”,在高考作文中,这已是久违的文风。

脱离现实、辞藻华丽倾向严重

近年来,高考作文中普遍存在一种“脱离现实”的倾向,考生习惯于“回到古代,复述经典”。比如2004年,江苏省高考作文题是《山的沉稳,水的灵动》。结果试卷上“堆满了古代的山、涌动着古代的水”:一会儿是李清照的“水”,一会儿是李白的“水”,就是没有自家的“自来水”,没有家前屋后清澈的或者被污染了的“水”。

2006年的《语文高考大纲》,要求学生“语言生动”、“有意蕴”。一本卖得挺火的《高考作文宝典》这样解读“有意蕴”:写作文时,不要说“我很悲伤”,要说“我心灵的天空一直下着雨”;不要说“女人和男人应有平等的社会地位”,要说“女人应是一株木棉,和橡树并立在一起”……

为质朴文风开一扇窗

2007年新颁布的《考试大纲》以“用词贴切”取代了“语言生动”,以“有表现力”取代了“有意蕴”。这表明高考作文从指导思想上开始反对追求华美、堆砌辞藻的文风。

不过,一些中学语文教师认为,考场作文的质是炫示,也就是故意展示自己的才华,通过显露技巧获得阅卷者认可,这一点决定了考生的文风很难回归质朴。有人拿朱自清的《背影》与《荷塘月色》做比,认为《荷塘月色》的好处看得见,无论情感还是技巧,全摆在明处,而《背影》的妙处需要花时间咀嚼,平直的叙述短时间内在阅卷者心里掀不起大波澜。

在今年江苏省首批公布的7篇优秀作文中,除了“质朴之作”,还有“文采飞扬”的散文,有另类的“小品文”,有“嬉笑怒骂”的杂文,这些文风迥异的优秀作文各有“亮点”。《怀想天空》只是为久违的质朴文风开了一扇窗,却还不是评价当前优秀高考作文的唯一标准。

怀想天空(摘录)

麦收时节,天空显得非常的明净。中午是烈日当空。我们勤劳的父母,不得不在烈日下劳动。因为作为农民,这是他们的义务。

我是一个农家子弟。我们敬爱的父母为了我们能过上好日子,他们埋头在烈日当空的麦田里收割麦子。那种滋味,你们体会过吗?

我在即将奔赴高考考场的前一刻体会到了。

6月4日早晨,我爸起得很早。四点多钟就起了。他临下地时告诉我说:“你再睡会儿吧!六点钟起来做饭,然后洗洗衣服,八点钟到地里给我送饭。”

当我到地里时,父亲已割了七八垄了。他脸上很多汗珠,衣服湿透了。他说:“你来,吃过了吗?我割光这一垄,再吃……”

大概四五分钟吧,他割光了。他从篮子里拿出饭盒、馒头,边吃边说:“孩子,你爸没本事,明天到县城后好好休息！后天好好考，别紧张……”

我在烈日下割了5个多小时麦子。回到家，我没有吃饭，洗了个澡，就睡了。

现在，我在考场上做题。室内很凉快。当考试结束后，我要在烈日下站两小时，来感受那种烈日当空的滋味。

二、变换语体复述

卖炭翁

白居易

卖炭翁，伐薪烧炭南山中。满面尘灰烟火色，两鬓苍苍十指黑。卖炭得钱何所营？身上衣裳口中食。可怜身上衣正单，心忧炭贱愿天寒！

夜来城外一尺雪，晓驾炭车辗冰辙。牛困人饥日已高，市南门外泥中歇。

翩翩两骑来是谁？黄衣使者白衫儿。手把文书口称敕，回车叱牛牵向北。一车炭，千余斤，宫使驱将惜不得。半匹红绡一丈绫，系向牛头充炭直。

赤壁怀古

苏轼

大江东去，浪淘尽，千古风流人物。故垒西边，人道是，三国周郎赤壁。乱石穿空，惊涛拍岸，卷起千堆雪。江山如画，一时多少豪杰。

遥想公瑾当年，小乔初嫁了，雄姿英发。羽扇纶巾，谈笑间，樯橹灰飞烟灭。故国神游，多情应笑我，早生华发。人生如梦，一樽还酹江月。

三、扩充式复述

农夫和蛇

从前，一个很冷的冬天，有个农夫在路上看见一条冻僵了的蛇。农夫捡起这条蛇，解开自己的衣服，把它放在怀里。

蛇得到了温暖，苏醒了。它一醒来就咬了农夫一口。农夫中了毒，临死的时候说："蛇是害人的东西，我不该怜惜它。"

富翁·农夫

人们在我面前称赞富豪洛希尔德，他从自己的巨额收入中拨出成千上万的钱来教育儿童，医治病人，救济老人——这时，我赞扬，并且深为感动。

然而当我赞扬和感动时，我不禁想起一个贫困的农民家庭，这家人收养了一个孤苦的侄女，把她带到自己的破烂的小屋里。

“若是收下卡吉尔”，老太婆说，“我们最后的几个钱也要为她花了——就没法买盐，汤里就没有咸味了……”

“可我们把她……那我就不吃盐好了。”那农夫——她的丈夫说。

洛希尔德比起这位农夫还差得很远哪！

四、简要复述

寄贺年卡的人

新年将至，他却没有快乐。也就在这时，他收到了一张贺年卡。这令他意外。妻子去世一个月来，他始终无法从痛苦中挣脱。他冷漠地对待这个世界，消极地生活。人们劝他振作，他却冷冷丢给人家一句："我心已死！"人走屋空后，他孤寂地坐着，一口一口地喝烈性酒。

他不知道，在他日日冷漠地对待的这个世界上，有谁还会给他寄贺年卡。

贺年卡的封面图案很简单，洁白的纸上画着一片绿色的叶子，叶子上方印着五个字："默默地祝福。"打开贺年卡，他却没找到寄卡人的姓名，只在像封面一样洁白的纸上，有钢笔写着几行字——"别去猜我是谁，也不必去寻找。只要你知道，这世界上有人在默默地祝福你。生活依然美好，依然充满热情，依然充满爱。新年与你同在！"

这几行字，他看了一遍又一遍，心中悄悄潜入一丝暖意。是谁送来的这温暖呢？他极力去辨认那钢笔字，但这隐去姓名的祝福者显然是要真正隐去他自己。字，一笔一画，横平竖直，是标准的仿宋体，根本看不出一点个人风格。谁呢？我一定要找出来。

第二天上班，他仔细观察他的同事。他冲他们微笑点头，妻子去世以来，这是他第一次露出微笑。同事们也分别向他回报以微笑。微笑充满了温馨。他分辨不出，他觉得每个人都像是那祝福者。

在美好的微笑与轻声的祝福中，他感到生活真的充满了爱。有什么东西在他心底悄悄融化。他冰封已久的情感被解冻了。他的心尚未死。

"别去猜我是谁，也不必去寻找。"他想起了这句话，他知道他是找不到那人的，他郑重地从信封中抽出贺年卡，珍惜地抚摸着。突然，他看到信封上的邮戳：贺年卡是挂号寄来的，为什么不去问问邮局呢？他来到邮局。

邮局的人说："噢，这个办挂号邮贺年卡的人我们记得非常清楚。两个月前，来了一女人，很瘦，因为病态，她的嘴唇几乎没有血色。她说她得了绝症，将不久于人世了。她请求我们代她在年前寄出这张贺年卡……我们知道她已经死了，因为，她临走前说，如果她能将生命熬到年底，她将亲自来寄这张贺年卡。"

听完这些，他已知道了这寄贺年卡的人。他深深地，不知是向这告诉他谜底的人，还是向那已长眠的妻子，鞠了一躬。

还可以用大多数同学最近看过的电影、电视剧、话剧中的情节为内容，进行复述练习。看谁复述得语言准确、精练，题目与内容相符。

第二节 描述

描述，是用主动形象的语言，把人、事、物、景等具体事物的特征及形态，具体细致地描绘给别人听的一种口语表达方式。

描述，主要是以客观存在着的具体事物为表达对象，以观察为表达基础，给听众提供具体事物的特征和形态为目的，迅速组织语言把思维加以口语化。描述多是在边看边说、边想边说中锻炼。描述要求：

一、真实准确。(信服)

二、抓准特征。(观察准)

三、语言生动。

人物肖像(举例)

①这是一张有着铁矿般颜色和猎人般粗犷特征的脸：石岸般突出的眉弓，饿虎般深藏的双眼；颧骨略高的双颊，肌厚肉重的阔脸；这一切简直就是力量的化身。他是机电局电器公司经理乔光朴……

②她个儿不高，年龄大约十二三岁，白白净净的小圆脸，两个短短的小辫，扎着绿色的玻璃丝线；乌黑漆亮的眼睛和那纤巧的嘴角，含着天真的微笑，透着愿意同每个人交朋友的神情；身穿白绿相间的碎花格子的短外套，一条刚好过膝的淡绿色石榴裙；在这早春季节，单看她的这身装束，就给人新鲜、健康的美感。

③……这是一张忠厚善良、朴实慈祥的老年人的脸。在那一道道深深的皱纹中，仿佛隐藏了一生的艰辛。老人眼睛有些昏花，但却安详，没有悲哀和怨恨，有的却是无限的欣慰和期望。你看，他这双勤劳的大手，青筋罗布，骨节隆起，虽然粗糙得像干枯的树皮，但却很有力量……

④一个六七岁的姑娘，活灵活现地站在我的眼前了。她疏眉细眼，故意眯缝着眼瞧我；小鼻子微微地朝上翘着，薄薄的两片小嘴唇因为忍住笑而紧闭着，两颗小酒窝儿，在那又红又结实的腮上陷得很深；大概是攀树的时候把手抓疼了，两只小小的胖手，使劲搓着——嘿，一副调皮、高傲的神气！

有能耐的人

一个吝啬的老板叫女仆去买酒，却没给她钱。女仆问："您不给钱怎么买酒？"老板说："拿钱去买酒，这是谁都能办到的，如果不花钱能买到酒，那才是有能耐的人。"一会儿，女仆提着空瓶回来了。老板十分恼怒，责骂道："你让我喝什么？"女仆说："从有酒的瓶中喝到酒，这是谁都能办到的，如果能从空瓶里喝到酒，那才是真正有能耐的人。"

请描述以下事物：

上课铃响之后	一盆盛开的鲜花
尴尬的迟到者	自作聪明
观察一幅画后描述(也可回忆描述)	吝啬的人
当我接到通知书的时候	丢三落四
讲述自己经历过的趣事(条理清，中心明，态度感情)	错怪了他
	当机立断
有苦难言	祸不单行
急中生智	双喜临门
童年趣事	自作自受
公共汽车上	将错就错
食堂里	好事多磨
公园	售货员
自由市场	服务员

大学生
值班员
喝酒人
抽烟人
打牌人
护士
工人
乡下人
衣服　包　香烟
钥匙　雨伞　手电
迎春花　风雨衣　杂志
箱子　灯　电话
火柴　滴鼻净　蚊子
弹弓　作业本　破窗子
渔竿　蚊子　蛇
西瓜　熟鸡　一颗牙
体温　白猫　活鱼
背筐　镰刀　药箱
一位著名的运动员
一位著名的演员
一位著名的播音员
一位作家
一位政治家
同学家长
部领导来院视察
主持一次联欢会开场白
主持一次开学典礼
热闹的菜市场
在东单路口
一场球赛
电影院门前
文艺会演现场
我们的宿舍
向外宾介绍我们的校园
在图书馆里
在火车上
一次聚会
欢迎词
新同学入校
竞选班长
晚会主持开场白、结束语

第三节　评述

评述就是表述自己的见解和感受。

是以听到、看到、谈到后所产生的见解和感受为表达对象。评述是以“评”为主体，但也必须有“述”，这是综合性的口语表达方式。

评述不但可提高叙述、描述能力，还可以培养和提高分析能力、理解能力、鉴赏能力、评认能力和提高思维的灵敏性、条理性。

评述要求：

一、“述”要实事求是，“评”要持论公允。

二、观点鲜明，据理充分。

三、语言准确，严谨有力。

是招孩子还是招家长

杭州的俞先生不久前带儿子去某幼儿园报名，却遇到了一道让人挠头的面试题：你能为幼儿园做何贡献？

这样的“贡献”显然不是学费，也非“赞助费”，而是家长凭借其职业、身份和社会关系，能为园方提供的便利。孩子受关心程度与家长“贡献”挂钩，这已经是一些幼儿园奉行多年的“潜规则”。但是直接向家长“询价”，势利得毫无遮掩，确实令人愤懑。

从两千五百多年前孔子提出“有教无类”开始，至今教育平等的观念已深入人心。让每一个孩子有平等的教育机会，让孩子在教育中受到平等的对待，这是家长合情合理的诉求，也是全社会的共识。

幼儿园是孩子的第一所社会学校。园方考评家长的“贡献”，必然会让有的孩子自觉高人一等，也会让有的孩子抬不起头。这家幼儿园之恶劣，还在于其利用了最纯真的亲子感情，以子女为质，使家长就范；年轻家长念及幼儿，可能在歪风邪气中随波逐流。

自费变公费

不久前，一位读者反映有一家医院口腔科门诊部，将一些镶牙、牙齿整形等纯自费的治疗费，巧立名目，为就诊者开出了一张张“治疗费”、“药费”、“检查费”等能报销的单据。至于就诊者的姓名、单位，根据报销的方便，可随意更换。

7月2日上午，记者特意来到这个门诊部观察。这间面积不大的口腔科门诊部服务项目除了牙齿治疗、整形外，还有文眉、文眼线、健美皮肤等各种美容项目。正碰上一位女青年来这里要求更换一张报销单据上的名字。原来，不久前她在这里花160元文了眉，尚有一张单据需要更名后才能报销，结果，她顺利地如愿以偿了，还为她加盖了急诊专用章。记者私下问那位女青年：“这是你的文眉费吗？”“这只是其中一张。当时开了4张，写成药费、治疗费什么的……就能报销了”。记者释然，果然这个门诊部的“经营”有道。随后，记者以“患者”的身份询问医生：“牙齿整形需多少钱？”“四五百吧。”“能想办法报销吗？”医生笑笑：“可以想办法呀！多开几张单子，多写几个名字，改一改治疗项目……”听着他列举的一系列报销秘籍，一些不知内情的就诊者似乎也开了窍。

一位老者做了牙齿清洁，收费35元。他担心报销时遇上“麻烦”，收费的业务员立即给他在药费栏内写上了价钱。报销不成问题了。然而，记者发现，业务员是将门诊收费单据撕下后，单独用复写纸填写的，这其中有什么奥秘？

诚然，这间门诊部的设立，确实方便了附近的患者：就诊无须排队，随到随诊，星期日也不休息。但他们奉行如此经营之道，“挨宰”的不正是国家吗？

第四节 讨论

讨论，就是就某一个问题交换意见或进行辩论。

1. “谢谢”是播音中、文化生活中常用的文明礼貌用语，对“谢谢”一词你是怎样理解的？怎样才能使它更富于魅力呢？
2. 你知道“迎奥运、讲文明、树新风”意味着什么吗？如何才能实现“绿色奥运”？
3. 对焦裕禄与三毛的两句名言，你如何选择？
   (1)他心中装着全体人民，唯独没有自己。
   (2)假如把一切都献给了别人，那么你在一生中就虐待了一个生灵——那就是你自己。
4. 你认为在你的家庭里谁应该放在第一位？为什么？
5. 对运动员横渡英吉利海峡，骑自行车环绕地球，去南极探险等事迹，某同学说，很有意义，将来我也参加。另一个同学说，很有意义，但我不参加。第三个同学说，太无聊了，毫无意义。请你以一个同学的观点为自己的观点，参考其他二位同学的观点，进行评议。

6. 考试作弊现象为何屡禁不止呢？你认为如何避免？如何看待网络抄袭、网络犯罪？
7. 现在的荧屏现状：明星的亲子类真人秀节目泛滥，你是如何看待这一现象的？
8. 京剧是中华民族文化瑰宝，那么在你心中占多大位置呢？
   你喜欢京剧吗？为什么？
   你看过哪几出京剧或哪几出京剧拍成的电影？
   你会学唱哪几个流派的哪段唱腔？
   你希望今后学习一些京剧方面的知识吗？
9. 评价你最喜爱的一位节目主持人。
10. 谈谈你最喜欢的电台和电视台播音员。
11. 是播音员就能当主持人吗？为什么？
12. 演员能作播音员吗？播音员能当演员吗？为什么？
13. 有人说，现在流行“中性美”，男女界线越来越模糊。请谈谈你的想法和观点。

第五节　合成

合成，就是由部分组成整体。

邂逅大慈真如宝殿

北海是许多人曾经无数次光顾的一处皇家园林，其著名建筑景点如琼岛春荫、白塔、团城、五龙亭、九龙壁等，已令海内外人士耳熟能详。然而，据我发现，其中一座长期以来未被大加渲染的古建筑更加具有非凡的历史文化价值。

行至北岸天王殿，向北穿过朱漆大门，一座颜色深褐、不施彩绘的高大殿宇纳入视线。据指示牌介绍，大殿始建于明朝万历年间，是明代楠木建筑的代表之作。大殿采用中国古建筑等级最高的黑琉璃筒瓦黄剪边重檐庑殿顶，重檐之间高悬一块木制牌匾，上有“大慈真如宝殿”6个金漆大字。正门左侧楹联上书“龙象护庄严满多宝藏”，右侧楹联上书“人天洽欢喜遍恒河沙”，横批为一巨型黑漆牌匾“华藏恒春”。大殿面阔五间，进深三间，内外以金丝楠木本色为基调。殿基为单层汉白玉须弥座，设有四尊青铜香炉，四周环以雕刻精美的望柱栏板。整座建筑气势雄浑豪放、风格古朴典雅，具有强烈的视觉冲击力和艺术感染力。

抬头仰望，大慈真如宝殿的殿顶由4个柔和的梯形曲面组成，外形轮廓工整稳重、舒展飘逸。大殿正脊与垂脊的交汇处各有一个酷似龙形的琉璃构件，人称“鸱吻”，也称正吻。琉璃“鸱吻”既是精美的造型艺术，又有防止雨水渗漏的实用价值。大殿的四条垂脊上各有一排琉璃小兽，分别为骑凤仙人、龙、凤、狮子、天马、海马、狻猊，造型各异、精致生动，飞扬的檐角在这些琉璃小兽的衬托下显得越发玲珑秀丽、优美多姿。

拾级而上，进入正门，由20余根高达10米、直径半米的楠木巨柱支撑，梁、枋、檩、椽、斗拱、望板、门窗等主要构件也全部采用体量硕大的金丝楠木。其中门窗做工尤为华丽，楠木门窗装饰有繁复考究的菱形窗格，均采用短小棂条与微型榫卯的拼接工艺，接榫处设有镌刻着精巧花纹的鎏金铜叶，门窗的裙板上雕有浮云图案。其他构件采用素面，体现了简约自然的明代风格。

大慈真如殿令人拍案称奇的还有精美绝伦的青铜佛像。殿内正中汉白玉须弥座上供奉着通高7米的释迦牟尼、阿弥陀佛和药师佛三尊铜像，下置莲花宝座。三尊铜像均螺发高耸，大耳垂肩，双目俯视，身披袈裟，面容丰满圆润，神情安详静穆，衣褶线条流畅。十八罗汉铜像分列大殿东西两侧，与真人一般大小，或立或坐，或躺或卧，有的含笑凝眸、慈祥温和，有的面目狰狞、咄咄逼人，形象生动传神、栩栩如生。全部21尊佛像铸工精湛、美不胜收，姿态各异而又浑然一体，构成一条中国青铜造像艺术的长廊。

大慈真如宝殿不仅涵盖了中国传统楠木制作、琉璃烧造、砖石雕刻、青铜铸造等工艺精华，体现了中华物质文化遗产的无穷魅力，而且蕴涵着博大精深、高贵典雅、成熟自信的独特韵味，诠释了中华文明的精神价值。它是中国古典建筑的不朽杰作，也是中华文明的永恒象征。

刘 敏

跌进乐池之后

昨晚展览馆剧场鸦雀无声。人们正在观看“海峡情”文艺晚会的舞蹈《祥林嫂》，突然，一件意外的事发生了：扮演祥林嫂的总政歌舞团演员、在全国全军三次舞蹈大赛上获奖的刘敏，在仰头平转十几圈后，转出了舞台边缘，一头栽进两米多深的乐池里，头部磕肿了，嘴角流着血。“啊呀！”观众不约而同地惊呼起来。“快叫急救车！”扩音器里传来急切的喊声。人们都在担心着演员的安危。

休息十分钟后，下个节目继续演出，然而人们仍在为刘敏而担忧。过了半个小时，节目主持人、台湾著名演员凌峰上台，激动地对观众说：“艺术家的崇高理想是将完美的艺术奉献给观众。现在刘敏要坚持带伤把没跳完的三分钟舞蹈继续演完。我十分钦佩大陆艺术家对完美艺术的执著追求！”顿时，台下响起暴风雨般的掌声。

随着音乐响起，刘敏出现在舞台上，她一丝不苟地继续旋转、跃起、踢腿，仿佛没有受伤一样，把观众带进了祥林嫂失子后痛苦的内心世界。

演出结束后，团中央领导和许多观众纷纷到后台看望刘敏。她被立即送到积水潭医院治疗。

内地演员真让人钦佩

4月20日晚，台湾著名电视节目主持人凌峰先生，首次在北京主持了大型歌舞演出“海峡情”。国家一级演员、全军三次舞蹈大赛的获奖者刘敏演出了获奖独舞节目《祥林嫂》。在表现祥林嫂遭到一连串的打击下，对生活和命运彻底绝望的急速旋转、跳跃倒踢时，可能由于舞台上布置过多，刘敏施展不开，只见她一头栽下2米多深的乐池。工作人员马上冲进乐池，从被砸得横七竖八的台饰下面救起被摔得昏了过去的刘敏，送往后台抢救。令人惊奇的是，在出事半小时后，头部青肿的刘敏又突然出现在舞台上。她向观众表示：艺术家奉献的艺术形象必须完美，这是她的理想。刘敏带伤坚持演完了最后3分钟节目。在观众献上的鲜花和暴风雨的掌声中，凌峰激动地连连说：“大陆演员真让人钦佩。”

惊心动魄的一幕

4月20日，北京的夜晚，微风习习，欢歌笑语从展览馆剧场中飘出，荡漾在这宁静的夜空。

这里正在举办“海峡情——纪念五四青年节”文艺晚会。第五个节目，是总政歌舞团舞蹈家、连续三次在全国舞蹈大赛中夺冠的刘敏表演独舞《祥林嫂》。刘敏翩翩起舞，时而像云一样轻盈，时而像剑一样刚劲，时而像地底滚动的岩浆那样深沉有力，时而又像幽暗处透出的微光那样飘忽不定。她用肢体的高难度动作诉说着祥林嫂在封建礼教压迫下痛苦扭曲的心灵。

音乐的节奏变得激越了，刘敏仰头飞快地平转，仿佛灰暗的空中飘下的一团飞旋的雪花，向舞台的边缘转去。忽然，她消失了，人们还没来得及看清她的脸，她却毫无防备地跌入二米多深的乐池，舞台边铺着的蓝布被她的身体撕开飘起，像深井中溅起的水花……

音乐戛然而止。剧场刷地静下来，好像人们用双手小心翼翼捧托着的一件宝物被打碎了。四周的空气凝固了，静得使人窒息。忽然，一个观众挥手高嚷："舞台太小了。"随之爆发出一片喧哗。"太可惜了！""不死也残了！"人们像潮水般涌向台口。观众的叹息声、救护车的急切呼叫声，汇成一股骚动不安的洪流，在剧场内外激荡。

刘敏被几位热心人小心地抬着，缓缓地从乐池向后台的门口走去，走进黑暗之中。化妆室门口，里三层外三层围满了演员和舞台工作人员。"怎么样了？"人们焦急地询问，等待着。化妆室里，刘敏躺在两排临时拼起的椅子上，接受医生的检查。她胸脯急剧地起伏，脸上满是汗水，上气不接下气地说："我也不知是怎么回事，完全被剧情笼罩了，以为台口的蓝布下是实地……"

导演满头是汗地挤了进来，压低嗓子问："感觉怎样？救护车备好了。"

刘敏睁开大眼："我没事，请转告观众，谢谢他们。不要影响大家的情绪。""我休息一会儿，再把最后三分钟节目演完。"她声音很轻，但斩钉截铁。

"不行！不行！伤势不明，万一有内出血怎么办？""你不要命了？"

人们急了，导演急了，刘敏也急了："我一定要给观众一个完整的节目，不然对不起大家！"

周围的人默然。他们还能说什么？

天幕垂下，音乐又起，刘敏又从她摔下台前的那一串仰头平转开始起舞。她从容洒脱，像大河长江一泻千里而不可收。台下的人却像心头重压了一块千斤巨石。细心的人还可以发现，她的腿在颤抖，她的呼吸是那样急促。

舞台上的灯全亮了，她脸上闪着晶莹的汗珠，走向麦克风，温柔而激动地说："艺术家的上帝是观众，是观众们保佑了我，谢谢大家！"她深深地向台下鞠了一躬。

掌声，热烈得好像能把她托举起来。两位姑娘冲上台，把不知哪弄来的鲜花献到她的怀里。

刘敏不停地流泪，一直到最后谢完幕，被送进了医院。

事后，当我见到歌舞团政委时，曾询问有关刘敏的过去。他只简短地回答了一句："她是共产党员，1983 年就入党了。"

献给观众完整的形象

——访刘敏

1991 年 4 月 20 日，展览馆剧场，"海峡情——纪念五四青年节"文艺晚会，总政歌舞团著名舞蹈演员刘敏表演独舞《祥林嫂》时不幸从舞台上跌入 2 米多深的乐池，她爬起来强忍着疼痛演完最后 3 分钟，全场观众报以热烈的掌声。

在刘敏的家里我见到了她。

谈起这事，刘敏只轻轻说道："我爱舞蹈，舞台上二十个春秋一直追求的就是艺术的完整。从舞台上摔下来的时候，我只想不能对不起大家，不能把一个残缺的艺术形象留给观众。有幸的是观众也同样感受到了我所做的一切，近来有很多观众通过各种渠道慰问我。我觉得这是心灵沟通的一种升华，真是一生难得。"

刘敏这个月一直在家休养，但仍带病试排了舞蹈《咏梅》和《火凤凰》，准备参加"七一"大型歌舞晚会，经过休养，她身体已基本无恙，只是颈椎还不太舒服。

舞蹈圈的人对刘敏的评价是“大家风范”。确实，刘敏在舞台上淡淡的表演，带给观众的总是如醇酒一般浓浓的感受。

艺术上的追求和生活上的追求境界是一样的。舞台之下的刘敏同样追求生活的多彩，她喜欢看书、看好电影、听音乐，她尤爱小玩具，姿态各异的小玩意儿布满房间的各个角落。

相信将于今年11月举办的刘敏专场舞蹈晚会上，我们又可欣赏她翩跹的舞姿了。

第六节　现场采访、现场报道、综艺节目主持词

一、现场采访

“哥本哈根不是终点站，而是中转站”

——专访丹麦气候和能源部长吕珂·弗里斯

当大风吹来的时候，有人在建避风港，有人在造风车。我们仍需发展可再生能源，低碳是未来唯一出路。

通往墨西哥坎昆的列车又生变数。2月18日，《联合国气候变化框架公约》秘书处执行秘书德布尔突然宣布将于7月辞职。在坎昆达成全球减排协议的目标再蒙阴影。

坎昆能否完成哥本哈根未竟的事业？2月9日，在德布尔公布辞职消息的前9天，来华访问的丹麦新任气候和能源部长吕珂·弗里斯为频添寒意的国际气候谈判进程提供了自己的视角。她说，气候变化国际层面的行动固然重要，国内的政策执行同样重要。吕珂·弗里斯曾有多年大学执教经历，并担任过丹麦两家主要报纸专栏作家。

记者：哥本哈根大会之后，无数失望者指责《哥本哈根协定》只是一纸空文，除了重申政治意愿，该协议甚至没能像“巴厘行动计划”那样为下一步的谈判指明方向。您对大会的结果怎么评价？

吕珂·弗里斯：这可以说是哥本哈根之后最吸引人的问题。从丹麦的角度来说，我们对哥本哈根气候峰会寄予了更高的期待，但哥本哈根气候峰会是个展示可能性艺术的峰会，它证明了我们有可能创造这一特定的历史时刻。

在哥本哈根气候峰会上我们必须做出两难的选择：是继续往前走，还是达不成任何协议停在那里？从这个角度，哥本哈根气候峰会推动了谈判进程。我们必须看到，许多国家支持《哥本哈根协定》，而这些国家的碳排放量占全球总量的80%以上。另外，协议本身包括许多重要的成果，比如，多国政府同意了2度的控温目标，尽管还有一些国家对这个目标并不满意，并质疑资金问题。

记者：您的意思是哥本哈根的结果并不完美？

吕珂·弗里斯：没有“完美”。虽然“哦，很不幸，结果并不完美”经常被用作政治说辞。但我想说的是，哥本哈根气候峰会在正确的方向上推动了谈判进程。而协议本身是动态文件，可以用于正在进行的谈判中。哥本哈根不是终点站，而是通往最终目的地的中转站，最终目标还是要达成一份能够应对气候挑战的全球协议。

记者：下一次联合国气候变化框架公约缔约方(COP)会议将在墨西哥的坎昆召开，丹麦仍是COP的主席国，丹麦为此正在做些什么努力？

吕珂·弗里斯：对，丹麦仍然是COP的主席国，对下面的谈判和各项工作仍负有责任。我

们的首要的，也是目前已经摆在桌面上的任务，是召集各国召开分会，以决定什么时候重启下一步谈判。

目前已经明确，我们将在 2 月底召开分会。这是重要的一步，也是我们已经采取的行动。丹麦要做的是在哥本哈根之后，尽快启动下一轮的谈判，并确保谈判继续在“双轨”上进行。

下一步，我们还将围绕重启谈判的事宜与欧盟就资金和目标进行协商，哥本哈根峰会所确认的资金需要落实。

在过去的两年多时间里，丹麦被认为一直在气候变化领域进行“穿梭外交”。就主席国的职责而言，我们仍负有责任，但已不在驾驶座上了。我刚刚从印度新德里过来，与来自墨西哥和印度的代表磋商。我要在 3 月底再赴墨西哥会谈。所以，现任主席国和下任主席国有着非常密切的配合。

记者：您对今年底在坎昆完成哥本哈根未尽的谈判任务、达成一份“广泛的、具有约束力的协议”，抱有多大期望？

吕珂·弗里斯：我不得不说，我们需要理性乐观。我们仍然要坚持过去数年内努力的成果。国际层面的行动固然重要，国内的政策执行同样重要，这也正是我们从中国这样的国家身上看到的好做法。显然，我们还需要继续努力工作，以便尽快在坎昆达成广泛的、具有法律约束力的全球协议。

记者：过去 25 年，丹麦经济增长了 75%，但能源消耗总量基本维持不变。丹麦的经验对中国这样人口众多、发展快速的国家有哪些借鉴意义？

吕珂·弗里斯：对中国而言，可以一边持续发展，一边对能源消费的上限作出规定。中国当然无法对丹麦的经验进行“复制粘贴”式的借鉴，中国有自己的国情。但我要特别指出的是能源效率，这正是丹麦经验的核心“秘密”之一。比如在丹麦的建筑领域，我们做到了减少能耗。据我所知，中国在能效方面已作了大量努力。

记者：您提到一句谚语，当大风吹来的时候，有人在建避风港，有人在造风车。为什么这么说？

吕珂·弗里斯：这是一句在丹麦流传很广的中国谚语，而丹麦的经历正好验证了这句话。上世纪 70 年代，由于石油禁运，丹麦经历了很严重的能源危机。丹麦没有建立避风港，而是开始发展可再生能源。今天全球仍面临传统能源储量持续下降的问题，尽管在能源使用路径上仍有许多争议，在我看来，丹麦应对石油危机的做法仍然适用于今天。如果更友好地看待我们生活的世界，我们需要另一条道路——低碳是未来唯一的出路。

“了解中国是一个逐步的过程”

——专访比利时汉学家巴得胜

本报驻布鲁塞尔记者　刘晓燕

巴得胜教授是比利时根特大学教授，也是一位研究中国当代问题的专家。日前记者就欧罗巴利亚艺术节以及中国文化在欧洲的传播问题对这位教授进行了一次专访。

《参考消息》：作为一位研究中国问题的专家，您肯定也关注了最近刚闭幕的欧罗巴利亚中国艺术节。您怎么评价这次艺术节？

巴得胜：说到这次艺术节的影响，应该会比较大。在我看来，这次艺术节的展览和演出内容都很丰富，从多个方面反映了中国的情况。从我身边朋友们的反映来看，这次艺术节还是很不错的，展品很珍贵，不少人还是第一次在比利时或者在欧洲看到这些东西。那些不研究中国问题的人对这次艺术节也很感兴趣，对艺术节的看法和评价也不错。

办这次艺术节是一件好事，因为现在媒体上关于中国的消息都是政治和经济方面的，文化方面就比较少，甚至可以说难得一见。这次艺术节可以让人们认识到，除了经济和政治，中国还是一个有着悠久历史的国家，而且也是文化和艺术发展很丰富的国家。可以把人们对中国的看法加以补充。

"欧洲人有点害怕中国"

《参考消息》：刚才您也提到，比利时和欧洲媒体对中国文化方面的东西关注得比较少，更多是关注政治和经济方面。其实中国的文化很丰富，发展也很快，为什么这里的媒体对这方面的报道那么少呢？

巴得胜：虽然这两年欧洲和美国都发生了经济危机，但很长一段时间以来，在欧美，一般人都认为自己国家的经济还是很发达的，前途也很好，文化也很发达。上世纪80年代以来，中国在世界上的地位逐步提高，而且变得越来越重要。有很多人开始有点害怕中国在世界上的影响，因此每次说中国，就喜欢谈论中国的政治和社会问题，还有经济发展，其他方面他们都不想看、不要看。他们还是有些害怕中国的影响，有一点畏惧心理。中国在欧洲的形象不好，媒体总是报道中国的负面消息，这在很大程度上还是因为人们有点害怕中国，害怕中国的发展。

在欧洲，日本人、泰国人和印尼人的形象就好一点，人们认为日本的东西质量好，泰国和印尼是好的度假地点。但对于中国，人们认为中国的经济高速发展，抢了欧洲人的饭碗。其实说到底，还是人们认为日本、泰国和印尼这些国家不对欧洲构成任何威胁，日本人就是卖东西给我们，而且还会在欧洲建厂，创造就业机会。其实日本最初在欧洲的形象也不太好，但后来慢慢发生了变化。媒体对中国态度的转变也需要一个过程。

这里还有一个媒体的传统问题，欧洲的媒体喜欢报道负面的东西，而中国的媒体报道的积极消息明显多得多。也许双方应该互相学习一下，欧洲多报一点积极的，中国多关注一些需要改进的地方。

在文化方面，中国现在做得比较好的一点就是，不再像上世纪六七十年代那样抛弃自己的文化传统，而是开始重视中国古代的历史和文化。通过这次艺术节，这里艺术界的人也看到，中国不只是发展自己的经济，也重视自己的历史和文化，这一点和别的国家没有什么不同。这一点也会帮助一般的人了解中国，更全面地认识中国。

"让中学生对中国感兴趣"

《参考消息》：那您认为中国文化在比利时和欧洲的影响力到底有多大，普通人对中国文化了解得多吗？

巴得胜：其实不只是中国，欧洲公众对欧洲以外的国家都不是很了解。他们对亚洲、非洲、拉丁美洲国家的文化也都不太了解。一般人的生活和这些国家距离太遥远，他们觉得自己不需要去了解这些。但是，在这样一个全球化的时代，不了解别人是不行的。

中国在欧洲的影响还是不小的，但一般人不知道。有的人知道，但不重视、不关心。不过这次艺术节可能让人们开始关注中国的重要性。中国在各个方面的影响在世界上都是越来越大的，但对中国的了解是一个逐步的过程，尤其文化传播是需要时间的，要慢慢来，不是一下子就可以让人对中国感兴趣或者喜欢。

《参考消息》：近些年，中国在国外举办了一些大型的文化活动，还有一些常设性的，像文化交流中心和孔子学院等文化传播机构。您认为除此之外,中国还可以从哪些方面推动中国文化的传播,让世界加深对中国的了解?

巴得胜:我觉得这次艺术的展览和演出还是古代的比较多,有关现代的展览还是少了一点。中国的现代艺术也是不错的,可以看到中国也是在发展的。中国的现代艺术和文化有中国传统的影响,但也是21世纪的艺术。这些艺术作品会帮助人们了解现代的中国,以后可以增加这方面的内容。

其实,还有一个问题,就是有一些人对这些艺术展览就是不感兴趣,他们不愿意接受新东西,无论多好的东西也不感兴趣,这样的人也是存在的。我认为很重要的是让中学生对中国感兴趣。年轻人很可能对现代的艺术更开放、更容易接受。可以从年轻人开始培养对中国以及其他国家文化的兴趣。现在中国的年轻人特别开放,愿意接受外来的东西,这一点很好。欧洲的年轻人相对来说,好像反倒比较保守一点。以后,可以多加强中欧年轻人之间的交流。

低碳世博——开启未来之门

主持人:本报记者　包蹇

对话人:上海世博会事务协调局副局长　胡劲军

美国环保协会中国项目负责人　张建宇

不久前的哥本哈根会议在各国争吵声中无奈谢幕,却让全世界达成了空前的共识:全球气候变暖值得人们高度警惕,一个概念从此叫响——"低碳"。各国政要、东西方媒体、企业家和老百姓,都不约而同地在热议这个诞生还不到7年的新词。"低碳"生活方式已成为国际潮流,我国也明确把"低碳经济"纳入"十二五"国民经济和社会发展规划。

在中国,使低碳理念早于哥本哈根会议成为舆论焦点的,是上海世博会。上海世博会为什么如此重视生态、环保,又是怎样推进绿色"低碳",使"低碳世博"成为重要亮点的呢?

绿色出行,让低碳生活从足下启蒙

记者:为什么上海世博会将"低碳"叫得如此响亮?又将如何通过活动体现"低碳"理念?

胡劲军:"低碳"理念既体现了中国政府致力于营造和谐社会、坚持科学发展观的一贯立场,又展现了本届世博会的环保创新与追求。低碳,这是东西方谁也无法回避的事关全球未来的重大课题。上海世博会以此作为展示亮点,是水到渠成,也是非常及时的。

根据"低碳世博"的理念,世博局两三年前就开始策划"低碳"主题的活动。这些活动,意不在于自己"唱戏",而是为了给民众"搭台",激发全社会的参与热情,广泛传播"低碳"生活方式,并通过国际合作实现全球可持续发展。目前,"低碳世博"工作已取得初步成效。

我们深化了低碳活动主题,放大了"低碳世博"理念的影响。首先,在重大庆典活动方面,我们始终坚持"一次性投入,可循环利用"的原则。比如在开幕式的筹备过程中,我们尽可能使用无污染、低能耗、可再生的材料,避免对环境造成破坏;尽可能让开幕庆典的精华部分成为园区每晚的保留节目,避免大型活动的短期效应;尽可能为世博会后黄浦江上打造景观旅游节目预留硬件设施,避免资金的重复投入和浪费。其次,在日常活动中,我们也策划了许多体现低碳理念的活动,把国内多年积累的科技环保成果,通过活动的形式寓教于乐,在市民中进行低碳理念启蒙。

另外,主办方也积极推动参展国、国际组织和企业等世博参与者提供资源和组织策划,将

成熟、优秀的科技和环保类文化活动引入世博会。其中突出的代表，即是“绿色出行”系列活动。“世博绿色出行”系列活动，包括“穿越长三角——绿色出行看世博联合行动”、“世博绿色出行——低碳公交卡设计大赛”，以及“世博出行碳计算器”等活动，向全社会宣传“低碳”生活方式；会期中将举行“降碳盛典——绿色出行之夜”晚会等大型活动，向世博参观者普及“低碳”世博理念，号召大家“低碳”出行看世博。“世博绿色出行”活动项目还在上海辰山植物园建设了4000平方米的“绿荫停车场”，并计划于世博开幕前在上海建造“世博绿色出行林”等。

这些活动，让每一个参观者都感觉到，“低碳”生活非但在世博会展示中触手可及，而且我们自己就是“低碳”的亲历者、参与者。从我做起、从脚下做起，从世博出发，低碳成了一种无孔不入的先进生活方式。

张建宇：对，开展“绿色出行”等活动，公众参与度高，影响范围广，可以有效提高公众的环保意识，为上海尽快实现低碳转型奠定重要基础；同时也可以为减少或抵消世博会的碳排放做出积极贡献。

作为参展规模最大的一届世博会，尽管主办方绞尽脑汁推行环保建筑、采用环保能源，但其本身产生的碳排放量仍不可避免地相当可观，其中由参观者的出行及食宿产生的碳排放占绝大部分。有鉴于此，主办方除了在世博会的建设筹备过程中深入贯彻低碳理念，在社会各界的热心关注和积极参与下，还开展了大量如“绿色出行”等面向社会公众大力开展的宣传活动，争取将上海世博会打造成大力宣传、推广、实践自愿减排机制的国际盛事。

低碳细节从牛奶纸盒开始

记者：那么，在世博会的展示与筹办中，主办方又是通过什么角度来推广低碳模式的呢？与以往的展会相比，上海世博会在低碳方面还有哪些创意安排？

胡劲军：上海世博会的低碳细节俯拾即是：平常人们不注意的牛奶等废弃饮料纸包装，可以变废为宝、循环利用，变身为世博环保椅、世博环保垃圾桶和世博节目册等参观者服务设施。我们推广了“绿色世博、‘椅’我为荣”活动，在世博会会期前动员全社会收集环保产品，会期中在园区内为参观者提供服务，以行动实践“低碳”和“可持续”的环保理念。

类似的低碳主题活动，世博局都是依托着上海环保局、上海市科委、上海市科协和世博科技促进中心等机构的平台，立足社区、校园和企业，充分利用社会资源开展的。值得一提的是，很多孩子都参与了这些动手又动脑的活动。我们觉得，低碳未来大门的钥匙，就在孩子们的手上，所以，很多创意安排是针对孩子并且由孩子们参与设计的。

就活动场地本身而言，“低碳环保”的科技亮点也处处闪现：上海世博会活动场地的规划和建设始终坚持凸显“节能减排”理念。围绕生态环境、太阳能、资源循环利用等多方面开展专项设计，并组织逐步实施。

比如宝钢大舞台、船坞等重要演出场地，就是利用老厂房进行改造而成；活动场地大规模使用LED节能灯光，对音响的分贝级有一定的限制；鼓励符合环保理念的新能源、新工艺、新材料的广泛使用；部分场地安置环保坐椅，以及针对舞美坚持“一次投入，多次使用”的可循环原则。力求在保证效果的基础上，从设施到细节都突出“低碳”科技亮点。

演绎世博会主题的三大核心内容是“活动、展示和论坛”，其中世博会前后将举办数万场文化演艺活动，这些活动都将很好地演绎“低碳生活”的理念。

演绎低碳故事，用低碳语言进行全球交流

记者：那么国际参展方呢，他们组织的活动是否也体现了“低碳世博”的理念？

胡劲军：是，而且内容相当丰富。其中比较有代表性的，是世界自然基金会（WWF）拟举办的低碳音乐会。

届时，众多公益明星将同台献艺，演出过程中舞台还将“熄灯一小时”，这一小时演出舞美所需电力均由太阳能蓄电池供电。音乐会计划于6月5日举行，当天即是世界自然基金会在本次世博会期间的“国际组织荣誉日”，同时也是“世界环境日”，该基金会希望以熄灯这一环保行为，呼吁人们选择“低碳”的生活方式，让城市更加美好。

记者：世博会开园之后，还有很多精彩的低碳活动。可以先透露一下吗？

胡劲军：在这些活动中，“天下一家”项目将讲述一段“低碳故事”；“全球青年之旅”项目将展示全球最前沿的“低碳科技”；“欢乐盛装大游行”项目将举办一场“低碳游行”；“育乐湾”项目则将吸引小朋友们学习未来的“低碳知识”，这些活动都充分体现了“低碳世博”的理念。

比如，“天下一家”活动，将从“生活、家庭、健康和环保”四个方面入手，讲述一个2015年分别居住在上海、米兰、北京的祖孙三代，利用现代科技跨越时空障碍，以人性化的技术手段拉近心灵的距离，实践“低碳生活”的感人故事。

张建宇：我们可以想象一下，购买世博门票时，参观者的手机即收到“低碳世博小贴士”；到达上海后，欢迎短信再一次提醒要“绿色出行游世博”。参观者购买和使用的交通卡是“世博绿色出行交通卡”；看到的是“低碳世博，绿色出行”的宣传广告；进入世博园后，使用的是由短信或彩信发来的免除纸张的“世博参观指南手册”；参观的是各个具有特色的“低碳展区”，体验的是“天下一家未来城市数字生活实验室”展出的未来低碳生活方式……

记者：观众在自己感兴趣的展品面前，可以使用手机来接收产品的介绍，既减少了肩扛手提资料袋之苦，又减少了大量纸质产品的碳排放；如果时间凑巧，还可以观赏到中秋之夜世博园内的“降碳盛典”，“关灯赏月”环节在大家践行低碳之时，心灵沉浸于静谧与温柔的独特感觉中。

张建宇：在月光、星光和灯光交相辉映的世博园内，承载传统与现代，交融东方与西方，连接中华与世界……

对于那些低碳概念的先行者们，世博将提供一个更高层次的“低碳实践”：参观者可以使用手机或者网上的“绿色出行碳计算器”计算自己参观世博过程中的碳排放，或者直接在网上购买“碳指标”；也可购买“含碳指标绿色出行交通卡”及其他“含碳指标世博纪念品”；还能直接参与种树等降碳活动，直接或间接地降低自己的碳足迹。

就如同当年启迪了千百万青少年的“小灵通漫游未来世界”一样，我们也可以有充分的信心，一个“低碳的世博”将为千千万万的参观者开启“低碳未来世界”的大门！

胡劲军：意味深长的是，价值观时有冲突的东西方，在低碳的旗帜下，在上海世博会拥有最大的共识。我们用彼此都听得懂、能理解的“低碳语言”交流，为城市更美好的未来共同努力。中国需要低碳，需要可持续发展，世界也需要低碳，需要人与自然和谐共处。在低碳理念与实践的交流中，我们才能拥有前所未有的发展动力。

二、现场报道

健康专家解难题

蜂王浆最好空腹服　神经性皮炎用梅花针　糖尿病眼病要提防

出场专家：

郑鸿廷，第三军医大学新桥医院内分泌科副主任、副教授

黄文权，第三军医大学新桥医院中医康复理疗科主任、教授

晋献春，第三军医大学新桥医院中医科主任、教授

上海市金山区　姜先生：总第677期20版有篇《老年人首选枣花蜂蜜》的文章，文中说蜂王浆有提高免疫力，提高身体素质，延缓衰老的作用，有没有什么人不适合吃呢？

答：蜂王浆性甘平，有滋补强壮、健脾益胃、保肝抗病等功效，还可改善机体代谢过程，改善人体免疫功能等。

由于蜂王浆中含有性激素，如有人类生殖激素雌二醇、睾本酮和孕酮等。对儿童来讲，性器官未成熟，所以不提倡食用含性激素的食品，以防性早熟。但是，如果儿童身体虚弱，可以根据医生建议，短期服用蜂王浆。

在这里提醒大家，有很多人吃了蜂王浆后说有"拉肚子"现象，这是因为服用蜂王浆时间不当所导致的。每次饭后，胃器官便分泌大量的胃酸来帮助食物消化，然而胃酸对王浆有一定的破坏作用，若此时服用王浆，则会造成刺激胃部的运动，从而导致"拉肚子"的现象产生。所以，蜂王浆一般以空腹服用效果佳，可被更好地吸收。

广州市南沙区　亢小姐：看了总第705期20版《敲脖子治好了顽固皮炎》的文章，赵霖教授说用他自己做的"锤子"(红酒塞上插针灸)敲脖子治好了德国朋友的皮炎，这个方法能用文中提到的梅花针代替吗？就是在患皮炎的位置敲就可以吗？

答：梅花针又名"皮肤针"、"七星针"，是用5～7枚不锈钢针，集体固定在针柄的一端而成。梅花针并不适合所有皮炎，神经性皮炎效果不错。

神经性皮炎，中医又叫"摄领疮"。我接待的病人中，公司外企白领等高压人群患此病的人很多。他们大多有精神紧张、焦虑、头晕、睡眠不好等神经衰弱的情况。一般发生在颈后部或其两侧、肘窝、前臂及腰骶部等。常成片出现，呈淡红或淡褐色。

梅花针能疏通脉络，活血止痒。药店即可买到，可自己在家操作。使用梅花针不一定是在皮疹处，也可以在脊椎两侧离正中线约4厘米的区域及皮疹区。不同部位的皮炎，所选取的重点区域是不一样的。头面颈部皮炎选颈椎两侧；上肢皮炎选第4颈椎至第5胸椎两侧等。

但是使用梅花针时要用力得当，尤其在敲击患病部位时，很多人由于患处刺痒敲击用力过猛，反而会令疾病加重。

北京市海淀区知春路　李先生：总第697期20版的《三多已是糖尿病中期》，我母亲有糖尿病，她总说自己眼睛越来越不好使，你们的文章中没有涉及糖尿病并发眼病的，所以我想再问问专家她眼睛的问题是否和糖尿病有关。

答：你要赶快带母亲去检查了，糖尿病患者很容易出现眼部并发症，最常见的是糖尿病性视网膜病变及白内障。糖尿病比非糖尿病失明者多25倍。

早期糖尿病性晶状体混浊是可逆的。有效地控制血糖，适当加强运动和饮食控制，早发现

早治疗,可以控制晶状体混浊的进展,甚至可以消失。极早期的混浊可于3日内消失,时间长者需要几个月,多数在6周内恢复透明。当混浊的晶状体严重影响了视力即可手术治疗。需要注意的是,当糖尿病病人同时患有白内障和糖尿病视网膜病变时,不要贸然接受白内障手术,要到条件较好的医院进行详细的眼部检查后再决定。

昨天、今天、明天

——专访赵本山

昨天——《捐助》温暖感人,是高级小品

〔记　者〕 今年的小品《捐助》评价不高,甚至被评为春晚最烂节目。您接受自己失败的观点吗?

〔赵本山〕 我就没考虑过失败,是大家给我动力,让我站在春晚舞台上的。我在很多场合都说过,上春晚不是为了自己,是为了回报大家的关心。去年虽然我病了,但一点没有放松要求,《不差钱》准备时间只有12天,《捐助》用了两个月筹备和排练。我不觉得"笑果"多就是好的幽默小品,温暖中又有笑声,这样才是高级的小品。很多时候,给人关怀比让人发笑温暖。

〔记　者〕 观众提出今年的小品中有太多的植入性广告,对此您怎么看呢?

〔赵本山〕 现在做什么都需要商业投入,我觉得只要植入得比较自然,就应该可以。有些地方,比方说搜狗,那其实是我做的一包袱,接下来的台词是有"笑果"的。如果你看每一个道具都觉得是广告的话,我也不知该怎么解释这件事了。

〔记　者〕 最后时刻决定让小沈阳搭上春晚末班车,出于什么样的考虑?

〔赵本山〕 不上小沈阳,观众肯定有想法,观众对他的喜爱就是他立足春晚的最好理由。其实今年春晚带小沈阳上台是为了堵大家的嘴,假如小沈阳不上我怕大家会有说法——是不是师傅怕他太火捂不住了?当然,还会有其他的猜测,所以我要让他上。原计划给小沈阳单独设计一个小品,但后来看比较费劲。他毕竟还年轻,很多时候紧张,挑大梁还需要时间。再后来就是我们两个捧王小利,他是小品里包袱最多的,我和小沈阳都是配角。

〔记　者〕 王小利不是第一次上春晚了,我看您也有他"不会超过小沈阳"的预言。为什么这么说呢?

〔赵本山〕 我身边各种各样才能的学生都有,至于小利能不能火到小沈阳的程度,我说不好,但他是一个很好的演员,他的热度会很持久。《捐助》是王小利第二次上春晚了,但是小利要想红成小沈阳那样是比较费劲的。可是王小利会告诉观众,他是一个非常会演戏的演员。相比之下,小沈阳比较夸张,如果当初不是事先做了那么多设计和铺垫,可能不会像现在这么火。我不是不带小沈阳了,只有我们的团队涌现出更多的人才,我们才能壮大、发展。

〔记　者〕 为什么现在不和宋丹丹这样的老搭档搭伙了,是因为自己的徒弟吗?

〔赵本山〕 我喜欢用自己的学生、徒弟,他们的表演"接地气",不像那些学院出来的学生,还得先把他们身上的这些东西都去掉。

今天——我不关心什么收视率

〔记　者〕 您现在的状态怎么样?

〔赵本山〕 这一年我自己感觉特别累,主要是操心我这帮徒弟们。身体还是不给劲儿,医生说要开春才能复查。很多时候不敢使劲,一使劲头就犯迷糊。总犯困,很多时候如果不睡一觉,感觉自己顶不下来。

〔记　者〕 现在《乡村爱情故事》正在热播,收视率怎么样?以后这个系列还是您的工作重点吗?

〔赵本山〕 前两部《乡村爱情》人物围绕着象牙山村这个小山村展开,现在背景从乡村走向了大上海,人物自然而然与大城市联系在一起。我想观众应该喜欢看我们的东西,因为生活。收视率还没有出来,我也不关心什么收视率,只要大家喜欢看,我就会一直拍下去。

我觉得做任何事情,包括交朋友,只有拿出真心实意,用自己的辛苦真实地面对生活,做每一部戏,都能有好收成。我 20 多岁就进城了,但我的根还在农村,我闭着眼睛都知道农民是怎么走路、怎么说话的,所以我肯定会继续拍农村剧。我正组织编剧编写《刘老根》第三部,计划年内开机。故事就发生在海南,讲述刘老根离开龙泉山庄到海南创业的艰辛。海南影视城将在今年破土动工,《刘老根》第三部极有可能是海南影视城落成后拍摄的第一部戏。

〔记　者〕 "刘老根"在全国的运作情况怎么样?

〔赵本山〕 春晚后我一直没闲着,刘老根大舞台的规模不断扩大,节目升级势在必行。你要想吸引观众必须靠好的节目,19 日我刚刚看了刘老根大舞台中街店的节目,他们整得挺好的。我想把这个店作为节目升级的试验田,如果不与时俱进,二人转就是没有出路的。现在改版后的节目更接近一台综艺晚会,增加了舞蹈串场,演员表演中多了走进观众席互动的环节。可以说,中街店的每一个节目都经过了我的仔细审查,从舞美、灯光到演员,都是用心推出的。如果中街店节目升级后获得观众的认可,刘老根大舞台所有分店的节目都将进行改版。

〔记　者〕 很多观众都在关注"刘老根"在南方市场的发展,听说您今年要在南方试水了?

〔赵本山〕 海南和深圳都在准备,如果不出意外,今年应该没有问题。我们现在要谨慎,节目更要对得起观众。深圳和海南流动人口多,经济基础又好,有大批符合二人转演出消费的观众,市场前景看好。

〔记　者〕 恭喜您最近又收了弟子,能不能介绍一下?

〔赵本山〕 这回从海南回来收了几个徒弟,贺晓刚、李小明、六岁红、小飞龙、"大长脸"于洋,还有个新加坡歌手陈美心,他们都是不错的演员。我收徒弟先看人品,再看综合素质,希望他们以后都能为二人转多做点事情。

明天——我没想做"娱乐老大"

〔记　者〕 您和小沈阳、毛毛、程野出演的张艺谋新片《三枪拍案惊奇》大获成功,我们知道您在春节前也约见了台湾导演朱延平,是否要和他合作?关于王家卫的《一代宗师》中您的戏份能介绍一下吗?

〔赵本山〕 参演王家卫的新片算是帮忙。和导演朱延平也会合作,小沈阳和我都会参演。

〔记　者〕 媒体都报道了您夜宴"小虎队"的新闻,他们会不会演出呢?

〔赵本山〕 现在还不好说,如果有合适角色的话就可以,一切都要看剧本的协调。

〔记　者〕 您今后还会坚持上春晚演小品吗?您怎么看那些对您的质疑和反面意见?

〔赵本山〕 春晚是个特殊的舞台，1分钟比人的一生拍20个电视剧还有用。春晚嘛，我不可能不上，他们（徒弟）有我在身边会踏实些。我今年已经50多岁了，就是想一步步把我身边这些人带出来，带给观众快乐。我是通过春晚让观众知道的，如果观众还需要我，我就来。对于将来嘛，我还是脚踏实地地去做，因为这个社会太需要快乐了！至于反面意见，我基本不看，但理解大家的心情。什么事情不可能做到十全十美，我个人尽力了，这就不后悔了。我也没想着要做“娱乐老大”，就是想把人做好。

〔记　者〕 您参加了多年春晚，能给春晚提点好点子吗？

〔赵本山〕 我很同意大家的观点，春晚要想吸引人，就要改变多年不变的样子，如果能办进厂矿、农村、社区，让百姓参与，和百姓互动，各地现场直播，央视镜头切换，这样的春晚就能活起来，老百姓一定爱看。

〔记　者〕 一场大病之后，您现在有什么感悟呢？

〔赵本山〕 去年最难忘的事情是得病，现在我是恢复阶段，人也只有在面对生命最危急的时候才能悟出道理，有所感悟。我就是这样一步步走过来的，要珍惜自己的生命，回报大家的关注。我是个玩命的人，否则没有底下这些“奇形怪状”的人（指徒弟们），从没有想到（把事业）做这么大，做市场就是把人做好。我的宗旨就是做能给老百姓带来快乐的事情，这个社会太需要快乐了！

〔记　者〕 还有一个事情，想问问您，本山传媒与台湾东风传媒、华纳音乐、环球热力兄弟影音在北京刘老根大舞台正式签署合作协议，宣告联手打造华人TOPYOUNG偶像组合。现在进度怎么样了？

〔赵本山〕 现在还没有深入的想法，目前就是把它们作为相关产业来提携，具体得看未来的实际情况。我们的原则是做我们熟悉的行业，即使有所涉足也是与主业相关。但目前在上市这一点上，也是只有路线图，没有时间表。

〔记者感言〕

每年春节，赵本山都会与家人飞到海南，在亚热带温润的气候中疗养度假。大年初五，赵本山飞回沈阳，提前结束了春节假期，并且在沈阳总部主持了一年一度的集团表彰大会，与千名职工一同联欢。忙碌了一年，此时的本山是最欣慰的，刘老根大舞台2009年收入1.48亿元，春晚新推出弟子王小利、《乡村爱情故事》如期在央视一套黄金档播出……看着一张张成绩单，本山论功行赏，给每一位员工发红包。而回顾起自己在过去一年的得失，老赵更是感慨颇深。春晚小品《捐助》与春节期间播出的电视剧《乡村爱情故事》，再次引发了关于赵本山的如潮争议……在如期为大家带来笑声的同时，我们也遗憾地发现，老赵一步一步走得安全踏实，却似乎少了那么点东北人的“虎”劲儿……

日环食报道

〔记　者〕 观众朋友：

我们现在是在南通市的广场中心向全国观众朋友进行这次观看日环食的现场报道。

观众朋友：

现在我们这里已经聚集了上千名观众在等待观看日环食。这次日环食的出现是千载难逢的好机会，大家从四面八方聚集到这里等待这一时刻的到来。在这些观众当中，有来自本市的数十名科技人员，有来自全国各地的科技战线的高精尖科技人员，也有来自世界各地到中国旅游观光的外国朋友，还有不远万里专门来到这里观看这次日环食的国外天文学家及天文科研人员。观看这次天象奇观是千载难逢的好机会。

观众朋友，你们看，现在是太阳初出的样子。人群开始沸腾了。这时，我们的科技工作者正在紧张地忙碌着，他们纷纷用笔记着，用望远镜、用科学仪器在密切注视着太阳的变化。

好！观众朋友，大家看，太阳现在出现月牙形。现在是北京时间上午九时三十五分。现在我走向观众当中向他们进行现场采访。

〔记　者〕请问这位朋友，您是从哪儿来的？

〔群众甲〕我是本市的。刚才上街买东西，正好碰上了，看到这么多人都在观看日环食，为了看热闹，也凑上来看了一会儿，不过，我觉得太阳的变化挺有意思，今天也算饱了一次眼福了。

〔记　者〕好！请问您是来自本市的吗？

〔群众乙〕不，我是从哈尔滨来这里出差的。

〔记　者〕请问您对这次日环食的出现有兴趣吗？

〔群众乙〕嗯，我过去在学校上高中时，对天文也有点兴趣，我觉得宇宙间有许多奇妙的事情等待我们去探索，那时候，我真想当个宇航员，去看一下太空到底是个什么样。刚才我到别的单位去办完事情，走到他们大门口听说今天有日环食的奇观，我今天非常高兴。

〔记　者〕好！谢谢！

〔记　者〕请问这位小朋友，今年几岁了？

〔群众丙〕我今年 8 岁了。

〔记　者〕请问你今年上几年级了？

〔群众丙〕我上 3 年级了。

〔记　者〕小朋友，你是一个人来看日环食的吗？

〔群众丙〕不，我和同学一起来的。

〔记　者〕小朋友，你刚才看了日环食以后，想对电视机前的爷爷、奶奶、叔叔、阿姨，还有你的爸爸、妈妈说些什么吗？

〔群众丙〕昨天上课的时候，老师说今天有日环食出现，是很多年才出现一次的，我和另外两个同学，今天一大早就在这等着看日环食，日环食刚才出现以后，我们看到了就觉得特别好看。我们现在一定要好好学习，等我长大了也像那么多伯伯一样做一名天文学家去研究太阳的变化。

〔记　者〕好！小朋友，谢谢你！

〔记　者〕观众朋友，我现在来到正在进行拍摄的工作人员当中。请问这位朋友，您好！看到你们正在紧张地工作，在拍摄这些宝贵的天文资料，请问你们是本市的科技人员吗？

〔群众丁〕不，我是中科院来的。

〔记　者〕那么请谈一谈你对这次日环食的出现有什么想法？请向我们电视机前广大的观众谈一下好吗？

〔群众丁〕 可以。因为日环食是很多年才出现一次的，每次日环食的出现都是不一样的，这些数据和资料对天体的变化研究具有很重要的价值。所以，我们尽可能把这次日环食出现的整个过程都记录拍摄下来，为我们进一步研究日环食的形成和出现以及太阳的变化提供很有价值的资料。

〔记　者〕 请问这位小伙子，你是从哪儿来的？

〔群众戊〕 我是从英国来的。

〔记　者〕 请问你过去来过中国吗？

〔群众戊〕 没有，我这次是专门来看日环食的。

〔记　者〕 请问一下，你今天观看了日环食，有什么想法？

〔群众戊〕 我是个天文爱好者，以前看到过不少的天文资料，曾在一些资料上看过有关日环食的图片。今天我一大早就在这等着看日环食，这是我第一次看到日环食，心里感到特别激动，我盼望已久的夙愿今天终于实现了。我看到日环食出现的整个过程，日环食的变化简直是太奇妙了，我这会儿兴奋得无法用语言来表达了。

〔记　者〕 好！谢谢！

〔记　者〕 请问这位老先生你是从什么地方来的？

〔观众己〕 我是从日本来的。

〔记　者〕 请问您今年高寿了？

〔群众己〕 我今年八十七岁了。

〔记　者〕 您这么大年纪还来看日环食，您对日环食一定很感兴趣了？

〔群众己〕 我是个业余研究天文的。

〔记　者〕 那么请问您是第几次看到日环食了？

〔群众己〕 我是第二次看到。

〔记　者〕 嗯，我想问一下，您第一次看到日环食是在什么地方看到的？

〔群众己〕 我第一次是在日本的八丈岛。

〔记　者〕 请问您第一次看到的和这次看到的有什么不同吗？

〔群众己〕 有。我第一次是 1940 年看到的日环食，那时候，它的月牙形缺口偏上，高度和形状都随着太阳黑子而变化，看上去俨如一个大花瓣儿。这一次日环食月牙形看上去比上一次缺口偏大，而缺口部位偏右，由于日环食向空间伸展数百万英里之遥，这很可能和赤道光引起的粒子有关。日环食的四周边际发出的黄光特别强烈，刚才你们看过了，嗯，那道黄光是通过滤光器，它既可以拍到内环的细节，也能拍到它微弱的外环，我们刚才用肉眼看到了日环食的外部的黄光像锯齿状，对进一步研究宇宙太阳系的变化，有极高的研究价值。

〔记　者〕 好！谢谢！

〔记　者〕 观众朋友，刚才我进行了一下现场采访，我身边的这位日本朋友已经是第二次看到日环食了，这位老人他今年 87 岁了，第一次是在日本的八丈岛看的。

观众朋友，现在是十时零三分，今天是在南通市的广场中心向全国的广大观众进行现场报道，那么这次观看日环食(呢)南通市是观察日环食最好的观察地点之一。

观众朋友，这次日环食是本世纪我国能够观察到的最后一次日环食了。

好！观众朋友，今天观察日环食的现场报道就转播到这里。谢谢大家！

三、综艺节目主持词

第一组　庆祝清华大学建校九十六周年文艺晚会主持词

男：尊敬的各位领导，各位来宾，从五湖四海回到母校的校友们。

女：亲爱的老师们，同学们，大家——

合：晚上好！

男：“紫荆花开满园春”，今天的清华园，到处洋溢着欢歌笑语，几代清华人聚集一堂，共同庆祝母校九十六周年华诞。

女：“西山苍苍，东海茫茫，吾校庄严，巍然中央。”水木清华，春风化雨，教我育我，永生难忘。

男：我们在学堂灯影下探求科学真知，在荷塘月色中感悟人文日新。

女：我们在大礼堂里展示青春风采，在运动场上留下矫健身影。

男：这里有悠久醇厚的光荣传统，这里有诲人不倦的学术大师，这里是任我遨游的知识海洋，这里是解惑人生的精神家园。

女：九十六年来从这里，十二万名莘莘学子放飞理想，满怀信心地奔赴祖国四面八方。今天，我们重返母校，共同在这里欢聚一堂。

男：今天我们荣幸地请到了校艺术团顾问中国传媒大学播音主持专业资深教授、国家级汉语普通话水平测试专家赵秀环老师一同参加我们的晚会主持，并且还会为我们的晚会献上精彩的诗歌朗诵。

女：欢迎我们的特邀嘉宾赵秀环老师上场！（赵：大家好！）

男：今天我们还请到了中央电视台著名节目主持人张泽群老师（也是赵老师的学生）一同参加我们的晚会主持。

女：掌声有请张泽群老师上场！（张：大家好！）

男：清华大学建校九十六周年校庆文艺晚会——

合：现在开始！

男：首先，请欣赏一组合唱歌曲：《清华大学校歌》、《祖国，我爱你！》、《让世界都赞美你》。伴奏：戚玥，指挥：娅伦格日勒老师，由清华大学校合唱队演唱。掌声有请！（歌曲联唱）

女：接下来，请欣赏舞蹈：《飞天》。由郝天萍、睢蔚、吴琦为您表演。

男：下面请听诗朗诵：《海燕》。作者：高尔基，朗诵者：特邀嘉宾、中国传媒大学播音主持专业资深教授、国家级汉语普通话水平测试员赵秀环老师。掌声有请！（朗诵：《海燕》）

女：下面请欣赏女声独唱：《天路》、《青藏高原》。有请韩红上场为大家演唱！（歌曲：《天路》、《青藏高原》）

男：下面请欣赏大型舞蹈《黄河》。编舞：杨萍，领舞：高阳、晓玥，由清华大学舞蹈队员伴舞。（舞蹈：《黄河》）

女：下面请听集体朗诵：诗歌《我们年轻一代》。作者：晨星，朗诵者：王良、张丰、祁兰、曲鸽、晓玥、高鹏等。掌声有请！（诗歌：《我们年轻一代》）

男：接下来，请欣赏桑巴团体舞《阳光下》、恰恰团体舞《嘻唰唰》，由清华大学学生舞蹈队表演。掌声有请！（舞蹈：《阳光下》、《嘻唰唰》）

女：下面请欣赏歌舞：《为祖国干杯》。（歌舞：《为祖国干杯》）

男：今夜无人入睡，让我们为清华喝彩！请听男高音独唱：歌剧《图兰朵》选段——“今夜无人入睡”。有请张继飞上场为大家演唱！（歌剧：《今夜无人入睡》）

女：亲爱的师长、学长，清华学子一定会以优异的成绩向你们交上满意的答卷。台上台下的清华人，让我们齐唱老校歌！（返场：清华大学老校歌）

男：伴着悠扬深沉的老校歌，我们的演出已接近尾声。

女：我们今天是弦歌一堂，明天要肩负起民族复兴的厚望。

合：让我们用青春和智慧去浇灌祖国大地辉煌灿烂的明天！

男：亲爱的老师们，同学们，庆祝清华大学建校九十六周年校庆文艺晚会到此结束！

女：谢谢大家！祝大家晚安！

合：再会！

第二组　《唱响正气歌》全国新创廉政歌曲文艺晚会主持词

朱　军：尊敬的各位领导、各位来宾，

董　卿：电视机前的观众朋友们，

主持人（合）：大家晚上好！

朱　军：这里是《唱响正气歌》——全国新创廉政歌曲文艺晚会的录制现场。

董　卿：中华民族五千年历史源远流长，创造了许多内涵丰富的廉政诗文、警句格言和戏曲，流传着大量清官廉吏的故事。

朱　军：清正廉洁，作为中华民族的传统美德，已深深融入了民族的精神和血脉之中，构成了中国特色廉政文化的深厚底蕴。

董　卿：新时期，党中央高度重视党风廉政建设和反腐败工作，作出了一系列重大决策和部署，提出反腐倡廉教育要面向全党全社会，大力加强廉政文化建设。

朱　军：今年，中央纪委在全国开展了反腐倡廉歌曲创作评选和演唱活动。伴随着廉政歌曲的传唱，廉政清风吹进千家万户，廉政意识深入人心，营造了“以廉为荣、以贪为耻”的良好氛围。

（大屏幕播放专题片，介绍活动情况）

专题片：这次反腐倡廉歌曲创作评选和演唱活动，各地区各部门精心组织，创作出了一大批思想健康、格调清新、形式活泼，深受群众喜爱的廉政歌曲。据不完全统计，全国共新创作廉政歌曲 6 万多首，参加演唱活动的干部群众达 3700 多万人次，举办歌咏晚会 24 000多场，形成了创作的热潮、争优的热潮、演唱的热潮。这些歌曲紧贴时代脉搏，高扬反腐倡廉主旋律，展现了新时期广大纪检监察干部可亲、可敬、可信的形象。按照公开、公平、公正和专群结合的原则，经过初评、复评和终评三个阶段，共有 115 首优秀廉政歌曲分别荣获特等奖和一、二、三等奖。

董　卿：时光的流逝冲不走永恒的思念，岁月的交替磨不去历史的丰碑。回首峥嵘岁月，老一辈无产阶级革命家的教诲仍在耳边回荡。

朱　军：在党的七届二中全会上，毛泽东同志高瞻远瞩，向全党同志特别是高级干部敲了警钟，提出了“两个务必”的著名论断。

（配乐情景表演）

董　卿：下面请大家欣赏荣获廉政歌曲创作特等奖的作品《牢记两个务必》。

朱　军：河北省纪委报送，作词晚笛、大民、杨模，作曲李昕，杨洪基演唱。

（配乐情景表演）

董　卿：下面请欣赏荣获廉政歌曲创作一等奖的作品《手莫伸》。

朱　军：天津市纪委报送。南开大学、天津音乐学院、天津电视台和天津市纪委监察局演唱。

董　卿：老一辈无产阶级革命家以身作则，率先垂范，为我们树立了一座座勤政爱民、清正廉洁的丰碑。

朱　军：他们坚守信念，革命斗志不减；他们一身正气，政治本色不变。

董　卿：清风明月两相随，壮乡有座清风楼，小平身影楼中留。广西，是邓小平同志革命过的地方，在那片土地上，不仅留下了他战斗的身影，也留下了他清正廉洁的光辉形象。

朱　军：广西人民为怀念小平同志，专门创作了歌曲《壮乡有座清风楼》。下面请欣赏这首荣获廉政歌曲创作一等奖的作品，广西壮族自治区纪委报送，作词覃承勤、覃九宏、韦苏文，作曲郭荣志，黄春燕演唱。

董　卿：1935年，方志敏烈士在狱中写下了著名篇章《清贫》，如今，依然熠熠闪光。

朱　军：《清贫》，是革命的正气歌，是共产党人永远的教材。

董　卿：毛泽东同志说，《清贫》是一个共产党员的革命意志、情操和高尚人格的写照，是不朽的佳作。

朱　军：邓小平同志欣然命笔，为《方志敏文集》题写了书名。

董　卿：江泽民同志说：“这是何等坚定的革命信念！何等高尚的精神情操！”

朱　军：胡锦涛同志指出：“我们纪念和学习方志敏同志，就要像他那样，一身正气，清正廉洁，保持共产党人的政治本色和革命气节。”

董　卿：习近平同志号召全体党员干部自身清廉、为民服务。下面请欣赏荣获廉政歌曲创作特等奖的作品《清贫颂》。

朱　军：江西省纪委报送，作词秦庚云、俞明龙，作曲熊纬、吴波，韩磊演唱。

董　卿：今天，我们特意请到了方志敏烈士的长孙方华清同志。下面有请方华清同志讲几句话。

方华清：爷爷虽然没有给我们留下万贯家财，却留下了革命的《清贫》，教导我们作为一个革命者应该有的高尚情操，自甘清贫，不负先烈。

朱　军：徜徉于历史之中，我们深切感受到了老一辈无产阶级革命家的远见卓识和崇高风范。

董　卿：感受到了革命先烈不畏艰难、甘于清贫的高风亮节，这是值得我们永远珍藏的宝贵精神财富。

朱　军：邓小平同志曾经多次强调，我们事业的成功，“一靠理想，二靠纪律”。

董　卿：正因为有了铁的纪律，才使我们党，无论在血与火的战争年代，还是在和平建设时期，都始终保持着旺盛的革命热情和强大的战斗力。

朱　军：在中共中央第十五届六中全会上，党中央从加强和改进党的作风建设、保持同人民群众的血肉联系出发，提出了“八个坚持、八个反对”的要求。

董　卿：下面，请大家欣赏荣获廉政歌曲创作一等奖的歌曲《八个坚持、八个反对》，湖北省纪委报送，作曲王原平，中央电视台合唱团演唱。

朱　军：在革命战争年代，我们党制定了“三大纪律、八项注意”，造就了一支纪律严明、秋毫无犯的人民军队。

董 卿:如今,与时俱进的共产党人,根据时代的发展变化,提出了一系列新的纪律要求。

朱 军:中央纪委第三次全会把廉洁自律的规定集中概括为四大纪律八项要求,以便于领导干部更好地掌握、遵守和执行。

董 卿:下面请欣赏荣获廉政歌曲创作一等奖的作品《四大纪律八项要求》,国资委纪委报送,集体创作,雍亚民执笔,作曲孟刚,中央电视台合唱团演唱。

……

朱 军:我们党制定一系列纪律规范,就是为了让党员领导干部廉洁从政,真正做到一个“廉”字。

董 卿:“廉”字有着丰富的内涵,蕴含着党的要求和人民的期望。接下来,请大家欣赏荣获廉政歌曲创作一等奖的作品《廉字歌》。

朱 军:北京市纪委报送,作词白明惠,作曲继范、跃强、跃峰,刘玮演唱。

……

董 卿:我国颁布的《公务员法》标志着我国的公务员制度建设迈上了一个新的台阶。

朱 军:它对于规范公务员的管理,加强对公务员的监督,促进勤政廉政,提高工作效能,必将起到十分重要的作用。

董 卿:下面,请大家欣赏根据《公务员法》的内容创作并获廉政歌曲创作特等奖的作品《公务员之歌》。

朱 军:广东省纪委报送,作词朱泽君,作曲印青,阎维文演唱。

……

董 卿:党员干部要按照《公务员法》的要求,忠于职守,廉洁从政,心中常有个“警”字,做到警钟长鸣。

朱 军:下面请大家欣赏荣获廉政歌曲创作一等奖的现代京剧《警》,中国音乐家协会报送,词曲姚明,表演者:孟广禄、于魁智、李胜素。

……

董 卿:这次全国反腐倡廉歌曲创作评选和演唱活动产生了一批歌颂先进人物的歌曲。

朱 军:这些歌曲以优美的旋律打动人,以动情的歌声感化人。

董 卿:下面请大家欣赏献给“农村保持共产党员先进性教育”活动的歌曲《老支书》,这首歌荣获廉政歌曲创作一等奖,河北省纪委报送,作词杨劳模,他是一名纪检监察干部,作曲杨一川,李丹阳演唱。

……

朱 军:老支书之所以深受人民群众的拥戴,在于他心里始终装着老百姓,时刻把群众的冷暖记在心上。

董 卿:下面请欣赏荣获廉政歌曲创作一等奖的作品《心里装着谁》,公安部纪委报送,作词阎肃,作曲孟庆云,佟铁鑫演唱。

……

朱 军:看过苏联电影《列宁在十月》的人,一定会记得影片中伟大革命导师列宁的光辉形象。

董 卿:大家也一定不会忘记,列宁身边那位忠诚的卫士瓦西里。瓦西里不仅英俊高大,而且有着舍己为公的精神风范,至今仍深深印刻在我们的心底。

朱　军：下面请欣赏荣获廉政歌曲创作一等奖的作品《瓦西里的故事》，广西壮族自治区纪委报送，作词梁绍武，作曲唐力，袁泉演唱。

……

朱　军：党章是最根本的党规党纪，是我们党全部活动的总章程。全面履行党章赋予的职责和任务，维护和执行党的纪律，是我们党对纪检机关的一贯要求，是纪检机关的重大使命。

董　卿：下面请欣赏荣获廉政歌曲创作特等奖的作品《履行党章赋予职责》，中央电视台报送，集体创作，刘青作曲，中央电视台合唱团演唱。

……

朱　军：党的十八大以来，以习近平同志为总书记的党中央坚持标本兼治、综合治理、惩防并举、注重预防的战略方针，提出建立健全教育、制度、监督并重的惩治和预防腐败体系，并颁发了《实施纲要》。

董　卿：这是党中央从完成经济社会发展的重大任务和巩固党的执政地位的全局出发，为做好新形势下的反腐倡廉工作作出的重大战略决策。

朱　军：是我们党对执政规律和反腐倡廉工作规律认识的进一步深化，是从源头上防治腐败的根本举措。

董　卿：《实施纲要》是当前和今后一个时期深入开展党风廉政建设和反腐败工作的指导性文件。

朱　军：《实施纲要》颁布后，在党内外和社会各界都产生了强烈反响，人民群众备受鼓舞，用歌声来表达对党中央出台反腐新措施的喜悦心情。

董　卿：下面，请欣赏荣获廉政歌曲创作特等奖的作品《山歌一曲唱纲要》，山西省纪委报送，作词郭新顺，作曲吕欣荣，由来自西北农村、获得中央电视台《星光大道》年度总决赛冠军的阿宝为大家演唱。

……

朱　军：广大纪检监察干部战斗在党风廉政建设和反腐败工作的第一线，他们忠于党，忠于人民，涌现出一大批令人敬佩的先进典型，人们把他们称为“可亲可敬的人”。

董　卿：下面请欣赏荣获廉政歌曲创作一等奖的作品《可亲可敬的人》，财政部纪委报送，作词天明，作曲王咏梅，吕继宏演唱。

……

朱　军：我有个邻居叫老徐，他是一个普通的纪检监察干部，他的生活是平常的，为人是和气的，工作是繁忙的，但他却有着埋头苦干的精神、无私奉献的品质、一身正气的情操。

董　卿：下面请欣赏由中央电视台报送的、荣获廉政歌曲创作一等奖的作品《老徐》，作词王持久，作曲付林，江涛演唱。

……

朱　军：这就是平凡中透着伟大，细微处见着精神。他使我想起了茅盾先生在《白杨礼赞》中高声赞扬的白杨树。这是一种在西北极普通的树，“然而绝不是平凡的树”。

董　卿：因为白杨树有着“笔直的干”、“笔直的枝”，象征着“朴质，坚强，力求上进的精神”。

朱　军：在这次反腐倡廉歌曲创作中，人们也把纪检监察干部比喻为一棵挺拔的树，以赞颂他们的高尚品质。

董　卿：下面请欣赏献给广大纪检监察干部的一首歌《你是一棵树》。公安部纪委报送，荣获廉政歌曲创作一等奖，作词谭仲池，作曲徐沛东，戴玉强演唱。

……

朱　军：反腐倡廉任务繁重而艰巨，纪检监察工作光荣而神圣。

董　卿：党旗在嘱托，人民在期盼，民族在召唤。纪检监察干部肩负历史使命，扶正祛邪，扬善惩恶，用生命谱写忠诚之歌。

朱　军：下面请听荣获廉政歌曲创作特等奖的作品《纪检监察之歌》，辽宁省纪委和沈阳市纪委报送，集体创作，胡宏伟执笔，作曲杜鸣，中央纪委监察部机关合唱团演唱，阎维文领唱。

……

董　卿：朗朗乾坤正气歌，浩气长存天地间。

朱　军：一首好的歌曲，可以教育一代又一代人，产生震撼人心的强大精神力量。

董　卿：一首好的廉政歌曲，可以陶冶人的情操，升华人的境界，振奋人的精神，鼓舞人的斗志。

朱　军：让我们奏响时代主旋律，唱响正气歌，为落实科学发展观，加强党的执政能力建设和先进性建设，构建社会主义和谐社会，深入开展党风廉政建设和反腐败工作，营造良好的社会氛围。

董　卿：祝愿我们的祖国更加繁荣昌盛！

朱　军：祝愿我们的社会更加和谐美好！

主持人(合)：祝愿我们的人民更加幸福安康！

第三组　军乐队演出主持词

主持人：高阳、晨星

高阳：尊敬的各位领导，各位来宾，亲爱的观众朋友们：大家晚上好！

欢迎您来到“影动神州”军乐队电影音乐专场演出的现场。今晚，学生艺术团军乐队将在此为您献上一场电影音乐的盛宴。在优美的旋律中让我们一同回味那些熟悉的画面，再次体会心灵的感动和震撼。

晨星：伴随着《星球大战》雄浑壮阔的交响乐章，我们今晚的演出拉开了帷幕，担任《星战》指挥的是，国家一级指挥、中国人民解放军军乐团一队队长兼指挥，张海峰中校。在荷兰举办的第14届世界音乐竞赛暨第9届指挥比赛中，张指挥与荷兰皇家海军军乐团合作取得第一名，获最高荣誉奖项“金指挥棒”奖，成为该项赛事获金奖的首位亚洲人，荣立二等功。张指挥作为解放军军乐团常任指挥，先后完成了数百次内外事司礼任务，并担任美国总统布什、俄罗斯总统普京等数十位国家领导人访华的司礼音乐指挥工作。

高阳：下一首作品是选自迪士尼动画《埃及王子》的主题曲 *When You Believe*，该片以《圣经·旧约》中出埃及记的故事为蓝本创作而成，被影评人士认为是电影史上最伟大的动画片。主题曲 *When You Believe* 由两位天后惠特尼·休斯敦和玛丽娅·凯丽合唱，是整个长片系列的最亮点。让我们用掌声再次有请张指挥。

《红旗颂》

晨星：

《红旗颂》由我国作曲家吕其明创作于1965年，乐曲以嘹亮的小号和国歌作为引子，运用凝练概括的象征性手法，热情讴歌了1949年10月1日中华人民共和国的诞生，讴歌了中国共产党领导的中国革命的伟大胜利。请欣赏《红旗颂》。

高阳：
《指环王》组曲

《指环王——魔戒重现》，作曲家霍华德·绍尔糅合了交响乐与歌剧手法，运用远古时代精灵族与鬼魅族的歌声，并广泛采撷非洲、印度、凯尔特等世界音乐素材精心酝酿出新世纪的魔幻史诗。请欣赏《指环王》组曲。

晨星：
《行星组曲》——木星

英国作曲家古斯塔夫·霍斯特的代表作品之一《行星组曲》，也是他最广为人知的曲目。其采用音乐形象来描绘浩瀚宇宙中的太阳系各大行星的形态与性格。

第四乐章《木星——欢乐的使者》，在很多场合我们都很容易听到这部作品中的选段，宏大的气势、迷人的旋律令人沉醉。下面就请您欣赏第四乐章《木星——欢乐的使者》。

高阳：在优美、迷人的旋律中，我们享受了一场音乐盛宴，度过了一个愉快的夜晚。

晨星：尊敬的各位领导，各位来宾，观众朋友们：今晚的音乐盛宴到此结束。

合：祝大家晚安，再会！

第四组　第15届台湾金曲奖颁奖典礼上张菲和王菲的对白词

张菲：各位嘉宾，大家晚安。我是张菲。

王菲：大家好！我是王菲。

张菲：能够和王菲小姐一起颁奖，对我来说是三生有幸，感觉到非常地荣幸。

王菲：我也是。

张菲：在我的印象里面，王菲小姐是平易近人的，从大会说我和王菲小姐一起颁奖，我好几天没有睡觉，沾沾自喜，结果听说王菲小姐是不太爱说话的人，结果，真的是这样。我觉得她比我轻松多了，她刚刚在看所有的人都在表演，说都交给你了，您一点都不紧张吗？

王菲：但是你把词都改了。

张菲：您真厉害，你这一句话告诉大家我有多紧张。今年我和王菲小姐，我们想请她颁奖，金曲奖有很多年颁奖的历史，能够在今年请您来不容易，是什么风给您刮来的？

王菲：没有这一句。

张菲：原来你习惯背稿子，我们照稿子来。稿子上是什么？

王菲：刚才听了您的歌喉，觉得不错。

张菲：真的吗？大家不熟，不知道这是不是真的，是真的吗？您这一句话比卖20万张还重要。我们知道王小姐刚好这一次，菲小姐，哦，王菲小姐刚出新专辑《将爱》。所以这个风把您刮来，我也是这次以音乐人的身份，不然以前想来参加颁奖的话，拿不到票，而这次专辑刚好和您的《将爱》碰上。

王菲：我不紧张。

张菲：但是我紧张，我希望明年这个时候可以角逐最佳新人奖。

王菲：是不是资格太老了点。

张菲：那您的意思？

王菲：要不然终身成就奖吧。

张菲：终身成就奖还是让给费玉清好了。我还要耽误大家两分钟，我们俩都有一个“菲”字，我们能不能有机会，我不能保证能不能出下一张专辑，如果卖不好的话，就没有下一张专辑，我们可以出一张合辑，可以用《比翼双飞》。

王菲：有点肉麻，你就别想入非非了。

张菲：好，入围国语最佳男演唱人有：陶喆《ultrasound 乐之路》、陈奕迅《黑白灰》、伍思凯《爱的钢琴手》、王力宏《不可思议》、周杰伦《叶惠美》。这个奖项竞争强烈，大家势均力敌，每个人都到了炉火纯青的地步了，这个奖的揭晓还是由您来吧。因为您很少参加这个奖项。

王菲：得奖者是伍思凯。

第五组 合唱、舞蹈演出主持词

主持人：齐龙、晨星

齐龙：今年是一二·九学生运动七十三周年，为了纪念这次伟大的爱国主义学生运动，我们将以一组爱国主义歌曲作为本场演出的开始。下面请欣赏第一组歌曲《让世界都赞美你》、《旗正飘飘》、《我爱你祖国》。伴奏：戚玥，指挥：娅伦格日勒老师。掌声有请！

晨星：担任本场演出指挥的是娅伦格日勒老师。娅伦格日勒老师是著名指挥家，作为中国第一位合唱指挥硕士，她曾带领内蒙古青年合唱团在西班牙获得国际合唱比赛金奖，并且多次指挥合唱团参加比赛和演出，在国内外都享有极高的声誉。今年也是娅伦老师指导清华大学学生艺术团合唱队的第三年，三年以来，娅伦老师以其严格的艺术要求和极富感染力的指挥风格吸引着每一位合唱队员，与同学们建立了深厚的感情，带领同学们在合唱艺术的道路上不断前进。特别要指出的是，这次娅伦老师是专程从厦门赶来指挥合唱队排练和演出的，在此，我们向她表示深深的感谢！（歌曲：《让世界赞美你》、《旗正飘飘》、《我爱你，祖国！》）

齐龙：对祖国的热爱是不分国界的。苏联歌曲《春天来到了我们的战场》，表达了被侵略者的惆怅和忧伤，更表现了他们对战争必胜的信念。下面请欣赏女声合唱《春天来到了我们的战场》。

晨星：我们祖国幅员辽阔、民族众多，民族文化各具特色。下面您将听到的是一组各具民族风味的歌曲。请欣赏《青春舞曲》、《大青藏》以及《春天来了》。

齐龙：《真诚的心》是一首带有浓烈非洲音乐色彩的美国黑人歌曲。全曲讴歌了真挚、虔诚和纯朴的情感，表达了黑人纯洁的内心世界。

晨星：几个好哥们聚在一起，开怀饮酒，放声歌唱。这时，其中一人的妻子突然闯进酒馆，看见眼前烂醉如泥的老公，不禁火冒三丈。接下来会发生什么呢？请欣赏男声小合唱《爱情万岁》。

齐龙：接下来，您将欣赏到由郝家萍、睢蔚、吴琦为您带来的民间舞《牛背摇篮》。

（话外音）清晨，山顶的喇嘛寺里传来了低沉庄重的号角声，雪域高原被宁静神秘的气息所笼罩。一头雄健的牦牛，背负着一位天真可爱的藏族小女孩从远方走来，天边的朝霞照射到牛背摇篮里小姑娘的脸上，也刺破了这原本属于高原的沉寂。请欣赏舞蹈《牛背摇篮》。

晨星：（话外音）飞天，栖身于花丛，飞翔于天宫；能奏乐，善飞舞，满身异香，气韵生动。当我们走在莫高窟，去感受中国古老的敦煌文化，你会惊叹于缭绕在洞窟中的飞天造像，你仿佛能感受到他们的灵魂已充满了整个石窟，因为她已经在那里飞舞了几千年……请欣赏舞蹈《飞天》。

齐龙：一群朝气蓬勃的蒙古青年，在他们深爱的草原上，用奔放的舞姿，尽情挥洒青春的豪情，抒发着他们对生活的热爱、对美好未来的憧憬和渴望以及对理想中天堂的无限向往。舞者以其豪放的舞步、矫健的身姿，表达着他们为追求幸福生活而不屈不挠、自强不息、努力奋斗的精神。请欣赏舞蹈《草原雄鹰》。

晨星：清华大学学生艺术团国际标准舞队成立于1993年，是国内高校中建立最早、影响最广泛的高校国标舞演出团体之一。在校内外的各种演出和活动中，清华大学学生艺术团国际标准舞队都展现了国际标准舞独特的魅力，丰富了校园文化，提倡和弘扬了这一充满吸引力的舞蹈艺术。清华大学学生艺术团国际标准舞队作为一支年轻的队伍，充满朝气，充满活力。在旋转的舞台上，在青春的校园里，在平凡的生活中，总在寻找美，感受美，创造美。

齐龙：《阳光下》是桑巴团体舞，桑巴舞源于巴西，是拉丁舞中比较奔放热烈的一种舞蹈。《阳光下》通过桑巴舞的形式向观众们展现了新时期的充满朝气的青年蓬勃向上的精神风貌。舞蹈热情奔放，具有韵律性与活泼性，相信观众会融入这充满奔放活力的气氛之中。下面就请您欣赏奔放热烈的桑巴舞《阳光下》。

晨星：《嘻唰唰》是恰恰团体舞，恰恰舞起源于墨西哥，是拉丁舞中比较奔放热烈的一种舞蹈。国际标准舞队的舞者们将通过恰恰舞的形式向观众们展现当代大学生充满活力的生活。舞蹈热情奔放，活泼有趣，相信观众会融入这充满激情的气氛之中。接下来请欣赏《嘻唰唰》。

齐龙：各位老师，各位同学：这次合唱队、舞蹈队纪念一二·九学生运动的“奇妙的和谐”沙龙到此结束。祝大家度过一个美好的周末！

晨星：非常感谢学生艺术团合唱队、舞蹈队同学们的精彩演出！

合：祝大家晚安，再会！

第六组　百年追问·王国维的学术与人生专场(主持稿)

主持人：张铭丰

［准备］

距我们讲座开始还有10分钟，请各位老师和同学有序地入场、就座，我们的讲座马上就要开始了！

［开场词］

他的人生就是一个问号，在最辉煌的时候不发一言地结束。

他的历程就是一场追问，追问历史的细节，追问文字的真谛，追问世代思想者的归宿。

他的精神不仅是清华园中矗立不倒的丰碑，也是中华民族历史上永恒闪耀的灯塔。

他，就是我们的国学导师——王国维。

今年正值王国维先生诞辰130周年，借此机会人文学院学生学术活动中心和校科协联合推出专题讲座《百年追问·王国维的学术与人生》。

今晚，我们荣幸地邀请到李学勤教授带领我们走进王国维先生的学术与人生!。

李学勤先生，现任中国社会科学院历史研究所所长、研究员，清华大学国际汉学研究所所长、教授，中国先秦史学会理事长，国务院学位委员会委员等。1996年起，任“夏商周断代工程”首席科学家、专家组组长，1997年，当选为国际欧亚科学院院士。曾多次在欧、美、澳、日等地任教或讲学。

接下来，让我们以热烈的掌声有请李学勤教授为我们作讲座！（略）

[提问时间]

首先感谢李学勤先生精彩而充满睿智的讲座！相信听完李学勤教授的讲座，同学们一定有许多感悟和见解想和李先生交流，下面是我们的提问时间。（略）

[结束语]

感谢同学们热情的提问和李教授精彩的回答。在此，我们想献给李学勤教授一份小礼物，以表达我们的感谢！

今天的讲座，是一场对话，跨越百年的思想在这里交汇：关于一位智者的疑问我们从另一位智者的思想中得到解答。在此，让我们再次以热烈的掌声感谢李学勤教授为我们带来的文化盛宴！

接下来，让我们欣赏一段由张政、晨星两位老师带来的快口小段——《比嘴功》。有请两位老师上场！

甲：今天，咱俩比比“嘴功”。我有来言，你有去语。

乙：可以，我如果说“大”，那你就得说“多”。

甲：我要是说“顺”，那你就得说“和”。

乙：好！“大、多、顺、和”四个字。你先说“大”，开始——

甲：（由慢到快）元旦喜气大国家变化大，北京开人大规划真宏大，工程大气派大，投入大效益大，上班干劲大下班乐趣大，学习劲头大唱歌嗓门儿大，生活改善大饭菜香味大，鱼大虾大蛋大鸡大碟子也大碗也大，油水大胃口大，大张嘴嘴张大，少见女人大肚子却常见男人的肚子大——

乙：你那是啤酒肚子啊，还是少喝点儿吧！且听我说“多”——新年欢乐多四方喜讯多，城市发展多农村建设多，机械多水利多，化肥多良种多，绿化多粮食多，现在是，能人多强人多新星多新秀多，大经理多企业家多，博士多硕士多教师多专家多，做学问的人多做生意的人更多，读书的多不读书的也多，考托福的多烤羊肉串的也多——

甲：（快接）吃羊肉串儿的更多！你听我讲“顺”——同心同德者顺哉，顺者同心同心者顺，腾飞的中华百业待顺，政治要理顺经济要理顺，思想要理顺文化要理顺，方方面面都要理顺，工业顺农业顺国防顺科技顺，交通顺道路顺建设顺改革顺，党的领导要顺思想工作要顺，对内政策要顺对外关系要顺，十三亿两千万人民心和气顺！

乙：安定团结者和也，和者团结团结者和，单手为分联手为和，改革的中国首先得和，党政要和干群要和，新老要和中青要和，军民要和官兵要和领导班子特别要和。中央和省市和地方和地区和，工农和城乡和学校和工厂和，家庭和邻里和兄弟和姐妹和，你和他也和。海峡两岸要和中国共产党同各民主党派要和，汉满蒙回藏五十六个民族要和上加和，建设具有中国特色的社会主义祖国需要和必须和只能和不能不和——

甲：说得好！

合:我们的力量来自党和国和军和民和,唯有同心同德紧密团结广泛联合,才能心情舒畅步调一致与时俱进事业发达国家兴旺政通人和!

主持人:感谢两位老师的精彩表演。他们的嘴功也真是了得呀！再次掌声感谢两位老师！

今天的讲座到此结束！各位晚安！

(请同学们有秩序地退场)

主持人节目播音,要求节目主持人的思想水平、文化素养、生活阅历、个性特征、美学情趣等都要有丰厚的蕴涵,同时这些又都要通过有声语言表达出来,要做到:有稿播音“锦上添花”,无稿播音“出口成章”。因此,主持人的语言功力是不可忽视的！在主持人节目播音中,主持人语言的亲切、自然、真实、由衷,语感的准确、贴切、细腻、丰富,形象的端庄大方、亲切热情、自然灵活、机智敏捷(尤其是电视节目主持人在电视屏幕上的一颦一笑、一举手一投足)等都必须经过艰苦的探索、悟性的升华、博采众长的过程,才能形成自己的特色,创出自己的风格,成为广大听众和观众欢迎和爱戴的节目主持人!

播音主持这门语言艺术,最突出的特点之一,就是“嘴力”劳动。因此,本书作者准备在下一部著作中,着重从学习“十语”、培养“十感”、增强“十力”、提升“十有”方面,传授大家训练语言功力的方法和技巧。有了深厚的语言功力,就可以在播音主持艺术创作中,做到:语音准确规范、吐字清晰流畅,发声圆润集中、音质优美动听,语句如珠如流、语言运用自如,情感内在由衷、内容清楚完整,主持鲜明生动、仪态大方端庄。敬请期待哦!

后记

本书是根据播音主持艺术专业教学的特点编写出来的，它是播音主持艺术理论教学中不可或缺的手足，是配合学生的理论学习进行实践技能训练的必不可少的行之有效的训练教材。

播音主持艺术专业的教学方法是采取“大课”、“小课”两种授课方式。“大课”重点讲授理论知识，解决学生中的共性问题；“小课”则注重实践，指导学生进行实际发音，解决同学中的个性问题。教、学双方都本着科学的态度，严谨治学、严格要求，重质量、重效果。教师引导学生积极动脑、用耳、动口，使学生在提高听辨能力的基础上学会发现问题、分析问题、解决问题。坚持科学练声，“曲不离口、持之以恒”，并能做到举一反三，触类旁通。在实践技能训练中，教师应针对学生中声音与表达状态“音色不同、参差不齐”的特点，采取“示范引路、个别辅导、因人施教”的办法，理论联系实际，而不是“一刀切”。例如：在练声当中，抓学生主要矛盾，严格训练计划，有的同学以训练字词为主，重点解决吐字归音问题；有的同学以训练长句、诗歌为主，重点解决气息运用问题；有的同学以训练知识性、趣味性的小稿件为主，重点解决对象感问题；有的同学以训练寓言、故事为主，重点解决语言色彩丰富、变化自如的问题等。又如声音苍老、低沉属于冷色的同学可让他们选练昂扬向上、活泼欢愉的句段内容，使之发暖声、积极热情些；声音细弱、稚嫩的同学让他们选练有气势有力度的诗句，加强中低音共鸣，使声音结实、宽厚些，气息深长些；有的同学思想感情的运动状态就是不好，让他们选练些有感受的并能引发出来的句子、稿件或文艺性的小段子进行夸张训练，变换各种声音色彩，使感情状态逐渐运动起来……因此，同是一个班或同是一个学习小组的同学，在实践技能训练方面却“因人而异”，各有差异。

本人酷爱播音主持这一行！爱之如命!! 这一辈子，从小到大到现在，六十多年了，吾老环童为了自己一生钟爱的事业——学并快乐着，苦并快乐着，穷并快乐着，痛并快乐着，播并快乐着，教并快乐着，忙并快乐着，累并快乐着……身体里、骨子里、血液里，每根神经、每个细胞、每根毫毛，都徜徉其中。播音主持就是吾老环童的生命——酷爱、疯爱、傻爱、狂爱、超级爱、永远爱！感谢上苍赐予的运气和缘份，让吾这一辈子从小到老都能干自己喜欢的事业！吾是幸运的!! 为了自己一辈子的钟爱，远离浮躁、奢华、纷争、干扰、静心、潜心、专注地钻研这让学问，探讨这门艺术，乃是自己的津津乐道之事啊！美哉！乐哉！享受其中!! 哈哈哈～痛并快乐着！快乐并快乐着……在多年的播音主持实践和播音主持教学中，我认认真真、勤勤恳恳、兢兢业业、刻苦训练……实践中深深体会到：好的嗓音和口齿产生于科学的锻炼！一副好嗓音和灵活的口齿是经过刻苦实践和严格训练得来的!! 台上一分钟,台下十年功啊!!!

嗓子,是播音员、主持人的劳动工具。如果没有好的嗓音和灵活的口齿,即使对稿件内容理解得很深刻,播讲愿望很强烈,也会“口不从心”,达不到预想效果。播音员、主持人锻炼嗓音和口齿的目的在于完成播音主持任务,提高播音质量。这种锻炼必须紧密结合播音主持工作的特点,根据自己的发声条件,科学地锻炼嗓音和口齿,这种训练必须将理论和分析解决实际问题的能力结合起来,在正确理论指导下由易到难、由浅入深、扬长避短、循序渐进。我们要“曲不离口”,使我们的嗓音和口齿在科学的锻炼中,刚柔并济、纵收自如,成为表述内容和传达感情的有力工具。

在播音主持艺术专业教学进程中,播音主持实践技能的训练与播音主持理论知识的传授同等重要,它们是手足关系,缺一不可。《播音主持艺术语言基本功训练教程》是将播音主持理论付诸播音主持实践,针对不同学生在有声语言方面存在的不同问题、不同弱点、不同毛病,根据播音主持教学的理论规律,教以具体的训练方法。

我国播音界的理论权威张颂教授在《朗读学》中说:“今天的世界,是语言日益丰富、不断互相汲取的世界。今天的中国,更要求着日益规范、更加富有中国特色的语言。”为了造就千千万万个合格的播音员、优秀的节目主持人,适应广播电视的新形式、新特点,为了提高播音主持艺术质量,永葆嗓音青春,更为了使我们的播音主持艺术语言色彩斑斓,让我们抓紧时间、严格要求、刻苦学习,积极努力动脑、动口,千锤百炼自己的语言基本功吧!

《播音主持艺术语言基本功训练教程》第四版在改编过程中,听取了有关艺术院校、艺术传媒、艺术团体以及广大读者的意见、建议和要求,又增添了很多新鲜、时尚的内容,更加适应一线的、与时俱进的有声语言训练要求。新版本在发扬传统优势的基础上推陈出新:除了话筒前的内容训练、老三件的内容训练、诗歌和绕口令的内容训练之外,还增加了镜头前状态的训练内容、肢体语言训练内容、外景主持、现场报道、嘉宾访谈、舞台主持以及其他相关艺术门类的训练内容(如:相声、曲艺、戏曲、歌曲、台词、配音等等),可谓丰富多彩!

新版本在改编过程中,曾得到中央电视台、北京电视台同行们的大力支持和帮助,也曾得到有关艺术传媒、艺术团体同行们的特别关注。在此,一并表示衷心地感谢!

当然,在此,我还要感谢在播音主持艺术道路上一直关注我并时刻给我教诲的已进耄耋之年的黎明老师、葛兰老师!此外,我还从内心里感激我的老婆婆、我的老伴儿、我的孩子们,她(他)们默默地给予了我事业上无私的奉献和支持,为我提供了很多一线前沿的信息,让我与时俱进、推陈出新,使播音主持艺术实践和教学向着多元化、立体化、全方位的方面发展,使播音主持艺术之花在发扬传统优势之下,顺应时代的新形式、新特点,更加色彩斑斓、绚丽多姿,更加具有中国特色。

在这里,更要真诚地感谢中国传媒大学出版社的同志们给予的大力支持和帮助!特别是黄松毅主任亲自操刀,为吾老环童修版、校正,深感荣幸。她那种认真负责、一丝不苟的工作态度以及脚踏实地、不浮不躁的工作作风,更是令人感动!

由于酷爱播音主持艺术这一行,我将终生为之奋斗!!

错误之处,请同行们斧正。

作者

2016 年 2 月 16 日于望京

微信“扫一扫”
以上二维码

轻松体验本书
配套数字资源